Prix 7 fr

W. RÜSTOW

L'ART MILITAIRE AU XIXe SIÈCLE

ÉTUDES STRATÉGIQUES
ET TACTIQUES
SUR LES GUERRES LES PLUS RÉCENTES

Traduit de l'allemand

PAR

SAVIN DE LARCLAUSE

TROISIÈME ÉDITION

TOME TROISIÈME

Avec planches XI et XII

PARIS
LIBRAIRIE MILITAIRE DE J. DUMAINE
LIBRAIRE-ÉDITEUR
Rue et Passage Dauphine, 30

A LA MÊME LIBRAIRIE :

Saxe. — Mes Rêveries, ouvrage posthume du maréchal Maurice, comte de Saxe (Publication du *Journal de la Librairie militaire*). Paris, 1877, 1 vol. in-8 avec 10 planches. 5 fr.

Verdy du Vernois, général-major de l'armée prussienne. — Etudes d'histoire militaire d'après la méthode appliquée. — 1er volume : Détails tactiques tirés de la bataille de Custozza, livrée le 24 juin 1866. Trad. de l'allemand par le commandant L. Grandin. Paris, 1877, 1 vol. in-12 de 184 p. et 1 pl. 2 fr. 50

Vial (J.), lieutenant-colonel d'état-major, professeur d'art et d'histoire militaires à l'Ecole d'application d'état-major. — Cours d'art et d'histoire militaires. 3e édit., revue et corrigée. Paris, 1873, 2 vol. in-8 avec 8 plans. 12 fr.

Vial (J.), lieutenant-colonel d'état-major, professeur d'art et d'histoire militaires à l'Ecole d'application d'état-major. — Histoire abrégée des campagnes modernes. — Tome 1er (campagne de Gustave-Adolphe en Allemagne (1631-1632). — Les deux dernières campagnes de Turenne (1674-1675). — Une campagne du prince Eugène (1706). — Une campagne de Frédéric II (1757). — Campagnes d'Italie en 1796 et en 1800. — Campagne d'Allemagne en 1805. — Campagnes de : 1806 et de 1807 en Prusse ; de 1809 en Allemagne ; de 1810 en Portugal ; de 1812 en Russie ; de 1813 en Allemagne ; de 1814 en France ; de 1815 en Belgique). 2e édit. Paris, 1876, 1 vol. in-8 avec 27 planches dans le texte. 6 fr.

— Tome II. (Campagnes de 1854-1855 ; campagne de 1859 ; campagne de 1866 en Bohême ; campagne de 1866 en Italie ; guerre de 1870-1871) 1 vol. in-8 avec 22 planches 6 fr.

Ces deux volumes ne se vendent pas séparément.

Yusuf (le général). — De la guerre en Afrique. 2e édit. Paris, 1851, 1 vol. grand in-8. 3 fr.

Ce livre renferme d'excellentes notions et principes de guerre, il est utile à consulter ; les campagnes de l'Algérie en ont prouvé l'utilité et l'à-propos.

Anitschkof, capitaine de l'état-major impérial russe. — La Campagne de Crimée. Traduit de l'allemand de G. Baumgarten, lieutenant en 1er de l'infanterie royale saxonne, par C. Soye, capitaine au 1er régiment de voltigeurs, première et deuxième parties. Paris, 1858, 1 vol. in-8 avec 4 plans. 7 fr.

Troisième partie (supplément), Paris, 1860, 1 vol. in-8. 3 fr.

Bataille d'Inkermann, livrée le 24 octobre (5 novembre) 1854. — Episode de l'histoire de la guerre écrite en décembre 1854, traduit de l'allemand par C. Soye, capitaine d'infanterie. Paris, 1857, in-8 avec plan. 4 fr.

Blume (W.), major du grand état-major prussien. — Campagne de 1870-1871 ; — Opérations des armées allemandes depuis la bataille de Sedan, jusqu'à la fin de la guerre. D'après les documents officiels du grand quartier général. Trad. de l'allemand par E. Costa de Serda, capitaine d'état-major. Paris, 1872, fort vol. in-8 avec une carte générale imprimée en deux teintes. 8 fr.

Bonnet (F.), capitaine au 3e rég. d'artillerie. — Guerre franco-allemande. Résumé et commentaires de l'ouvrage du grand état-major prussien. Tome I : (Déclaration de guerre, 19 juillet ; batailles de Sedan et de Noisseville, 1er septembre). Paris, 1878, in-8 de 318 p., 4 pl. tirées en couleurs. 7 fr. 50

Borbstædt (A.), colonel. — Campagne de 1870-71. — Opérations des armées allemandes depuis le début de la guerre jusqu'à la catastrophe de Sedan et à la capitulation de Strasbourg. Traduit de l'allemand par E. Costa de Serda, capitaine au corps d'état-major. Paris, 1872, fort vol. grand in-8 raisin avec croquis dans le texte et atlas de 8 cartes ou plans. 16 fr.

Carnot (Mémoires sur) 1753-1823. — Mémoire militaire. Question de la guerre. Organisation militaire. Missions aux armées. Stratégie nouvelle. Levée en masse. Houdschoote. Déblocus de Maubeuge. Correspondance militaire. Siège de Toulon. Campagne de 1794. Plan de la campagne de 1796. Expédition d'Irlande. Missions auprès de Moreau. Bombardement d'Anvers. Napoléon et Fouché. Wellington et Blücher. Défense de Paris, etc., etc., etc.). Paris, 1869, 2 tomes en 4 vol. in-18. 14 fr.

Chambray (marquis de). — Histoire de l'expédition de Russie. 3e édition. Paris, 1839, 3 vol. in-8 avec portrait, vignettes et atlas contenant 9 cartes et un plan de Moskou. 18 fr.

Paris. — Imprimerie J. Dumaine, rue Christine, 2.

L'ART MILITAIRE AU XIXe SIÈCLE

ÉTUDES STRATÉGIQUES ET TACTIQUES

SUR LES GUERRES LES PLUS RÉCENTES

III

OUVRAGES DU MÊME AUTEUR :

Rüstow. — Instruction sur la partie active du service de l'état-major en campagne, à l'usage des Officiers de l'état-major fédéral ; traduit de l'allemand par Lecomte. 1857. 1 vol. in-12 avec 9 planches (épuisé). 6 fr.

Rüstow. — La Guerre de 1866 en Allemagne et en Italie; description historique et militaire. 1866. 1 vol. in-8° avec cartes et plans. 16 fr.

Rüstow. — L'Art militaire au XIXe siècle. — Stratégie, histoire militaire (1792-1815-1815-1867) ; traduit de l'allemand par M. Savin de Larclause, Lieutenant-colonel au 1er lanciers. Paris, 1869. 2 forts volumes in-8° avec planches. 15 fr.

Rüstow. — La Petite Guerre. — Introduction. — Service de sûreté et de reconnaissances. — De la petite guerre indépendante sur un théâtre secondaire. — La guerre de partisans ; traduit de l'allemand par M. Savin de Larclause, Lieutenant-colonel au 1er lanciers. Paris, 1869. 1 vol. in-8°. 15 fr.

Rüstow. — Guerre des frontières du Rhin (1870-1871); traduit de l'allemand par M. Savin de Larclause, Colonel au 1er lanciers. 2 vol. grand in-8° avec cartes gravées et coloriées avec soin. 16 fr.

Rüstow. — Introduction générale à l'étude des Sciences militaires; dédiée aux militaires, aux hommes d'État et aux instituteurs ; traduit par Gustave Bavyet. 1872. 1 vol. in-8°. 2 fr. 50

Rüstow. — Tactique générale avec des exemples à l'appui: traduit de l'allemand sur la deuxième édition, avec l'autorisation de l'auteur, par M. Savin de Larclause, Colonel du 14e dragons. 1 vol. in-8° accompagné de 12 planches. 10 fr.

Paris. — Imprimerie de J. Dumaine, rue Christine, 2.

W. RÜSTOW

L'ART MILITAIRE AU XIXe SIÈCLE

ÉTUDES STRATÉGIQUES

ET TACTIQUES

SUR LES GUERRES LES PLUS RÉCENTES

Traduit de l'allemand

PAR

SAVIN DE LARCLAUSE

TROISIÈME ÉDITION

TOME TROISIÈME

PARIS
LIBRAIRIE MILITAIRE DE J. DUMAINE
LIBRAIRE-ÉDITEUR
Rue et Passage Dauphine, 30

1880

ÉTUDES STRATÉGIQUES ET TACTIQUES

SUR LES GUERRES LES PLUS RÉCENTES.

PREMIÈRE PARTIE

TACTIQUE DU COMBAT.

B. — Bataille de Vionville-Mars-la-Tour, le 16 août 1870.

I. — CONDITIONS GÉNÉRALES DU COTÉ DES FRANÇAIS DU 12 AU 16 AOUT.

La bataille livrée le 16 août 1870, sur la route de Gravelotte à Mars-la-Tour, est la plus intéressante et la plus importante de la dernière grande guerre, non seulement par les évènements mêmes de la lutte, mais encore par les circonstances qui forcèrent les Français d'accepter la bataille et par les conséquences qu'elle eut pour ces derniers. Dans le fait, c'est sur la hauteur insignifiante de Flavigny que se réunirent, dans la matinée du 16 août, tous les fils qui partent de Forbach et de Wœrth et conduisent à Sedan, sur la Somme, à Paris, sur la Loire et jusqu'aux cols du Jura.

Les défaites de l'armée française à Spicheren et à Wœrth furent suivies d'un mouvement général de retraite. Mais celle-ci ne s'exécuta pas sans interruptions, causées par les craintes et les espérances, les doutes et les réflexions qui s'emparèrent à plusieurs reprises des chefs de l'armée.

Devait-on se retirer immédiatement derrière la Meuse

jusqu'à Châlons, pour y réunir de nouveau en une seule armée les deux grandes masses séparées par les premières victoires des Allemands? Une retraite aussi précipitée ne mettrait-elle pas de suite en question la dynastie napoléonienne? — Était-il possible de réunir de nouveau les deux armées à l'est de Châlons, sur la Moselle par exemple, soit à Metz en dirigeant le plus au nord possible les vaincus de Wœrth, soit entre Frouard et Toul, en portant vers le sud, par la rive gauche de la Moselle, les vaincus de Spicheren? — Devait-on, au contraire, maintenir la séparation des deux armées, en réunissant dans le camp retranché de Metz la masse du nord, pour y exercer sur la marche en avant des Allemands une action affaiblissante ou retardatrice, pendant que la masse du sud se retirerait à Châlons ou au delà, pour servir de noyau aux forces militaires de la France, forces considérables mais encore dispersées et non organisées?

Toutes ces questions et d'autres encore furent soulevées et étudiées. L'espérance de pouvoir bientôt prendre l'offensive surgit à plusieurs reprises pour s'évanouir aussitôt après.

Par le fait, l'armée resta séparée en deux masses. Pendant que celle du sud se repliait sur le chemin de fer Chaumont-Blesme, la masse du nord, qui nous intéresse spécialement, était concentrée, le 12 août, sur la rive droite de la Moselle, en avant des forts Queuleu et Saint-Julien.

Nous voulons commencer par nous faire une idée des forces disponibles en rase campagne de cette masse d'armée, et nous indiquons notre manière d'y arriver, afin que le lecteur qui trouverait à redire à notre calcul soit au moins préservé des dangers de cette critique trop fréquente, qui raisonne complètement en l'air et pratique hardiment l'infaillibilité quand elle ferait mieux de commencer par apprendre. Ainsi :

1° Nous cherchons le nombre des combattants d'infanterie et de cavalerie et le nombre des pièces, en groupant les éléments de manière qu'il soit facile de compter les troupes qui furent engagées le 16 août.

2° Nous connaissons exactement, par corps d'armée, à la date du 13 août, l'effectif — état des rationnaires — des troupes, et nous le prenons pour base.

3° De cet effectif, nous déduisons le chiffre des combattants d'infanterie et de cavalerie, en l'évaluant au 8/10 des rationnaires, pour tous les corps complètement pourvus d'artillerie, du génie et des trains. Une correction est nécessaire pour les corps qui n'ont pas au complet leur artillerie, le génie et leurs trains, et la proportion de l'infanterie et de la cavalerie dépasse alors les 8/10 de l'effectif.

4° Pour les corps qui prirent part à la bataille du 14 août, nous déduisons les pertes éprouvées ce jour là qui nous sont également connues. Nous pouvons commettre en cela une erreur parce que d'autres troupes que celles d'infanterie et de cavalerie subirent des pertes dans cette journée; mais cette erreur est tellement peu importante que nous la négligeons.

5° Après avoir obtenu ainsi, approximativement mais aussi exactement que possible, le chiffre des combattants d'infanterie et de cavalerie, nous en retranchons la cavalerie pour avoir l'infanterie seule. Toutes les fois que nous n'avons pas des données plus précises, nous évaluons à 100 chevaux la force de l'escadron, le 16 août.

6° Enfin, pour défalquer facilement les divisions ou même les bataillons, qui ne furent pas engagés le 16 août, nous donnons, pour chaque corps d'armée, la force de la division d'infanterie et du bataillon.

L'armée de campagne, réunie à Metz le 12 et le 13 août, se composait ainsi :

2° corps d'armée, Frossard,
3° corps d'armée, Decaën,
4° corps d'armée, de Ladmirault,
6° corps d'armée, Canrobert,
Garde impériale, Bourbaki,
Réserve d'artillerie de l'armée, Canu,
Réserve de cavalerie, du Barail et Forton.

Le 2° corps, Frossard, renfermait depuis le 14 août :

	Bataillons.	Escadrons.	Batteries.
La 1re division, Vergé	13	»	3
La 2e division, Bataille.	13	»	3
La brigade Lapasset..	7	4	1
La division de cavalerie de Valabrègue.	»	16	»
Réserve d'artillerie.	»	»	6
Total.	33	20	13

La brigade Lapasset, du 5e corps, était réunie au 2e corps depuis le 7 août ; en revanche la division de Laveaucoupet en fut détachée le 14 pour former le noyau de la garnison de Metz.

L'effectif ainsi établi du 2e corps était, le 13 août, de 27,929 hommes, ce qui donne 22,343 hommes d'infanterie et de cavalerie. En retranchant 2,000 hommes de cavalerie, il reste 20,343 hommes d'infanterie, ce qui donne, pour le bataillon, une moyenne de 616 hommes et, pour la division, de 8,000 hommes.

Des 13 batteries du corps, il y en avait 2 lourdes (de 12), 9 légères (de 4) et 2 de mitrailleuses.

Le 3e corps, commandé depuis le 15 août par le maréchal Lebœuf, le général Decaën ayant été blessé mortellement le 14, se composait ainsi :

	Bataillons.	Escadrons.	Batteries.
1re division, Montaudon.	13	»	3
2e division, Castagny.	13	»	3
3e division, Metman.	13	»	3
4e division, Aymard.	13	»	3
Divis. de cavalerie Clérambault.	»	31	»
Réserve d'artillerie.	»	»	8
Total.	52	31	20

Le général de Castagny ayant été blessé le 14, sa division était commandée par le général Nayral. Le général de Clérambault, également blessé le 14, avait conservé son commandement.

L'effectif du 3e corps était, le 13 août, de 48,403 hommes,

dont 37,122 d'infanterie et de cavalerie. Comme il avait perdu 2,848 hommes le 14, il lui restait le 15, 34,274 hommes, dont 31,174 d'infanterie et 3,100 de cavalerie. Le bataillon d'infanterie était de 600 hommes, la division de 7,800. Il y avait 2 batteries lourdes, 14 légères et 4 de mitrailleuses.

Le 4e corps, de Ladmirault, avait la composition suivante :

	Bataillons.	Escadrons.	Batteries.
1re division, Cissey.	13	»	3
2e division, Grenier.	13	»	3
3e division, Lorencez.	13	»	3
Division de cavalerie Legrand .	»	18	»
Réserve d'artillerie.	»	»	6
Total.	39	18	15

donnant, le 13 août, un effectif de 35,063 hommes, dont 28,050 d'infanterie et de cavalerie. Déduisant les pertes éprouvées le 14 août, 760 hommes, il reste 27,290 hommes dont 25,490 d'infanterie et 1800 de cavalerie. La force moyenne du bataillon est de 650 hommes, celle de la division d'infanterie de 8,450.

Le 6e corps, Canrobert, d'abord réuni au camp de Châlons, avait été une première fois mis en marche sur Nancy; puis il avait reçu contre-ordre, était revenu au camp, et avait été enfin dirigé le 11 sur Metz, par le chemin de fer de Frouard. Les Allemands ayant coupé la ligne à Frouard dès le 13 août, le 6e corps n'arriva pas complètement à Metz. Sa division de cavalerie, toute sa réserve d'artillerie, trois régiments d'infanterie et plusieurs batteries divisionnaires restèrent au camp de Châlons, de sorte que le 6e corps n'avait à Metz, le 13 août, que les :

	Bataillons.	Escadrons.	Batteries.
1re division, Tixier.	13	»	3
2e division, Bisson.	3	»	1
3e division, Lafont de Villiers. .	12	»	3
4e division, Levassor-Sorval . .	12	»	»
Total.	40	»	7

A ces 7 batteries, on ajouta le 14 août, de la réserve de l'armée, 2 batteries lourdes et 2 batteries légères à cheval, de sorte que l'artillerie du 6ᵉ corps se composa de 11 batteries, 2 lourdes, 7 légères et 2 à cheval. Ce corps n'avait pas de mitrailleuses, tandis que dans les autres corps d'armée, l'une des trois batteries de chaque division d'infanterie était de mitrailleuses. Le corps n'avait, en fait de cavalerie, qu'un escadron d'escorte.

L'effectif à Metz du 6ᵉ corps d'armée était, le 13 août, de 31,000 hommes, dont 26,000 d'infanterie, ce qui porte le bataillon à 650 hommes et la division de 12 bataillons à 7,800.

La garde impériale, Bourbaki, comprenait :

	Bataillons.	Escadrons.	Batteries.
1ʳᵉ division (voltigeurs) Deligny	13	»	3
2ᵉ division (grenadiers), Picard.	11	»	3
Division de cavalerie, Desvaux.	»	30	»
Réserve d'artillerie.	»	»	6
Total.	24	30	12

avec un effectif de 21,422 hommes, ce qui fait 17,137 combattants d'infanterie et de cavalerie, dont 3,300 cavaliers, de sorte qu'il reste 13,837 hommes d'infanterie, donnant une moyenne de 576 hommes par bataillon et de 7,000 hommes par division.

L'artillerie de la garde comprenait 2 batteries de mitrailleuses, 4 batteries légères et 6 batteries légères à cheval.

La réserve d'artillerie de l'armée, Canu, comptait au début 16 batteries, savoir : 8 lourdes et 8 légères (à cheval); après avoir donné 4 batteries à Canrobert, le 14 août, il lui restait encore 6 batteries lourdes et 6 à cheval.

La réserve générale de cavalerie de l'armée se composait de deux divisions, indépendantes l'une de l'autre :

	Escadrons.	Batteries.
Du Barail.	12	2
De Forton.	16	2
Total.	28	4

Elles avaient, le 13 août, un effectif de 4,897 hommes, dont 2,223 dans la division du Barail et 2,674 dans la division de Forton, et de 4,763 chevaux. Quant aux chevaux, 1600 au moins appartenaient aux 4 batteries, aux voitures d'administration, aux bagages, aux chevaux non montés des officiers. Il restait alors dans les 28 escadrons, 3,163 cavaliers combattants, ce qui fait 113 par escadron. Les escadrons n'étaient réellement pas aussi forts que cela. Nous n'avons pas tenu assez compte des états-majors des divisions et des brigades, libéralement pourvus de chevaux. — On peut évaluer à une moyenne de 100 chevaux, en nombre rond, la force des escadrons de la réserve de cavalerie.

La division du Barail était formée au début des 4 régiments de chasseurs d'Afrique, 16 escadrons; mais le 4e régiment de cette arme ne parvint pas à rejoindre sa division. Nous verrons plus tard comment la brigade Margueritte (1er et 3e régiments) fut détachée de la division le 16 août, ce qui la réduisit, ce jour là, à un seul régiment, 4 escadrons.

En récapitulant ce qui précède, on voit avec quelles forces Bazaine pouvait livrer bataille le 16 août, s'il réussissait à engager toutes les troupes qu'il avait devant Metz le 13.

C'étaient :

	Hommes d'infanterie.	Hommes de cavalerie.	Pièces.
2e corps	20,343	2,000	78
3e corps	31,174	3,100	120
4e corps	25,490	1,800	90
6e corps	26,000	»	66
Garde impériale	13,837	3,300	72
Réserve d'artillerie	»	»	72
Réserve de cavalerie	»	3,000	24
Total	116,844	13,200	522

Des 87 batteries de l'armée, il y en avait 11 de mitrailleuses (66 pièces), 14 lourdes (84 pièces) et 62 légères (372 pièces). De ces dernières batteries, 26 étaient à cheval (156 pièces).

Indiquons maintenant les positions occupées, le 12 et le

13 août, par les différents corps de l'armée française de Metz, lesquelles sont les points de départ pour les mouvements des journées suivantes.

Du 6e corps, Canrobert, la division Levassor-Sorval était sur la rive gauche de la Moselle, à Woippy ; la division Tixier sur la rive droite, près du pont du chemin de fer de Longeville ; la division Lafont de Villiers occupait Le Sablon, sur la rive gauche de la Seille ; la division Bisson, ou plutôt le seul régiment de cette division qui fût arrivé à Metz, se trouvait dans la ville. Près de la division Tixier, à Montigny, se tenait la division de cavalerie Forton, qui exécuta diverses reconnaissances en remontant la rive droite de la Moselle.

Le 2e corps, Frossard, se reliant à l'aile gauche du 6e, était sur la rive droite de la Seille, depuis la Haute-Bévoye, en avant du fort Queuleu, jusqu'à Mercy-le-Haut.

Plus à gauche venait le 3e corps, Decaën, de la Grange-au-Bois au ravin de Lauvallier, à Vantoux ; derrière lui était la garde, à Borny ; et la réserve de l'artillerie de l'armée occupait les Bordes (les Bottes).

Entre le ravin de Lauvallier, à Vantoux-Mey et le fort Saint-Julien, campait le 4e corps, Ladmirault.

La division du Barail, de la réserve de cavalerie, se tenait dans l'île Chambière et reconnaissait sur la rive gauche de la Moselle en amont de Metz.

Au commencement de la campagne, Napoléon III commandait en personne. Il avait pour major général l'ex-ministre de la guerre, maréchal Lebœuf, avec deux aides-majors généraux, dont le premier était le général Lebrun, le second le général Jarras. Celui-ci était à la tête de tout le service de bureau, de sorte que tout les ordres et tous les rapports auraient dû passer par ses mains ou par ses bureaux. De cette façon, s'il avait été appelé dans les conseils du commandement, Jarras eût été tenu au courant des conditions générales de l'armée et des desseins du commandant en chef. Mais la situation de ce général ne fut pas aussi régulière qu'elle aurait dû l'être, car de nombreux ordres furent envoyés directement à certains corps par le cabinet de l'Empereur ou celui du maréchal Lebœuf et l'on oublia d'en prévenir les bureaux. Le général Jarras n'eut réellement connaissance des modifications apportées dans les vues stratégiques du commandement en chef que par les déductions qu'il pouvait tirer des ordres qu'il avait à transmettre. La situation du général Lebrun était encore moins précise : il fonctionnait tantôt comme conseiller privé de l'Empereur, tantôt comme suppléant du maréchal Lebœuf, notamment quand ce dernier s'absentait du quartier général pour conférer personnellement avec un commandant de corps. Le général Soleille commandait l'artillerie de l'armée; le général Coffinières de Nordeck le génie; l'intendant général Wolff était à la tête de l'administration. Plus de trente officiers, composant l'état-major général de l'armée, suffisaient parfaitement pour établir et entretenir un service régulier, organisé par sections. Mais le manque d'une organisation précise et de la répartition des responsabilités, défaut déjà signalé par nous dans les relations des têtes de l'état-major, semble s'être également introduit dans les diverses branches du service.

Lorsque les Allemands prirent l'offensive, et sous l'impression du combat de Wissembourg, Napoléon jugea nécessaire de fractionner son armée en trois armées. En conséquence, le commandement de l'armée d'Alsace, 5e, 1er et 7e corps, fut donné, le 5 août, au maréchal de Mac-Mahon; le maréchal Bazaine reçut le commandement de l'armée de Lorraine, 2e, 3e et 4e corps ; — tandis que la troisième fraction, que l'on peut regarder comme une réserve d'armée,— la garde et le 6e corps, — restait directement sous les ordres du général en chef de l'armée du Rhin.

Après les batailles de Spicheren et de Wœrth, on se décida d'abord à une prompte retraite, au moins derrière la Meuse. Napoléon III semble n'avoir jamais renoncé complètement à cette idée, tandis que ses conseillers intimes d'alors, entendus comme témoins dans le procès Bazaine, ont assuré avec la plus grande énergie qu'ils avaient conservé constamment des idées d'offensive et n'avaient jamais perdu confiance dans le succès d'une offensive sur la rive droite de la Moselle. L'empereur Napoléon étant mort, on ne saura jamais exactement la vérité sur cette question, malgré le procès Bazaine, qui n'eut lieu qu'après la mort de l'Empereur et trois ans après les évènements sur lesquels il aurait dû répandre une lumière complète.

Le procès pouvait-il, du reste, donner ce résultat, avec la composition du conseil de guerre présidé par le duc d'Aumale, avec la situation qu'on faisait au seul accusé, maréchal Bazaine, vis à vis des hommes mêlés aux évènements, qui se présentaient comme témoins, — avec les tendances politiques suivies par le gouvernement français depuis le milieu de l'année 1873?

Il ne faut pas oublier, en outre, que Napoléon III n'était nullement inaccessible aux conseils de son entourage immédiat, et qu'il suivait même parfois aveuglément ces conseils.

Lorsque le commandement en chef prit la résolution de retirer l'armée française au moins jusqu'à la Meuse, le commandant du génie, général Coffinières, reçut le 8 août l'ordre de jeter à Metz le plus de ponts possible sur la Moselle et la Seille. Cet ordre fut donné verbalement.

En conséquence, trois lignes de ponts furent établies au-dessus de Metz et autant au-dessous.

Au-dessus de Metz, on jeta sur la Seille trois ponts derrière le fort Queuleu, aux points indiqués par les chemins aboutissants; on se dirigea ensuite, par Le Sablon, vers le bras mort de la Moselle, sur lequel on jeta encore trois ponts pour passer dans l'île Saint-Symphorien; trois autres ponts sur le bras navigable de la Moselle relièrent l'île Saint-Symphorien à l'île Saulcy, enfin trois derniers ponts furent jetés de cette île sur la rive gauche de la rivière en face le Ban Saint-Martin. Ces douze ponts constituaient trois chemins complets d'une rive à l'autre de la Moselle, et il faut y ajouter le pont du chemin de fer de Longeville.

Trois lignes de ponts furent également établies au-dessous de Metz, au moyen de trois ponts jetés de la rive droite vers l'île Chambière, et de trois autres joignant cette île à la rive gauche, vers la Maison de Planche. De cette manière, l'armée avait sept lignes de passage en dehors de Metz, mais à travers les faubourgs, presque aussi difficiles à traverser que la ville même. Coffinières s'était servi des ingénieurs militaires et civils et de tous les ouvriers disponibles; il avait construit les ponts avec les matériaux divers qu'il put trouver; c'étaient des ponts de bateaux, des ponts de chevalets, des ponts de radeaux; on avait peu d'équipages de pont disponibles, et la perte de l'équipage de pont abandonné à Forbach se fit particulièrement sentir en cette circonstance. Les six nouvelles lignes de ponts, commencées par le général Coffinières le 8 août, étaient terminées le 12 août dans la soirée (1).

Il existait à travers la ville même deux voies de communication principales : l'une partant de la porte des Allemands, conduisait, par le Pontiffroy, au fort Moselle, sortait par la porte de Thionville et allait sur Woippy et le Sansonnet; l'autre allait de la porte Mazelle au fort Moselle, par le pont des Morts, sortait ensuite par la porte de France et conduisait à Plappeville et au Ban Saint-Martin.

Mais il ne suffisait pas d'avoir des ponts, quel qu'en fût le nombre; il fallait en même temps indiquer exactement les chemins qui conduisaient des positions de la rive droite à ces ponts, puis, à travers les îles, sur les hauteurs de Gravelotte et de Saint-Privat, où passent les routes de la Moselle à la Meuse.

Le général Coffinières, comparaissant comme témoin dans le procès Bazaine, avait raison de dire qu'il ne lui appartenait pas, en sa qualité de commandant du génie de l'armée, d'indiquer les lignes de marche, mais qu'il devait se borner à exécuter l'ordre de construire le plus de ponts possible.

Voici quel aurait dû être le cours régulier des choses,

(1) Ces faits et ceux qui s'y rapportent n'ont été suffisamment éclaircis que par le procès Bazaine. Lorsque nous avons parlé du passage de la Moselle par les Allemands (second volume de ces *Études*), nous n'avions pu, malgré nos recherches, arriver à la connaissance de ce qui précède (W. R.).

aussitôt que la retraite par Metz jusqu'à la Meuse fut résolue le 7 août :

Le major général indiquait, d'après la carte, les points de passage sur la Moselle et déléguait un officier d'état-major pour fixer chacun de ces points d'une manière définitive, ainsi que leurs abords sur la rive droite et leurs débouchés sur la rive gauche; en même temps, le commandant du génie de l'armée était informé de ces mesures; il recevait l'ordre de mettre à la disposition de l'officier d'état-major délégué un officier du génie chargé des questions techniques et de faire préparer le plus de matériel de pont qu'il pourrait à Metz et aux abords de la ville. L'officier d'état-major délégué cherchait ensuite, avec ses adjoints, tous les chemins qu'il pourrait trouver afin que l'armée pût passer la Moselle sur beaucoup de colonnes, mais à la condition que chaque colonne disposerait d'un chemin complet. En effet, il ne sert absolument à rien qu'une colonne dispose complètement d'une portion de route si, en un point donné, deux colonnes viennent à se rencontrer tout à coup, de façon qu'une d'elles doive attendre l'autre pour éviter qu'elles ne se mêlent. Ce n'est qu'après que l'officier d'état-major délégué aura réglé toutes ces questions qu'on devra indiquer au commandant du génie les points où il devra construire ses ponts.

Il n'est peut-être pas, pour l'état-major, de mission de détail plus difficile que celle de faire passer un cours d'eau à une armée ou à une fraction importante d'armée, à travers une grande ville. Nous disons à travers une grande ville sans prendre la chose au pied de la lettre, parce que les environs des grandes villes, leurs faubourgs, sont au moins aussi difficiles à traverser que les villes mêmes. Il faut alors non seulement donner les prescriptions les plus minutieuses, mais encore que la police la plus sévère soit exercée par les officiers d'état-major, avec l'aide de détachements suffisants de cavalerie et du génie : il faut notamment placer partout des guides afin de maintenir libre pour chaque colonne la route qui lui est affectée.

Il y a peu d'officiers qui comprennent l'importance de

ces mesures et, par suite, l'avantage d'établir le plus possible de routes de colonnes, strictement distinctes les unes des autres. On verra très souvent des officiers d'état-major sacrifier la pluralité des chemins de colonne à un meilleur chemin au point de vue technique. Ce principe est complètement faux. On ne doit pas négliger même un mauvais chemin, s'il permet d'augmenter le nombre des colonnes, car tout allongement d'une colonne et, ce qui s'y rattache habituellement, tout mélange d'éléments différents dans la même colonne, contribue beaucoup plus à ralentir la marche, à fatiguer les troupes et à faire naître l'indiscipline, que l'imperfection technique d'un chemin, pourvu toutefois que ce chemin soit praticable à l'arme qui doit y passer.

L'armée française voulant se rendre de la Sarre et de la Nied vers la Meuse, en passant par Metz, les routes qui l'intéressaient le plus sont celles qui conduisent de la vallée de la Moselle sur le plateau de Gravelotte et d'Amanvillers. Il n'en existe que deux principales, savoir : celle allant de la porte de France du fort Moselle à Moulins-les-Metz et Gravelotte, et la route de la porte de Thionville du fort Moselle à Saint-Privat-la-Montagne, par Woippy.

La première de ces routes se bifurque en deux à Gravelotte, l'une passant par Rezonville et Mars-la-Tour, l'autre par Doncourt et Conflans, toutes les deux aboutissant à Verdun.

Pour utiliser convenablement ces deux routes, il était d'une haute importance de rechercher toutes les routes intermédiaires qui conduisent du fort Moselle sur le plateau et rejoignent la route de Doncourt sans passer par Gravelotte.

Il s'en présente immédiatement deux : l'une par Plappeville, le coteau de Lessy et Châtel-Saint-Germain ; l'autre par le Coupillon, Lorry-devant-Metz, le Gros Chêne et Amanvillers, puis par Habonville et Jouaville jusqu'à Jarny et Conflans-en-Jarnisy. Ces deux routes intermédiaires ne peuvent être dites excellentes, au moins près de Metz, mais elles sont suffisantes et très praticables.

Il était fort important que le grand état-major étudiât d'avance avec exactitude et pour toutes les éventualités ce réseau de chemins.

Le seul travail qui s'y rapporte semble avoir été fait le 7 ou le 8 août, vraisemblablement ce dernier jour. Le 8, en effet, les généraux Lebrun et Jarras recherchèrent sur la carte du département, les voies conduisant de la vallée de la Moselle sur le plateau de la rive gauche. Outre la grande route par Gravelotte, ils examinèrent la route latérale par Plappeville et Châtel-Saint-Germain. Mais cette étude resta purement académique : elle ne fut suivie d'aucune reconnaissance sur le terrain, aucun rapport ne fut rédigé, elle ne fut pas communiquée à d'autres officiers d'état-major; elle resta, en outre, sans relations d'aucune sorte avec les ordres donnés au général Coffinières relativement aux ponts de la Moselle, et il n'y fut pas question des chemins devant aboutir à ces ponts. Cette étude ne fut enfin qu'un travail personnel des généraux Lebrun et Jarras, dont le général Jarras tout au plus, ainsi que nous le verrons plus tard, aurait pu faire usage quand il reçut régulièrement l'ordre de régler la marche de l'armée française de Metz sur Verdun.

Les batailles de Wœrth et de Spicheren amenèrent aussitôt la chute du ministère Olivier-Gramont, qui avait précipité la France dans cette guerre, avec un cœur si léger et une si lourde impéritie. L'impératrice Eugénie le remplaça par un ministère Palikao qui n'était pas beaucoup meilleur. Le mécontentement se manifesta contre la direction de l'armée, et l'on demanda que l'empereur Napoléon se démît du commandement en chef. Il a été affirmé que l'opinion publique réclamait cette démission. Nous ne sommes pas de cet avis. La masse des Français n'avait pas voulu cette guerre, mais une fois la guerre entamée, qu'ils aient désiré la victoire des armes françaises, cela va de soi ; qu'ils aient eu peine à comprendre ces échecs considérables quand, depuis des années, on leur répétait que la France possédait la meilleure armée et l'organisation militaire la plus parfaite, c'est encore fort naturel. Mais le peuple français se souciait réellement peu des questions de personnes. Ces questions là n'intéressaient particulièrement que des intrigants, lesquels avaient représenté, eux aussi, peu de temps auparavant, l'opinion publique, par ordre de l'Empereur.

Napoléon III s'inclina le 12 août devant l'opinion publique du ministère Palikao, comme il s'était incliné un mois plus tôt devant l'opinion publique du ministère Olivier-Gramont. Il abandonna le commandement en chef de l'armée et le remit au maréchal Bazaine, dans lequel l'opinion voyait, en ce moment, le sauveur de la France. Cette dernière opinion publique se limitait également à un cercle fort restreint. La nation française, en effet, n'avait pas pour le maréchal Bazaine une considération particulière; elle ne jugeait pas ses qualités militaires, mais l'homme n'était pas populaire depuis l'expédition du Mexique. Il est certain, en revanche, que le maréchal Bazaine avait dans l'armée un prestige considérable, ce que l'observateur neutre et impartial a peine à comprendre. Bref, l'opinion publique du ministère Palikao voulait voir Bazaine à la tête de l'armée et Napoléon III se démit en faveur de Bazaine.

Ce changement de commandement en chef devait entraîner un remaniement de l'état-major général.

Du moment que l'empereur des Français ne commandait plus en personne son armée, la tradition voulait qu'il n'y eût plus de major général. Puisqu'il n'y avait plus à la tête de l'armée qu'un maréchal de France, il suffisait à celui-ci d'un simple chef d'état-major général.

Ce principe élémentaire permettait au maréchal Lebœuf d'abandonner une position dans laquelle il ne s'était pas jusqu'alors montré très heureux; un maréchal ne pouvait, en effet, être chef d'état-major d'un maréchal.

Quel serait donc le chef d'état-major de Bazaine? L'un des deux aides-majors généraux. Le général Lebrun fit comprendre à l'Empereur qu'en raison de la situation qu'il avait occupée jusqu'alors, il ne convenait pas à cette position, qu'elle revenait au général Jarras qui s'était trouvé à la tête des bureaux, et que l'on supposait pour cela, — fort à tort, il est vrai, — très au courant de tout le service.

Jarras fut donc nommé chef d'état-major de Bazaine. Tous deux reçurent leur nomination dans l'après-midi du 12 août. Tous deux protestèrent.

On a prétendu, — et il a été question de cela dans le procès de Trianon, — que Bazaine avait spéculé, dès le début, sur le commandement en chef de toute l'armée française. Cela n'est pas exact. D'après un plan général de campagne contre l'Allemagne, établi en 1868, l'armée devait être divisée en trois armées, et le commandement de l'une d'elles était destiné au maréchal Bazaine. Mais cette division n'ayant pas été adoptée à l'ouverture de la campagne de 1870, le maréchal Bazaine ne pouvait plus prétendre, dans l'unique armée française formée contre l'Allemagne, à un commandement plus élevé que celui d'un corps d'armée. Il est vrai qu'avant que Lebœuf ne rejoignit l'armée, Bazaine commanda toutes les forces réunies à la frontière, mais dès que Lebœuf arriva à Metz, Bazaine ne commanda plus que son corps d'armée. Il n'en résulta pour lui aucune mortification. Si l'on se met à sa place, on doit au contraire admettre que Bazaine devait désirer se trouver promptement dans la situation claire et définie d'un commandant de corps d'armée. Il est vraisemblable qu'il exprima plus d'une fois son indignation de l'épouvantable confusion qui régnait au quartier général de l'armée; mais il y a loin de là aux accusations ouvertes ou voilées de MM. Jules Favre et de Kératry.

Que Bazaine ait accepté le commandement en chef à contre cœur, le 12 août, alors que tout était déjà perdu, on le comprend bien, car il acceptait avec ce commandement non seulement la responsabilité de l'avenir, mais encore celle du passé. Or, ceux qui déclarent Bazaine peu scrupuleux, avoueront qu'assumer la responsabilité du passé n'avait rien de séduisant pour un homme qui spéculait sur la fortune.

Après une résistance fort naturelle, Bazaine accepta, par ordre, a nouvelle situation qui lui était offerte.

Jarras résista comme Bazaine. Lui aussi avait de bonnes raisons pour ne pas accepter avec plaisir, en ce moment, la position de chef d'état-major. Il se sentait trop peu initié, et il avait des raisons de croire qu'il ne plaisait pas beaucoup à Bazaine. Jarras accepta, également par ordre, la position qu'on lui offrait.

Bazaine revint le 12 au soir à Borny où il avait mis son quartier général. Jarras resta à Metz avec les officiers de l'état-major impérial qui lui étaient attachés. Une remise en forme du commandement n'eut pas lieu, pas plus qu'un entretien de Bazaine avec Jarras sur la situation générale, quelque nécessaire que fût alors cet entretien. Bazaine aurait désiré avoir un autre chef d'état-major que Jarras, notamment le général de Cissey. Depuis qu'il avait été nommé commandant en chef de l'armée de Lorraine, c'est-à-dire des 2e, 3e et 4e corps, il avait fait diriger les affaires de cette armée par le général Manèque, chef d'état-major général du 3e corps.

A nos yeux, il est hors de doute que Bazaine pouvait prendre complètement le commandement en chef le 12 août au soir, et mettre en action, d'après ses idées, le nouvel état-major d'armée qui lui était attribué. Il pouvait réunir cet état-major à Metz, se faire communiquer par lui tout ce qu'il savait et l'initier à ses propres idées. Il n'en fit rien.

Dans sa conviction, Bazaine ne prenait le commandement en chef que le 13 août. Sous ce rapport, il ne fut pas seul coupable, car, le 12 au soir et jusque dans la journée du 13, différents ordres furent envoyés directement à des corps détachés par le quartier général de l'Empereur et l'ancien état-major. D'autre part, Bazaine employa le général Manèque comme chef d'état-major général, au moins pendant toute la journée du 13 août, ne se servant du général Jarras que comme d'un intermédiaire, une sorte de haut porteur de lettres. Il exista ainsi, à partir de l'après-midi du 12 août pendant toute la journée du 13 et, on peut le dire, jusqu'au 14 août, un régime provisoire, mal défini et difficile à démêler, qui ne pouvait avoir que de funestes effets, en raison de la crise où se trouvait justement l'armée française, crise pendant laquelle la plus grande précision dans les ordres et la plus grande clarté dans les choses du commandement étaient d'autant plus indispensables.

En remettant au maréchal Bazaine le commandement en chef de l'armée, Napoléon le pressait d'activer le passage sur la rive gauche de la Moselle. Il lui écrivait encore à ce sujet dans la matinée du 13 (A) : « Il n'y a pas un moment « à perdre pour faire le mouvement arrêté ».

Lorsque Bazaine reçut cette dépêche à Borny, le général Coffinières était près de lui. Coffinières venait d'être nommé gouverneur de Metz et il devait être remplacé à la tête du génie de l'armée par le général Dejean, ministre provisoire de la guerre, qui ne put rejoindre l'armée du Rhin.

Dans la nuit du 12 au 13 août, une crue subite de la Moselle endommagea les ponts de campagne jetés par Coffinières depuis le 8. On s'occupa, dès le 13 au matin, de les remettre en état et Coffinières espérait que les réparations seraient terminées dans la matinée du 14. Il en informa verbalement le maréchal Bazaine à Borny.

Bazaine écrivit alors à l'Empereur (B); il lui annonçait ce qu'il avait appris de Coffinières, en ajoutant que l'intendant de l'armée ne pouvait pas effectuer immédiatement la distribution nécessaire des vivres ; qu'il ordonnait cependant de reconnaître les abords et les débouchés des ponts, et que les corps se tinssent prêts à commencer le 14 au matin à passer sur la rive gauche de la Moselle.

Au moment où il terminait sa lettre, Bazaine reçut du général Decaën l'avis que de fortes reconnaissances prussiennes se montraient à Retonfey et Ars-Laquenexy. Il en fit part de suite à l'Empereur.

D'autres nouvelles analogues décidèrent Bazaine à écrire à Napoléon de son quartier général de Borny, le 13 à 9 heures du soir :

(D) « L'ennemi paraissant se rapprocher de nous et vou-
« loir surveiller nos mouvements de telle façon que le mou-
« vement à effectuer sur la rive gauche pourrait entraîner

« un combat défavorable pour nous, il est préférable, soit « de l'attendre dans nos lignes, soit d'aller à lui par un « mouvement général d'offensive. Je vais tâcher d'avoir des « renseignements; j'ordonnerai alors les mouvements que « l'on devra exécuter, et j'en rendrai compte immédiatement « à Votre Majesté. Les fils télégraphiques sont continuelle- « ment rompus, et je ne crois pas que ce soit un bon sys- « tème de les laisser traîner sur le sol, au milieu d'une « aussi grande agglomération de troupes. »

Après avoir ainsi donné des ordres pour un passage éventuel de la Moselle, Bazaine revint le soir même à l'idée d'une offensive sur la rive droite de la rivière, idée qu'il n'avait pas encore abandonnée complètement. S'il réussissait de cette façon à rejeter les Prussiens derrière la Nied, le maréchal pouvait gagner Frouard, y couvrir le chemin de fer de l'est et appeler en même temps à lui son grand parc d'artillerie qui se trouvait à Toul.

Ces idées s'étaient à peine emparées de Bazaine qu'il reçut de Napoléon une lettre datée du 13 août, 11 heures du soir, et accompagnée d'une dépêche envoyée de Paris par l'impératrice Eugénie.

Cette dépêche, expédiée le 13 août, à 7 heures 45 du soir, était ainsi conçue :

(E) « Ne savez-vous rien d'un mouvement au nord de « Thionville, sur le chemin de fer de Sierk, sur la frontière « du Luxembourg?

« On dit que le prince Frédéric-Charles pourrait bien se « diriger par là sur Verdun, et il peut se faire qu'il ait « opéré sa jonction avec le général Steinmetz, et qu'alors il « marche sur Verdun pour y joindre le prince royal et « passer, l'un par le nord, l'autre par le sud.

« La personne qui nous donne ce renseignement croit « que le mouvement sur Nancy et le bruit qu'on en fait « pourraient n'avoir pour but que d'attirer notre attention « vers le sud, afin de faciliter la marche que le prince Fré- « déric-Charles fera dans le nord. Il pourrait tenter cela « avec les huit corps dont il dispose.

« Le prince opère-t-il ainsi ou essaye-t-il de rejoindre le « prince royal en avant de Metz pour franchir la Moselle?

« Paris est plus calme et attend avec moins d'impa« tience. »

Napoléon ajoutait :

(F) « La dépêche que je vous envoie de l'impératrice « montre bien l'importance que l'ennemi attache à ce que « nous ne passions pas sur la rive gauche ; il faut donc tout « faire pour cela. Si vous croyez devoir faire un mouvement « offensif, qu'il ne vous entraîne pas de manière à ne pas « pouvoir opérer notre passage. Quant à la distribution (de « vivres, etc.), on pourrait la faire sur la rive gauche, en « restant en communication avec le chemin de fer. »

Ces nouvelles décidèrent maintenant Bazaine à passer le plus tôt possible sur la rive gauche.

Ce flottement entre des décisions différentes pendant la journée du 13 août ne pouvait empêcher et n'empêcha réellement point Bazaine de donner des ordres éventuels pour passer ce jour là la Moselle.

Il serait fort important de reproduire ces ordres d'après leur teneur complète et le moment où il ont été donnés. Mais nous nous trouvons ici dans un labyrinthe inextricable. En effet, les ordres et les rapports de l'état-major français de cette époque ne portent que la date du jour ; chose surprenante ! ils n'indiquent ni l'heure ni la minute, alors que chaque minute, chaque seconde était précieuse. Viendra-t-on nous dire (comme il arrive fréquemment) que cela est fort explicable ? Non, cela ne s'explique pas. Quelle que soit la situation de guerre, aussitôt que l'armée est en présence de l'ennemi, les secondes ont leur valeur, et celui qui traite négligemment le temps dans les ordres et les rapports, le traitera avec autant de négligence dans ses calculs logistiques. Et il n'y a pas de raison pour qu'il traite avec plus de soin les autres éléments de la logistique, le lieu et la force. Du manque de précision dans un état-major, on peut toujours conclure que l'armée, dont il doit être la tête et le cœur, est mal commandée.

Le procès Bazaine n'a pas apporté la lumière dans ces questions-là, quoique le duc d'Aumale, qui présidait, soit entré parfois dans des détails absolument inutiles pour la découverte de la vérité.

Malgré les difficultés qui se présentent, nous voulons chercher à éclaircir un peu plus la question.

Nous prenons pour base de notre examen l'ordre suivant qui a été discuté au procès Bazaine.

(G) « *Armée du Rhin.*

« État-major général de l'armée. — Au grand quartier « général, 13 août.

« Le général Jarras s'assurera, avec le concours du géné- « ral Coffinières, que les artères principales de Metz, con- « duisant aux deux portes de la ville, seront libres dans « l'après-midi, pour le passage des bagages de la garde et « du 3e corps, ainsi que la réserve du général Canu.

« Ces bagages et convoi devront se garer au Ban-Saint- « Martin.

« A cet effet, le général Jarras donnera l'ordre aux divi- « sions de Forton et du Barail de quitter leur camp vers « une heure de l'après-midi; leurs bagages resteront au « Ban-Saint-Martin pour prendre place dans le convoi, de « sorte que les divisions soient aussi légères que possible.

« La division de Forton suivra la route de Verdun par « Mars-la-Tour, la division du Barail celle de Verdun par « Doncourt-les-Conflans (ou en-Jarnisy); elles s'éclaireront « en avant et sur leur flanc découvert, se relieront entre « elles et s'établiront toutes les deux à Gravelotte, s'il y a « assez d'eau; dans le cas contraire, l'un des deux serait à « Gravelotte, l'autre à Rezonville. Elles échelonneront deux « ou trois escadrons en avant, sur la droite et sur la gauche, « de manière à bien couvrir le terrain et à permettre aux « troupes de déboucher plus tard.

« Le général Jarras préviendra également les parcs de « tous les corps de se mettre en mouvement, quand on saura « que les convois des 2e et 4e corps commencent le leur.

« Ces parcs se placeront sur le même emplacement que les « convois de leur corps d'armée, mais en tête de ces convois. « On devra, à cet effet, faire reconnaître les emplacements à « l'avance pour voir s'ils sont suffisants ; dans le cas contraire, « les parcs devraient suivre le mouvement des troupes.

« Des ordres ont été expédiés ce matin de très bonne heure « aux 2e et 4e corps ; ils vont être adressés à la garde et au « 3e corps. Le général Jarras devra prévenir le 6e corps.

« Le 2e et le 6e corps placeront leurs convois entre Lon- « geville et Moulins-les-Metz ; le 4e placera le sien à la « gauche de ses ponts, vers la Maison de Planche.

« Le 3e corps, la garde et la réserve du général Canu « placeront leur convoi au Ban-Saint-Martin.

« Le 2e et le 6e corps suivront la route de Verdun par Mars- « la-Tour, Harville, Manheulle ; le 4e et le 3e corps s'avan- « ceront par Conflans et Etain, la garde suivra le 3e corps et « exécutera les ordres qui lui seront donnés par l'Empereur.

« Le mouvement des troupes ne commencera vraisem- « blablement que dans la soirée, au clair de lune ; si cela est « possible, il commencera dans l'après-midi.

« Le général Jarras est prié d'envoyer un officier à Borny « pour faire dire à M. le maréchal si le Ban-Saint-Martin « sera libre vers deux heures et si les artères de la ville « seront dégagées pour laisser passer les bagages du 3e corps « et de la garde.

« Dès que M. le maréchal aura reçu les rapports de ses « reconnaissances, s'il n'y a rien de nouveau, il ira prendre « les ordres de l'Empereur à Metz ; mais il ne peut savoir à « quelle heure cela lui sera possible. »

Cet ordre, ou cette instruction, que signa le général Manèque, soulève, à nos yeux, les questions suivantes :

1° A quelle heure fut-elle rédigée et expédiée ?

2° Comment s'accorde-t-elle avec les ordres antérieurs dont elle fait mention ?

3° Quels sont ses rapports avec la lettre adressée par Bazaine à l'Empereur dans la journée du 13, pendant la visite de Coffinières ?

Disons tout d'abord que l'instruction Manèque fut certainement rédigée dans la matinée du 13, bien que son expédition ait pu subir des retards involontaires.

D'après cette instruction, Jarras devait faire partir de leurs camps, vers une heure, les deux divisions de cavalerie de Forton et du Barail. De Borny à la préfecture de Metz il y a quatre kilomètres, de là à Montigny trois kilomètres, en tout sept. Il ne fallait pas moins de 42 minutes à un cavalier d'ordonnance bien monté pour faire ce chemin, qui traverse en grande partie les faubourgs et la ville elle-même; 30 minutes étaient bien nécessaires pour rédiger cette instruction, la mettre sous enveloppe, la remettre au destinataire. En outre, il faut au moins une heure à une division de cavalerie qui reçoit subitement l'ordre de partir, pour se mettre en mouvement, si elle veut ne rien laisser dans son camp, s'occuper de ses bagages et des fourrages de ses chevaux. L'instruction Manèque fut, d'après cela, rédigée vers 10 heures 1/2.

Nous arrivons à la même conclusion, si nous rappelons que les artères principales de Metz, notamment la ligne de la porte Mazelle à la porte de France et celle de la porte des Allemands à la porte de Thionville devaient être laissées libres le 13, jusqu'à 2 heures de l'après-midi.

L'instruction Manèque ne pouvait être expédiée de Borny plus tard que 10 heures 1/2.

De ce que cette instruction ne dit rien de la crue de la Moselle, survenue dans la nuit du 12 au 13, il résulte qu'elle fut rédigée avant que Coffinières ne se rendît à Borny pour conférer avec Bazaine et l'informer de l'état des ponts.

A quel moment Coffinières était-il à Borny chez Bazaine? Le général Coffinières ne parvint pas à s'en souvenir au procès; il ne put ou ne voulut trouver aucun indice se rapportant à cette heure de la journée du 13. — D'après sa déposition, Coffinières se rendit auprès de Bazaine dès qu'il apprit la nomination de celui-ci. Nous croyons pouvoir affirmer que le général Coffinières ne se rendit à Borny que dans les premières heures de l'après-midi. Nos raisons sont les suivantes :

Quoique Bazaine ne fasse pas mention d'un entretien avec l'empereur à Metz dans la journée du 13, et qu'il dise qu'il resta à cheval toute cette journée, il est cependant question dans l'instruction Manèque (G) du projet de Bazaine de se rendre auprès de l'empereur dès qu'il aura reçu les rapports sur les reconnaissances du matin. Il est vraisemblable qu'il exécuta ce projet, surtout s'il reçut, dans la matinée du 13, la lettre de l'Empereur (A) qui le pressait de battre en retraite. Cette lettre ne répondait certainement pas aux idées personnelles de Bazaine, bien qu'il eût déjà, pour satisfaire aux intentions exprimées par l'empereur dans l'après-midi du 12, fait rédiger par le général Manèque les ordres éventuels de retraite sur la rive gauche de la Moselle. L'heure du départ des troupes n'était pas indiquée dans ces ordres, sauf pour les divisions de cavalerie. Bazaine avait donc intérêt à conférer avec l'Empereur à la suite de la lettre (A). Ajoutons que le général Jarras, qui a fait preuve, dans le procès Bazaine, d'une mémoire rare, assure qu'il a vu, le 13, le maréchal Bazaine à Metz et qu'il lui a parlé entre midi et deux heures au plus tard. D'après lui, Bazaine serait venu en voiture à Metz pour voir l'Empereur, et il était sur le point de retourner à Borny quand Jarras s'approcha de sa voiture et lui demanda ses ordres. Bazaine répondit qu'il n'avait provisoirement pas d'ordres à donner. C'est vraisemblablement plus tard que Jarras reçut l'instruction Manèque (G), dont le porteur lui communiqua verbalement l'ordre de rester à Metz, où le maréchal prendrait en passant son état-major, lorsqu'il se rendrait de Borny à Moulins-les-Metz.

Si nous essayons de reconstruire la journée du général Frossard le 13, en connexion avec celle du maréchal Bazaine, voici à peu près ce que nous trouvons :

Le 12, vers midi, Coffinières a reçu de Jarras, au nom de l'empereur, une note l'invitant de nouveau à jeter sur la Moselle le plus de ponts possible et lui apprenant en même temps que les Allemands sont entrés à Nancy. Le 13, au matin, disons entre 7 et 8 heures, Coffinières apprend que la crue de la Moselle a causé des dégâts aux ponts déjà construits. D'après les indications qu'il a reçues la veille, il a tout intérêt à examiner sur place les dégâts, afin de prendre immédiatement ses mesures pour les réparer. Il fait donc sa toilette, se rend aux ponts principaux, les examine et donne ses ordres. Vers 11 heures, il retourne à Metz, où il reçoit divers rapports de ses aides de camp, entre autres la nouvelle que Bazaine est nommé général en chef. Le déjeuner attend le général qui n'a pas eu jusqu'ici le temps de songer à sa personne. Après déjeuner, il examine de nouveau la situation et croit nécessaire d'aller lui-même aux informations. Il fait atteler ; peut-être reçoit-il encore avant de partir pour Borny d'autres communications au sujet de la retraite projetée. — Il arrive à Borny entre une heure et deux et y trouve Bazaine, qui a donné le matin des ordres provisoires, tels qu'ils sont résumés dans l'instruction Manèque (G), qui a reçu ensuite la dépêche impériale (A), ce qui l'a fait aller à Metz où il a parlé d'abord à l'Empereur, puis, tout à fait en passant, à son nouveau chef d'état-major, général, Jarras. — Bazaine vient justement de revenir à Borny, peu satisfait de son entretien avec l'Empereur qui l'a de nouveau pressé de se retirer. On lui annonce alors Coffinières qui lui fait son rapport sur les ponts. Là-dessus, Bazaine écrit à Napoléon (B), vers 2 heures, et lui communique les nouvelles reçues de Decaën. Coffinières retourne ensuite à Metz et poursuit (probablement) la construction des ponts.

Bazaine monte alors à cheval pour visiter les positions avancées, notamment celles du 3e et du 4e corps. Cette visite le confirme dans l'idée, dont il est toujours poursuivi, qu'il vaut mieux provisoirement ne point passer sur la rive gauche, et il écrit dans ce sens à Napoléon (D), à 9 heures du soir, après être revenu de sa reconnaissance et s'être entretenu avec le général Manèque. Ce n'est qu'après cela qu'arrive la dépêche de l'Empereur avec celle de l'impératrice (E et F), qui décident Bazaine à ordonner définitivement la retraite.

Dans la lettre (B) il est question d'ordres donnés par Bazaine pour reconnaître les abords des ponts. Ces ordres existent sans désignation d'heure. Les voici :

(H) « *Le maréchal Bazaine aux généraux de Ladmirault et Frossard.*

« Borny, 13 août.

« Faites de suite reconnaître les ponts qui ont été jetés « derrière vous et donnez des ordres pour que l'on soit prêt « à exécuter un mouvement ce soir dès que la lune sera « assez haute, si l'installation des ponts le permet, car la « crue des eaux de la Moselle a couvert d'eau les ponts de « chevalets et d'un blanc d'eau les prairies par lesquelles « on débouche.

« On signale à droite, à Ars-Laquenexy et à Retonfey, « de fortes reconnaissances ennemies, et il y a constamment « des coups de fusil échangés entre nos grand'gardes et « elles.

« *P. S.* — Il est probable que le mouvement ne pourra « se faire que demain. »

En 1870, la lune était pleine le 11 août; le 13 elle était assez haute à 10 heures du soir pour que sa lumière pût favoriser la marche. On voit cependant que l'ordre cité remet assez clairement au 14 dans la matinée le commencement du mouvement.

Avant que cet ordre spécial ne parvînt aux généraux Frossard et de Ladmirault, ils en avaient déjà reçu d'autres. Le général Frossard dit à ce propos :

« Le général en chef nous adresse, à cet effet (passage de la Moselle) les instructions suivantes :

« Tenez-vous prêt à faire un mouvement demain matin « 14, dès que l'installation des ponts jetés sur la Moselle « vous le permettra. Vous ferez prendre des vivres pour les « journées des 14, 15 et 16 août; et vous désignerez les « hommes non valides qui devront être laissés dans la place.

« Une dépêche subséquente recommande de faire reconnaître l'état des ponts, car une crue de la rivière les a

« recouverts d'eau et a inondé en partie les prairies par « lesquelles on débouche (1). »

Il est surprenant que rien, dans ces observations, n'ait trait à l'instruction Manèque (G) ; quelques-unes au contraire rappellent l'ordre spécial (H) de Bazaine pour Ladmirault et Frossard. — Voici ce que dit au procès Bazaine le général Frossard : « J'ai reçu le 13 août, au soir, l'ordre de passer de la rive droite sur la rive gauche de la Moselle. Cet ordre m'avait été donné par une dépêche paraissant exprimer le désir très grand que le passage eût lieu le plus vite possible, mais ajoutant que l'état de la crue de la Moselle, ainsi que l'état des ponts et leur insuffisance, ne permettraient guère de passer que dans la journée du 14 ».

Cette déposition se rapporte indubitablement à l'ordre spécial (H), qui avait été aussi indubitablement précédé d'un autre ordre. *Au soir*, dans le langage moderne, peut vouloir dire tout le temps écoulé de midi à minuit, — une éternité lorsque les circonstances sont pressantes !

Le général de Ladmirault dépose également : « Le 13, dans la soirée, nous reçûmes l'ordre de faire nos préparatifs pour passer de la rive droite de la Moselle sur la rive gauche dans la journée du 14 ; l'heure indiquée était midi ».

Rien, ou à peu près, dans cette déposition ne rappelle soit l'instruction Manèque (G), soit l'ordre spécial (H).

Voici ce que dit du 13 août le lieutenant-colonel Fay :

« Dans la soirée, le nouveau commandant en chef de l'armée lui adresse les instructions suivantes : « On « tiendra prêt à faire mouvement demain 14, à 5 heures « du matin. Tout le monde prendra des vivres pour les 14, « 15 et 16, et l'intendant général emportera le plus de ra- « tions possible, en ne laissant dans Metz que les transports « nécessaires à la garnison. On désignera ce soir les hommes « non valides qui devront être laissés dans la place, et ils « seront organisés en détachements réguliers. » — Outre

(1) *Rapport sur les opérations du deuxième corps de l'armée du Rhin dans la campagne de* 1870, par le général Frossard, page 77.

ces détachements, la garnison de Metz comportera des dépôts, des quatrièmes bataillons, de la garde nationale mobile et sédentaire, et comme noyau principal, la division de Laveaucoupet, détachée du 2e corps » (1).

On doit croire que la partie comprise entre guillemets est empruntée littéralement à un ordre, et cet ordre fut certainement donné de bonne heure dans l'après-midi, puisqu'il dit : on désignera *ce soir* les hommes non valides qui seront détachés à la garnison de Metz. Ce qui nous étonne, c'est que Fay parle dès le 13 de la division de Laveaucoupet comme noyau principal de la garnison de Metz, car il est certain que c'est seulement le 14, vers 11 heures du matin, alors qu'elle était prête à passer avec son corps d'armée sur la rive gauche de la Moselle, que cette division reçut l'ordre de rester à Metz, comme noyau de la garnison.

Dans les citations qui précèdent, il n'est pas question de l'instruction Manèque (G), telle qu'elle fut adressée à Jarras.

Dans le fait, cette instruction ne peut être considérée comme un ordre général pour toute l'armée, devant être également communiqué à tous les corps d'armée. On a, au contraire, suivi, pour les ordres adressés aux 2e, 4e et 3e corps, le système des ordres spéciaux, qui étaient donnés successivement et dont plusieurs furent ensuite complétés ou modifiés par des communications écrites ou verbales. Un tel système ne saurait être recommandé : chaque commandant de corps d'armée reçoit ainsi son ordre particulier, dans lequel il n'est question que de ce qu'il devra faire. Il en résulte très facilement des confusions, et les informations de chaque commandant de corps sont toujours incomplètes.

Il faut, pour chaque grand mouvement, un ordre général qui soit communiqué à tous les commandants de corps. Cet ordre doit indiquer le but général et l'action de chaque corps d'armée. L'officier qui le rédige doit se rendre exactement compte de l'ensemble résultant de tous les mouvements particuliers, et chaque commandant de corps qui reçoit l'ordre,

---

(1) *Journal d'un officier de l'armée du Rhin*, 3e édition, p. 63.

ayant une connaissance complète des instructions données aux autres corps, peut régler pour le sien ce qui ne serait pas clairement exprimé dans l'ordre général. Si, au contraire, des ordres particuliers, tous différents, sont adressés aux commandants de corps, si ces ordres ne sont pas rédigés par le même officier et donnés à la même heure pour tous les corps d'armée, il est trop naturel que des contradictions se produisent. L'expédition régulière des ordres en souffre également. Ainsi, par exemple, il est très probable que la division de Forton ne reçut pas d'ordres le 13.

Le système des ordres particuliers, avec ses hésitations et ses oscillations, servait, beaucoup mieux qu'un ordre général précis, la tendance qu'avait Bazaine à traîner les choses en longueur, pour voir clairement s'il devait persévérer dans son dessein de prendre l'offensive sur la rive droite de la Moselle. Nous trouvons en cela un motif de plus pour condamner le premier de ces systèmes.

N'abandonnons pas encore le 13 août.

Nous avons d'abord à relater les ordres généraux d'administration pour les troupes en retraite, donnés le soir du 13 à Borny, très tard d'après Bazaine, pour le 14 août, et qui furent rédigés par le général Manèque au rapport du 13. Voici ces ordres :

« *Rapport du* 13 *août.*

« Château de Borny, 13 août 1870.

« S. Ex. le maréchal Bazaine, commandant en chef, prescrit les mesures suivantes :

« MM. les commandants de corps d'armée et chefs de service ne doivent pas perdre de vue qu'il est indispensable que les troupes sous leurs ordres, soient toujours pourvues de deux jours de vivres dans le sac, sans compter la journée courante, et que leurs réserves divisionnaires doivent toujours avoir sur les voitures des trains militaires au moins quatre jours de vivres pour les hommes et les chevaux.

« Le paquetage des hommes d'infanterie devra être fait

de manière à ne jamais gêner le jeu des armes et être fait plutôt en hauteur qu'en largeur, la charge des chevaux allégée autant que possible, et l'on se dispensera désormais de faire emporter aux cavaliers les bottillons de fourrage qui les surchargent inutilement.

« Avec du grain, la cavalerie doit pouvoir marcher plusieurs jours.

« L'artillerie doit éviter de mettre sur ses voitures de combat toute espèce de surcharge en vivres pour les hommes et les chevaux.

« Les bagages des officiers de toutes armes et de tout grade seront immédiatement réduits aux limites réglementaires comme volume et comme poids; tout excédent sera laissé en arrière et, sous aucun prétexte, ne sera toléré dans les colonnes.

« MM. les commandants de corps d'armée et chefs de service organiseront immédiatement les petits dépôts prévus par l'article 22 du règlement sur le service en campagne.

« Ces petits dépôts, organisés par armes et par divisions, seront placés sous le commandement d'un officier fatigué, ou, à son défaut, sous les ordres d'un officier actif. M. le général Crespin, commandant la 5e division territoriale à Metz, est prévenu qu'il ait à les recevoir.

« Ces petits dépôts seront dirigés sur Metz aujourd'hui, et MM. les officiers destinés à les commander emporteront des états nominatifs pour les officiers, numériques pour la troupe.

« En arrivant, ils se présenteront à l'état-major divisionnaire et prendront les ordres pour leur installation et leur service.

« M. le maréchal a remarqué que, dans les colonnes en route, les têtes de colonne d'infanterie marchent d'un pas trop accéléré et que, même par bataillon, les derniers pelotons sont obligés de courir. Il recommande expressément que les têtes de colonne marchent toujours à l'allure du pas de route; que chaque colonne formée par demi-section marche à distance entière, afin d'être toujours prête à se former à gauche ou à droite en bataille. Il y aura toujours, à la gauche de chaque régiment, une arrière-garde de gradés chargés de faire rejoindre les hommes qui veulent rester en arrière.

« Chaque régiment aura à sa suite, à la disposition du médecin-major, un certain nombre de cacolets, pour ramasser les hommes malingres et fatigués de la marche.

« Les bagages des corps, à moins d'ordre contraire, ou en cas de marches à proximité de l'ennemi, n'auront d'autre garde que les hommes chargés de leur conduite, les ordonnances d'officiers et un petit nombre d'hommes mis à la disposition du vaguemestre. On avait pris l'habitude de détacher des compagnies entières pour garder les bagages, ce qui diminuait les effectifs, et MM. les prévôts des divisions devront veiller scrupuleusement à ce que, sous aucun prétexte, ces hommes ne mettent leur fusil ou leur fourniment sur les voitures.

« MM. les commandants de corps d'armée seront juges de l'opportunité qu'il pourrait y avoir à donner aux bagages une escorte plus considérable.

« Quant aux transports auxiliaires de l'administration, ils seront toujours maintenus *au moins à une demi-journée* en arrière des corps d'armée.

« Toutes les permissions qui ont été accordées à des cantiniers civils, pour suivre l'armée, seront immédiatement retirées. MM. les prévôts sont chargés de l'exécution de cet ordre, sous leur responsabilité personnelle.

« MM. les commandants de corps d'armée ou chefs de service s'assureront que les cantinières régimentaires sont réduites au chiffre réglementaire et que leurs attelages sont en état de suivre les colonnes.

« Le maréchal insiste de nouveau sur la nécessité absolue, qu'une fois en position de combat ou de campement, toutes les voies de communication en avant, à gauche et à droite de chaque division, soient constamment dégagées de toutes voitures inutiles au combat, et, au besoin, on fera jeter dans le fossé tous les récalcitrants.

« Le maréchal recommande expressément que chaque régiment d'infanterie, même en colonne de route, soit suivi de ses caissons de munitions à deux roues. L'artillerie a été prévenue et doit donner des ordres en conséquence. Toutes ces mesures ont été négligées presque partout.

« Le maréchal a eu l'occasion de remarquer que le service des reconnaissances des avant-postes est généralement mal compris. Il rappelle à tous les généraux, chefs de corps et officiers de tous grades placés sous ses ordres, qu'ils ne peuvent avoir de meilleur guide dans cette partie importante du service que les prescriptions du règlement du 3 mai 1832.

« Ce règlement, résultat de l'expérience de nos pères, dans les grandes guerres de la République et de l'Empire, doit être notre évangile. Que chacun, du haut en bas de la hiérarchie, s'en inspire et nous ne pouvons avoir de meilleure règle, en y ajoutant les nécessités qui résultent du nouvel armement de notre ennemi et de nous.

« Le maréchal a constaté avec regret de nouveaux excès de nos troupes qui pillent, maraudent et volent dans un pays français ; il appelle sur ce point l'attention de MM. les commandants de corps ou chefs de service. Il regretterait d'avoir à sévir, mais il y est fermement résolu.

« MM. les commandants de l'artillerie et du génie de chaque corps d'armée devront, pour ce qui concerne leur service, correspondre directement avec MM. les généraux de Rochebouet de l'artillerie, Vialla du génie et M. l'intendant Friant.

« *Le maréchal commandant en chef,*

« Par ordre :

« *Le général chef d'état-major général,*

« MANÈQUE. »

Au dire de Bazaine, ces prescriptions générales n'auraient été communiquées aux corps que dans la matinée du 14 août ; d'après d'autres témoignages, par exemple celui du général Frossard, elles auraient été, au moins en partie, connues des corps dès le 13.

Ce qui est bien établi, c'est que les ordres de marche, tels qu'ils sont résumés dans l'instruction Manèque (G), ne furent pas complètement exécutés, non seulement à cause du retard indiqué dans l'instruction même, puisque les commandants de corps étaient avisés d'attendre un ordre spécial pour se mettre en mouvement, mais encore par suite de la manière défectueuse dont furent expédiés ces ordres.

D'après l'instruction Manèque (G), la division de cavalerie de réserve de Forton aurait dû passer le 13, vers une heure, sur la rive gauche de la Moselle. Mais reçut-elle bien cet ordre? Ou fut-il rapporté plus tard? Toujours est-il que le général de Forton était encore à Montigny le 13 à 6 heures du soir. D'après un rapport adressé à Bazaine à cette heure là, Forton avait reçu l'ordre de faire une reconnaissance sur la rive droite vers Corny. Cette reconnaissance était partie de Montigny à 2 heures 45 de l'après-midi. Elle se composait de deux escadrons du 9ᵉ dragons, que suivaient comme réserve, à une demi-heure de distance, les deux autres escadrons du même régiment. Avec cette réserve marchait le prince Murat, commandant la brigade à laquelle appartenait le 9ᵉ dragons. Au moment du départ des deux premiers escadrons, c'est-à-dire à 2 heures 45; Forton ne savait pas encore que Bazaine fût nommé général en chef, car son rapport était adressé à Lebœuf; il n'avait donc pas reçu à 2 heures 45 l'instruction Manèque, par l'intermédiaire de Jarras; ce n'était donc pas non plus de Bazaine qu'il avait reçu l'ordre de faire une reconnaissance. Vers 6 heures du soir, Forton reçut de Murat le rapport que la cavalerie prussienne se trouvait entre Jouy-aux-Arches et Corny. Il ordonna alors au 1ᵉʳ dragons, de la brigade Murat, de se tenir prêt à monter à cheval pour aller soutenir le 9ᵉ, si celui-ci se heurtait à des forces ennemies considérables. Il attendait du reste tranquillement le retour de Murat pour savoir exactement le résultat de la reconnaissance et en faire son rapport. Il n'est nulle part question d'un mouvement vers la rive gauche.

Au reproche adressé au commandement de l'armée française de n'avoir pas fait détruire les ponts de la Moselle au-dessus de Metz, entre cette place et Frouard, il a été répondu qu'on avait conservé, jusque dans la nuit du 13 au 14, l'idée d'une offensive sur la rive droite de la Moselle; que dans cette éventualité, il ne convenait pas de détruire ces ponts, parce qu'on pouvait en avoir besoin et qu'il importait peu que des troupes ennemies pussent en faire usage. Acceptons cette thèse, en laissant volontiers aux sages de l'Orient les subtilités et l'infaillibilité du Syllabus, mais nous nous demanderons au moins si ces ponts ne devaient pas être défendus par les Français. Que les troupes affectées à cette défense ne reçussent pas l'ordre de tenir à toute extrémité, nous l'admettrons, mais elles devaient, en se retirant, ne pas perdre de vue les Allemands traversant la Moselle, et opposer même des obstacles à leur marche. Une fois que la retraite de l'armée française sur la Meuse fut définitivement résolue par Bazaine, dans la soirée du 13, à minuit peut-être, il fallait opposer le plus d'obstacles possible aux Allemands qui se trouvaient sur la rive gauche de la Moselle. Si des détachements français étaient déjà en face de ces Allemands au-dessus de Metz, on recevait par eux des renseignements exacts, et il fallait avant tout les renforcer au lieu d'entreprendre là une organisation toute nouvelle.

Ces détachements avancés pour défendre et observer la haute Moselle devaient naturellement ne pas être d'une faiblesse ridicule, mais se composer au moins de deux ou trois brigades d'infanterie et de cavalerie.

Nous avons donné ici notre opinion d'une manière générale, afin de pouvoir mieux mettre en lumière les faits qui ont trait à l'activité du général Coffinières et de la brigade Margueritte sur la haute Moselle.

Le général Coffinières ne se croyait pas autorisé à modifier en rien, de son propre mouvement, le théâtre de guerre où devait opérer l'armée dont il commandait le génie, c'est-à-dire à faire sauter, sans ordres supérieurs, les ponts entre Metz et Frouard. Il avait parfaitement raison. Mais le devoir du commandant du génie n'était-il pas d'attirer l'attention du général en chef sur les éventualités qui pouvaient résulter de l'abandon des ponts de la haute Moselle, éventualités menaçantes dans les circonstances où l'on se trouvait? C'est là une tout autre question. Non seulement le général Coffinières, mais beaucoup d'autres gens répondent : Non! On devait admettre que le commandement en chef de l'armée était informé de tout; en lui donnant de bons conseils, on courait le risque de s'attirer des réponses blessantes ou des leçons. Cela peut être vrai, nous ajouterons : malheureusement! Mais l'homme sensé ne doit pas y faire attention. Que le commandement en chef d'une armée soit constamment informé de tout ce qui arrive et qu'il pense à tout, on ne saurait l'admettre. Le plus souvent, il y a beaucoup à redire sous ce rapport.

Nous trouvons cependant que le 11 ou le 12 août, le général Coffinières avait le dessein de faire quelque chose pour la sûreté du chemin de fer de Frouard à Metz et qu'il avait d'abord désigné pour ce service important une compagnie de francs-tireurs de la Moselle. Ces gens furent assez sensés pour déclarer qu'ils ne suffiraient pas pour cette mission; pour les remplacer, le général Coffinières trouva 100 hommes du corps volontaire de chemins de fer, et il les chargea de garder toute la ligne de Frouard à Metz, sous les ordres du chef de bataillon Kaufmann, qui mit son quartier général à Pont-à-Mousson. Ils s'y rendirent le 12 août et revinrent naturellement le 13 sans avoir rien fait. Cette occupation de Pont-à-Mousson était ridicule. Que quelques braves gens pussent se faire illusion à cet égard, on le comprend. Mais qu'un vieux général ait pu construire tout un plan sur une pareille insanité, c'est vraiment incompréhensible, — au moins pour nous.

Le 12 août, le général Margueritte, de la division du Barail, reçut l'ordre de marcher avec sa brigade sur Pont-à-Mousson, par la rive gauche de la Moselle. Cet ordre était provoqué par des nouvelles arrivées dans l'après-midi du 12, de Pont-à-Mousson et de Novéant, au quartier général de Napoléon, annonçant que les Prussiens avaient paru à Pont-à-Mousson. Margueritte traversa Novéant le 12 à 6 heures du soir et son avant-garde surprit à la nuit un détachement de cavalerie prussienne à Pont-à-Mousson. Cependant Margueritte fut rappelé fort tard dans la soirée et, à minuit, il était de retour à Novéant. La situation lui semblait si périlleuse sur la haute Moselle qu'il demanda formellement de Novéant si l'ordre qu'il avait reçu de revenir à Metz subsistait encore. Il reçut une réponse affirmative. L'envoi de Margueritte à Pont-à-Mousson, aussi bien que son rappel, eurent lieu à l'insu de Bazaine ; ces deux mouvements avaient été ordonnés par l'état-major de l'Empereur, c'est-à-dire sous l'égide du maréchal Lebœuf, sinon par lui-même. Le rappel précipité de Margueritte fut occasionné sans doute par le dessein de plus en plus arrêté chez Napoléon d'abandonner la ligne de la Moselle, et par la remise du commandement suprême à Bazaine auquel il fallait laisser les mains libres.

Le passage sur la rive gauche de la Moselle commença réellement le 14 août. De grand matin, les nombreux convois traversèrent la ville, non dans l'ordre le plus parfait, et se massèrent en dehors du fort Moselle, au pied des hauteurs. L'empereur Napoléon sortit de Metz à midi, sans aller plus loin que Longeville où il mit son quartier général.

Quant à la marche des troupes, nous allons suivre chacune des colonnes : celle du sud par Mars-la-Tour, celle du nord qui devait marcher sur Doncourt.

En tête de la colonne du sud se trouvait la division de cavalerie de réserve de Forton. Elle partit de Montigny le 14 août de grand matin, passant paraît-il, à travers la ville, et elle n'alla que jusqu'à Gravelotte, faisant ainsi une marche de 14 kilomètres au plus.

Elle était suivie par le 2e corps, Frossard. Ce corps avait reçu, le 14 au matin, l'ordre de se mettre en mouvement. Frossard fit marcher l'artillerie et les bagages, ainsi que la cavalerie, à travers la ville et le fort Moselle d'où ces troupes sortirent par la porte de France. L'infanterie qui devait utiliser les ponts de campagne en amont de la ville, retarda son départ jusqu'à 10 heures du matin, afin de donner à l'eau qui couvrait les prairies de la Moselle le temps de s'écouler un peu. La division Bataille marchait la première, puis la division Vergé et enfin la brigade Lapasset. Les troupes furent considérablement retardées par le désordre de la marche des convois, déjà arrivés en partie à Longeville et Moulins. Le 2e corps ne s'établit qu'entre 9 et 10 heures du soir au bivouac qui lui avait été indiqué à Rozérieulles. La division de cavalerie de Valabrègue, arrêtée encore plus longtemps au Ban-Saint-Martin, entre la porte de France et Longeville, n'arrivait à Rozérieulles que le 15 au matin.

Ce n'était pas seulement aux deux divisions de cavalerie mais à tous les autres corps de l'armée que les ordres du 14 août indiquaient Rozérieulles comme le point où ils devaient camper le soir. C'est vraiment incroyable ! Un ordre semblable, s'il eût été suivi, entraînait inévitablement un effroyable désordre, non seulement sur la seule route conduisant du fort Moselle à Rozérieulles, mais encore au bivouac, si l'on y arrivait. Bazaine a dit à plusieurs reprises dans son procès, qu'il avait assez fait comme général en chef, lorsqu'il avait donné au chef d'état-major général l'idée générale, et que c'était le rôle de ce dernier de régler les détails. Mais quel était le chef d'état-major général : Manèque ou Jarras ? Quel est celui de ces deux généraux qui a manqué à son devoir ? La faute d'éloigner le général Jarras de toute conférence sur une situation qu'il aurait dû débrouiller et régulariser n'a-t-elle pas contribué au désordre survenu, désordre qui aurait été encore plus grand si toutes les troupes de l'armée avaient été réellement mises en mouvement sur Rozérieulles ?

Le 6e corps, Canrobert, devait suivre le 2e. Il passa la Moselle sur le pont du chemin de fer de Longeville et se concentra, dans la nuit, sur la rive gauche, à Longeville, probablement entre cette localité et Sey.

La garde impériale devait suivre le 6e corps dans la ville, en passant par la porte des Allemands. A trois heures de l'après-midi, Bourbaki était en train de rompre. Comme une grande accumulation de voitures avait produit du désordre à la porte des Allemands, Bourbaki s'y rendit de sa personne pour rétablir l'ordre. Pendant qu'il se trouvait là, éclata la bataille de Borny, comme l'appellent les Français, de Colombey-Nouilly, selon les Allemands. Bourbaki fit alors faire demi-tour à ses divisions déjà en retraite, afin de pouvoir soutenir le 3e corps engagé dans la lutte. La division de voltigeurs, Deligny, prit position à l'aile droite, au fort Queuleu, la division de grenadiers, Picard, à l'aile gauche, au fort les Bottes (Bordes). A 7 heures, Bourbaki y parla au maréchal Bazaine. La garde conserva ses positions sans prendre part au combat. Comme elle n'avait pas reçu de nouveaux ordres à 11 heures du soir, et que Bourbaki n'était pas certain si le mouvement derrière la Moselle continuerait ou si Bazaine avait changé d'avis, il lui fit demander des ordres et reçut pour réponse que le passage sur la rive gauche de la Moselle devait continuer.

La garde se mit alors en mouvement et, le 15, vers cinq heures du matin, elle était réunie sur la rive gauche en dehors du fort Moselle.

La division du Barail avait la tête de la colonne du nord. Elle marcha le 14 août sur Doncourt, par Woippy et Saint-Privat. Le 4e corps, Ladmirault, devait d'abord la suivre, puis le 3e corps, encore commandé par le général Decaën. Nous avons vu qu'on n'avait pas indiqué à ces deux corps, jusqu'à Gravelotte, d'autres chemins que ceux de la colonne du sud.

Ladmirault rompit, le 14 à midi, des positions qu'il occupait sur la rive droite de la Moselle, entre cette rivière et le ravin de Lauvallier. Les bagages marchaient les premiers, puis la division Lorencez, la division Cissey, la cavalerie de réserve, l'artillerie de réserve, et enfin la division Grenier, qui avait à Mey l'aile droite du corps d'armée. Le corps entier devait descendre, près du fort Saint-Julien, les pentes escarpées de la rive droite de la Moselle, pour passer, sur les ponts de campagne, dans l'île Chambière et de là sur la rive gauche. Toutes les troupes, excepté la division Grenier, étaient en mouvement et en partie arrivées sur la rive gauche ou dans l'île Chambière, lorsque Ladmirault fut informé, à trois heures passées, que Grenier était attaqué par les Allemands. Ladmirault n'en fut pas étonné, parce qu'il savait, depuis le 12 août, qu'il avait devant lui une grande partie de la Première armée allemande, Steinmetz. Il fit aussitôt faire demi-tour à sa réserve d'artillerie et de cavalerie pour les porter au secours de Grenier. Les divisions Cissey et Lorencez furent également ramenées sur la rive droite de la Moselle. La division Cissey prit part à la bataille de Borny. Lorsque les Allemands se retirèrent, fort tard dans la soirée, Ladmirault fit encore un mouvement en avant pour les suivre, mais, sur ces entrefaites, il reçut l'ordre de reprendre son passage sur la rive gauche et d'aller camper à Rozérieulles. Il passa donc la rivière pendant la nuit et établit, le 15 août, son corps d'armée entre la Maison de Planche et le Sansonnet. Lui-même mit son quartier général au Sansonnet.

Le général Ladmirault a dit, dans le procès Bazaine :

« A huit heures du matin, tout mon corps d'armée était sur la rive gauche. » — Cela est en contradiction avec les rapports mêmes du général, écrits au Sansonnet le 15 août, naturellement sans indication d'heure ; il est dit dans ces rapports :

« ..... J'ai dû garder les positions jusqu'à une heure de la nuit et diriger alors les troupes vers les ponts de la Moselle. A peine avais-je pu rallier tout le monde aujourd'hui à midi. »

Et plus tard, encore du Sansonnet, le 15 août, sans indication d'heure, mais également dans l'après-midi, à une heure au plus tôt :

« Conformément aux ordres de Votre Excellence, je vais mettre en route les troupes du 4e corps pour les diriger sur Doncourt-en-Jarnisy.

« Je suis loin d'avoir rallié tous les hommes des régiments, mais ils arrivent successivement, et je regarde comme complète la 3e division (Lorencez) qui, ce matin à six heures, est arrivée la première au bivouac. Je fais remplacer ses munitions, surtout celles de ses batteries d'artillerie qui, hier 14, ont pris une part très vive au combat qui s'est livré sur le plateau de Saint-Julien. Je lui fais distribuer les vivres dont elle a besoin, et enfin je compte la mettre en route à deux heures.

« Le reste des troupes du 4ᵉ corps suivra cette division à de très courts intervalles, mais de manière à empêcher les encombrements.

« Enfin, demain dans la matinée, j'espère que tout le 4ᵉ corps sera réuni à Doncourt-en-Jarnisy.

« *Le général commandant le 4ᵉ corps,*
DE LADMIRAULT. »

Ces rapports du général de Ladmirault ont, à nos yeux, plus d'autorité que sa déposition du 21 octobre 1873. Mais il résulte de ces rapports que, le 15 août 1870, tout le 4ᵉ corps n'était pas sur la rive gauche à huit heures du matin, que la tête de colonne de ce corps, division Lorencez, n'arrivait, au contraire, à son bivouac qu'à dix heures du matin et qu'on espérait pouvoir la remettre en marche à deux heures de l'après-midi. Or, si parfaites que pussent être les mesures prises, il était difficile que la queue du corps d'armée pût rompre avant cinq ou six heures du soir. Nous verrons bientôt que les choses se passèrent en réalité tout autrement.

Le 3ᵉ corps avait été complètement engagé dans la bataille de Borny. Son commandant, le général Decaën, y fut mortellement blessé. Le général Manèque, chef d'état-major général du corps d'armée, en prit provisoirement la direction et le fit passer sur la rive gauche de la Moselle. — Les détails sur les routes suivies dans ce mouvement par le 3ᵉ corps nous font absolument défaut. Le 15 au matin, les quatre divisions d'infanterie de ce corps se trouvaient des deux côtés du chemin de la porte de Thionville à Plappeville; la réserve d'artillerie, la division de cavalerie et le quartier général du corps étaient à la porte même de Thionville.

Le 14, dans la soirée, Napoléon apprit que le général Decaën avait été blessé mortellement, et il donna provisoirement le commandement du 3e corps au général Lebœuf, son ancien major-général, qui se trouvait alors sans emploi. Le 15, entre huit et neuf heures du matin, Lebœuf se rendit de Longeville à Moulin-les-Metz, où Bazaine avait transporté son quartier général le 14 au soir, pour recevoir ses instructions. Il alla ensuite à la porte de Thionville prendre le commandement du 3e corps qui occupait les positions indiquées plus haut. A midi, le 3e corps avait renouvelé ses munitions.

Une lettre adressée par Bazaine à Napoléon III, le 14 à midi et demi, prouve clairement combien peu le maréchal avait connaissance, à ce moment-là, de la manière dont avaient été exécutés les ordres qu'il avait ou croyait avoir donnés. Voici cette lettre :

« Borny, 14 août, 12 h. 30 m. soir.

« MM. les généraux Frossard et de Ladmirault ont commencé leur mouvement de passage de la Moselle. Le 4e corps et le 3e suivront la route de Conflans, le 2e et le 6e corps la route de Verdun. La garde suivra cette même dernière route avec la réserve du général Canu. J'espère que le mouvement sera terminé ce soir. Les corps ont ordre de camper en arrière des abords de ces routes, afin de les prendre demain matin.»

Dans son livre, l'*Armée du Rhin*, publié en 1872, Bazaine s'exprime ainsi sur les retards occasionnés par la bataille de Borny dans les mouvements de l'armée française :

« Malgré toute la diligence et le zèle qui furent apportés dans la réparation des désordres causés par la crue des eaux, il ne fut pas possible de commencer le mouvement avant le 14 au matin, et encore assez tard.

« Le 3e corps, occupant le centre de la ligne, dut couvrir la retraite. Des pertes de temps et de distance furent cause que le dernier échelon de ce corps se trouvait encore à son campement, alors qu'il aurait dû être en pleine opération de retraite et déjà sous le feu des forts. Profitant de ce retard, l'ennemi attaqua vers trois heures, et les masses qu'il présenta obligèrent bientôt toutes les troupes du 3e corps à entrer en ligne en avant de Borny. Une partie du 4e corps, qui avait opéré son mouvement, repassa la Moselle et prit part à l'action pour soutenir sa 2e division qui, n'ayant pas encore franchi la rivière, se trouvait engagée. La garde ne donna pas, elle demeura en réserve.

« Tout en arrêtant l'offensive de l'ennemi, nous dûmes quitter nos positions et achever le passage de la Moselle, déjà très avancé.

« ..... En retardant notre mouvement, les Allemands avaient obtenu le résultat qu'ils cherchaient : ils gagnèrent le jour que nous perdions. »

Nous ne voulons pas nous arrêter à des inexactitudes insignifiantes de cette exposition des faits et de leur appréciation. Nous n'en relèverons qu'une qui nous a frappé lorsque nous avons eu la connaissance exacte des évènements et des ordres donnés, et qui frappera probablement aussi tout officier intelligent. La retraite sur la rive gauche de la Moselle et l'arrivée sur les deux routes de Verdun par Mars-la-Tour et Doncourt auraient-elles eu lieu, demanderons-nous, plus vite et plus facilement si les Allemands n'avaient pas attaqué dans l'après-midi du 14 août? — C'est là, nous en faisons la remarque expresse, une question posée après connaissance exacte des faits, et elle ne concerne pas les Allemands qui, d'après ce qu'ils pouvaient savoir, eurent grandement raison d'attaquer. — Nous répondrons négativement à cette question. Il est, en effet, bien établi que tous les corps avaient l'ordre de camper à Rozérieulles le 14 août. Admettons maintenant que tous les corps de l'armée fussent passés, vers 3 heures, sur la rive gauche de la Moselle, ils se seraient alors trouvés dans la vallée étroite de cette rivière, depuis Moulins-les-Metz jusqu'à la Maison de Planche et sur une seule route. Mais il faut calculer qu'une armée de 130,000 hommes, pourvue seulement des trains indispensables, — l'armée de Bazaine traînait avec elle beaucoup de choses superflues, — occupe sur une seule route 100 kilomètres au moins. Or, la route de Moulins-les-Metz à la Maison de Planche n'a pas plus de six kilomètres. Quel désordre devait donc s'y produire forcément, si l'on avait suivi d'une manière précise les ordres donnés pour le 14 août! Si le 2e corps n'arriva à Rozérieulles que fort tard dans la soirée, quand donc y seraient arrivés les autres corps? La queue de la colonne n'aurait certainement pas été à Rozérieulles avant l'après-midi du 16, et un tel résultat supposait des efforts extraordinaires de la part des soldats.

Passons maintenant aux événements du 15 août.

Ce jour-là, de grand matin, les ordres suivants furent donnés verbalement au quartier général de Moulins-les-Metz et portés de la même manière aux commandants de corps par des officiers d'état-major.

« Le 4e corps ira à Doncourt, le 3e, derrière lui, s'arrêtera « à hauteur de Verneville et campera, à cheval sur la route, « le long de la ligne Verneville — Saint-Marcel, pour faire « face à droite (1). Il gardera le bois de Doseuillons. Le « 2e corps, dès qu'il verra la tête du 6e, continuera sa mar- « che jusqu'à Mars-la-Tour, et sera remplacé à Rezonville « et Vionville par ce dernier corps. Une division de volti- « geurs et deux batteries prendront position au Point-du- « Jour, pour couvrir au besoin la retraite; le reste de la « garde s'établira à Gravelotte, laissant à Longeville un « régiment jusqu'à ce que toute l'armée ait défilé. La cava- « lerie de Forton se placera à Tronville, et éclairera l'armée « à gauche et en avant sur la route de Saint-Mihiel; la divi- « sion du Barail fera le même service sur l'autre route de « Verdun par Jarny. »

Ces ordres furent, comme nous verrons, modifiés ou complétés dans la matinée. Suivons maintenant les mouvements des deux colonnes principales.

La division de Forton partit de Gravelotte le 15 au matin

(1) « On ne savait pas encore, ajoute le lieutenant-colonel Fay, si l'on n'aurait rien à craindre du côté du Nord, et l'on redoutait une marche de l'armée de Steinmetz, entre Metz et Thionville ».

Le maréchal Bazaine ne veut pas avoir cru à cette marche de la Première armée allemande, le 15 août. W. R.

et marcha sur Mars-la-Tour. Elle avait comme avant-garde, sur la grande route, un escadron du 1er dragons, au sud de la route un escadron du 9e dragons comme détachement de flanc gauche, et un troisième détachement, au nord de la route, la reliait avec du Barail.

De Forton fut promptement informé que des forces ennemies, en apparence considérables, se montraient au sud de Mars-la-Tour, vers Puxieux et Chambley. — C'était la 5e division de cavalerie allemande. Afin de s'éclairer plus exactement, Forton détacha dans cette direction toute sa brigade de dragons, 1er et 9e, sous le général prince Murat. Il traversa ensuite Mars-la-Tour avec la brigade de cuirassiers, 7e et 10e, général de Gramont, et ses deux batteries, et il déploya ces troupes au sud-ouest et au sud de Mars-la-Tour, en attendant le retour de Murat. — En revenant, Murat rendit compte qu'il était allé à Puxieux, où il avait trouvé des cuirassiers et des ulans avec de l'artillerie, qui avaient évacué le village à son approche. Mais en s'avançant au delà de Puxieux, Murat aurait vu les bois occupés par de l'artillerie et une nombreuse infanterie de l'ennemi. Nous verrons plus tard jusqu'à quel point cela était vrai ; constatons en attendant que la brigade Murat n'était pas allée à beaucoup plus de trois kilomètres au sud de Mars-la-Tour. La cavalerie allemande, qui avait évacué Puxieux à l'approche de Murat, le suivit immédiatement lorsqu'il se retira et son artillerie commença, des hauteurs au sud de Puxieux, une canonnade à laquelle répondit l'artillerie de Forton des hauteurs au sud de Mars-la-Tour, pendant que la cavalerie de la division française restait à l'abri à Mars-la-Tour. Forton informa aussitôt du Barail de cet incident. Laissons-le provisoirement pour observer le mouvement du 2e corps.

Le 2e corps, Frossard, quitta, le 15 au matin, son bivouac de Rozérieulles pour marcher sur Mars-la-Tour, suivant l'ordre qu'il avait reçu. Chemin faisant, un nouvel ordre lui prescrivit de faire halte à Rezonville. Bazaine avait donné cet ordre, parce qu'il venait d'être informé que la marche de tous les autres corps était retardée et qu'il craignait, en conséquence, que son armée fût trop désunie si Frossard s'avançait trop loin. De son bivouac de Rozérieulles à celui de Rezonville, Frossard n'avait à faire qu'une très petite marche d'environ 10 kilomètres. Son corps d'armée y arrivait entre 9 et 10 heures du matin (1). Comme Frossard avait appris que Canrobert avait également l'ordre de camper à Rezonville, il fit installer le bivouac du 2e corps au sud de la route de Mars-la-Tour. La division Bataille, avancée à 1500 mètres au sud-ouest de Rezonville, vers Flavigny, campa par brigades accolées, une brigade formant l'aile droite, l'autre l'aile gauche; derrière la division Bataille était la division Vergé, sur trois lignes ; la brigade Lapasset avait son aile droite au ruisseau de Gorze, son aile gauche repliée vers Rezonville, et elle observait les bois de Saint-Arnould et des Ognons ; — la réserve d'artillerie du corps campait à Rezonville. La division de cavalerie Valabrègue, du 2e corps, qui marchait en tête, s'avança jusqu'à Vionville. envoya des patrouilles au sud et se mit en communication avec Forton.

Le combat d'artillerie, engagé par Forton contre les Prussiens, qui fut du reste assez oiseux et dura environ une heure, doit avoir commencé vers dix heures du matin et s'être terminé à onze. Vers la fin de cet engagement, la tête de la division du Barail se montra au nord de Mars-la-Tour, et la tête de la division Valabrègue à l'est de Vionville. — Frossard, qui avait entendu de Rezonville le canon de Mars-la-Tour, se rendit lui-même, devançant la division de cavalerie, auprès de Forton, avec lequel il eut un entretien après le combat d'artillerie.

De Forton se trouvait un peu en l'air à Mars-la-Tour. Si

(1) Ce renseignement se trouve dans le livre de Frossard, *Rapport sur les opérations du deuxième corps*, paru en 1871. Dans sa déposition au procès Bazaine, le 20 octobre 1873, Frossard a dit qu'il était arrivé à Rezonville vers 10 heures du matin, avec une partie de ses troupes; que le reste l'y avait suivi entre 11 heures et midi. Que vers midi, il avait, lui Frossard, entendu le canon en avant et qu'il s'était alors rendu de sa personne auprès du général de Forton. W. R.

les Prussiens avaient de l'artillerie et de l'infanterie, il pourrait difficilement leur tenir tête, et il vaudrait mieux qu'il se retirât sur Vionville où il se trouverait appuyé par le 2e corps. — Frossard ne fit pas d'objection, mais il observa qu'il n'avait pas d'ordres à donner à Forton et que celui-ci pouvait en demander à Bazaine.

Forton fit alors boire et reposer les chevaux, puis il se retira sur Vionville à une heure et demie; avant lui, Valabrègue se retira derrière (à l'est) Vionville.

Forton établit son bivouac à l'ouest et tout près du village, la brigade de dragons au sud de la route de Mars-la-Tour, la brigade de cuirassiers au nord de cette route. Immédiatement derrière la brigade de cuirassiers campa la division Valabrègue. Forton s'entendit avec Valabrègue pour le service de sûreté de leurs bivouacs qui pouvaient être regardés comme n'en formant qu'un seul.

Forton plaça cinq grand'gardes, dont trois au nord de la route de Mars-la-Tour, vers le bois de Tronville; la grand' garde la plus rapprochée de la route était fournie par le 10e cuirassiers, les deux autres, plus à droite (au nord), par le 7e cuirassiers. Chacune de ces grand'gardes, qui envoyaient des patrouilles dans les bois situés devant elles, était d'environ un peloton. A l'aile droite des grand'gardes de cuirassiers se reliait une grand'garde du 4e chasseurs, de la division Valabrègue, laquelle campait entre Vionville et Rezonville. Ce 4e régiment de chasseurs renforçait, pour la nuit, d'un peloton de cavaliers à pied chaque grand'garde de cuirassiers.

Au sud de la route de Vionville à Tronville, était une grand'garde d'un demi-escadron du 1er dragons, qui appuyait à la route de Mars-la-Tour l'aile droite de ses vedettes. A gauche de cette grand'garde, s'en trouvait une autre du 9e dragons (un peloton); à gauche de celle-ci, une troisième grand'garde du 7e dragons (division Valabrègue) occupait le cimetière élevé de Vionville, et se reliait à l'est, vers le ravin de Gorze, aux grand'gardes d'infanterie du corps de Frossard. Pendant la nuit, un poste de 20 dragons à pied fut, en outre, placé dans l'angle formé par les routes qui vont de Vionville à Mars-la-Tour et à Tronville.

On voit, d'après ces détails, que les grand'gardes de cavalerie étaient trop resserrées et trop rapprochées des camps; — bien que des patrouilles de reconnaissances fussent envoyées au delà de leurs lignes de vedettes, il n'en est pas moins très vraisemblable, d'après ce que l'on sait, que ces patrouilles ne s'avancèrent pas très loin, pas aussi loin qu'il aurait fallu.

Revenons à Bazaine, au 6e corps et à la garde.

Le 14, à onze heures du soir, Bazaine eut avec Napoléon III un entretien sans témoins. Napoléon étant mort, Bazaine seul peut nous dire le sujet de cette entrevue. Celui-ci affirme qu'il n'y fut pas question d'une retraite à tout prix sur Verdun. Il dit que le 14 au soir tout le monde était encore persuadé que l'on pourrait exécuter avec une facilité relative la marche sur Verdun; qu'on n'avait encore connaissance que d'un corps allemand d'environ 30,000 hommes, qui pouvait gêner un peu la marche de l'aile gauche; mais qu'on n'avait pas songé à une attaque aussi puissante et aussi vive que celle qui se produisit le 16. Bien plus, on croyait encore à la possibilité de prendre l'offensive vers le sud, en remontant la rive gauche de la Moselle.

Quant à cela, nous n'en doutons pas. Il suffit, en effet, de se rappeler que dans la plus grande partie de l'armée française, Borny passait pour une victoire remportée sur les Allemands; que d'après des témoignages dignes de foi, Napoléon III avait reçu Bazaine le 14 au soir par ces paroles : « Vous avez donc rompu le charme! »

Maintenant (1), dit encore le maréchal Bazaine, se retirer

---

(1) Toutes les fois que nous puisons dans le procès Bazaine, sans jamais négliger de le comparer à d'autres sources lorsqu'elles existent, nous nous en tenons au compte rendu sténographique. — Tous les autres rapports fourmillent de négligences ou d'inexactitudes; les rapporteurs, étrangers pour la plupart aux études militaires, négligent le plus important pour s'occuper de choses secondaires, surtout quand elles provoquent les larmes du public. Ils traitent en outre les noms

sur Verdun ne voulait pas dire qu'on dût se retirer derrière la Meuse. Il était, au contraire, décidé qu'on occuperait la forte position de Fresnes, à l'est de Verdun, grande tête de pont de cette place sur la rive droite de la Meuse. On avait, dans cette position, la retraite libre sur la Meuse, par les ponts fixes de Verdun et les ponts de campagne qu'on pourrait jeter ; on attirerait à soi les troupes allemandes et l'on couvrirait ainsi la formation de l'armée de Mac-Mahon au camp de Châlons, sans cesser d'avoir avec ce maréchal des communications assurées.

Bazaine était fatigué lorsqu'il prit congé de l'Empereur. Il était, en effet, resté au moins huit heures de suite à cheval, s'était trouvé au combat et y avait même reçu une forte contusion.

Le 15 août, Bazaine monta de bonne heure à cheval. A Moulin-les-Metz, il se trouva au milieu d'une déplorable confusion, occasionnée principalement par les convois. Il constata que ses ordres à cet égard n'avaient pas été suivis. Bazaine avait, en effet, ordonné le 13 que les convois seraient réunis au Ban-Saint-Martin et à la Maison de Planche, et qu'ils ne suivraient leurs corps qu'à une demi-journée de distance. Mais ces ordres avaient-ils bien été régulièrement transmis ? Par qui l'avaient-ils été, et à qui? Les officiers qui avaient reçus ces ordres avaient-ils un sentiment précis de la responsabilité qui leur incombait ? Avaient-ils à leur disposition les forces matérielles nécessaires pour forcer à exécuter ces ordres ? Les mesures défectueuses ordonnées le 13 pour le passage de la Moselle et qui renfermaient tant d'impossibilités, la bataille de Borny, le retard survenu dans le passage de tous les corps, tout cela ne rendait-il pas hors de saison le 15 au matin les dispositions du 13 ? Ces questions sont importantes et, à notre avis, on peut y répondre qu'il n'y avait pas lieu d'attendre, voire même d'exiger, une grande régularité dans les convois

---

de localités et les heures comme si c'étaient choses absolument indifférentes.
W. R.

le matin du 15 août. Ce n'est pas tout encore. Bazaine avait ordonné le 13 que les corps d'armée emporteraient quatre jours de vivres sur leurs voitures réglementaires. Or, cela eût été à peine exécutable si chaque corps avait eu, régulièrement constituées, ses voitures réglementaires. Mais il s'en fallait de beaucoup ; en effet, en raison de la précipitation avec laquelle on avait déclaré la guerre, avec le système fort incomplet de mobilisation de l'armée française, les corps d'armée avaient dû nécessairement recourir à un parc de voitures de réquisition pour couvrir leurs besoins les plus pressants. Ce parc suivait l'armée de Metz.

Lorsque Bazaine s'aperçut, le 15 au matin, du désordre des convois, il ordonna de dissoudre ce parc de voitures du pays, d'éloigner ces voitures des colonnes, de les mettre hors des routes, et de les renvoyer ensuite à Metz.

Des officiers d'état-major furent chargés de faire exécuter cet ordre. Ils firent jeter hors de la route un certain nombre de voitures ; mais celles-ci reprirent place dans la colonne dès qu'elles y trouvèrent un vide ; — parfois peut-être de connivence avec les fonctionnaires de l'intendance qui savaient que les voitures réglementaires ne suffisaient pas pour porter les approvisionnements nécessaires à leurs corps ou divisions.

Le 15 août dans la matinée, il pouvait être huit heures, le commandant Sers, de l'état-major du général Soleille, vint apporter un rapport au maréchal Bazaine, qu'il trouva à Moulins-les-Metz ou tout près de là. A ce moment parut au sud de Montigny de la cavalerie prussienne avec de l'artillerie. Cette artillerie jeta des obus jusque dans le camp de Canrobert à Longeville et y causa quelque mouvement. Le quartier général de Napoléon se trouvait également à Longeville. — Bazaine, dont le sang-froid est du reste bien connu, ne crut pas impossible à ce moment que les Prussiens ne fissent une attaque immédiate du pont du chemin de fer de Longeville. — Il chargea donc le commandant Sers de faire sauter une arche du pont de Longeville, le plus assuré des passages de la Moselle en amont de Metz. Sers courut au fort Moselle; il y trouva, vers huit heures et demie du matin, la réserve du génie du 3e corps près de la porte de France, et lui communiqua ses instructions qui furent exécutées par le capitaine Richard et le lieutenant Compagnon. Dans l'après-midi, Bazaine fit encore sauter par le lieutenant Boyenval une seconde arche de ce pont.

Lorsque Bazaine se fut aperçu de l'épouvantable désordre des convois et eut envoyé à Metz le commandant Sers pour faire sauter le pont de Longeville, il eut un entretien avec le maréchal Lebœuf qui venait d'être placé à la tête du 3e corps. A ce moment, il était devenu clair pour Bazaine que l'armée ne pourrait arriver à se déployer sur les plateaux de la rive gauche de la Moselle, tant que tous les corps auraient l'ordre de marcher sur Gravelotte par la seule route de Moulins-les-Metz. Il prescrivit donc sans retard, — disons vers neuf heures — à Lebœuf de diriger le 3e corps sur Verneville, par Plappeville et le col de Lessy. Mais il restait entendu, conformément aux ordres antérieurs du 13 et du 14 août, que le 4e corps précéderait le 3e sur le même chemin qui venait d'être indiqué à Lebœuf. Toutefois, il est fort douteux, et même improbable, que le général Ladmirault ait été informé de ce changement de direction.

On fit observer à l'empereur Napoléon que sa situation à Longeville était fort exposée, et il transporta son quartier général à Gravelotte, aussi rapidement que le permettait sa suite nombreuse.

Bazaine se rendit ensuite au camp du 6e corps, près de Longeville, où il avait, paraît-il, envoyé déjà le général Jarras, et il dirigea ce corps d'armée sur la route de Gravelotte.

A quel moment le 6e corps se trouva-t-il en mouvement? Il ne nous a pas été possible de le savoir. Le maréchal Canrobert s'exprime ainsi, au procès Bazaine, sur ce point important : « Lorsque mon corps d'armée a été prêt à marcher, je m'avançai sur la route qui conduit à Gravelotte. »

Canrobert ne savait pas que le 2e corps dût s'arrêter comme

lui à Rezonville; il ne s'en douta qu'à Vionville. Il arriva à Rezonville à cinq heures du soir, avec la tête de son corps d'armée. Frossard lui avait réservé tout le côté droit (nord) de la route de Mars-la-Tour. C'est là que campa le 6e corps entre Saint-Marcel et Rezonville, vraisemblablement dans l'ordre suivant : à l'aile droite, s'appuyant à Saint-Marcel, la division Tixier; à gauche de celle-ci, le 9e de ligne, l'unique régiment arrivé à Metz de la division Bisson, plus à gauche encore jusque vers Rezonville, la division Lafont de Villiers. La division Levassor-Sorval était en deuxième ligne. Les dernières troupes du 6e corps arrivèrent fort tard au bivouac.

Quand le 6e corps fut mis en mouvement, c'est-à-dire dans l'après-midi du 15, la garde rompit de la position qu'elle occupait entre Longeville et la porte de France du fort Moselle. En avant marchait la division de voltigeurs Deligny; Bazaine marchait avec elle et il s'établit le soir à la ferme de Moscou, à l'est de Gravelotte. Bourbaki partit un peu plus tard avec la division de grenadiers, Picard, la réserve d'artillerie et la cavalerie, et il mit ces troupes au bivouac à Gravelotte.

Dans la colonne du nord, la division du Barail arriva le 15 à Jarny, d'où elle se porta au sud lorsque la canonnade de Forton commença contre Puxieux, mais elle revint dans l'après-midi à Jarny et à Doncourt.

Après son entretien avec Bazaine, dans la matinée du 15, le maréchal Lebœuf se rendit à la porte de Thionville du fort Moselle, où il prit, à 9 heures 1/2, le commandement du 3e corps. A midi, ce corps d'armée avait, comme nous l'avons déjà vu, renouvelé ses munitions. Lebœuf avait l'ordre de prendre le chemin de Verneville, par Plappeville et Châtel-Saint-Germain, et il pensait que le 4e corps devait le précéder sur cette route. — Cependant il apprit vers midi que Ladmirault ne serait probablement pas prêt à marcher avant le soir, et il prit alors sur lui de faire rompre immédiatement son corps d'armée. Ses divisions marchaient dans l'ordre de leurs numéros, savoir : 1re division, Montaudon;

2e division, ex-Castagny, commandée, depuis que ce général avait été blessé le 14, par le général Nayral; 3e division, Metman; 4e division, Aymard (ex-Decaën). Entre les divisions Nayral et Metman prirent place les bagages du 4e corps et un équipage de pont, ainsi que la division Lorencez du 4e corps. La réserve d'artillerie et la division de cavalerie du 3e corps, lorsqu'elles virent qu'il leur était impossible de marcher sur Plappeville, prirent la route de Moulins-les-Metz, dès que celle-ci fut rendue libre par le départ de la garde. Les divisions Metman et Aymard restèrent dans le défilé pendant toute la nuit du 15 au 16; nous verrons plus tard ce qu'elles devinrent.

Lebœuf arriva à Verneville à 6 heures 1/2 du soir, avec la division Montaudon; la division Nayral l'y rejoignit bientôt après; la division de cavalerie et la réserve d'artillerie arrivèrent pendant la nuit. Des divisions Metman et Aymard, point de nouvelles.

Lorsque la division Nayral fut arrivée, Lebœuf en informa Bazaine, en lui exprimant l'espoir que toutes les troupes du 3e corps arriveraient dans la soirée. A 11 heures du soir, Lebœuf reçut une dépêche de Bazaine lui apprenant que des troupes ennemies se trouvaient déjà devant le 2e et le 6e corps. Dans la prévision d'une bataille, Lebœuf crut alors, ce qui du reste était dans l'ordre, devoir informer le maréchal Bazaine qu'il n'avait encore à Verneville (à minuit) que deux divisions d'infanterie et sa réserve d'artillerie de corps. Bazaine répondit qu'en raison de ces circonstances, compliquées du reste par les retards apportés à la marche du 4e corps, il arrêtait provisoirement le mouvement des 2e et 6e corps, afin de réunir d'abord toute l'armée sur le plateau.

Nous avons laissé, vers midi, Ladmirault et le 4e corps au Sansonnet et à la Maison de Planche. Il envoya demander à Bazaine s'il ne pouvait pas rester le 15 à Woippy pour compléter ses munitions. Il reçut, au contraire, l'ordre de marcher sur Doncourt, par Lessy et Longeau, c'est-à-dire par le même chemin que Bazaine avait indiqué le matin au maréchal Lebœuf. Mais on ne lui disait pas qu'il devait maintenant suivre le maréchal Lebœuf au lieu de le précéder. — A 2 heures de l'après-midi, Ladmirault dirigea donc sur Plappeville la division Lorencez. Mais nous savons que Lebœuf avait pris cette direction à midi avec la tête de son corps d'armée. On peut, d'après ce qui précède, se figurer quel désordre affreux dut en résulter. La queue de la division Lorencez n'était pas encore sortie du bivouac à 8 heures du soir. On calcule habituellement qu'il faut à une division d'infanterie de 10,000 hommes, réunie dans le même bivouac, 1 heure 1/2 pour en sortir, 1 heure même si toutes les dispositions sont bien prises. Dans le cas qui nous occupe il fallut au moins quatre fois plus de temps. La faute en est évidemment à la mauvaise disposition générale de marche, qu'un sauvage, sans la moindre connaissance du service d'état-major, aurait probablement beaucoup mieux réglée qu'elle ne le fut ici.

Ladmirault, on le comprend, s'impatientait. Il envoya aide de camp sur aide de camp voir où se trouvait Lorencez. Ceux qui allèrent le plus loin purent arriver jusqu'au ravin de Châtel où grouillait un mélange de troupes et de voitures. Vers 7 heures du soir, Ladmirault envoya demander à Bazaine s'il n'avait pas fait prendre une fausse direction à la division Lorencez, si lui, Ladmirault, ne s'était pas trompé et s'il devait réellement marcher sur Doncourt. Réponse : Le chemin par Lessy était bien le bon et Ladmirault devait effectivement marcher sur Doncourt.

Cela était bien établi, mais Ladmirault ne bougea plus de la journée du 15 août et nous verrons le 16 ses nouvelles dispositions de marche.

Le 15 août dans la soirée, longtemps avant d'avoir reçu de Lebœuf l'avis que la moitié du 3e corps était restée en arrière, et d'avoir appris de Ladmirault qu'il était impossible au 4e corps d'avancer, Bazaine donna, de son quartier général de Gravelotte, l'ordre suivant pour le 16 août :

« La soupe sera mangée demain matin à 4 heures ; l'on se tiendra prêt à se mettre en route à 4 heures 1/2, en ayant les chevaux sellés et les tentes abattues. Les 2e et 6e corps doivent avoir 30,000 hommes devant eux; ils s'attendent à être attaqués demain. »

Lorsque cet ordre fut donné, arrivèrent les rapports de Ladmirault et de Lebœuf, et l'on ne peut les considérer autrement que comme des jérémiades. Il nous semble indifférent, par exemple, de savoir si le maréchal Lebœuf demanda ou non au maréchal Bazaine d'attendre pour se mettre en marche, que les divisions du 3e corps restées en arrière eussent rejoint leur corps. Bazaine apprenait que les 3e et 4e corps étaient retardés dans leur mouvement, mais il ne pouvait savoir d'avance à quel moment ces corps se trouveraient effectivement réunis. Il crut alors ne pas pouvoir s'avancer davantage avant que le 3e et le 4e corps ne fussent arrivés sur le plateau, et qu'il fallait en conséquence suspendre la marche du 2e corps, du 6e corps et de la garde. On peut critiquer cette opinion; on peut dire, par exemple, que la marche en avant de la colonne du sud, le 16 au matin, n'aurait pas eu d'inconvénients, qu'elle aurait pu même être avantageuse en diminuant le désordre qui existait sur les routes. Nous sommes de cet avis; mais le côté logistique était précisément le côté faible de Bazaine et de son état-major; et l'on est parfois forcé de croire que le quartier général français n'avait pas la moindre notion des relations de temps et d'espace, qu'il n'avait pas même de compas. Quant à reprocher à Bazaine d'avoir voulu tenir son armée sous la main, afin de pouvoir la commander efficacement, on ne saurait le faire en principe.

Bref, à la suite des rapports de Lebœuf et de Ladmirault, Bazaine fut de plus en plus convaincu qu'il devait conserver la colonne du sud dans les positions qu'elle avait prises le 15 au soir, jusqu'à ce que les éléments de la colonne du nord fussent sur le plateau.

C'est dans ce sens qu'il répondit le 16, dès 2 heures du matin, à une demande que venait de lui adresser le général Frossard (1):

---

(1) Cette demande du général Frossard tenait à un rapport de ce

« Je reçois à l'instant votre lettre. Il n'y a rien à modifier dans les ordres que vous avez reçus de vous tenir prêt à faire mouvement à 4 heures 1/2 du matin, après avoir fait manger la soupe à 4 heures, pour être prêt à toutes les éventualités. Quant à la direction que vous devrez suivre, je vous la ferai connaître en temps opportun. Le 3e et le 4e corps sont en retard pour arriver à notre hauteur, et nous serons probablement obligés de les attendre avant de commencer notre marche. Il est bien entendu que les reconnaissances doivent se faire comme d'habitude.

« L'intendant Préval avait ordre de vous envoyer du biscuit; en avez-vous touché? »

Frossard reçut plus tard l'ordre suivant :

« *Le maréchal commandant en chef au général commandant le 2e corps à Rezonville.*

« Gravelotte, 16 août 1870, 4 heures, matin.

« *Instruction pour la matinée du* 16.

« Faites faire de suite les distributions selon les ressources qui vous sont envoyées par l'intendant général.

« Toutes les voitures civiles, employées sous la dénomination de train auxiliaire, devront être renvoyées en arrière de Gravelotte. On devra en profiter pour renvoyer sur Metz les malades qui ont besoin d'être hospitalisés.

« S'assurer que tous les hommes ont leur complet de cartouches. Dans le cas contraire, en faire distribuer immédiatement et faire remplacer dans les parcs divisionnaires ce qui aurait été consommé.

« Dès que les reconnaissances seront rentrées, et que tout indiquera que l'ennemi n'est pas en forces à proximité, on pourra retendre les tentes; mais les hommes ne devront aller à l'eau que par corvées. Défendre que l'on s'éloigne des

---

dernier au sujet d'une colonne prussienne venant de la Moselle et marchant au sud de la route de Mars-la-Tour. Cette colonne avait été signalée par les reconnaissances envoyées par la brigade Lapasset dans le ravin de Gorze, ainsi que par le maire de Gorze. W. R.

camps. Des postes de cavalerie devront être adjoints aux grand'gardes, afin de fournir des vedettes par deux aussi loin que possible et d'être prévenu à temps de l'approche de l'ennemi, en cas de prise d'armes.

« Les routes doivent rester libres ; tous les bagages ou les services administratifs doivent rester en arrière du front par lequel on suppose que l'ennemi viendrait.

« Nous partirons probablement dans l'après-midi, dès que je saurai que les 3e et 4e corps sont arrivés en totalité à notre hauteur. Des ordres, du reste, seront donnés ultérieurement.

« *Le maréchal commandant en chef,*

« BAZAINE.

« Les 3e et 4e corps, suivant la route de Conflans et Etain, doivent envoyer entre les deux routes, sur leur flanc gauche, des détachements de cavalerie pour maintenir les communications entre les corps. »

Le maréchal Canrobert reçut un ordre semblable, ou à peu près semblable, mais à 8 heures du matin seulement, d'après sa déposition. Il était prêt à marcher à 4 heures 1/2; il attendit en vain jusqu'à 7 heures l'ordre de rompre, s'impatienta et envoya deux officiers au quartier général à Gravelotte. Avant le retour de ceux-ci, Canrobert reçut l'ordre de 4 heures 1/2 du matin. Nous devons rappeler à ce propos que Canrobert et Frossard avaient leur quartier général de corps d'armée à Rezonville, que les quartiers généraux de l'empereur, de Bazaine et de la garde se trouvaient à Gravelotte, et qu'il n'y a, par la grande route, que 3 kilomètres de Gravelotte à Rezonville. Sous toute réserve et en admettant toutes les difficultés possibles de circulation, on peut dire que le service d'expédition n'était pas parfaitement organisé à l'état-major de Bazaine.

A peu près en même temps que les ordres de 4 heures 1/2 du matin étaient expédiés à Frossard et à Canrobert, Bazaine écrivait à Lebœuf :

« Sur votre demande, je suspends jusqu'à cet après-midi

la marche de l'armée. Faites rallier sans retard les divisions en arrière... Il n'y a pas d'ennemi sur votre droite ; le danger pour nous est vers Gorze ; faites donc reconnaître les routes sur votre gauche, afin de venir vous mettre en seconde ligne derrière les 2e et 6e corps, dans le cas d'un combat aujourd'hui. »

En résumé, nous voyons que le 16 août, à 4 heures 1/2 du matin, après les rapports qui lui étaient parvenus sur sa propre armée et sur les mouvements de l'ennemi, Bazaine avait résolu de ne reprendre que dans l'après-midi la marche sur les routes de Mars-la-Tour et de Doncourt.

L'empereur Napoléon partit de Gravelotte le 16 de bonne heure pour se rendre à Verdun par Conflans. Il se fit escorter par la brigade de France (lanciers et dragons) de la division de cavalerie de la garde et par un bataillon du 3e régiment de grenadiers de la garde.

En arrivant à Conflans, l'empereur y trouva la brigade Margueritte (1er et 3e régiments de chasseurs d'Afrique), de la division du Barail. Il la prit alors pour escorte, à la place de la brigade de France, qui passa sous les ordres du général du Barail, lequel disposait en outre du 2e régiment de chasseurs d'Afrique.

Avant de terminer ce chapitre, nous devons parler d'un incident qui se rapporte à la journée du 15, à savoir de l'armistice conclu entre les généraux Coffinières et Manteuffel pour enterrer les morts de la bataille de Borny.

Le 15 août, peu après midi, le général Manteuffel adressa une lettre au maréchal Bazaine, pour lui proposer de faire enterrer de concert les morts de la bataille de Borny. Le mot de suspension d'armes ne se trouvait pas dans cette lettre, cependant il allait de soi qu'une suspension d'armes aurait lieu si la proposition de Manteuffel était acceptée. La lettre du général prussien arriva dans les mains de Coffinières, lequel, de sa propre autorité, conclut avec Manteuffel une suspension d'armes qui devait primitivement durer de 3 à 5 heures du soir, mais qui, n'ayant pas suffi pour enterrer les morts, fut prolongée tacitement d'une manière indéterminée. Coffinières n'informa de cette circonstance ni Bazaine, ni les commandants des forts de Metz, dont un au moins lui adressa à ce sujet plusieurs demandes.

On a vivement reproché cet armistice au général Coffinières, en disant que cela avait facilité aux Allemands leur mouvement tournant au-dessus de Metz. Nous n'examinerons pas si le fait est vrai. Mais il est certain que la conduite du général Coffinières fut illicite et nous croyons qu'il l'a compris lui-même, car il s'est écarté sur cette question, au procès Bazaine, de la réserve habituelle de ses dépositions.

La lettre de Manteuffel n'était pas adressée à Coffinières, mais à Bazaine. La conduite la plus simple eût donc été de l'envoyer à Bazaine. C'est là ce qu'aurait dû faire Coffinières qui, à propos de la destruction des ponts de la Moselle, avait décliné si énergiquement la compétence d'un général en sous-ordre à modifier de sa propre autorité le théâtre des opérations. Mais un théâtre d'opérations n'est-il donc modifié que par des changements du terrain ? Ne l'est-il pas aussi bien par les déplacements des troupes, des forces vivantes, qui peuvent y être opérés ? Coffinières a dit que tout le monde à Metz avait eu connaissance d'un grand mouvement des Allemands sur la rive gauche de la Moselle, qu'on avait vu ce mouvement; que rien n'aurait été changé à ce mouvement si lui, commandant de la place de Metz, avait refusé l'armistice, car il n'avait pas à sa disposition un corps d'armée pour faire une grande sortie.

On peut lui répondre simplement : le général Manteuffel devait-il nécessairement savoir ce que savait le gouverneur de Metz? On a vu justement des généraux français, — par exemple à Hollabrun, — employer comme ruse de guerre un armistice local, pour opérer pendant ce temps des déplacements de troupes avantageux.

Le général Coffinières acceptant de suite l'armistice demandé à Bazaine par Manteuffel, cela pouvait donner à ce dernier une grande tranquillité, car les Prussiens se trouvaient ainsi assurés que leurs mouvements sur la rive droite de la Moselle ne seraient pas inquiétés de quelques heures.

Nous ne sommes pas d'avis que Coffinières aurait dû laisser sans réponse la demande de Manteuffel, remise entre ses mains, jusqu'à la décision de Bazaine ; nous accordons au général en sous-ordre plus de liberté. Mais Coffinières ne pouvait-il pas répondre provisoirement d'une manière évasive ? Ainsi, par exemple :

« Le maréchal Bazaine, retenu par une occupation importante, ne se trouve pas à Metz. Je fais demander sa décision et vous la ferai connaître sans retard. Si vous le jugez à propos, tenez, en attendant, vos hommes prêts à enterrer les morts, j'en ferai autant de mon côté. »

Une telle réponse laissait tout en suspens. Elle permettait d'accepter ou de refuser. Il va de soi que le maréchal Bazaine aurait dû être informé aussitôt de cette demande d'armistice. En lui transmettant la lettre de Manteuffel, le devoir de Coffinières était de donner son avis au général en chef. Il devait savoir que Bazaine était aux environs de Metz et qu'un officier d'état-major bien monté pouvait le trouver en moins d'une heure.

Abandonnons momentanément l'armée française pour observer la marche sur la rive gauche de la Moselle des premières troupes de l'armée allemande.

II. — CONDITIONS GÉNÉRALES DU COTÉ DES ALLEMANDS DU 12 AU 15 AOUT DANS LA SOIRÉE.

Après la bataille de Spicheren, la marche en avant de la Première et de la Deuxième armée allemande ne fut pas aussi rapide que beaucoup de gens s'y attendaient à la suite des succès de Spicheren et de Wœrth. Les causes de ce retard furent multiples.

En premier lieu, le besoin se faisait sentir de faire rejoindre les corps de troupes des Première et Deuxième armées restés en arrière ; on voulait, en même temps, séparer les fractions des deux armées qui s'étaient mêlées dans les environs de Sarrebrück, et mettre à profit cette occasion pour organiser plus régulièrement l'administration en général, les approvisionnements en particulier. Il faut ajouter à ces raisons une grande incertitude des véritables projets de l'ennemi. Aussitôt après la bataille de Wœrth, on ne pouvait pas savoir encore si des fractions de l'armée de Mac-Mahon s'étaient retirées sur Bitche, et si la gauche de la Deuxième armée n'aurait pas affaire à elles. Enfin, lorsque l'incertitude eut disparu, il était nécessaire d'établir un pont pour marcher sur la Moselle, d'exécuter pour cela une grande conversion à droite, et de donner à l'aile marchante, Troisième armée, le temps de passer les Vosges et d'arriver sur la même ligne que la Première et la Deuxième armée. Le mauvais temps, qui détériora les chemins, retarda le mouvement et amena des maladies, ne fut pas non plus sans influence.

Dans le dessein de se relier solidement à la Troisième armée et de pouvoir agir, s'il le fallait, de concert avec elle, le prince Frédéric-Charles avait réparti la Deuxième armée sur un front d'environ 30 kilomètres, front plus étendu que celui généralement admis. En raison de cela, il crut devoir, le 8 août, pour faciliter le service d'exploration, donner à chaque corps d'armée plus de cavalerie qu'il n'en possédait dans sa cavalerie divisionnaire.

Le corps de la garde prussienne avait déjà sa propre division de cavalerie, il en était ainsi du XIIe corps (saxon), et la brigade de cavalerie hessoise avait été attachée au IXe corps. On attacha donc au IIIe corps la 6e division de cavalerie, duc Guillaume de Mecklembourg; au Xe corps les brigades Barby et Redern, de la 5e division de cavalerie, Rheinbaben, et au IVe corps la brigade Bredow, de la même division.

Le quartier général du roi de Prusse était le 11 août à Saint-Avold. Des nouvelles qui y parvinrent on conclut qu'une partie importante de l'armée française avait pris position sur la rive gauche de la Nied française. On prit alors ses dispositions de manière que si un combat était nécessaire le 12 août, toute la Première armée pourrait y prendre part, en ayant pour soutien une portion suffisante de la Deuxième armée.

En conséquence, les Première et Deuxième armées prirent le 12 août les positions suivantes :

Première armée, Steinmetz ;

En première ligne, la 3e division de cavalerie à Bettange, la 1re division de cavalerie à Raville ;

En deuxième ligne, le Ier corps à Boulay et Halling, le VIIe corps à Marange ;

En troisième ligne, le VIIIe corps à Niederwisse et Boucheporn.

Deuxième armée, prince Frédéric-Charles :

En première ligne, la 6e division de cavalerie à Chanville, la brigade Barby, de la 5e division de cavalerie, à Rémilly, la brigade Redern, même division, à Aulnois, sur la Seille, observant Nomény et Raucourt ;

En seconde ligne, le IIIe corps à Faulquemont, le Xe corps à Landroff, la garde à Morhange ; la brigade de dragons de la garde détachée en avant à Oron ;

En troisième ligne, le IXe corps à Longeville et Saint-Avold, le XIIe (saxon) à Barst et Host-Haut, le IVe corps à Munster ; la brigade Bredow, de la 5e division de cavalerie, détachée en avant à Bourg-Altroff, au nord de Dieuze.

L'aile droite de la Troisième armée, prince royal de Prusse, atteignit ce jour-là la Sarre, à Fénétrange.

Les divisions de cavalerie allemandes envoyèrent, le 12, sur toute la ligne, des détachements jusqu'à la Nied française, jusqu'aux camps ennemis devant Metz et jusqu'à la Moselle.

Le 12 août, dans l'après-midi, le capitaine de Thauvenay, attaché à l'état-major du Xe corps, alla jusqu'à Pont-à-Mousson, avec 20 hussards du régiment de Brunswick (de la brigade Redern) et 20 dragons du régiment d'Oldenbourg (de la brigade Barby). Cette petite troupe y trouva les francs-tireurs envoyés de Metz par Coffinières, qui se retirèrent après avoir tiré quelques coups de fusil. Les dragons mirent pied à terre pour détruire le chemin de fer et le télégraphe sur la rive gauche. Les hussards restèrent sur la rive droite et dessellèrent leurs chevaux. Dans la soirée, l'avant-garde de la brigade française Margueritte surprit à Pont-à-Mousson les cavaliers prussiens. Un petit nombre de ces derniers s'échappèrent et furent recueillis dans la nuit par la brigade Redern, qui s'était avancée jusqu'à Raucourt. Sur ces entrefaites, Margueritte fut rappelé à Metz et les Français ne firent rien pour conserver le point important de Pont-à-Mousson.

Les renseignements communiqués par la cavalerie déterminèrent le général commandant le Xe corps à faire avancer la 19e division de Landroff à Delme, 20 kilomètres environ, dans l'après-midi du 12 août. Cette division arrivait à minuit au bivouac de Delme, à 27 kilomètres de Pont-à-Mousson.

Le 12, à 4 heures 1/2 du soir, l'ordre suivant fut donné du quartier général du roi de Prusse à Saint-Avold :

« D'après les renseignements reçus, les forces principales de l'ennemi ont commencé à passer la Moselle à Metz.

« Sa Majesté ordonne que :

« La Première armée marchera demain, 13, sur la Nied française, le gros sur la ligne les Etangs-Pange, en s'assurant de la gare de Courcelles ; sa cavalerie reconnaîtra vers Metz et traversera la Moselle au-dessous de la place. La Première armée couvrira de cette façon le flanc droit de la Deuxième armée.

« Celle-ci marchera sur la ligne Buchy-Château-Salins, portera ses avant-postes sur la Seille et cherchera, s'il est possible, à s'emparer des passages de la Moselle à Pont-à-Mousson, Dieulouard et Marbache. Sa cavalerie reconnaîtra de l'autre côté de la Moselle. . . . .

« La Troisième armée continuera sa marche en avant sur la ligne Nancy-Lunéville.

« DE MOLTKE. »

A la suite de cet ordre général, la brigade de cavalerie Bredow (7e cuirassiers, 16e ulans et 13e dragons) fut enlevée au IVe corps et rendue à sa division de cavalerie, la 5e, pour laquelle s'ouvrait la perspective d'une grande activité sur la rive gauche de la Moselle. La brigade Bredow s'avança, le 13 août au soir, jusqu'à Jallaucourt, à 26 kilomètres de Pont-à-Mousson.

Les deux autres brigades de la 5e division, Rheinbaben, savoir : la brigade Redern (10e, 11e et 17e hussards), et la brigade Barby (4e cuirassiers, 13e ulans et 19e dragons) étaient déjà arrivées à Pont-à-Mousson le 13 au matin.

Il se trouvait là (probablement) une partie du corps-franc de chemins de fer que Coffinières y avait envoyé et, en outre, quelques troupes du 6e corps français qui n'avaient pas pu passer à Frouard. Bref, les Allemands trouvèrent Pont-à-Mousson en quelque sorte occupé,

Un seul escadron du 17e hussards (régiment de Brunswick), combattant à pied, réussit à déloger de Pont-à-Mousson les détachements français qui faisaient mine de l'occuper. Un autre escadron se rendit à la gare, située sur la rive gauche, et interrompit complètement la circulation.

La brigade Redern organisa immédiatement le service de sûreté autour de Pont-à-Mousson, sur les deux rives de la Moselle, en amont et en aval, et, vers le soir, le régiment de hussards de Brunswick fut détaché sur la route de Thiaucourt, à Régneville-en-Haye, à 9 kilomètres à l'ouest de Pont-à-Mousson.

La brigade Barby campa sur la rive droite de la Moselle, à l'est de Pont-à-Mousson.

Les patrouilles du régiment de hussards de Brunswick rencontrèrent plusieurs fois celles de la brigade Margueritte, qui avaient reçu probablement fort tard l'ordre de revenir à Metz.

La 19e division d'infanterie, Schwarzkoppen, du Xe corps, quitta, le 13 au matin, son camp de Delme et arriva dans l'après-midi à Pont-à-Mousson. Cette division était ainsi composée :

37e brigade d'infanterie, Lehmann, 78e et 91e régiments;

38e brigade d'infanterie, Wedell, 16e et 57e régiments ;

9e dragons ;

1re division à pied du 10e régiment d'artillerie ;

2e et 3e compagnies de pionniers de campagne du Xe corps.

Cette division occupa Pont-à-Mousson, envoya des détachements au nord, vers Metz, sur les deux rives de la Moselle, et deux bataillons du 57e à Dieulouard (7 kilomètres au sud de Pont-à-Mousson où ils arrivèrent dans la soirée.

La 20e division du Xe corps arriva le 13 au soir à Aulnois, sur la Seille, et à Delme.

La 6e division de cavalerie reçut, le 13 au matin, l'ordre de quitter ses positions de Chanville-Pange, pour en prendre d'autres sur la ligne allant de Sorbey à Corny, faisant front au nord, c'est-à-dire vers Metz, afin de couvrir ainsi la marche sur la Moselle de l'aile droite de la Deuxième armée.

La brigade Rauch, 3e et 16e hussards, marchait en tête, le 16e hussards couvrant le flanc droit. Ce régiment rencontra à Fleury des cavaliers français, vraisemblablement du corps de Frossard, qui se retirèrent aussitôt à Magny, sur la Seille.

La brigade Rauch prit position sur la ligne Corny—Pouilly—Courcelles-sur-Nied, ayant à l'aile gauche le 16e hussards, près de la Moselle, et à l'aile droite le 3e hussards, entre la Seille et la Nied.

Derrière la brigade Rauch campait, à Berny et aux environs, la brigade Grüter (6e cuirassiers, 3e ulans et 15e ulans), de la 6e division, avec la 2e batterie à cheval du 3e régiment d'artillerie de campagne.

La brigade Grüter se relia, par Pont-à-Mousson, avec la 5e division de cavalerie.

La cavalerie divisionnaire du IIIe corps, 2e et 12e dragons, fut avancée, dès le 13 au matin, sur Pange, sur la Nied française, pour y remplacer la 6e division de cavalerie et établir à droite la relation avec la cavalerie de la Première armée.

Derrière la cavalerie dont nous venons de parler, le IIIe corps marcha sur Buchy et Béchy, entre la Seille et la Nied française; le IXe corps le suivit jusqu'à Herny; le XIIe corps, plus à gauche et en arrière, alla à Thicourt et Chémery; le corps de la garde se porta à Lemoncourt et Oron, précédé par la brigade de dragons qui s'avança jusqu'aux environs de Dieulouard; enfin, à l'extrême gauche de la Deuxième armée, le IVe corps arriva à Château-Salins. — En arrière de tous ces corps de la Deuxième armée, le IIe corps commença le 13 août à se concentrer à Saint-Avold.

A gauche de la Deuxième armée et à l'extrême aile droite de la Troisième, la 4e division de cavalerie arrivait le 13 à Vic, sur la route de Nancy.

A droite de la Deuxième armée, la Première occupait les positions suivantes : le VIIe corps à Domangeville et Pange ; le Ier corps à Courcelles-Chaussy et aux Etangs, sur la Nied française ; le VIIIe corps derrière, sur la Nied allemande, à Bionville et Varize.

En avant de l'aile droite de la Première armée était la 3e division de cavalerie, en avant de l'aile gauche la 1re division.

Cette dernière, sous les ordres du général de Hartmann, se composait des brigades de Lüderitz (2e cuirassiers, 4e et 9e ulans), et Baumgarth (3e cuirassiers, 8e et 12e ulans).

Elle arriva à Pange le 13 août, à onze heures du matin et y releva la cavalerie divisionnaire du IIIe corps. Celle-ci ayant fait savoir que ses patrouilles avaient rencontré sur la Nied de la cavalerie française, Hartmann détacha sur la rive gauche de la Nied, à Colligny, le 8e ulans, et à l'approche de ce régiment, les cavaliers français se retirèrent sur Metz.

Pendant ce temps, Hartmann marcha sur Mécleuves avec le gros de sa division, il releva à droite et à gauche de la route de Metz à Strasbourg les avant-postes de la 6e division de cavalerie et envoya le 4e ulans en reconnaissance sur Jury. Ce régiment, ayant reçu des coups de fusil de la chaussée du chemin de fer, plaça ses avant-postes à Frontigny et bivouaqua au nord de Mécleuves. Le 8e ulans, venant de Villers-Laquenexy, rejoignit à Pontoy le gros de la division.

Le 13 août, le quartier général de la Première armée était à Varize, celui de la Deuxième à Delme, le grand quartier général à Herny.

Par suite des nouvelles arrivées au quartier général du roi de Prusse, l'ordre général suivant fut donné le 13 à 9 heures du soir :

« D'après les nouvelles parvenues jusqu'à ce moment, des

fractions considérables de l'armée ennemie étaient encore cette après-midi à Borny et Servigny, en deçà de Metz.

« Sa Majesté ordonne :

« Que la Première armée restera demain, 14 août, dans ses positions sur la Nied française, en observant par des avant-gardes si l'ennemi se retire ou veut prendre l'offensive.

« Pour faire face à cette éventualité, le IIIe corps, de la Deuxième armée, ne s'avancera d'abord demain que jusqu'à Pagny-lez-Goin (sur la route de Metz à Nancy), le IXe corps, de la même armée, jusqu'à Buchy (sur la route de Metz à Strasbourg), d'où ces corps, distants seulement d'un mille (7 kilomètres) pourront, en s'ébranlant à temps, prendre part à un combat sérieux devant Metz.

« D'un autre côté, la Première armée est en position d'empêcher, par une attaque de flanc, tout mouvement de l'ennemi vers le sud.

« Les autres corps de la Deuxième armée continueront à marcher vers la portion de la Moselle comprise entre Pont-à-Mousson et Marbache. Le Xe corps prendra position en avant de Pont-à-Mousson.

« La cavalerie des deux armées s'avancera le plus loin possible et devra inquiéter la retraite de l'ennemi sur la route de Metz à Verdun. »

« DE MOLTKE. »

Comme cet ordre n'avait pu être expédié que fort tard, des officiers d'ordonnance furent envoyés directement du grand quartier général aux Ier et IXe corps, pour informer ces corps d'armée des positions qu'ils ne devaient pas dépasser jusqu'à nouvel ordre le 14 août.

L'ordre général du 13 août, 9 heures du soir, prescrivait en résumé que le centre et l'aile gauche de la Deuxième armée continueraient à marcher en avant, autant que possible en traversant la Moselle, pendant que l'aile droite resterait un peu en arrière afin de pouvoir, le cas échéant, agir de concert avec la Première armée, qui s'arrêtait en vue des positions françaises de la rive droite de la Moselle en avant de Metz.

De la 5e division de cavalerie nous avons laissé le 13, les brigades Redern et Barby à Pont-à-Mousson, la brigade Bredow en marche pour rejoindre sa division à Jallaucourt. Le 14, la brigade Redern s'avança, par Thiaucourt, jusqu'à Beney; la brigade Barby jusqu'à Thiaucourt, et la brigade Bredow atteignit Pont-à-Mousson. De forts détachements des brigades Redern et Barby battirent l'estrade ce jour-là dans la vallée de la Moselle, et, par Buxières, jusqu'aux environs de Metz et de la route de Metz à Verdun par Mars-la-Tour.

La 20e division, du Xe corps, rejoignit, le 14, à Pont-à-Mousson la 19e division qui s'y trouvait déjà.

De la 19e division, un détachement composé de 2 bataillons du 78e, de 2 escadrons du 9e dragons et d'une batterie légère, et commandé par le colonel de Lyncker, fut envoyé à Vandières, sur la rive gauche de la Moselle, à 6 kilomètres au-dessous de Pont-à-Mousson. A gauche de ce détachement, la 38e brigade d'infanterie se porta à la bifurcation des routes de Thiaucourt et de Flirey, pour donner un point d'appui à la cavalerie avancée. Un poste d'observation fut établi sur la rive droite dans les ruines élevées de Mousson d'où l'on a une vue étendue sur Metz et sur les plateaux de la rive gauche. On jeta, en outre, un pont de campagne à côté du pont fixe de la ville, et on prépara sur la rive gauche une position de combat, à hauteur de Pont-à-Mousson. — Le prince Frédéric-Charles mit son quartier général dans cette ville le 14 août.

A l'aile gauche de la Deuxième armée, le corps de la garde avait pris sa direction sur Dieulouard. Le 14, la brigade de dragons de la garde passa la Moselle à Dieulouard et se porta sur Rogéville, suivie jusqu'à Villers-en-Haye par la brigade de ulans de la garde. La 2e division d'infanterie de la garde atteignit Dieulouard, et la 1re Sivry, à 10 kilomètres en arrière et à l'est.

Du IVe corps, qui se dirigeait sur Marbache, l'avant-garde arriva le 14 à Leyr, 12 kilomètres à l'est de Marbache, la 7e division d'infanterie à Armancourt, la 8e division à Malaucourt et Manhoué.

A l'aile droite de la Deuxième armée, la 6e division de cavalerie resta, le 14, dans les positions qu'elle avait prises le 13. Seulement, dans le courant de la journée, la brigade de hussards Rauch fut relevée aux avant-postes par les 3e et 15e ulans, de la brigade Grüter. — Les hussards avaient aperçu, dans la matinée, un mouvement très vif chez les Français, qui leur avait paru indiquer le dessein d'attaquer la Première armée plutôt que celui de se retirer sur la rive gauche. Comme, après le départ de Frossard, des détachements français s'avancèrent vers Fleury, sur la route Metz-Nancy, — c'étaient des troupes du 3e corps destinées à couvrir son départ, — toute la 6e division de cavalerie fut alarmée, à deux heures de l'après-midi, et elle était encore rassemblée lorsqu'eut lieu, à 4 heures, l'attaque de la Première armée allemande contre les 3e et 4e corps français.

Du IIIe corps, la 6e division d'infanterie ne s'avança qu'à Louvigny, sur la Seille, à 10 kilomètres à l'est de la Moselle, et la 5e division jusqu'à Vigny. Le IXe corps se concentra en arrière sur la route de Metz à Strasbourg; la 18e division allant à Buchy et Luppy, la 25e (hessoise) à Béchy. Le XIIe corps (saxon) arriva à Solgne. Il servait de réserve aux IIIe et IXe corps, dans le cas où ceux-ci devraient occuper la ligne Louvigny-Béchy, en faisant front au nord, pour coopérer à l'action de la Première armée.

Le IIe corps se porta, le 14, à Faulquemont, sur la Nied allemande, à 25 kilomètres de Solgne.

Vers 4 heures de l'après-midi s'engagea la bataille de Borny (Colombey-Nouilly), par suite de la marche en avant de l'avant-garde du VIIe corps, qui avait observé exactement la retraite de l'armée française au delà de la Moselle.

Des troupes du IXe corps prirent également part à cette bataille vers la fin, ce qu'il est intéressant de mentionner, parce que cet incident ne fut pas sans influence sur la marche de la Deuxième armée vers la rive gauche de la Moselle.

Le gros de la 18e division (Wrangel), du IXe corps, arriva dans l'après-midi du 14 au bivouac de Buchy; les troupes avancées de la division (détachement du flanc droit) se trouvant à Orny. Vers 5 heures, Wrangel alla de sa personne de Buchy à Orny, et il apprit, chemin faisant, que la Première armée était engagée dans un combat. Il ordonna alors au gros de sa division de marcher au nord et arriva lui-même à Peltre avec ses troupes les plus avancées. Il prit part à la lutte sur ce point à partir de 6 heures 1/2.

Au grand quartier général du roi de Prusse, à Herny, on ne savait pas encore, le 14 à 6 heures du soir, qu'un combat fut engagé à Borny. On y prenait ses dispositions pour livrer bataille le 15, le cas échéant, sur la rive droite de la Moselle devant Metz. En conséquence, le Ier et le VIIe corps, de la Première armée, devaient rester, le 15, en vue de Metz, tandis que le VIIIe marcherait de la Nied allemande vers la Nied française, par Bazoncourt. Son rôle devait être d'appuyer les Ier et VIIe corps, mais il se rapprochait, en outre, de la Moselle, ce qui était un avantage dans le cas où les Français se retireraient sur la rive gauche où il faudrait les poursuivre.

De la Deuxième armée, les IIIe, IXe et XIe corps devaient rester le 15 dans les positions qu'ils avaient prises le 14. Chacun d'eux devait seulement se concentrer et manger la soupe de bonne heure, pour se tenir prêt à livrer bataille sur la rive droite de la Moselle. Le IIe corps devait continuer sa marche vers la Nied française.

D'après ces dispositions, toute l'aile droite de la Deuxième armée était momentanément enlevée à l'action du prince Frédéric-Charles. Quant à l'aile gauche, le prince fut invité à faire avancer contre les communications françaises, entre Metz et Verdun, toute la cavalerie qu'il avait déjà sur la rive gauche de la Moselle, et à l'appuyer par Gorze et Thiaucourt, avec les corps d'armée qui passeraient les premiers la rivière.

D'après les rapports arrivés dans la nuit à Herny sur la bataille de Borny, Steinmetz reçut l'ordre de conserver, le 15, les positions qu'il avait occupées le 14, en tant qu'elles n'étaient pas à portée du canon de la place, et d'appeler à lui comme soutien le VIIIe corps. Tout le IXe corps, dont certaines fractions avaient été engagées le 14, devait également être appelé sur le champ de bataille. Steinmetz reçut cet ordre de bonne heure, et il prit en conséquence ses dispositions par un ordre d'armée de 7 heures du matin.

Dans la matinée, le général Podbielski, quartier-maître de l'armée allemande, se rendit sur le champ de bataille de Borny, où il fut suivi, entre 10 et 11 heures, par le roi de Prusse et son état-major. D'après toutes les nouvelles, le passage des Français sur la rive gauche de la Moselle n'était plus douteux, et le dessein de préparer la Première armée à traverser la rivière se montra au premier plan dans les ordres donnés.

D'après ces ordres, les troupes de la Première armée occupaient, le 15 au soir, les positions suivantes :

Le Ier corps à Courcelles-Chaussy ;

Le VIIe corps entre Pange et la gare de Courcelles-sur-Nied.

Quant au VIIIe corps, dont le mouvement vers la gauche fut arrêté par la rencontre du IXe corps qui se portait au nord, il avait la 32e brigade d'infanterie à Chesny et Frontigny, la 15e division d'infanterie à Liéhon. Le général de Gœben, commandant le corps, mit son quartier général à Chérisey. Le VIIIe corps était incomplet, parce que la 31e brigade d'infanterie (Gneisenau), 6 bataillons, avec un escadron du 9e hussards, une batterie et une compagnie de pionniers, avait été détachée le 13 au soir pour faire une tentative contre Thionville. Ces troupes manquèrent au corps d'armée les jours suivants.

La 3e division de cavalerie bivouaquait à Avancy ; la 1re division à Courcelles-sur-Nied.

Le prince Frédéric-Charles, dont le quartier général était, le 14, à Pont-à-Mousson, y avait reçu des ordres d'après lesquels il disposait du IIIe et du IXe corps, en ce sens que ces deux corps d'armée devaient quitter les positions qu'ils occupaient le 14 et se rapprocher de la Moselle.

Ces ordres furent ensuite modifiés par un télégramme d'Herny, qui apportait la première nouvelle précise de la bataille de Borny et enlevait au prince la disposition du IXe et du IIIe corps. Cependant, vers midi, le prince reçut le télégramme suivant, daté de la hauteur de Flavigny, 11 heures du matin :

« Les Français complètement rejetés sur Metz et vraisemblablement déjà en pleine retraite sur Verdun. Les trois corps de l'aile droite (IIIe, IXe et XIIe) sont remis à la libre disposition du commandement en chef; le XIIe est déjà en marche sur Nomény.

« DE MOLTKE. »

Le IIIe corps reçut alors aussitôt l'ordre de marcher sur la Moselle. Dans le fait, le commandant de ce corps d'armée, général d'Alvensleben, informé de l'issue de la bataille de Borny, et instruit par les reconnaissances de la 6e division de cavalerie du passage des Français sur la rive gauche de la Moselle, avait fait marcher, dès le 15, ses troupes sur la Seille, afin de pouvoir passer le plus tôt possible sur la rive gauche de la Moselle. Il en rendit compte au prince Frédéric-Charles qui, sous l'impression des instructions qu'il venait de recevoir, lui donna l'ordre de suspendre sa marche vers la Moselle. Alvensleben reçut cet ordre chemin faisant, et il arrêta ses troupes où elles se trouvaient, pour bivouaquer et faire la soupe, savoir la 5e division d'infanterie à Pommerieux et la 6e division à Bouxières-sous-Froidmont.

Une grande partie de ces troupes n'avaient pas encore mangé la soupe lorsque, par suite du télégramme expédié de la hauteur de Flavigny, Alvensleben reçut l'ordre du prince de reprendre sa marche vers la Moselle.

Le IIIe corps repartit donc à 5 heures du soir. La 5e division marcha sur Novéant où elle passa le pont suspendu que les Français avaient négligé de détruire. Elle rencontra là le détachement Lyncker, du Xe corps, qui, ainsi que nous le verrons plus loin, y avait été envoyé de Vandières. La 5e division d'infanterie envoya au nord, à Dornot, dans la vallée de la Moselle, un détachement d'un bataillon et d'un escadron, et un autre détachement de même force au nord-ouest, à Gorze. La division n'était pas installée au bivouac avant minuit.

La 6e division d'infanterie marcha de Bouxières sur Champey. Une passerelle y fut jetée par les pionniers (voir 2e volume, page 263), mais l'infanterie seule put y passer commodément, et la cavalerie avec difficulté. En conséquence, la plus grande partie de la cavalerie divisionnaire, l'artillerie divisionnaire et de corps, ainsi que toutes les voitures, allèrent passer la Moselle à Pont-à-Mousson. La 6e division et les troupes dont nous venons de parler n'étaient qu'à une heure du matin dans leurs bivouacs, entre Arnaville et Pagny.

Le IXe corps qui, dans la matinée du 15, avait été réuni au sud de Metz, sur le champ de bataille de la veille, fut renvoyé à Verny dans l'après-midi et s'y établit sur la rive droite de la Seille, à 11 ou 12 kilomètres de la Moselle.

Du XIIe corps, la 23e division d'infanterie, la division de cavalerie et l'artillerie de corps d'armée se rendirent, le 15, à Nomény, la 24e division d'infanterie resta plus à l'est, à Achatel et Moncheux.

Le IIe corps vint à Ham-sur-Nied.

Le général Voigts-Rhetz, commandant du Xe corps, s'attendait, le 15 août, à voir l'armée française prendre l'offensive en amont de Metz. En prévision de cette éventualité, la 19e division d'infanterie, Schwarzkoppen, devait occuper la position de combat préparée à Pont-à-Mousson sur la rive gauche, pendant que la 20e division, Kraatz-Koschlau, s'établissait dans la ville et à l'est, sur la rive droite de la Moselle. Devant la 19e division, avons-nous déjà dit, le détachement Lyncker occupait Vandières, dans la vallée de la Moselle, et la 38e brigade d'infanterie, Wedell, se trouvait à la bifurcation des routes de Thiaucourt et de Flirey.

L'attaque attendue des Français n'eut pas lieu. En raison des ordres qui prescrivaient d'appuyer avec l'infanterie la cavalerie avancée sur la rive gauche de la Moselle, le détachement Lyncker fut envoyé jusqu'à Novéant, où il se réunit, comme nous savons, à la 5e division d'infanterie. Un demi escadron du 9e dragons, du détachement Lyncker, descendit la Moselle jusqu'à Vaux, et put observer de là la marche de colonnes françaises de Moulins-les-Metz sur le plateau de Gravelotte. — La 20e division resta à Pont-à-Mousson, mais le gros de la 19e division fut envoyé à Thiaucourt, ainsi que les deux batteries à cheval (1re et 3e) de l'artillerie de corps d'armée du Xe corps, sous les ordres du major Kœrber, tandis que les quatre batteries à pied, sous le lieutenant-colonel Cotta, restaient à Pont-à-Mousson. — Un pont de bateaux fut jeté à Atton, au-dessus de Pont-à-Mousson.

La brigade de dragons de la garde se rendit également à Thiaucourt.

Le corps de la garde passa la Moselle à Dieulouard le 15 août, et détacha son avant-garde à l'auberge des Quatre-Vents, dans la direction de Toul. Mais la cavalerie de la garde, déployée en éventail, se porta beaucoup plus en avant, la brigade de dragons à Thiaucourt, celle de cuirassiers à Bernécourt, et la brigade de ulans à Ménil-la-Tour.

Le IVe corps se rendit à Marbache et à Custine, sur les deux rives de la Moselle.

La 6e division de cavalerie continua, le 15 au matin, ses observations au sud de Metz. Le colonel comte Grœben, avec un détachement composé de 2 escadrons du 3e ulans, 1 escadron du 6e cuirassiers et 2 pièces de la 2e batterie à cheval n° 3, fit une reconnaissance entre la Seille et la Moselle. Il partit de Pournoy-la-Chétive, s'avança jusqu'à Frescati et envoya des patrouilles jusqu'à Montigny, pendant que Grœben allait lui-même à la ferme Bradin, près du chemin de fer. Un brouillard épais masquait la vue; néanmoins on apercevait un camp français entre Moulins-les-Metz et Longeville; — c'était celui de Canrobert. Les deux pièces de Grœben jetèrent dans ce camp 48 obus. Ce feu eut pour résultat la prompte retraite de Napoléon à Gravelotte, celle du corps de Canrobert à Rezonville, et la destruction du pont de Longeville. Nous avons parlé de cela plus haut.

Lorsque Grœben rejoignit sa division aux environs de Verny, celle-ci avait reçu du général d'Alvensleben, commandant du IIIe corps, l'ordre de marcher sur la Moselle. Elle se mit en marche à midi, fut ensuite arrêtée, comme le IIIe corps, pour des motifs connus, et mit son bivouac à Coin-sur-Seille.

Lorsque le prince Frédéric-Charles reçut, le 15 au matin, de Herny, le premier télégramme qui lui annonçait la bataille de Borny et lui retirait en même temps la disposition du IIIe et du IXe corps, il invita, à 7 heures, le général Voigts-Rhetz, commandant du Xe corps, à faire marcher sur la route de Metz à Verdun, par Mars-la-Tour, la 5e division de cavalerie, Rheinbaben,—d'abord avec les brigades Redern et Barby. Rheinbaben devait s'assurer si l'armée française avait déjà opéré sa retraite de Metz ou si elle était en train de le faire. — En arrivant à la route Metz-Verdun, il devait, s'il n'y rencontrait pas l'ennemi, faire un à droite et marcher sur Metz. Il avait en même temps l'ordre de chercher, par le nord, à se mettre en relation avec la cavalerie de la Première armée, dans le cas où celle-ci aurait traversé la Moselle au-dessous de Metz.

Voigts-Rhetz ordonna à Rheinbaben d'aller à Fresnes-en-Woëvre, 13 kilomètres à l'ouest de Mars-la-Tour. Déjà, le 15 à 3 heures 1/2 du matin, Rheinbaben avait fait marcher vers le nord, de Beney à La Chaussée, la brigade Redern, avec la 2e batterie à cheval n° 10. Redern prit cette direction avec 6 escadrons, savoir : le 17e hussards et 2 escadrons du 11e hussards, dont les deux autres escadrons, sous les ordres du capitaine de Baerst, étaient déjà détachés plus à l'est, à Buxières. 3 escadrons du 10e hussards — un escadron de ce régiment était détaché à Nancy — furent laissés provisoirement à Beney.

Redern marcha sur La Chaussée à travers un épais brouillard. Il envoya de là un escadron du 17e hussards à Latour-en-Woëvre, et un autre du 11e hussards sur Sponville et Mars-la-Tour. Nous venons de voir que deux escadrons du 11e hussards étaient déjà plus à droite, à Buxières.

La brigade Barby, de la 5e division de cavalerie, devait provisoirement rester à Thiaucourt jusqu'à ce qu'elle fût relevée par le brigadier Bredow, mais elle avait ordre d'envoyer le 4e cuirassiers à Dommartin-la-Chaussée, pour couvrir le flanc droit de Redern.

La brigade Bredow reçut l'ordre de marcher de Pont-à-Mousson sur Thiaucourt, d'y relever Barby et d'établir les communications avec la cavalerie de la garde.

A 3 heures 1/2 du matin, Redern fut informé, par ses escadrons avancés, qu'on ne voyait pas de Français. Mais on entendait en même temps, de La Chaussée, des coups de canon venant du nord-est. C'était évidemment le feu du détachement de Grœben à Montigny et la riposte qu'y faisaient les Français, de Longeville et du fort Saint-Quentin.

Redern partit alors dans la direction de Xonville, avec les quatre escadrons qu'il avait encore avec lui. Chemin faisant, il reçut de ses escadrons avancés l'avis que de grandes masses de cavalerie étaient en mouvement. C'était la division Forton avec son détachement de flanc de la brigade Murat. En arrivant à Xonville, Redern aperçut la brigade Murat marchant sur Puxieux. Il plaça alors la 2e batterie à cheval n° 10 (capitaine Schirmer) sur la hauteur au nord-est de Xonville. Cette batterie ne tira là que 6 obus. La brigade Murat revint à Mars-la-Tour. Redern se porta alors au trot sur les hauteurs de Puxieux, où Schirmer mit en batterie de nouveau et engagea contre les deux batteries de Forton une canonnade d'une heure dont nous avons parlé plus haut. Redern, ne voyant aucun avantage à obtenir de cette canonnade, porta ses cavaliers un peu plus en arrière et rallia vers midi quelques fractions détachées.

Le capitaine de Baerst, à la tête de ses deux escadrons du 11e hussards, s'avança le 15 au matin de Buxières sur Rezonville; il y rencontra le détachement de flanc gauche de Forton, lui fit des prisonniers et se retira ensuite, par Vionville et Tronville, jusqu'à Chambley, où il trouva un escadron du 4e cuirassiers (brigade Barby), envoyé en reconnaissance de Dommartin-la-Chaussée. A 11 heures du matin arrivèrent, appelés par les nouvelles de Puxieux, les trois autres escadrons du 4e cuirassiers, et, en même temps, parurent sur le théâtre de la lutte, marchant au canon, les trois escadrons du 10e hussards, restés provisoirement à Beney.

Lorsque Redern eut ainsi réuni toute sa brigade, il voulut attaquer sérieusement la division Forton qui se trouvait toujours à Mars-la-Tour; ses éclaireurs se portèrent en avant et la batterie Schirmer se mit en mouvement. Mais à ce moment, à une heure passée, arriva le général Rheinbaben, commandant la division, et il ordonna de renoncer à l'attaque. La division de Forton se retira, comme nous savons, sur Vionville, sans attendre cette attaque.

Le bruit du canon avait également attiré de Thiaucourt la brigade Barby qui suivait de près Rheinbaben et arriva à Puxieux. Enfin, à 2 heures, Bredow, venant de Pont-à-Mousson, arrivait à Xonville, de sorte que Rheinbaben avait toute sa division réunie, y compris les deux batteries à cheval, celle de Schirmer, souvent mentionnée, et la 1re batterie no 4.

Rheinbaben fit bivouaquer la brigade Redern à Xonville, la brigade Bredow à Suzemont, au sud de Hannonville, et la brigade Barby à Puxieux. Le bivouac de Puxieux fut plus d'une fois inquiété par le feu des fusils à longue portée des détachements avancés des dragons de Murat, et il fallut plus tard le porter plus en arrière.

Un escadron du 10e hussards qui, dans la soirée du 15, s'avança vers Rezonville, en passant au sud de Vionville, reconnut sur les hauteurs avoisinantes le camp du corps de Frossard, qu'il évalua à 20,000 hommes.

Avant de continuer le récit des évènements, il nous faut décrire brièvement le terrain de la bataille.

III. — LE TERRAIN DU COMBAT.

La bataille du 16 août fut livrée de chaque côté de la grande route de Metz à Verdun, par Gravelotte et Mars-la-Tour. Les positions des troupes engagées des deux parties s'étendent à 3,000 mètres au nord de cette route et à égale distance au sud. Le champ de bataille est limité à l'ouest par le ruisseau de l'Yron, à l'est par celui de la Mance, et la moindre distance entre ces deux cours d'eau est de 12 kilomètres. Le terrain s'incline légèrement de l'est à l'ouest, depuis les hauteurs de Plappeville, de Rozérieulles et de Sorgamont, qui forment le versant de la vallée de la Moselle aux environs de Metz, jusqu'à l'Yron.

Pour s'orienter facilement sur le champ de bataille, il faut se familiariser avec la ligne de partage des eaux qui sépare les eaux tributaires de l'Ornes, au nord, de celles allant dans la Moselle en amont de Metz.

Nous traçons cette ligne de partage des eaux depuis Saint-Privat-la-Montagne (340 mètres au-dessus du niveau de la mer), par la hauteur au nord-ouest d'Amanvillers (+ 325), elle forme ensuite un arc convexe dans le sens du nord-ouest, traversant le bois de la Cusse et aboutissant à la hauteur du télégraphe à l'ouest de Verneville (+ 328) ; puis un second arc convexe au nord-ouest, passant par la ferme de Caulre jusqu'à la hauteur de Villers-aux-Bois (+ 317) ; elle traverse le bois à l'est de Saint-Marcel, puis la voie romaine, et passe à une mare située à peu près à moitié chemin de Villers-aux-Bois et de Vionville (+ 311) ; de cette mare nous suivons la croupe qui se prolonge jusqu'à la hauteur à l'ouest de Vionville (+ 300), puis le chemin de Tronville, et enfin, nous dirigeant vers le sud, la chaîne de hauteurs (+ 284) qui conduit, par Buxières et Châtel-les-Baraques, au chemin de Gorze à Saint-Mihiel.

Pour avoir l'élévation relative de ces hauteurs au-dessus des eaux de la Moselle, il suffit de retrancher 170 mètres de leur élévation absolue au-dessus de la mer.

Les ruisseaux qui se jettent dans la Moselle au-dessus de Metz se dirigent d'abord du nord au sud et traversent à peu près perpendiculairement la route de Gravelotte et de Mars-la-Tour. Leurs sources sont à peine aussi hautes que les points les plus élevés de la rive gauche de la Moselle ; pour traverser cette muraille, ils doivent s'enfoncer promptement dans des ravins profonds et ils prennent, dans leur cours inférieur, la direction de l'ouest à l'est.

Pour bien nous représenter ces cours d'eau et le terrain du champ de bataille qui les avoisine, nous allons suivre à partir de Moulins-les-Metz la grande route de Mars-la-Tour.

A Moulins-les-Metz même se jette dans la Moselle le ruisseau de Châtel-Saint-Germain. Il vient du ravin qui remonte, par Châtel, jusqu'à Amanvillers et porte le nom de vallée de Monveaux ou des Rappes. La route suit le ruisseau en terrain plat jusqu'à la ferme de Longeau. Elle fait ensuite un grand détour et monte, entre Rozérieulles et Jussy, sur les hauteurs situées entre la vallée de Monveaux et la Mance, et qui portent, depuis le 18 août 1870, le nom historique de plateau d'Amanvillers. Leur point culminant est au Point-du-Jour (+ 338), 168 mètres au-dessus de Longeau, à peine distant du Point-du-Jour de 5 kilomètres en y comprenant tous les détours du chemin. La route descend ensuite dans la vallée de la Mance, qu'elle traverse sur une chaussée longue et élevée, pour monter sur le plateau de Gravelotte dont le point culminant se trouve au village de ce nom (+ 307).

Le ruisseau de la Mance sort du bois de la Cusse, au nord-est de Verneville et s'enfonce aussitôt dans un ravin, déjà profond de 50 mètres entre Gravelotte et Saint-Hubert, où la route le traverse, et dont la profondeur augmente encore plus loin. A trois kilomètres au sud de Gravelotte, la Mance se dirige de l'ouest à l'est, afin de percer la muraille de montagne et de se réunir à la Moselle.

A Gravelotte, la route par Doncourt et Conflans se sépare de celle par Mars-la-Tour; Vionville sur celle-ci est à 4 kilomètres de Caulre sur celle-là. Un chemin de 6 kilomètres relie ces deux routes entre Mars-la-Tour et Jarny.

La route de Mars-la-Tour traverse encore deux ruisseaux: l'un à 1,500 mètres de Gravelotte, la Jurée, qui prend sa source au sud-ouest de Verneville; l'autre, à 3,000 mètres de Gravelotte, est le ruisseau de Rezonville, dont la source est au nord de ce village. Il le traverse et coule au sud jusqu'à Gorze, près duquel il se réunit à la Jurée, pour former le ruisseau de Gorze qui se jette dans la Moselle à Novéant.

Entre la Jurée et le ruisseau de Rezonville s'étend, de Villers-aux-Bois jusqu'à Gorze, une croupe étroite qui se termine au nord de Gorze par la Côte-Mousa (+298), le point le plus élevé de cette chaîne est au sud-est de Rezonville, 308 mètres au-dessus de la mer. Au nord de la Côte-Mousa, la chaîne porte le petit bois de Saint-Arnould; au nord-est de celui-ci, entre la Jurée et la Mance, se trouve le bois des Ognons; à l'ouest du bois de Saint-Arnould, sur la rive droite du ruisseau de Rezonville, est le bois de Vionville, dont la partie sud porte le nom de bois des Prêtres. Au nord de la grande route, sur les deux rives de la Jurée, se trouvent les bois de la Jurée et de Villers.

En continuant à suivre la route à partir de Rezonville, nous atteignons, à 2,800 mètres plus loin, le village de Vionville, après avoir laissé Flavigny à 700 mètres sur la gauche.

Vionville est situé dans un fond et environné de hauteurs d'où sortent un grand nombre de ruisseaux sans importance, mais le plus souvent fortement encaissés. Ils appartiennent en partie au bassin de l'Ornes, en partie au bassin même de la Moselle, en amont de Metz. Avant de les envisager de plus près, examinons le terrain que traverse la grande route de Rezonville à Vionville. Au nord court, à peu près de l'est à l'ouest, une ancienne voie romaine, distante de la route d'un kilomètre seulement à Rezonville, mais s'en éloignant un peu plus vers l'ouest. La voie romaine est cotoyée de près, au nord, par un ruisseau qui prend sa source à l'ouest de Villers-aux-Bois et conduit ses eaux à l'Ornes. Au nord de la voie romaine et le long de ce ruisseau s'étendent des bois auxquels nous donnerons le nom de bois de Saint-Marcel, village situé plus au nord.

Tout le système de hauteurs au sud de la voie romaine, entre le ruisseau de Rezonville et ceux qui coulent au sud de Vionville, porte habituellement le nom de plateau de Vionville. L'arête principale de ce système s'étend de la voie romaine dans la direction du sud-est, tout près du village de Rezonville, en suivant ensuite la rive droite du ruisseau de Rezonville. Elle porte sur ses pentes méridionales les bois déjà mentionnés de Vionville et des Prêtres. — Au nord de la grande route, ce système se relie, par une croupe s'étendant vers le nord-est, avec la hauteur de Villers-aux-Bois (+ 317); au sud de la grande route, avant d'atteindre le bois de Vionville, il détache une croupe plate à l'ouest et se relie ainsi avec d'autres hauteurs parallèles qui courent vers le bois des Prêtres et s'élèvent jusqu'à + 326 mètres; l'arête principale n'est, en moyenne, qu'à + 305 mètres et s'élève à + 311 mètres au nord de la grande route. On peut dire, du reste, que la configuration des pentes ouest et sud du plateau de Vionville résulte du cours des ruisseaux qui coulent au sud après avoir pris naissance sur ces pentes.

Ces eaux ne descendent pas seulement de Vionville, mais encore de Flavigny, de Tronville et de la ferme du Sauley, et elles se réunissent dans le bas-fonds près du village ruiné de Tantelainville. De ce point, le bas-fond dans lequel pourraient s'écouler ces eaux se dirige au sud-est, puis de l'ouest à l'est au bois de Gaumont, et il se réunit enfin au nord de Gorze avec le ravin du ruisseau de Rezonville. Mais, dans cette partie du bas-fond, les eaux sont devenues très rares, parce qu'elles ont été recueillies, dès le début, dans des réservoirs tels que l'abreuvoir situé entre Vionville et Flavigny et le lavoir au sud de Tronville, et se sont perdues, en outre, par des saignées et par l'évaporation.

Les seules élévations qui méritent encore d'être mentionnées dans cette région, sont la hauteur du cimetière de Vionville, au sud de ce village, la hauteur de Flavigny, au nord de celui-ci et à l'est de Vionville, — la hauteur de Tantelainville (+ 290) au sud du chemin de Tantelainville à Flavigny (1) et la hauteur de Tronville (+ 286) sur le chemin de Tronville à Vionville.

Sur les hauteurs au nord-ouest et à l'ouest de Vionville, qui s'étendent au nord jusqu'à la voie romaine, se trouvent les bois de Tronville. Ils sont séparés, dans la direction du

(1) Cette hauteur (où se trouve la statue de Sainte-Marie) est appelée hauteur de Flavigny dans l'ouvrage de l'état-major allemand.

sud-est au nord-ouest, par deux clairières parallèles qui permettent de voir, des environs de Bruville, jusqu'à Vionville.

Parmi les ruisseaux qui sortent du champ de bataille et portent leurs eaux à l'Ornes, il faut signaler le ruisseau de Jarny et l'Yron. Tous deux coulent au nord de la grande route, à peu près parallèlement du sud au nord, enfermant entre eux une chaîne de hauteurs dont le point le plus élevé (+ 250) se trouve près de Mars-la-Tour.

Le ruisseau de Jarny vient de Mars-la-Tour, coule dans un bas-fond étroit et se jette dans l'Ornes vers Labry. Il reçoit à l'est le ruisseau déjà mentionné qui vient de Villers-aux-Bois en cotoyant la voie romaine, puis à Jarny le ruisseau de Doncourt dont il faut chercher la source entre Arnoux-la-Grange et Verneville.

Les vallons dans lesquels coulent les eaux tributaires de l'Ornes, divisent la partie nord-ouest du champ de bataille d'une manière analogue à celle dont est divisée la partie est par les bas-fonds et les ravins que suivent les affluents de la Moselle en amont de Metz. Parmi les hauteurs au nord de la grande route, signalons seulement le mamelon de Bruville (+ 277), entre ce village et les bois de Tronville, puis le mamelon (+ 257) entre ces mêmes bois et Mars-la-Tour.

Le ruisseau de l'Yron sort de l'étang de Vigneulles, au sud de Saint-Benoît, et se jette dans l'Ornes à Conflans ; plusieurs petits cours d'eau, venant de Chambley et de Puxieux, et se réunissant à l'Yron à Hannonville-au-Passage et au nord de ce point, indiquent le versant ouest des hauteurs de Tronville—Buxières.

Le sol du champ de bataille se compose généralement de terres labourables qui rendent assez difficile la marche des troupes en dehors des chemins et gênent également l'effet des obus. Il existe du reste, en grand nombre, des chemins de culture bien entretenus.

Quelques ravins et certains bois constituent des obstacles plus importants au mouvement des troupes.

Les ravins de la Jurée et du ruisseau de Rezonville ne

peuvent être traversés par l'infanterie qu'en ordre dispersé, et ils sont même fort difficiles à suivre dans le sens de leur cours. Ainsi la route de Gorze à Rezonville et à Villers-aux-Bois ne suit pas l'un de ces ravins mais les hauteurs qui les séparent; il en est de même de la route de Gorze à Saint-Mihiel qui ne suit pas le ravin de Gorze. — Le sol pierreux et des broussailles rendent très difficile de gravir le versant nord du ravin entre Tantelainville et Gorze.

Des troupes en ordre serré ne peuvent traverser que sur les routes la vallée du ruisseau de Jarny au nord de Mars-la-Tour, et celle du ruisseau qui côtoie la voie romaine. Les autres coupures ou bas-fonds du champ de bataille sont praticables à toutes les armes, plus ou moins facilement en raison du temps qu'il aura fait avant le jour du combat.

Tous les bois du champ de bataille se composent de taillis épais sous futaie. Les arbres de haute futaie sont plus rapprochés dans les bois au sud de la grande route que dans ceux de Tronville et de Saint-Marcel, situés au nord; mais, dans les deux cas, le taillis épais et l'absence de chemins praticables gênent le mouvement des troupes.

Les nombreux plis de terrain fournissent aux deux partis, sur tout le champ de bataille, maintes occasions de prendre des positions couvertes et abritées. De même, le relief du terrain, combiné avec les bois, permet souvent, si l'on sait en tirer parti, de s'approcher à couvert de l'adversaire et de le surprendre. De la grande route, entre Rezonville et Vionville, on ne peut juger que fort imparfaitement ce qu'entreprend l'ennemi, soit au nord sur Saint-Marcel et Bruville, soit au sud, sur la ligne de Gorze à Mars-la-Tour, par Buxières et Chambley. De nombreux plateaux élevés offrent d'excellentes positions d'artillerie d'où l'on voit bien jusqu'à 2,000 mètres.

Les villages du champ de bataille n'ont pas d'importance par leur population, mais ils sont de forme fermée, au lieu de se composer de fermes séparées ou d'une longue rue. Les constructions en sont massives, et les contours des villages, aussi bien que des hameaux, sont des murailles et des haies.

En conséquence, ces lieux habités, surtout lorsqu'il s'y joint une hauteur convenable, sont d'excellents points d'appui pour la défense, ce qui en fait par suite des objectifs naturels pour l'offensive.

Au sud de Novéant, à Arnaville, se jette dans la Moselle le Rupt de Mad, qui prend sa source dans la forêt de la Reine, au sud-est de Saint-Mihiel, et arrose Thiaucourt et Onville. Le Rupt de Mad suit, dans la partie inférieure de son cours, un ravin analogue à celui de Gorze, ravin qui a de l'importance parce qu'il renferme une route pour arriver sur le champ de bataille. De cette route, conduisant de la Moselle à Saint-Mihiel, par Thiaucourt, se séparent à Onville et à Waville plusieurs chemins se dirigeant au nord et conduisant au plateau de Buxières et de Tronville, à travers les Gros-Bois et le bois de Harl.

Reprenons maintenant le fil de notre récit.

IV. — DISPOSITIONS PRISES PAR LES ALLEMANDS POUR LE 16 AOUT. LA 6e DIVISION DE CAVALERIE, LE IIIe ET LE Xe CORPS SE DIRIGENT VERS LA ROUTE DE VERDUN PAR MARS-LA-TOUR.

Le 15, à 6 heures 1/2 du soir, le quartier général de l'armée allemande, à Herny, donna les instructions suivantes pour la Première et la Deuxième armée :

« Tant que la force des troupes ennemies restées à Metz ne sera pas exactement connue, la Première armée laissera aux environs de Courcelles un corps d'armée qui sera relevé à bref délai par le corps de troupes du général lieutenant de Kummer, venant de Sarrelouis. Les deux autres corps de la Première armée prendront position le 16 sur la ligne Arry-Pommerieux, entre Seille et Moselle. Un passage sur cette dernière rivière sera établi aussitôt, si cela n'a pas été déjà fait par le IIIe corps. On va s'informer des mouvements exécutés par la Deuxième armée dans la journée du 15 août, mais voici d'une manière générale les mesures qui vont être prises :

« Les conditions dans lesquelles le Ier et le VIIe corps, ainsi qu'une partie de la 18e division, ont remporté un succès hier soir (14), excluaient toute poursuite. Les fruits de cette victoire ne peuvent être récoltés que par une offensive énergique de la Deuxième armée contre les routes de Metz à Verdun, par Fresnes-en-Woëvre et par Etain. On laisse au commandement en chef de la Deuxième armée le soin d'exécuter cette offensive, comme il l'entendra, avec tous les moyens dont il dispose.

« Les têtes de colonnes de la Troisième armée ont atteint aujourd'hui la ligne Nancy-Dombasle-Bayon; sa cavalerie bat le pays vers Toul et au sud. Le grand quartier général de Sa Majesté le roi se trouvera à Pont-à-Mousson demain (16) à partir de 5 heures du soir. »

Laissons provisoirement de côté les mesures prises par la Première armée, conformément à ces directions, et transportons-nous à Pont-à-Mousson, au quartier général de la Deuxième armée. D'après les nouvelles et les rapports qui lui étaient parvenus, le prince Frédéric-Charles pensait que l'armée française se retirait déjà en toute hâte sur la Meuse et qu'il s'agissait de la poursuivre énergiquement.

Cette conclusion était parfaitement autorisée. En effet, sans toutes les fatalités qui nous sont connues du côté des Français : le changement du commandement en chef, la crue de la Moselle, la manière défectueuse dont se faisait le service, les Français auraient pu avoir, dès le 15, une grande avance dans la direction de Verdun. De ce qu'on ne trouvait pas toute l'armée de Bazaine sur la route de Mars-la-Tour, on ne pouvait rien inférer contre l'opinion du commandant de la Deuxième armée. Au contraire, on pouvait admettre avec raison que le gros de l'armée française exécutait sa marche de flanc sur la route du nord, et ne laissait sur celle du sud par Mars-la-Tour qu'un fort détachement de flanc, dont la marche était retardée avec intention pour voiler la retraite du gros et prendre en flanc les Allemands qui marcheraient vers le nord.

L'intention du prince Frédéric-Charles était donc de faire passer le 16 le gros de son armée sur la rive gauche de la

Moselle et de commencer à marcher vers la Meuse. Dès que le télégramme, envoyé par de Moltke de la hauteur de Flavigny (à l'est de Metz) et arrivé à destination après 11 heures du matin, eut rendu au prince la libre disposition des corps d'armée de son aile droite, il fit part de ses intentions au commandement en chef de l'armée et, n'ayant pas reçu d'ordre contraire, il fit paraître à 7 heures du soir l'ordre d'armée suivant pour la journée du 16 août :

« Hier soir, l'ennemi, attaqué par des fractions de la Première armée et de la 18e division d'infanterie, a été rejeté dans la forteresse.

« L'armée ennemie opère sa retraite sur la Meuse. La Deuxième armée va donc suivre l'ennemi sans retard sur ce fleuve.

« Le IIIe corps, qui a déjà commencé ce mouvement, traversera la Moselle au-dessous de Pont-à-Mousson et atteindra demain, par Novéant et Gorze, la grande route de Metz à Verdun, à Mars-la-Tour et Vionville. Il mettra, s'il le peut, son quartier général à Mars-la-Tour. La 6e division de cavalerie, marchant de Pagny, par Prégny et Thiaucourt, devancera le IIIe corps sur la grande route.

« Le Xe corps, déjà partiellement en marche sur Thiaucourt, et précédé par la 5e division de cavalerie, continuera demain à marcher sur la grande route de Verdun, vers Saint-Hilaire—Maizeray, en appelant à lui ceux de ses détachements qui se trouvent encore à Pont-à-Mousson et dans la vallée de la Moselle.

« Le XIIe corps marchera demain de Nomény sur Pont-à-Mousson ; il enverra son avant-garde à Régneville-en-Haye et se massera à Pont-à-Mousson. Sa division de cavalerie s'avancera jusqu'à la Meuse.

« Le corps de la garde atteindra demain avec son avant-garde Rambucourt, le gros et le quartier général, Bernécourt.

« Le IVe corps portera son avant-garde à Jaillon, son quartier général aux Saizerais.

« On cherchera à se relier vers Nancy avec l'aile droite de la Troisième armée.

« Le IXe corps marchera demain sur Sillegny; il passera le lendemain la Moselle sur les ponts jetés par le IIIe corps et suivra celui-ci sur Gorze, par Novéant.

« La tête du IIe corps arrivera demain à Buchy.

« Les divisions de cavalerie avancées devront reconnaître les chemins qui conduisent à la Meuse et les passages sur ce fleuve, à ce point de vue spécial qu'elles doivent reconnaître pour les Xe, IIIe et IXe corps les points de passage de Dieue et de Génicourt-sur-Meuse, pour le XIIe corps celui de Bannoncourt, enfin pour la Garde, le IVe et le IIe corps, les passages de Saint-Mihiel, de Pont-sur-Meuse et de Commercy.

« FRÉDÉRIC-CHARLES. »

L'ordre d'armée qui précède était expédié depuis longtemps lorsque les directives mentionnées plus haut arrivèrent du grand quartier général, à 10 heures 1/2 du soir. Leur idée, comme on voit, ne s'accordait pas complètement avec celle qui servait de base à l'ordre d'armée. Celui-ci voulait avant tout porter rapidement la Deuxième armée sur la Meuse ; à Herny, au contraire, on attachait plus d'importance à porter la Deuxième armée au nord, plus près de Metz, sur Mars-la-Tour et Vionville. A Pont-à-Mousson on admettait que la retraite des Français était plus avancée qu'on ne le supposait à Herny. On était plus directement ici que là sous l'impression de la bataille de Borny.

Cependant, le prince Frédéric-Charles ne changea rien à son ordre d'armée; celui-ci dirigeait, dans tous les cas, contre la route Metz—Mars-la-Tour—Verdun, deux divisions de cavalerie et deux corps d'armée, ce qui semblait suffisant.

Le général Voigts-Rhetz, commandant le Xe corps, devait, d'après l'ordre d'armée, marcher sur Saint-Hilaire. Tout en dirigeant sur ce point le gros de son corps d'armée, il voulut en même temps faire une grande reconnaissance plus à l'est, contre les camps français observés à Rezonville le 15 au soir. La 5e division de cavalerie fut chargée de cette reconnaissance. Pour la renforcer, le major Kœrber, avec les 1re et

3e batteries à cheval n° 10, ayant pour soutien particulier le 2e escadron du 2e régiment de dragons de la garde, devait marcher de Thiaucourt sur Xonville, le 16 août de grand matin. Le lieutenant-colonel de Caprivi, chef d'état-major général du Xe corps, accompagnait ce détachement.

Afin de pouvoir appuyer la cavalerie, le cas échéant, le colonel Lehmann, avec la portion de la 37e brigade d'infanterie qui se trouvait à Thiaucourt, — savoir : le 1er bataillon n° 78, tout le 91e régiment, — puis avec 2 escadrons du 9e dragons et la 1re batterie lourde n° 10, c'est-à-dire avec 4 bataillons, 2 escadrons et 6 pièces, devait marcher sur Chambley et y appeler à lui, de la vallée de la Moselle, le détachement Lyncker, 2 bataillons, 2 escadrons et une batterie (la 1re légère n° 10).

Le général de Schwarzkoppen, commandant la 19e division d'infanterie, à la tête de toutes les autres troupes qui restaient disponibles à Thiaucourt, marcha de là sur Saint-Hilaire, le 16, à 7 heures du matin.

Ces troupes étaient : la brigade de dragons de la garde, général-lieutenant comte de Brandebourg II, 1er et 2e régiments de dragons de la garde, — n'ayant plus que 7 escadrons, puisque l'un d'eux était détaché avec les batteries à cheval du major Kœrber, — et la 1re batterie à cheval de la garde. Les dragons de la garde prirent les devants sur les autres troupes ;

La 38e brigade d'infanterie, général-major de Wedell, — 16e et 57e régiments ;

2e batterie lourde et 2e batterie légère de la 1re division à pied n° 10, sous les ordres du lieutenant-colonel Schaumann ;

En tout 6 bataillons, 7 escadrons et 18 pièces (1).

Les troupes du Xe corps restées à Pont-à-Mousson, notamment la 20e division d'infanterie et les batteries à pied de l'artillerie de corps, marchèrent sur Thiaucourt à 6 heures

---

(1) Ajoutons à ces troupes les 2e et 3e compagnies de pionniers du Xe corps, que nous comptons par exception pour des motifs qu'on verra plus loin. W. R.

passées, et s'y trouvèrent réunies à 11 heures 1/2 du matin. Voici la composition de détail de ces troupes :

20e division d'infanterie, général-major de Kraatz-Koschlau ;

39e brigade d'infanterie, général-major de Woyna, 56e et 79e rég.;

40e brigade d'infanterie, général-major de Diringshofen, 17e et 92e régiment;

Bataillon de chasseurs n° 10 ;

16e régiment de dragons;

2e division à pied n° 10, major Krause (3e et 6e batterie lourde, 3e et 4e batterie légère);

Artillerie de corps, colonel de Goltz : 3e division à pied n° 10, lieutenant-colonel Cotta (5e et 6e batterie lourde, 5e et 6e batterie légère);

En tout 13 bataillons, 4 escadrons et 48 pièces.

Nous avons laissé, le 15 août, la 6e division de cavalerie à Coin-sur-Seille, sur la rive droite de la Moselle. Elle y reçut le 16, à 2 heures du matin, du général d'Alvensleben, l'ordre de marcher sur le pont suspendu de Novéant-Corny et d'y passer la Moselle, de façon à être entièrement sur la rive gauche à 5 heures 1/2 du matin. La division fut alarmée immédiatement et se mit en marche, mais les cavaliers furent obligés de passer le pont suspendu par un et à pied, de sorte que le passage ne fut terminé qu'à 7 heures.

La division, duc Guillaume de Mecklembourg-Schwérin, marchait dans l'ordre suivant :

15e brigade de cavalerie, général-major de Rauch, 3e et 16e hussards;

2e batterie à cheval n° 3, capitaine Wittstock;

14e brigade de cavalerie, général-major de Diepenbroick-Grüter, 6e cuirassiers, 3e ulans (2 escadrons, les deux autres étant restés provisoirement sur la rive droite de la Moselle), et 15e ulans ;

En tout 18 escadrons et 6 pièces.

Les troupes avancées de la 5e division d'infanterie, qui se

trouvaient à Gorze, informèrent le commandant de la division de cavalerie que des postes français de cavalerie se tenaient dans la direction de Rezonville. Le duc de Mecklembourg envoya en avant, avec un escadron du 3e hussards, son officier d'état-major qui revint confirmant le fait. La division fit une halte à Sainte-Catherine, à l'est de Gorze, pour se serrer et laisser arriver la tête de la 5e division d'infanterie. Elle se remit alors en mouvement : la brigade Rauch tourna à droite, à l'ouest de Gorze, et gravit les hauteurs entre le bois des Prêtres et la ferme d'Anconville, par la route de Flavigny et de Vionville; la batterie Wittstock prit provisoirement position au nord de Gorze pour recevoir la brigade Rauch. La brigade Grüter fut dirigée sur Buxières. — A 9 heures, la 6e division de cavalerie reçut du général d'Alvensloben, qui était arrivé sur ces entrefaites sur les hauteurs de Chambley, l'ordre de se porter avec toutes ses forces sur le plateau contre Vionville. La batterie Wittstock fut alors envoyée à la brigade Grüter qui tourna à droite pour gravir le plateau au bois de Gaumont. — En arrivant sur la hauteur, la brigade Rauch avait reçu un feu très vif du bois de Vionville, des troupes avancées de la brigade Lapasset, et s'était alors retirée dans le ravin de Gorze où elle prit position à Saint-Thiébault, des deux côtés de la route de Gorze à Vionville.

La 5e division d'infanterie suivit de près de Novéant la 6e division de cavalerie. Elle avait eu déjà à Gorze pendant la nuit le 2e bataillon n° 8 et le 4e escadron du 12e dragons. Ces troupes avancées se joignirent au gros de la division lorsqu'il arriva à Gorze. L'ordre de marche fut le suivant :

Avant-garde, 9e brigade d'infanterie, général major de Dœring.

Pointe d'avant-garde, colonel de Garrelts :

1er et 2e escadrons du 12e dragons;

1er et 2e bataillons n° 48.

Gros de l'avant-garde, lieutenant-colonel de l'Estocq :

Bataillon de fusiliers n° 48;

1re batterie légère n° 3;

Bataillon de chasseurs n° 3;

Bataillon de fusiliers n° 8.

Gros de la division : 10e brigade d'infanterie, général-major de Schwérin :

1er bataillon n° 52 ;

2e batterie légère, 1re et 2e batterie lourde n° 3;

2e bataillon et bataillon de fusiliers n° 52;

2e bataillon et bataillon de fusiliers n° 12 ;

En tout 11 bataillons, 3 escadrons, 4 batteries.

La 5e division d'infanterie laissait provisoirement dans la vallée de la Moselle deux bataillons et un escadron qui ne la suivirent que plus tard, savoir : le 1er bataillon n° 8 et le 3e escadron du 12e dragons, à Dornot, et le 1er bataillon n° 12 (1) à Corny. En revanche, le détachement Lyncker, du Xe corps, suivit immédiatement la 5e division d'infanterie.

La tête de cette division arrivait à Gorze à 9 heures du matin.

Le général commandant le IIIe corps, avec la 6e division d'infanterie et l'artillerie de corps, partit d'Arnaville dès 5 heures du matin, marchant sur Onville par le ravin du Rupt de Mad.

Voici la composition de ces troupes :

6e division d'infanterie, général-lieutenant de Buddenbrock ;

11e brigade d'infanterie, général-major de Rothmaler, 20e et 35e régiments ;

12e brigade d'infanterie, colonel de Bismarck, 24e et 64e régiments ;

2e dragons ;

3e division à pied n° 3, major Beck (5e et 6e batterie lourde, 5e et 6e batterie légère);

Artillerie de corps, colonel de Dresky ;

---

(1) 1er bataillon, 1re ou 2e compagnie n° 12, etc., signifient 1er bataillon, 1re ou 2e compagnie du 12e régiment d'infanterie ; — de même 1re batterie à cheval, lourde ou légère n° 3, veut dire 1re batterie à cheval, 1re batterie lourde ou légère du 3e régiment d'artillerie de campagne. W. R.

Division à cheval n° 3, major Lentz (1re et 3e batterie à cheval). 2e division à pied n° 3, major de Lyncker (3e et 4e batterie lourde, 3e et 4e batterie légère).

Ensemble, 12 bataillons, 4 escadrons et 10 batteries.

Le 2e dragons marchait en tête, puis venait la brigade Bismarck, le 64e en avant, ensuite la brigade Rothmaler, le 35e en avant, enfin l'artillerie.

A 6 heures 1/2 du matin, le général d'Alvensleben, qui marchait avec les dragons en tête de la 6e division, fut informé par une patrouille lancée en avant que des avant-postes français se trouvaient entre Tronville et Vionville. A 8 heures, la tête de la 6e division arrivait sur la hauteur des Baraques, entre les Gros-Bois et le bois de Harl, d'où on apercevait distinctement de vastes camps français à Vionville et à Rezonville.

Alvensleben donna l'ordre à la 6e division d'infanterie de se déployer à Buxières et de ne se laisser entraîner provisoirement à aucun combat; lui-même se porta avec deux escadrons de dragons au delà de Buxières afin de s'orienter.

V. — SURPRISE DE LA DIVISION DE FORTON PAR LA CAVALERIE ALLEMANDE.

Nous connaissons maintenant les positions qu'ont prises dans la matinée du 16 août les troupes allemandes destinées à marcher contre la route Metz — Mars-la-Tour — Verdun ; nous connaissons, d'autre part, les positions de la colonne du sud de l'armée française qui se trouve sur cette route, et qui, d'après les derniers ordres qu'elle a reçus, ne doit pas continuer sa marche avant midi ; nous sommes enfin orientés sur le terrain et nous pouvons, sans plus attendre, entrer au combat.

Dès que Rheinbaben reçut les ordres du général Voigts-Rhetz, il prit rapidement ses dispositions pour la grande reconnaissance sur Vionville et Rezonville.

A l'avant-garde était la brigade Redern, avec toutes les batteries à cheval, et l'escadron de dragons de la garde venu avec les deux batteries de Thiaucourt. Le major Kœrber prit le commandement supérieur des 4 batteries à cheval (1re, 2e et 3e, n° 10, et 1re n° 4).

La brigade Redern quitta son bivouac de Xonville à 6 heures du matin et prit position au sud de la ferme de Mariaville, ayant en première ligne le 10e hussards (3 escadrons) et la batterie Shirmer (2e à cheval, n° 10), en deuxième ligne le 11e hussards à droite, le 17e hussards à gauche. Ce dernier n'avait que trois escadrons parce que le quatrième avait été détaché sur Maizeray et ne rejoignit le régiment que dans l'après-midi; pour ce motif, l'escadron de dragons de la garde venu de Thiaucourt se joignit au 17e hussards. Les deux régiments de la deuxième ligne étaient formés sur eux-mêmes en colonnes serrées d'escadron (1), avec un grand intervalle pour laisser du champ aux mouvements de l'artillerie.

Lorqu'un régiment est formé en colonnes d'escadron, les 4 escadrons sont à la même hauteur, chacun d'eux étant en colonne avec distance. On laisse habituellement entre deux escadrons voisins un intervalle de trois fronts de peloton, plus six pas, afin de pouvoir déployer le régiment. Quand l'escadron est complet il occupe donc habituellement un front de 100 pas et le front du régiment est de 400 pas (2). Mais si l'on rapproche les colonnes d'escadrons de manière qu'elles n'aient plus qu'un intervalle de six pas, le régiment entier n'a plus qu'un front de 100 pas, et pour que le déploiement en ligne soit ensuite facile, on peut laisser entre les régiments massés un intervalle de 300 pas.

C'est cette formation que prit la deuxième ligne de la brigade Redern à Mariaville.

Des patrouilles avancées annoncèrent qu'il se trouvait à Vionville un camp de cavalerie française, où l'on faisait la soupe et où ne se montrait pas beaucoup de mouvement.

---

(1) Masse de colonnes du règlement français (*Note du traducteur*).

(2) C'est la ligne de colonnes du règlement français (*Note du traducteur*).

A 8 heures 1/2 du matin, la brigade Redern quitta les environs de Mariaville et s'avança au sud de Tronville. La batterie Schirmer se porta sur la hauteur au nord-est de Tronville et ouvrit le feu contre le camp de Vionville. Le major Kœrber fit avancer les trois autres batteries et les établit à gauche de la batterie Shirmer. — Les trois régiments de hussards de la brigade Redern prirent position pour couvrir les batteries.

La division de Forton à Vionville fut complètement surprise par cette attaque d'artillerie. Au point du jour, les patrouilles françaises n'avaient aperçu que quelques cavaliers allemands aux environs de Tronville; de Forton lui-même, qui était monté de grand matin sur les hauteurs en avant de son bivouac, n'aperçut que ces cavaliers allemands en première ligne et, loin en arrière, des grand'gardes. A 6 heures du matin, le capitaine Arnous-Rivière, commandant un corps franc et chargé du service d'éclaireurs dans cette région, arriva à Vionville; il rapporta que les Allemands avaient barricadé pendant la nuit les issues de Tronville, mais que le village était encore inoccupé; à Mars-la-Tour ils paraissaient avoir peu de monde. — Forton envoya alors un aide de camp à Gravelotte pour informer le général Jarras de ce qui s'était passé dans la nuit et la matinée; lorsque cet officier revint, les reconnaissances annonçaient la présence de forces ennemies plus considérables aux environs de Tronville. Forton se rendit à 8 heures passées sur la hauteur à l'ouest de Vionville, et vit la brigade Redern qui s'avançait au sud de Tronville. Il ordonna alors à ses deux batteries de prendre position sur la hauteur, fit alarmer le camp et informa le général de Valabrègue, commandant la cavalerie du corps de Frossard, qu'une attaque était menaçante.

Les brigades de la division Forton avaient été averties antérieurement que d'après les ordres de Bazaine on ne se remettrait pas en marche avant l'après-midi du 16. Elles utilisèrent le temps qui leur était ainsi donné pour le service journalier; on fit la soupe et les escadrons firent boire successivement. Elles ne pouvaient donc pas être prêtes au combat instantanément.

C'est alors que les premiers obus de la batterie Schirmer tombèrent dans le camp de la brigade de dragons Murat. Malheureusement, les bagages de la division Forton arrivaient juste à ce moment sur la grande route de Vionville. Quelques obus éclatèrent au milieu de ce convoi ; les civils qui conduisaient les voitures s'enfuirent en désordre jusqu'à Gravelotte et entraînèrent avec eux des détachements de dragons. Pendant ce temps, Forton se trouvait, avec Murat et les colonels des deux régiments de dragons, sur la hauteur à l'ouest de Vionville. Les pièces françaises qui s'y rendirent purent à peine mettre en batterie. La brigade de cuirassiers, qui n'était pas encore allée à l'abreuvoir, monta à cheval et se forma pour couvrir la retraite des dragons qu'on rallia le mieux qu'on put.

Le général de Forton ramena au nord-est, sur la voie romaine, les fractions reformées de sa division.

Le désordre causé dans le camp de la cavalerie française n'avait point échappé à la brigade Redern ni aux batteries à cheval. Le major Kœrber fit avancer celles-ci, en échelons par l'aile gauche, sur la hauteur à l'ouest de Vionville, en ne laissant sur la hauteur de Tronville que la batterie Schirmer. Le major Kœrber tira de la hauteur de Vionville contre les camps français à l'est de ce village. Mais, comme nous le verrons, l'infanterie et l'artillerie françaises s'étant promptement réunies, la 5e division de cavalerie vit son mouvement arrêté. De la brigade Redern, le 10e hussards se plaça dans le ravin qui descend de Flavigny. — Le 2e escadron du 2e régiment de dragons de la garde et le 1er escadron du 17e hussards furent employés comme soutien immédiat des batteries sur la hauteur à l'ouest de Vionville. Le 11e hussards et le reste du 17e se mirent à couvert au sud des bois de Tronville.

La brigade Bredow s'était d'abord avancée sur la route de Mars-la-Tour ; mais lorsque le feu de l'artillerie française se fit sentir, elle chercha un abri dans le bas-fond situé entre

Vionville et les bois de Tronville, à l'est et près de ces bois.

Enfin, la brigade Barby, qui avait marché d'abord sur Tronville et s'était portée de là au nord, resta à l'ouest des bois de Tronville et envoya des patrouilles dans la direction du nord.

Telles étaient les positions de la 5e division de cavalerie à 9 heures 1/2 du matin.

Quant à la 6e division de cavalerie, la brigade Grüter, sortant du ravin de Gorze au bois de Gaumont, arriva à 9 heures passées sur le plateau, dans la direction de Flavigny, à peu près au moment où les batteries du major Kœrber ouvraient le feu de la hauteur à l'ouest de Vionville. — La batterie Wittstock (2e à cheval, n° 3), qui avait rejoint la brigade Grüter, s'établit à son aile droite et dirigea son feu, non pas sur Vionville, mais vers l'est sur des camps d'infanterie qu'on apercevait aux environs du bois de Saint-Arnould. Les escadrons avancés de la brigade Grüter refoulèrent sur Vionville et Flavigny les postes de dragons de Murat qu'ils trouvèrent devant eux.

VI. — DÉPLOIEMENT DU 2e ET DU 6e CORPS FRANÇAIS. RETRAITE DE LA CAVALERIE ALLEMANDE. PREMIÈRE ENTRÉE EN LIGNE DU IIIe CORPS ALLEMAND.

La fuite désordonnée des bagages de la division Forton et de dragons débandés de la brigade Murat, qui se fit en partie à travers le camp du 2e corps, ne pouvait être sans influence sur celui-ci. Cependant l'infanterie et l'artillerie se formèrent immédiatement et prirent position sur les hauteurs qui s'étendent de Vionville au bois de Saint-Arnould, en passant par Flavigny.

La composition du 2e corps est la suivante :

1re division, Vergé :

1re brigade, général Letellier-Valazé : 3e bataillon de chasseurs à pied, 32e et 55e régiment de ligne ;

2e brigade, général Jolivet : 76e et 77e régiment de ligne.

5e, 6e et 12e batterie du 5e régiment d'artillerie.

2e division, Bataille :

1re brigade, général Mangin (ex-Pouget) : 12e bataillon de chasseurs, 8e et 23e régiment de ligne ;

2e brigade, général Fauvart-Bastoul : 66e et 67e régiment de ligne ;

7e, 8e et 9e batterie du 5e régiment d'artillerie.

Brigade Lapasset : une compagnie du 14e bataillon de chasseurs, 84e et 97e régiment de ligne ; — 3e régiment de lanciers, 7e batterie du 2e régiment d'artillerie.

Division de cavalerie Valabrègue :

1re brigade : 4e et 5e chasseurs.

2e brigade, général Bachelier : 7e et 12e dragons.

Réserve d'artillerie, colonel Beaudouin, 10e et 11e batterie du 5e régiment ; 6e et 10e batterie du 15e régiment ; 7e et 8e batterie du 17e régiment d'artillerie.

Le corps de Frossart se déploya sur le versant sud-ouest du plateau de Vionville, au sud de la grande route.

La division Bataille prit l'aile droite. Le 12e bataillon de de chasseurs et le 23e de ligne, de la brigade Mangin, s'avancèrent immédiatement pour occuper la partie sud du village de Vionville, ainsi le que hameau de Flavigny ; le 8e de ligne, de la même brigade, s'établit au groupe d'arbres, près de l'abreuvoir, pour servir de liaison entre Vionville et Flavigny.

A gauche de Mangin, le général Bataille conduisit lui-même la brigade Bastoul sur la pente au sud-est de Flavigny.

Plus à gauche, suivait la division Vergé, avec la brigade Valazé sur la croupe au nord-ouest du bois de Vionville, avec la brigade Jolivet en retour au nord du même bois, à travers lequel elle cherchait à faire avancer sa première ligne.

La brigade Lapasset, se reliant à la brigade Jolivet, s'avançait entre les ravins de Rezonville et de la Jurée, contre et dans le bois de Saint-Arnould.

La division de cavalerie de Valabrègue, qui avait été entraînée dans le mouvement rétrograde de la division de Forton, reprit bientôt après position au nord-est de Rezonville. Le 3e lanciers, attaché à la brigade Lapasset, se plaça au ravin de Rezonville, au sud de ce village.

L'artillerie prit position sur les hauteurs à côté de l'infanterie. Les deux batteries de canons de la division Bataille mirent en batterie rapidement sur la hauteur située à l'est de Vionville, au sud de la route, et ce sont elles principalement qui firent prendre à la 5e division de cavalerie allemande une attitude plus circonspecte, et appuyèrent ainsi d'une manière efficace le déploiement en avant de la division Bataille.

Un peu plus tard que le 2e corps, le 6e, Canrobert, se déployait sur la partie du plateau de Vionville, située au nord de la grande route, en étendant son aile droite jusqu'au village de Saint-Marcel.

Voici la composition du 6e corps :

1re division, Tixier :

1re brigade, général Péchot : 9e bataillon de chasseurs à pied, 4e et 10e régiment de ligne;

2e brigade, général Leroy de Dais : 12e et 100e de ligne.

5e, 7e et 8e batterie du 8e régiment d'artillerie ;

2e division, Bisson :

9e de ligne, 11e batterie du 8e d'artillerie ;

3e division, Lafont de Villiers :

1re brigade, général de Sonnay : 75e et 91e de ligne ;

2e brigade, général Colin : 93e et 94e de ligne ;

6e et 7e batterie du 14e d'artillerie :

4e division, Levassor-Sorval :

1re brigade, général de Marguenat : 25e et 26e de ligne.

2e brigade, général de Chanaleilles : 28e et 70e de ligne.

Cette division n'avait point amené d'artillerie à Metz. Nous avons dit précédemment que le 6e corps avait reçu, en revanche, de la réserve de l'armée, deux batteries à cheval et deux batteries lourdes.

La division Tixier prit les armes à Saint-Marcel. Le 9e de ligne se plaça près de la voie romaine et de l'angle sud-ouest du bois de Saint-Marcel. A l'aile gauche, entre le 9e de ligne et la grande route, s'établit la division Lafont de Villiers, avec la brigade de Sonnay à l'aile droite et la brigade Colin à l'aile gauche. Le 93e de ligne, de cette dernière brigade, occupa la partie nord de Vionville. L'infanterie chercha à se couvrir le mieux possible. L'artillerie mit en batterie sur les hauteurs du plateau de Vionville, entre la voie romaine et la grande route, dans le voisinage de l'infanterie.

La division Levassor-Sorval, qui n'avait pas d'artillerie, s'établit, par ordre de Bazaine, à Rezonville, près de la réserve d'artillerie de l'armée, pour observer les défilés conduisant de la Moselle sur le plateau, et soutenir, le cas échéant, la brigade Lapasset.

La marche et le déploiement en avançant du 2e et du 6e corps, particulièrement du 2e, avaient tout le caractère d'un mouvement offensif et c'est l'impression qu'ils produisirent sur les divisions de cavalerie allemandes et leurs batteries à cheval.

Le feu de l'infanterie française qui occupe Vionville force les batteries à cheval, établies sur la hauteur à l'ouest du village, — sauf la batterie Bode, — à évacuer leurs positions et à se retirer dans le pli de terrain à l'est de Tronville.

Le 10e hussards est délogé de Flavigny par le feu des Français et va se mettre en sûreté dans le bas fond à l'est de la ferme du Sauley.

La brigade Bredow, qui se tient encore à l'est des bois de Tronville, s'échappe par une clairière et va se placer à l'ouest de ces bois, à l'aile droite de la brigade Barby qui s'y trouve déjà.

La brigade Grüter, de la 6e division de cavalerie, marchant du bois de Gaumont dans la direction de Rezonville, est reçue par le feu de la brigade Valazé et cherche un abri au bois de Gaumont, sur le versant nord-est du ravin de Tantelainville-Gorze. Elle y est bientôt rejointe par la batterie à cheval Wittstock, qui a cessé son feu sur la hauteur.

Mais à ce moment là, vers 10 heures, le IIIe corps se trouvait en position de prendre part au combat.

Pendant que le commandant du corps d'armée, Alvensleben, allait en reconnaissance en avant de Buxières, la 6e division d'infanterie s'avançait sur la hauteur de Buxières, la 12e brigade, Bismarck, en avant, la 11e brigade, Rothmaler, derrière.

La brigade Bismarck avait en première ligne le 64e régiment, en deuxième ligne le 24e; la brigade Rothmaler avait le 35e en première ligne, le 20e en deuxième.

Le général de Bülow, commandant l'artillerie du IIIe corps, s'était porté en avant avec Alvensleben, pour assister au combat d'artillerie des divisions de cavalerie.

Les rapports qu'il reçut de la 5e division de cavalerie et ses observations personnelles firent croire à Alvensleben que les Français se retiraient vers le nord. Il était alors près de 9 heures. Il faut reconnaître qu'Alvensleben subissait ici l'influence d'une opinion préconçue. Il avait été, avec son corps d'armée et la 6e division de cavalerie, sous l'impression immédiate de la bataille de Borny; il avait reçu tous les rapports sur la panique du corps de Canrobert à Longeville, le 15 août. En outre, l'ordre d'armée donné le 15 par le prince Frédéric-Charles était rédigé dans l'hypothèse d'une retraite précipitée de l'armée française, et les divers mouvements peu définis qu'on apercevait vers 9 heures, des hauteurs de Tronville, dans les camps français assez éloignés, ne contredisaient pas l'idée d'une retraite.

Quoi qu'il en soit, Alvensleben ordonna à 9 heures à la 6e division d'infanterie de marcher de Buxières sur Mars-la-Tour et Jarny, pour arrêter la retraite des Français vers l'ouest. La 6e division d'infanterie peut avoir reçu cet ordre à 9 heures 1/2 et se mit aussitôt en mouvement.

Par contre, Bülow envoya à l'artillerie de la 6e division d'infanterie l'ordre de se porter en avant pour prendre les positions qu'il lui indiquait. La 6e batterie légère n° 3 arriva la première et s'établit sur la hauteur à l'est de Tronville, à droite de la batterie Schirmer (de la division Rheinbaben);

bientôt après arriva sur le même point la 5e batterie légère n° 3.

Une fois réunies, ces trois batteries se portèrent en avant à 9 heures 1/2 passées; la 5e légère n° 3 dans une position entre la grande route et le cimetière de Vionville, les deux autres sur la hauteur même du cimetière. A peine ces batteries étaient-elles en action que la marche en avant de la division Bataille les força de se retirer sur le versant entre Tronville et Sauley. On peut dire par conséquent qu'elles furent entraînées dans la retraite des batteries à cheval des 5e et 6e divisions de cavalerie.

Pendant ce temps, le major Beck arrivait à la ferme du Sauley, avec les 5e et 6e batteries lourdes n° 3, qu'il conduisit aussitôt, à travers le ravin de Tantelainville, sur la hauteur de la statue de Sainte-Marie, où elles mirent en batterie un peu après 10 heures. A ce moment, le mouvement en avant de la division Bataille s'était déjà arrêté, et cette division avait pris position. Beck, couvert par trois escadrons du 2e dragons, qui se réunirent en arrière de ses batteries, prit pour but l'infanterie française sur la ligne Vionville — Flavigny. — Environ une demi-heure plus tard, à 10 heures 1/2, le major Leutz, venant au trot d'Onville, par la ferme du Sauley, arriva sur la même hauteur, avec les 1re et 3e batteries à cheval n° 3, qu'il mit en batterie à droite de celles de Beck; plus à droite encore arriva alors sur la hauteur la 2e batterie à cheval n° 3 (Wittstock), qui avait suivi la brigade Grüter au bois de Gaumont; enfin suivirent sur la même position les 4 batteries à pied de l'artillerie de corps du IIIe corps d'armée, sous le major de Lyncker.

Alvensleben avait pu se convaincre, vers 10 heures du matin, qu'il aurait affaire à une résistance plus sérieuse qu'il ne l'avait cru d'abord; qu'il lui fallait renoncer à marcher au nord et faire front à l'est. Il envoya des ordres en conséquence à la 6e division d'infanterie qui marchait de Buxières sur Tronville et Mars-la-Tour.

Là dessus, le général de Buddenbrock, commandant la division, déploya la brigade Bismarck des deux côtés de la route de Mars-la-Tour à Vionville, et la brigade Rothmaler au sud de la route de Tronville à Vionville. Il était alors 10 heures 1/2. Le premier objectif de la 6ᵉ division était la prise de Vionville. Mais avant de suivre cette action, nous voulons observer le mouvement de la 5ᵉ division d'infanterie jusqu'à midi.

Lorsque la tête de la 5ᵉ division d'infanterie arriva à Gorze le 16 à 9 heures du matin, la 6ᵉ division de cavalerie fit savoir que des masses françaises semblaient s'avancer des environs de Rezonville sur Gorze. Le général de Dœring fit alors occuper la Côte-Mousa et la ferme de Saint-Thiébault, chacune par deux compagnies du 2ᵉ bataillon n° 8, déjà arrivé à Gorze pendant la nuit. — Les troupes de la 5ᵉ division continuèrent ensuite leur marche. En arrivant sur la hauteur d'où la brigade Rauch, de la 6ᵉ division de cavalerie, venait de se retirer, les 1ᵉʳ et 2ᵉ escadrons du 12ᵉ dragons, qui se trouvaient en tête, reçurent du bois de Vionville un feu violent d'infanterie et se replièrent à l'ouest vers la ferme d'Anconville.

Le colonel de Garrelts, à la tête des 1ᵉʳ et 2ᵉ bataillons n° 48, suivait de près les dragons. Il avait l'ordre de s'emparer de l'angle nord-ouest du bois de Vionville. Il déploya chacun de ses bataillons en colonnes de compagnie sur deux lignes, le 2ᵉ bataillon à l'aile droite, le 1ᵉʳ à l'aile gauche, et il marcha dans le bois contre les troupes avancées de la brigade Jolivet. A 10 heures 1/4, la 1ʳᵉ batterie légère n° 3 (Stœphasius) se plaça à gauche de Garrelts, sur la hauteur à l'ouest du bois de Vionville. Le bataillon de fusiliers n° 48, après s'être formé à la ferme d'Anconville en colonnes de compagnie, sur deux lignes, s'avança à gauche de la batterie Stœphasius. Le 3ᵉ bataillon de chasseurs, qui le suivait de près, occupa Anconville avec une compagnie, pendant que ses trois autres compagnies, se portant à droite, entraient dans le bois de Vionville, derrière les 1ᵉʳ et 2ᵉ bataillons n° 48.

Le bataillon de fusiliers n° 8 fut retenu provisoirement à Gorze.

Pénétré de l'idée qui dominait au IIIe corps, le général de Stülpnagel, commandant la 5e division d'infanterie, croyait également qu'il ne rencontrerait pas de résistance sérieuse vers Rezonville, que son avant-garde y serait très suffisante et qu'il pouvait, sans plus attendre, prendre l'offensive avec son gros contre Flavigny et Vionville. Cependant cette opinion fut promptement rectifiée par la marche en avant de la brigade Valazé. La batterie Stœphasius perdit des hommes et des chevaux et ne put conserver en action que trois pièces. Stülpnagel fit alors avancer sur la hauteur le major Gallus, avec les trois autres batteries de l'artillerie divisionnaire. La 1re lourde et la 2e légère n° 3 arrivèrent les premières et s'établirent à gauche de la batterie Stœphasius ; la 2e batterie lourde n° 3 (Knobbe) fut retenue à Gorze jusqu'à ce que toute la 10e brigade d'infanterie eût traversé le village ; elle gagna ensuite rapidement la hauteur et se plaça à l'aile gauche des batteries du major Gallus.

Dans le bois de Vionville, les 1er et 2e bataillons, n° 48, et 3 compagnies du 3e bataillon de chasseurs livraient un combat de bois. — Sur leur droite, entre les ravins de la Jurée et de Rezonville, s'avancèrent contre la brigade Lapasset, d'abord le 2e bataillon n° 8 qui occupait la Côte-Mousa et Saint-Thiébault, puis le bataillon de fusiliers n° 8, laissé primitivement à Gorze.

Nous avons vu le bataillon de fusiliers n° 48 entrer en ligne à gauche de la batterie Stœphasius. La 10e compagnie s'avança près de la batterie. Le lieutenant-colonel de l'Estocq conduisit les trois autres, 9e, 11e et 12e, plus à gauche, vers le chemin de Buxières à Rezonville, dans le dessein d'attaquer la brigade Valazé sur son flanc droit. Mais ces compagnies rencontrèrent des forces très supérieures, elles furent prises en flanc gauche, entourées, criblées de balles, et se retirèrent débandées sur le bois de Gaumont, où il leur fallut longtemps pour se remettre et se reformer. Pendant cette retraite des fusiliers du 48e qui découvrait le flanc gauche des batteries, arriva heureusement sur leur flanc droit, le 1er bataillon n° 52 qui, formé en colonnes de compagnie, se jeta aussitôt sur les Français poursuivant les fusiliers. Ce bataillon réussit à arrêter l'attaque française, mais il éprouva lui aussi des pertes énormes. Tous ses officiers furent tués ou blessés, et il dut se réfugier dans un pli de terrain à côté du bataillon de fusiliers n° 48. Cela se passait vers onze heures. A ce moment, tombait mortellement blessé le général de Dœring, commandant la 9e brigade d'infanterie.

La brigade Valazé et une partie de la brigade Bastoul s'apprêtaient déjà à poursuivre leur offensive, lorsque le bataillon de fusiliers et le 1er bataillon du 52e, celui-là à droite de celui-ci, arrivèrent au pas de course sur les hauteurs et rejetèrent les Français dans la direction de Flavigny. — Ces bataillons, notamment celui de fusiliers, souffrirent également beaucoup, mais leur retour offensif avait permis aux batteries de s'avancer jusqu'à l'angle nord-ouest du bois de Vionville. Le bataillon de fusiliers n° 52 resta près d'elles pour les soutenir, — mais le capitaine Hildebrand, avec le 2e bataillon n° 52, les 6e et 7e compagnies en première ligne, suivit les Français sur Flavigny. Le bataillon de fusiliers n° 12 prit la même direction en arrivant sur la hauteur.

Le général de Schwerin établit sur la route de Buxières à Rezonville le 2e bataillon n° 12, auquel se réunirent les débris des bataillons qui avaient été si maltraités dans le combat antérieur. Il s'y joignit aussi la 6e compagnie n° 64, de la 6e division d'infanterie, laquelle, décommandée comme garde du quartier général et craignant de ne pouvoir rejoindre sa division pour le combat, s'était réunie au 2e bataillon et au bataillon de fusiliers n° 52, et avait pris part à leur attaque antérieure pour dégager les batteries de la 5e division.

A midi, l'aile gauche de la 5e division d'infanterie occupait donc les hauteurs dominantes de la partie sud du plateau de Vionville, à l'ouest du bois de ce nom, et les dispositions étaient prises dans le but de conserver ces positions ; deux bataillons poursuivaient les Français sur Flavigny.

A l'aile droite de la 5e division, le combat de bois continuait. A 11 heures, le 48e régiment d'infanterie et le 3e bataillon de chasseurs étaient maîtres de tout le bois de Vionville, tandis que les 2 bataillons du 8e régiment n'avaient pu réussir à déboucher du bois de Saint-Arnould contre la brigade Lapasset.

Nous savons que le détachement Lyncker, du Xe corps, devait se réunir à Chambley avec le détachement Lehmann. Mais lorsque Lyncker, arrivé à Gorze, entendit une violente canonnade, il s'avança sur les hauteurs et se mit à la disposition du général Stülpnagel, qui le garda près des batteries de la 5e division. La 1re batterie légère n° 10 fut aussitôt avancée à l'aile gauche de la ligne des batteries. Des 4 demi-bataillons dans lesquels Lyncker avait fractionné son infanterie, un, formé des 5e et 8e compagnies n° 78, s'avança de Gorze dans le bois de Vionville; les trois autres furent employés à couvrir les batteries.

VII. — PRISE DE VIONVILLE PAR LA 6e DIVISION D'INFANTERIE.

Nous avons laissé, à 10 heures 1/2 passées, la 6e division d'infanterie sur le point de marcher sur Vionville.

La brigade de Rothmaler avait en première ligne le régiment de fusiliers n° 35. Celui-ci s'avança sur la hauteur à l'est de Tronville : le 3e bataillon, à l'aile droite, se dirigeait sur Flavigny, le 2e bataillon, au centre, marchait contre le cimetière de Vionville, et le 1er bataillon, à l'aile gauche, contre Vionville même.

Le 20e régiment suivait à distance de ligne.

Dans la brigade Bismark, le 64e régiment marchait directement sur Vionville par la grande route; le 1er et le 2e bataillon en première ligne, le bataillon de fusiliers en deuxième; le 2e bataillon avait l'aile droite de la première ligne. Le 24e régiment suivait en débordant la gauche, par les bois de Tronville.

Lorsque la 6e division d'infanterie se mit en marche, les batteries qui avaient été forcées de se retirer par l'offensive du 2e corps français, se reportèrent en avant.

La 1re batterie à cheval, n° 10, se replaça à côté de la batterie Bode (1re à cheval, n° 4), qui avait pu se maintenir dans l'angle formé par les routes de Mars-la-Tour et de Tronville à Vionville, sur la hauteur à l'ouest de ce village, à l'abri des peupliers. Ces deux batteries dirigèrent alors leur feu contre les troupes du 6e corps postées sur la voie romaine.

Le colonel de Becke, commandant l'artillerie du Xe corps, conduisit sur la hauteur du cimetière de Vionville les 2e et 3e batteries à cheval n° 10 et prit pour but Vionville et Flavigny.

Le colonel de Dresky, commandant l'artillerie de corps du IIIe corps d'armée, plaça la 6e batterie légère n° 3 à une carrière de pierres, située sur la hauteur de Tantelainville, entre les batteries du colonel de Becke et celles des majors Beck et Leutz à la statue de Sainte-Marie.

Bientôt après la 1re batterie lourde n° 10, soutenue par un escadron et demi du 9e dragons, paraissait sur la hauteur à l'ouest de Vionville et prenait position entre les deux batteries à cheval qui s'y trouvaient déjà. Cette batterie avait pris les devants sur le détachement du colonel Lehmann qui marchait de Chambley sur Tronville.

Toute cette ligne d'artillerie prépara efficacement l'attaque de la 6e division d'infanterie contre Vionville; son aile droite appuyait en même temps la 5e division d'infanterie et s'opposait aux efforts offensifs des brigades Bastoul et Valazé.

Le 3e bataillon n° 35 s'avança dans le ravin qui va de la ferme du Sauley à Flavigny; lorsqu'il approchait de ce village, il reçut à grande distance sur son flanc un feu néanmoins efficace du groupe d'arbres situé près de l'abreuvoir. Pour y répondre, la 11e compagnie se porta sur la hauteur du cimetière de Vionville; les trois autres compagnies du bataillon se logèrent derrière les haies, dans le voisinage de la route de Vionville à Gorze, et ouvrirent vivement le feu contre Flavigny pour préparer une attaque décisive de ce village.

Le 2e bataillon n° 35 marcha par la hauteur du cimetière, contre le groupe d'arbres de l'abreuvoir, ayant en première ligne les 6ᵉ et 7ᵉ compagnies, les 5ᵉ et 8ᵉ en deuxième ligne. Ce bataillon fut rudement reçu par le feu des Français; la 6ᵉ compagnie se rejeta promptement à droite sur le 3ᵉ bataillon, la 7ᵉ compagnie à gauche sur le 1ᵉʳ bataillon; les 5ᵉ et 6ᵉ compagnies ne réussirent pas à dépasser la hauteur; ce qui en resta se rallia derrière les murs du cimetière.

Du 1ᵉʳ bataillon nᵒ 35, la 3ᵉ et la 4ᵉ compagnie furent dirigés contre la partie sud de Vionville; la 4ᵉ compagnie s'avança sur la pente des hauteurs, au sud du cimetière, où elle se réunit bientôt aux 7ᵉ et 11ᵉ compagnies; la 3ᵉ compagnie, qui marcha, entre le village de Vionville et la hauteur du cimetière, contre le groupe d'arbres de l'abreuvoir, fut refoulée au sud par un feu violent et se réunit à la 6ᵉ compagnie dans la direction de Flavigny.

Du 20ᵉ régiment, le 1ᵉʳ et le 2ᵉ bataillon, sauf la 3ᵉ compagnie qui s'était avancée trop près des arbres de l'abreuvoir, furent mis en réserve dans le ravin de Tantelainville, dès qu'ils arrivèrent à portée du feu des canons français. Le bataillon de fusiliers nᵒ 20 avait en première ligne les 11ᵉ et 12ᵉ compagnies, les 9ᵉ et 10ᵉ en deuxième ligne. Ces deux dernières restèrent provisoirement au cimetière de Vionville, tandis que les deux premières marchaient sur l'abreuvoir. Puis, les 9ᵉ et 10ᵉ compagnies, auxquelles se joignit la 12ᵉ, se portèrent à gauche pour soutenir l'attaque du 1ᵉʳ bataillon nᵒ 35 contre Vionville.

Dans la brigade Bismark, le bataillon de fusiliers nᵒ 64 passa bientôt en première ligne, à l'aile gauche des deux autres bataillons nᵒ 64, et s'avança à travers la partie sud des bois de Tronville. Les 9ᵉ et 10ᵉ compagnies se portèrent ensuite à droite contre le côté nord de Vionville, pendant que le 2ᵉ bataillon nᵒ 64 attaquait le côté ouest, et que, le 1ᵉʳ bataillon, un peu en arrière des deux autres, entretenait un feu très vif contre le village. Le 2ᵉ bataillon n'avait que trois compagnies réunies, l'autre (la 6ᵉ) s'étant jointe à la 5ᵉ division d'infanterie, comme nous l'avons vu plus haut.

D'après ce qui précède, Vionville fut attaqué à la fois de tous les côtés, du sud par des troupes des régiments n° 20 et n° 35, de l'ouest et du nord par la plus grande partie du régiment n° 64. La garnison française, qui se trouvait par le fait un peu en l'air, fut forcée d'évacuer le village, perdit beaucoup de prisonniers, et se retira partie sur Rezonville par la grande route, partie vers l'abreuvoir et sur Flavigny. Le colonel de Bismark, commandant la 12ᵉ brigade d'infanterie, fut blessé dans cette attaque. A 11 heures 1/2, Vionville était aux mains des Allemands.

Tandis que le 2ᵉ corps français montre incontestablement beaucoup de décision, immédiatement après la première attaque de la cavalerie allemande et surtout de l'artillerie à cheval, le 6ᵉ corps se contente de prendre position et d'engager son artillerie. Il ne manifeste aucune intention d'offensive.

Ainsi les Allemands pouvaient se considérer comme maîtres incontestés des bois de Tronville, situés à peine à un kilomètre à l'ouest de Vionville. Nous avons déjà vu, en effet, que des troupes du régiment n° 64 avaient pu traverser ces bois sans obstacles. A gauche du 64ᵉ, le 24ᵉ régiment les traversa également. Le 1ᵉʳ bataillon et le bataillon de fusiliers n° 24 prirent position au nord de la clairière du sud, à l'angle du bois le plus rapproché de Vionville ; le 2ᵉ bataillon se porta plus à gauche ; la 8ᵉ compagnie resta en réserve dans le bois ; les 3 autres compagnies, 5ᵉ, 6ᵉ et 7ᵉ, entrèrent dans une prairie à l'est du bois, contre la voie romaine. En sortant de cette prairie à l'est, elles se trouvèrent très près de l'infanterie, — 9ᵉ de ligne et brigade de Sonnay, — et de l'artillerie de Canrobert. Peut-être que ces troupes françaises seraient encore restées longtemps inactives si les Prussiens ne se fussent pas avancés au nord de la grande route ; mais une fois le combat engagé sur ce point, il fallut bien le soutenir.

La 8ᵉ compagnie n° 24 sortit du bois, puis immédiatement le 1ᵉʳ bataillon n° 24, à la droite du 2ᵉ, et le bataillon de fusiliers à la droite du 1ᵉʳ. Tout le 24ᵉ régiment combattait sur une seule ligne de colonnes de compagnie, sur un front d'environ 1200 mètres, dont l'aile droite dirigeait ses coups contre la brigade Colin, qui avait déjà retiré ses troupes sur Vionville.

La supériorité des Français au nord de la grande route était évidente. En conséquence, le général de Buddenbrock prit à la réserve d'infanterie, qu'il avait formée derrière son aile droite, dans le ravin de Tantelainville, le 2e bataillon n° 20 et le mit en ligne avec le régiment n° 24. Ce bataillon entra au combat vers midi et demi et se forma entre le 1er et le 2e bataillon n° 24.

En outre, il était indispensable de renforcer l'artillerie de l'aile gauche, car les trois batteries sur la hauteur à l'ouest de Vionville étaient seules contre les batteries de Canrobert.

Buddenbrock ordonna donc à l'artillerie divisionnaire de se réunir à Vionville qui appartenait déjà aux Allemands. Des deux batteries légères de la 6e division d'infanterie, qui, lors de la première offensive du corps Frossard, avaient été entraînées dans la retraite des batteries de la 5e division de cavalerie, la 6e légère n° 3 avait été déjà remise en action dans la direction de Flavigny. — La 5e légère, encore dans la position où elle s'était retirée, à l'est de Tronville, lors de la première retraite, se porta rapidement sur la hauteur à l'ouest de Vionville, et s'établit au nord de la grande route. Le major Beck l'y suivit bientôt de la statue de Sainte-Marie avec les 5e et 6e batteries lourdes n° 3, qui s'établirent au nord de la route, à droite de la 5e légère n° 3, de sorte qu'il se trouvait alors six batteries sur la hauteur à l'ouest de Vionville.

Il ne restait donc plus sur la hauteur de la statue de Sainte-Marie que les trois batteries à cheval n° 3, auxquelles se joignit aussitôt la 6e batterie légère n° 3.

Bientôt après arrivèrent les dernières batteries de l'artillerie de corps du IIIe corps d'armée : la 3e lourde n° 3 à la statue de Sainte-Marie, la 4e lourde et la 3e légère n° 3 au cimetière de Vionville. La 3e batterie légère n° 3 mit en batterie entre les quatre batteries de la hauteur du cimetière et les six batteries de la hauteur à l'ouest de Vionville.

Les Allemands avaient à présent, sur l'arc allant du bois de Vionville à la hauteur à l'ouest de Vionville, sur un front de 2400 mètres en ligne droite, 21 batteries (126 pièces), en quatre groupes principaux de 5 à 6 batteries.

Les Français opposaient également à cette artillerie 21 batteries, savoir : 8 du 6e corps (y compris les batteries empruntées à la réserve de l'armée, mais sans les batteries de la division Tixier) et 15 batteries du 2e corps. Frossard avait depuis deux heures fait avancer toute sa réserve d'artillerie, 4 batteries pour soutenir son aile droite, 2 batteries (légères) pour appuyer immédiatement la brigade Lapasset qui n'avait, au début, qu'une batterie. L'artillerie française, en ligne depuis la voie romaine jusqu'au ravin de la Jurée, fut renforcée vers midi d'une manière importante, comme nous le verrons bientôt, tandis que les Allemands n'avaient pas à compter sur un renfort prochain d'artillerie.

A midi se manifeste dans la bataille un certain temps d'arrêt. Quelques troupes allemandes continuent encore à se battre de leur initiative privée, mais on distingue à ce moment une véritable ligne de démarcation.

La 5e division d'infanterie se borne réellement à se maintenir dans la position dominante qu'elle occupe à l'ouest du bois de Vionville et dans les bois situés plus à l'est.

La 6e division d'infanterie a pris Vionville avec les troupes qui forment son centre, mais son aile droite, au sud du village, a été décimée, et son aile gauche, au nord de Vionville, a devant elle un ennemi très supérieur.

Toute l'infanterie du IIIe corps est effectivement répartie sur une seule ligne, un arc de cercle d'environ sept kilomètres.

Il n'existe pas de réserves d'infanterie ou d'artillerie et l'on n'en attend pas de quelques heures.

La seule arme dont on puisse former une réserve, c'est la cavalerie.

Alvensleben a avec Rheinbaben un entretien à la suite duquel ce dernier prend les dispositions suivantes :

Il retire les brigades Barby et Bredow derrière les bois de Tronville, dans une nouvelle position entre Tronville et la grande route; la brigade Barby appuie sa droite à Tronville, ses régiments étant ainsi placés de la droite à la gauche: 19e dragons, 13e ulans, 4e cuirassiers. A gauche et plus près de la grande route est la brigade Bredow, avec le 16e ulans et le 7e cuirassiers. Le 13e dragons a été laissé au nord de la grande route et des bois de Tronville, pour observer les mouvements de l'aile droite de l'armée française,

Les cinq régiments (20 escadrons) que Rheinbaben a réunis au nord de Tronville, sont sur une seule ligne, chaque régiment en masse de colonnes.

A 11 heures 3/4 arrivait également à l'ouest de Tronville l'infanterie du détachement Lehmann, dont la batterie avait pris les devants et déjà trouvé son emploi. Cette infanterie se composait des 1re et 2e compagnies, du 2e bataillon et du bataillon de fusiliers n° 91, et du 1er bataillon n° 78.

Le 2e bataillon n° 91 fut immédiatement engagé dans les bois de Tronville, pour soutenir le 24e régiment, et il prit part au combat en marchant à l'est. Les 10 autres compagnies du détachement furent provisoirement placées en réserves à l'ouest et près de Tronville.

La brigade Redern, de la division Rheinbaben, fut chargée de couvrir les deux flancs de la 6e division d'infanterie. Redern retira donc des bois de Tronville le 11e hussards et les deux escadrons disponibles du 17e hussards, et il les plaça au sud du cimetière de Vionville, dans le ravin conduisant à Flavigny. Les trois escadrons disponibles du 10e hussards furent au contraire portés de la ferme du Sauley, où ils s'étaient d'abord retirés, dans la position choisie sur la grande route au sud du bois de Tronville.

De la 6e division de cavalerie, la brigade Grüter était toujours dans la position où nous l'avons laissée en dernier lieu, sur le versant au sud de la statue de Sainte-Marie, à l'ouest du bois de Gaumont. Elle avait 9 escadrons réunis: en première ligne, le 15e ulans (4 escadrons), en deuxième ligne, à droite le 6e cuirassiers (3 escadrons, le 4e escadron soutenait l'artillerie), à gauche, le 3e ulans (2 escadrons, les deux autres étant restés, avons-nous dit, sur la rive droite de la Moselle.)

La brigade Rauch qui, dans la matinée, lorsqu'elle avait voulu arriver de Saint-Thiébault sur les hauteurs, avait été refoulée par le feu de l'infanterie française occupant le bois de Vionville, fut plus tard envoyée, par le ravin de Tantelainville près de la brigade Grüter. Elle s'établit à la droite de celle-ci, à l'est du chemin de Buxières à Rezonville, avec le 3e hussards à l'aile droite, le 16e hussards à l'aile gauche, les huit escadrons étant sur la même ligne et en masse.

Nous connaissons exactement quelle était à midi la formation du IIIe corps, des fractions du Xe corps qui s'étaient déjà jointes à lui, ainsi que des 5e et 6e divisions de cavalerie; nous allons suivre, en partant de cette base, les mouvements ultérieurs de ces troupes.

VIII. — PRISE DE FLAVIGNY PAR LES ALLEMANDS ; PREMIÈRE ATTAQUE DE LA CAVALERIE FRANÇAISE ; CONTRE-ATTAQUE DE LA CAVALERIE ALLEMANDE.

Le maréchal Bazaine reçut un peu après 9 heures, dans la maison de poste de Gravelotte, la première nouvelle qu'un combat se développait à Vionville. Il monta aussitôt à cheval avec son état-major. Au même moment, arrivaient aussi à Gravelotte les bagages en fuite de la division Forton, ainsi que les groupes de dragons de Murat qu'ils avaient entraînés. Bazaine se rendit sur la hauteur au nord de la grande route (1), près du bois de la Jurée, et s'occupa d'abord des positions à faire prendre à la garde.

Le corps de la garde, commandé par le général Bourbaki, avait la composition suivante :

1re division d'infanterie, Deligny :

1re brigade, Brincourt : bataillon de chasseurs, 1er et 2e voltigeurs;

(1) Dans ce qui va suivre, *grande route* voudra toujours dire la route qui va de Gravelotte à Mars-la-Tour, par Rezonville et Vionville.

2e brigade, Garnier : 3e et 4e voltigeurs.

2e division d'infanterie, Picard :

1re brigade, Jeanningros : régiment de zouaves, 1er grenadiers ;

2e brigade, Lepoittevin de Lacroix : 2e et 3e grenadiers.

Division de cavalerie, Desvaux :

1re brigade, Halna du Frétay : guides et chasseurs;

2e brigade, de France : lanciers et dragons;

3e brigade, du Preuil : cuirassiers et carabiniers.

De ces troupes, la brigade de France et un bataillon du 3e grenadiers, de la brigade de Lacroix, étaient détachés pour escorter l'empereur.

Bazaine place le régiment de zouaves de la garde sur la grande route, sur la rive gauche du ravin de la Jurée, avec une batterie chargée de battre ce ravin. La brigade du Frétay a l'ordre de reconnaître vers le sud, le long des ravins de la Jurée et de la Mance. La division de voltigeurs doit prendre position sur la hauteur entre Gravelotte et Malmaison, au nord de la grande route; la division de grenadiers au sud de la grande route, entre celle-ci et le bois des Ognons. Sur la grande route, entre les ravins de Rezonville et de la Jurée, se place la brigade du Preuil, avec le régiment de cuirassiers au sud, celui de carabiniers au nord de la route et un peu en arrière des cuirassiers. L'artillerie qui reste disponible dans la réserve d'armée (8 batteries) s'établit tout près et à l'est de Rezonville.

Bazaine envoie alors un aide de camp au maréchal Lebœuf, avec l'ordre de diriger le 3e corps de Verneville vers la gauche pour soutenir le 6e corps et attaquer le flanc gauche des Allemands. Il n'est pas envoyé d'ordre particulier à Ladmirault, Bazaine comptant que ce général marcherait de lui-même au canon.

La position de la garde constituait une réserve aux 6e et 2e corps, pour leur prêter un appui direct ; — mais certains détails, tels que le rôle assigné aux zouaves de la garde et à la brigade du Frétay, prouvent assez clairement que Bazaine craignait encore qu'un mouvement des Allemands dans la vallée de la Moselle vînt le couper de Metz. Bazaine n'a jamais nié du reste qu'il ait eu cette appréhension.

Or, comme au début d'une bataille on ne peut jamais savoir quelle en sera l'issue, on est absolument justifié de songer à toutes les éventualités. Bazaine était donc en droit d'envisager la possibilité qu'il serait entravé dans sa marche sur Verdun et qu'en même temps sa retraite sur Metz serait contrariée. Cependant, il savait d'une manière certaine que des renforts lui arriveraient successivement sur son aile droite; il avait en outre toujours conservé la pensée de prendre l'offensive en remontant la Moselle. En raison de ces considérations, il nous est donc difficile de comprendre que Bazaine se soit momentanément renfermé dans une timide défensive sur son aile gauche.

La ligne de la Moselle devait être évidemment le côté faible des Allemands; s'ils avaient eu même sur la rive gauche des forces plus considérables que celles qui s'y trouvaient effectivement, il était toujours impossible que toute leur armée eût passé la rivière; les trains devaient, en tout cas, se trouver encore dans la vallée. Une offensive hardie, entreprise avec la garde, laquelle aurait reçu l'ordre de s'avancer le plus loin qu'elle pourrait en détruisant tous les ponts qu'elle trouverait, pouvait avoir des conséquences considérables. Il est vrai qu'une telle offensive de la garde ne pouvait produire ses effets au premier moment, mais cela pouvait arriver au bout de deux heures, disons vers une heure de l'après-midi, et c'était encore assez tôt. On ne peut dire que la garde ne pouvait pas être employée à une mission de cette nature, car, lors de la création de cette garde du second empire, il avait été formellement dit qu'elle ne devait pas être une troupe de réserve, dans l'acception ancienne du mot, mais une troupe d'élite, qui pouvait être utilisée selon les circonstances pour marcher en première ligne et montrer à l'armée le chemin de la victoire.

Le maréchal Bazaine tint la garde sur la défensive. Après avoir pris les mesures qui la concernaient, il se rendit au 2e corps, près duquel il arriva à 11 heures 1/2 passées, à peu près au moment où Vionville était évacué par les Français et occupé par les Allemands, sans que les lignes françaises parussent encore sensiblement ébranlées. Canrobert qui, comme nous savons, n'avait jusqu'à présent été attaqué que par des forces minimes, conservait ses positions et les Allemands semblaient vouloir s'en tenir contre lui à une simple canonnade.

Le maréchal Canrobert a dit, dans le procès Bazaine, à propos de cette canonnade :

« A peine était-elle (la division Forton en retraite de Vionville) dans le rayon de nos feux que nous fûmes assaillis par un feu de *tirailleurs d'artillerie*, et c'est à dessein que je me sers de ce mot. Nous n'avons été nullement surpris, parce que depuis 4 heures du matin nous étions derrière nos chevaux et prêts à marcher.

« Dès que les boulets arrivèrent dans nos rangs, — et l'on sait que les Allemands tirent de très loin, à une distance de 3,000 ou 3,500 mètres, — dès que le feu de l'artillerie parvint jusqu'à nous, nous fîmes ce que la plus simple règle du métier nous prescrivait. Il y a tout près une petite hauteur mamelonnée; j'y fis mettre mon artillerie et je plaçai mon infanterie à l'abri; puis nous commençâmes à échanger des coups de canon avec les Prussiens.

« Je n'avais que cinquante-quatre pièces, et M. le président sait qu'un corps d'armée en a ordinairement cent vingt. Cette situation ne laissait pas que de nous créer des difficultés, et le feu des ennemis, à force de durer, devait être un peu désagréable pour nous. Cela m'a coûté 5,525 hommes tant tués que blessés ou disparus. »

Nous renonçons à discuter ici les phrases qui précèdent, par exemple au sujet de leur clarté. Nous n'en relèverons qu'une seule. Canrobert n'avait eu affaire, jusque dans l'après-midi, qu'à six batteries prussiennes au plus, Frossard avait sur les bras les 15 autres. C'est donc ce dernier qui, avec plus de raison, aurait pu se plaindre du feu de tirailleurs d'artillerie des Allemands.

Cette observation est à sa place ici, en ce qu'elle justifie l'opinion de Bazaine que son aile droite (Canrobert) n'avait affaire qu'à une fausse attaque et que les Allemands concentraient leurs forces principales contre son aile gauche (Frossard). — Les conséquences que Bazaine tirait de ce fait pour le plan à suivre restent néanmoins fort discutables, puisqu'il pensait notamment qu'il devait avant tout fortifier la défensive sur son aile gauche.

Cependant, pour appuyer son aile droite jusqu'à l'arrivée du 3e corps, Bazaine rapprocha la division Forton de la voie romaine et lui fit prendre position entre celle-ci et le bois de Villers. Il ordonna à cette division de prendre part au combat dans le moment opportun, en s'avançant au nord ou au sud des bois de Tronville, en raison de la direction que suivrait l'ennemi.

De Forton déploya sa division au nord de la voie romaine, regardant cette voie et appuyant sa droite au bois de Saint-Marcel. Il avait à l'aile droite, sur une seule ligne, la brigade Murat, 1er et 9e dragons; à l'aile gauche, sur deux lignes, la brigade de Gramont, le 7e cuirassiers en première ligne, le 10e en seconde ligne. De Forton occupait cette position un peu après une heure.

Au sud de lui, entre la voie romaine et Rezonville, était la division de cavalerie Valabrègue, du 2e corps, faisant front à l'ouest, contre la route de Rezonville à Villers.

Après avoir expédié ses ordres à la division de Forton, mais naturellement longtemps avant qu'ils fussent exécutés, Bazaine fit avancer les huit batteries disponibles de la réserve d'artillerie de l'armée (1), pour renforcer la ligne d'artillerie du corps de Frossard. Bientôt après, il ordonna de plus à quelques batteries à cheval de la garde de s'avancer à l'ouest de Rezonville.

Le maréchal Canrobert, attaqué de front par des forces

(1) Outre les quatre batteries (2 lourdes et 2 à cheval) que la réserve générale d'artillerie avait données au 6e corps, elle avait encore laissé à Metz 4 batteries lourdes, de sorte qu'elle ne disposait plus que de 2 batteries lourdes et de 6 à cheval. W. R.

peu considérables, informé en outre qu'il n'avait rien à craindre sur son flanc droit, et sachant enfin qu'il devait s'attendre à voir le 3e corps arriver sur sa droite, appela, à midi, la division Tixier de Saint-Marcel sur la voie romaine. Les batteries de cette division prirent les devants et s'établirent à midi passé sur la voie romaine, au sud du bois de Saint-Marcel. En repliant la brigade Colin, de la division Lafont de Villiers, laissant en place la brigade de Sonnay, de la même division, et le 9e de ligne, de la division Bisson, puis en faisant avancer la division Tixier, Canrobert prenait, dans l'après-midi, une position embrassante contre les cinq bataillons allemands qu'il avait devant lui.

L'arrivée des batteries de la division Tixier portait à onze les batteries que Canrobert avait en position à midi passé; non content de cette nombreuse artillerie, il envoya chercher de nouvelles batteries par le chef d'escadron d'artillerie Vignotti, et nous verrons bientôt que cet officier en trouva.

La prise de tout lieu habité dans un combat offensif produit toujours un temps d'arrêt; il en fut ainsi de la prise de Vionville pour la 6e division d'infanterie prussienne. Mais nous avons déjà fait observer que ce temps d'arrêt des Prussiens ne fut pas et ne pouvait pas être général. Il ne servit qu'à arrêter la grande liberté d'action laissée à chaque compagnie, liberté qui pouvait se faire doublement sentir à cause de l'étendue du front de bataille. Les troupes allemandes avaient énormément souffert, et là où elles n'avaient pas pris d'elles-mêmes, vers midi, des positions défensives, elles étaient dispersées et les compagnies d'un même bataillon se trouvaient séparées. Pour se rassembler un peu, il leur fallait chercher l'abri des murs, des haies et des plis de terrain.

Mais Vionville n'était réellement pas une conquête pour l'offensive, à laquelle il ne pouvait servir de point d'appui en raison de sa situation encaissée. Il était, en outre, fort maltraité par les batteries françaises, et les Allemands agitèrent la question s'ils évacueraient Vionville pour se retirer plus à l'ouest, ou s'ils s'avanceraient, au contraire, à l'est pour s'emparer du plateau dans la direction de Rezonville et occuper notamment Flavigny.

Alvensleben et Buddenbrock adoptèrent ce dernier parti. Mais, pour appuyer le débouché de Vionville, on appela du ravin de Tantelainville la dernière réserve d'infanterie qui restât à la 6e division ; c'étaient trois compagnies du 1er bataillon d'infanterie n° 20 (les 1re, 2e et 4e, — la 3e était déjà engagée dans le combat contre l'abreuvoir de Flavigny). Ces compagnies s'avancèrent entre le cimetière et Vionville ; sur leur gauche le régiment n° 64 s'avança de Vionville des deux côtés de la grande route, mais en grande partie au sud ; sur leur droite, les compagnies du 20e et du 35e régiment, dont nous avons déjà parlé, marchèrent dans la direction de l'abreuvoir. Plus à droite encore, d'autres groupes du 20e et du 35e s'avançaient directement sur Flavigny.

Voici comment étaient à peu près réparties les compagnies sur le front de bataille, de la gauche à la droite :

Des deux côtés de la grande route : 4e, 3e, 2e, 1re, 9e, 10e, 11e, 5e, 7e, 8e et 12e n° 64 ;

Contre l'abreuvoir : 1re, 2e et 4e n° 20 ; 1re, 2e, 4e, 7e et 11e n° 35 ;

Contre Flavigny : 9e, 10e, 12e, 11e et 3e n° 20 ; 6e, 3e, 9e, 10e et 12e n° 35.

Plus à droite, comme nous savons déjà, le bataillon de fusiliers n° 12 et le 2e bataillon n° 52, de la 5e division, venant du point de croisement des routes Vionville-Gorze et Buxières — Rezonville, s'avançaient contre le côté sud de Flavigny. — Les quatre compagnies du bataillon de fusiliers n° 12 étaient en première ligne et déployées ; sur leur droite, les 6e et 7e compagnies n° 52, sur leur gauche, les 5e et 8e compagnies n° 52, se trouvaient déployées en demi-bataillon.

Sur le terrain étroit qui sépare la portion nord des routes Vionville — Gorze et Flavigny — Gorze, il s'engagea un peu après midi un combat extrêmement violent, entre les dernières compagnies prussiennes dont nous venons de parler d'une part, et d'autre part, entre la brigade Colin, du 6e corps, dont des troupes délogées de Vionville s'étaient jointes aux défenseurs de Flavigny, puis les brigades Mangin et Bastoul, du 2e corps.

L'artillerie des deux partis appuyait le combat; c'étaient principalement, du côté des Prussiens, les groupes de batteries de la hauteur du cimetière et de la statue de Sainte-Marie.

Bataille cherche de nouveau à prendre l'offensive avec la brigade Bastoul; la brigade Valazé, de la division Vergé, veut le soutenir. Bataille et Valazé sont blessés et forcés de quitter le combat.

A ce moment, les lignes d'infanterie du corps de Frossard commencent à fléchir, à l'exception des brigades Jolivet et Lapasset. Après une première attaque infructueuse, et lorsque les batteries prussiennes ont mis le feu au village, des troupes de la 5e division d'infanterie pénètrent vers une heure dans la partie sud de Flavigny. Dans cette attaque, cinq compagnies ont marché directement sur le village, les trois autres, la 12e no 12, la 6e et la 7e no 52, qui se trouvaient à l'aile droite, ont appuyé l'attaque directe par un feu de flanc en se portant à gauche contre Flavigny. Une fois le village pris, les trois dernières compagnies ont de nouveau fait front au nord pour se rapprocher de la grande route dans la direction de Rezonville. De leur côté, les cinq compagnies entrées dans la partie sud de Flavigny n'y restent pas longtemps et suivent la même direction que les trois autres.

Dès que les compagnies de l'aile droite de la 6e division d'infanterie voient Flavigny en flammes, elles marchent sur ce village et l'occupent; pendant ce temps, les compagnies au sud de la route attaquent le groupe d'arbres de l'abreuvoir. Sur ce point, aussi bien que dans la partie nord de Flavigny, a lieu un combat violent mais de peu de durée.

L'aile gauche de la 6e division, au nord de la route, ne pouvait remporter d'avantages en présence de la supériorité de Canrobert.

La 5e division se bornait réellement à un combat d'artillerie, sauf les bataillons envoyés contre Flavigny. Plus tard, la lisière nord du bois de Saint-Arnould et de Vionville fut prise par les Allemands, lorsque la retraite de la brigade Valazé obligea les brigades Jolivet et Lapasset à faire également un mouvement rétrograde.

Lorsque le colonel Voigts-Rhetz, chef d'état-major général du IIIe corps, s'aperçut que les brigades Mangin et Colin se retiraient de l'abreuvoir et de Flavigny, il invita le 2e escadron du 2e régiment de dragons de la garde et le 1er escadron du 17e hussards, qui se tenaient au sud-ouest de Vionville, en soutien de l'artillerie, à traverser l'infanterie et à poursuivre l'ennemi. Ces escadrons s'ébranlèrent, mais l'infanterie avait encore assez de cohésion pour repouser facilement cette attaque de cavalerie. L'escadron de dragons de la garde perdit en cette occasion 70 chevaux, une bonne moitié de son effectif.

D'autre part, Frossard fit avancer le 3e lanciers (de la brigade Lapasset) sur le chemin de Rezonville à Buxières, pour couvrir la retraite des brigades Bastoul et Valazé. Mais le feu de l'artillerie de la 5e division d'infanterie força bientôt ce régiment à se retirer.

Sur ces entrefaites, Frossard avait demandé à Bazaine de lui donner un régiment de cavalerie de la garde pour appuyer le 3e lanciers. Bazaine lui envoya le général du Preuil, avec le régiment de cuirassiers de la garde. Lorsque ce régiment arriva à l'ouest de Rezonville, le 3e lanciers revenait justement de sa première attaque infructueuse.

Les deux escadrons de lanciers restés les plus intacts furent lancés dans une nouvelle attaque dans la direction de Flavigny. Du Preuil devait les appuyer.

Mais à ce moment, Bazaine faisait avancer la division de grenadiers Picard à l'ouest de Rezonville pour relever le 2e corps, et, à la gauche de Picard, une brigade de la division Levassor-Sorval, du 6e corps.

La division de voltigeurs Deligny reçut ordre d'aller du bois de la Jurée au sud de la grande route, d'y remplacer la division Picard contre le bois des Ognons, et de détacher en avant le bataillon de chasseurs de la garde pour observer et garder les ravins de la Mance et de la Jurée.

Enfin, Bazaine appela sur la hauteur au sud-ouest de Rezonville une batterie à cheval de la garde pour couvrir le ralliement de la cavalerie de du Preuil après son attaque.

Du Preuil dirigea les deux escadrons du 3e lanciers contre les tirailleurs allemands qui s'avançaient de l'abreuvoir et du côté nord de Flavigny.

Il se mit lui-même à la tête du régiment de cuirassiers de la garde, fort de 5 escadrons à environ 115 chevaux, et, après l'avoir formé sur trois lignes, les deux premières de deux escadrons chacune, la troisième d'un seul, il s'élança directement sur Flavigny.

Il paraît qu'à ce moment-là, une batterie prussienne, la 3e légère n° 3, voulait s'avancer entre le cimetière et Vionville, dans la direction de Flavigny, et qu'elle fit demi-tour à l'apparition des cuirassiers français. L'attaque de ces cavaliers, exécutée avec la plus grande bravoure, se brisa contre la résistance de l'infanterie prussienne de la 5e division, qui avait participé à la prise du sud de Flavigny et avait marché immédiatement après contre Rezonville, notamment contre la résistance des 6e et 7e compagnies n° 52, commandées par le capitaine Hildebrand. Cet officier déploya ses deux compagnies en ligne et reçut les cuirassiers à 250 pas par un feu rapide. Les cuirassiers passèrent comme la foudre, en petits groupes, sur les compagnies et dans leurs intervalles. Le deuxième rang des Prussiens fit demi-tour et fusilla les cuirassiers à dos ; ceux-ci firent alors un à-droite, coururent vers la grande route, en essuyant le feu de l'infanterie, et ne purent se rallier qu'à Rezonville. Ils étaient décimés. Le régiment avait laissé sur le terrain 22 officiers, 24 sous-officiers, environ 220 cavaliers et plus de 250 chevaux ; il fut reformé le soir en quatre escadrons de 62 cavaliers.

Le lieutenant-colonel de Caprivi, chef d'état-major général du Xe corps, avait observé depuis son début le mouvement en avant de du Preuil. Il invita alors les six escadrons de la brigade Redern (4 du 11e hussards, 2 du 17e hussards), qui se trouvaient dans le bas-fond entre Flavigny et Tantelainville, à s'avancer sur Flavigny et contre du Preuil. A ces six escadrons s'étaient réunis le 1er escadron du 17e hussards qui venait d'être repoussé par l'infanterie française, ainsi que les débris du 2e escadron du 2e régiment de dragons de la garde.

Le lieutenant-colonel de Rauch se porta en avant avec les escadrons du 17e hussards et les dragons ; à sa droite et en arrière, suivait le lieutenant-colonel d'Eberstein avec le 11e hussards.

Lorsque Rauch dépassa Flavigny, les cuirassiers de la garde avaient été déjà repoussés par l'infanterie prusienne. Il les suivit de près sur Rezonville.

Dans le voisinage de Rezonville, les hussards de Brunswick (no 17) aperçurent une batterie française, ils se dirigèrent en partie à droite contre cette batterie, pendant qu'elle était attaquée en même temps de front par un escadron du 11e hussards (capitaine de Baerst.)

Cette batterie était celle de la garde que Bazaine avait fait venir, par Rezonville, pour recevoir du Preuil ; elle venait à peine de mettre en batterie et Bazaine se trouvait près d'elle avec son état-major. Les caissons et les avant-trains se retirèrent au trot ; Bazaine fut séparé de son état-major ; des officiers français d'état-major et des hussards de Brunswick galopèrent pêle-mêle vers Rezonville. Là se tenait sur la chaussée le 3e bataillon de chasseurs à pied que Frossard y avait laissé depuis le commencement pour couvrir la grande route. Là se trouvaient aussi les deux escadrons d'escorte du maréchal Bazaine (un du 5e hussards et un du 4e chasseurs). Ces deux escadrons chargèrent, le 3e bataillon de chasseurs ouvrit le feu, et les hussards prussiens furent refoulés en désordre. Le 17e hussards se rallia de nouveau dans le ravin au sud-ouest de Flavigny, mais le 11e hussards fut rejeté jusque vers la hauteur du cimetière.—Les hussards avaient été maîtres un instant de la batterie française de la garde, mais ils ne purent enlever les pièces faute de moyens d'attelage et aussi à cause du désordre où ils se trouvaient.

En revanche, le maréchal Bazaine avait complètement perdu son état-major et, chose extraordinaire, il fut longtemps sans le retrouver. Le général Frossard dut prêter au maréchal deux officiers d'état-major du 2e corps.

En même temps, peut être, que Caprivi faisait charger le 11e et le 17e hussards, le général d'Alvensleben avait envoyé l'ordre à la 6e division de cavalerie de sortir du ravin de Gorze au bois de Gaumont, pour poursuivre sur le plateau l'infanterie française dont on pouvait constater le mouvement de retraite.

Par suite du temps nécessaire pour transmettre cet ordre et porter en avant cette masse importante de cavalerie, elle se déploya plus tard que la brigade Redern et aurait pu entrer en action à peu près au moment où celle-ci revenait de son attaque.

Le duc de Mecklembourg disposa la division en deux échelons principaux.

Le plus avancé était composé de la brigade de hussards Rauch, le 3e régiment à l'aile droite, le 16e à l'aile gauche, chacun d'eux en colonnes d'escadron, ensemble 8 escadrons.

L'échelon postérieur, à gauche du premier, se composait de la brigade Grüter, formée également sur deux lignes, en première ligne et au centre le 15e ulans (4 escadrons), en seconde ligne, le 6e cuirassiers (3 escadrons) débordant à droite, et le 3e ulans (2 escadrons) débordant à gauche. Ce deuxième échelon était également en colonnes d'escadron. — La masse entière de cavalerie, 17 escadrons, comptait environ 2,300 chevaux et il lui fallait pour se déployer, dans la formation qu'elle occupait, un front d'au moins 750 mètres.

A une heure passée, la 6e division de cavalerie gagnait le plateau et dépassait l'artillerie massée à la statue de Sainte-Marie. Six escadrons du 9e et du 12e dragons se joignirent alors à la division, ce qui augmenta encore le front nécessaire à son déploiement. Pour ne pas masquer les masses d'artillerie qui se trouvaient à droite et à gauche, la 6e division de cavalerie était forcée de diminuer son front. En un mot, la cavalerie du grand-duc de Mecklembourg se sentit un peu à l'étroit quand elle arriva sur le plateau, et lorsque les escadrons du 17e hussards durent passer par ses intervalles en se repliant au galop de Rezonville, une grande partie de la *fumée de champagne*, qui fait le succès de ces attaques de cavalerie, s'était déjà perdue.

La division, renforcée de 6 escadrons des 9e et 12e dragons, déployée en colonnes d'escadrons, presque sur une seule ligne, aurait eu besoin d'un pont d'environ 1,400 mètres, mais elle dut se resserrer entre Flavigny et le chemin de Buxières à Rezonville, sur un front de 700 mètres. Juste à ce moment, la division Picard, de la garde, s'avançait à l'ouest de Rezonville ; l'infanterie du 2e corps français opérait sa retraite en bon ordre, et son artillerie, renforcée par des batteries de la garde et de la réserve, était en pleine activité.

Il n'y avait donc réellement rien à faire. Le général Rauch fut blessé ; le colonel Schmidt, commandant le 16e hussards, prit, à sa place, le commandement de la brigade de hussards, reforma les escadrons, fit demi-tour et se retira derrière Flavigny.

Dans la brigade Grüter, des détachements du 15e ulans échangèrent des coups de sabre avec l'escorte de Bazaine qui poursuivait les hussards de Brunswick. Le 6e cuirassiers se déploya même en ligne pour s'avancer contre la grande route, mais il dut se replier devant le feu de l'infanterie.

Bref, l'attaque avait échoué, et la division se retira au sud et à l'ouest de Flavigny. — La relation du grand état-major prussien ne parle pas, dans cette occasion, du duc Guillaume de Mecklembourg. Il est certain que les cavaliers allemands s'étaient comportés avec une bravoure calme.

On a dit que l'attaque infructueuse de la 6e division de cavalerie avait eu cependant pour résultat de permettre à l'artillerie de se porter dans des positions plus avancées. Nous pensons que dans les circonstances données ce résultat aurait été obtenu sans le mouvement de cette division, mais nous faisons cette observation avec la plus grande réserve.

Tous les combats de cavalerie dont nous venons de parler eurent lieu de midi 3/4 au plus tôt à 1 heure 1/2 au plus tard.

Canrobert avait alors replié son aile gauche, la division Lafont de Villiers, surtout la brigade Colin, de la grande route vers le bois de Saint-Marcel, mais il était renforcé sur la grande route par la brigade de Marguenat, qui le reliait solidement à la division de grenadiers de la garde (moins les deux bataillons du 3e grenadiers envoyés au secours de Lapasset) et à la brigade de Chanaleilles, de la division Levassor-Sorval. A l'aile droite de Canrobert, sur la voie romaine et à l'extrémité ouest du bois de Saint-Marcel, entrait en ligne la division Tixier, d'abord avec la brigade Péchot. Le front de combat des Français, de l'ouest du bois de Saint-Marcel au ravin de la Jurée, sur lequel front étaient alors déployés tout le corps de Canrobert, les grenadiers de la garde et la brigade Lapasset, n'avait pas plus de 5 kilomètres. Il était appuyé par les batteries de Canrobert, de la réserve de l'armée, une partie des batteries de la garde et une partie des batteries de Frossard, qui n'avaient pas pris part à la retraite des divisions Bataille et Vergé à l'est de Rezonville. Comme réserve, cette ligne française avait les divisions de cavalerie de Forton et de Valabrègue et une partie de la cavalerie de la garde. En outre, on pouvait compter encore sur les divisions Bataille et Vergé, lorsqu'elles se seraient de nouveau rassemblées derrière Rezonville.

On voit donc que la marche des Allemands, dès qu'ils voudraient s'avancer à l'est de Flavigny, rencontrerait de très grandes difficultés, lesquelles se feraient sentir particulièrement à leur aile gauche, complètement prise en flanc par l'aile droite de Canrobert et les batteries placées sur la voie romaine. Le côté critique de cette situation frappait davantage les yeux si Lebœuf et Ladmirault entraient en ligne à droite de Canrobert.

Mais, avant que cette crise ne se manifestât, les batteries allemandes avaient saisi le moment favorable pour faire un mouvement général en avant.

A l'extrême droite, les batteries de la 5e division d'infanterie et du détachement Lyncker, — 1re et 2e légère no 3; 1re et 2e lourde no 3; 1re légère no 10, — s'avancèrent jusqu'à l'angle nord-ouest du bois de Vionville, où elles firent un demi-à-droite, de manière à commander la hauteur (+ 311) sur la rive droite du ruisseau de Rezonzille et l'entrée des bois de Vionville et de Saint-Arnould. — Ce mouvement en avant de l'artillerie n'était pas exécuté dans une pensée d'offensive, mais il avait principalement pour but de soutenir plus efficacement le combat expectant de la 5e division d'infanterie.

Plus à gauche, le colonel de Dresky conduisit les 2e, 1re et 3e batteries à cheval no 3 de la statue de Sainte-Marie au point de croisement du chemin de Flavigny à Gorze avec celui de Buxières à Rezonville, devant l'aile gauche de la 10e brigade d'infanterie; — ces batteries furent suivies un peu plus tard par la 6e légère et la 3e lourde no 3, qui s'établirent à l'aile gauche de Dresky.

Quelques instants auparavant, la 2e batterie à cheval no 10 s'était avancée jusqu'à Flavigny.

Avec les trois batteries qui lui restaient encore au cimetière de Vionville, le colonel de Becke s'avança jusqu'à la grande route près de l'abreuvoir de Flavigny. C'étaient la 3e à cheval no 10, la 4e légère et la 4e batterie lourde no 3.

La 3e batterie légère no 3, traversant Vionville, alla s'établir à l'est du village et au nord de la grande route. C'est cette batterie, avons-nous dit, qui avait voulu déjà se porter en avant et en avait été empêchée par l'attaque de cavalerie du général du Preuil.

Les batteries placées sur la hauteur à l'ouest de Vionville

conservèrent provisoirement leurs positions. Toute la ligne de batteries prussiennes avait une étendue d'un peu plus de 4 kilomètres.

Suivons maintenant de plus près les combats livrés à l'aile gauche prussienne.

IX. — COMBAT DE LA 6e DIVISION D'INFANTERIE PRUSSIENNE ET DU DÉTACHEMENT LEHMANN CONTRE CANROBERT ET UNE PARTIE DE LA GARDE. — ATTAQUE DE CAVALERIE DE LA BRIGADE BREDOW, CONTRE-ATTAQUE DES DIVISIONS FORTON ET VALABRÈGUE ; — ENTRE UNE ET TROIS HEURES DE L'APRÈS-MIDI.

Les bataillons de la 5e division d'infanterie, bataillon de fusiliers n° 12 et 2e bataillon n° 52, qui avaient pris la partie sud de Flavigny et repoussé l'attaque des cuirassiers français de la garde, s'avancèrent ensuite hardiment contre Rezonville, mais ils y rencontrèrent les grenadiers de la garde qui en débouchaient, reçurent une grêle de balles, perdirent presque tous leurs officiers, et se retirèrent en désordre sur Flavigny et Vionville.

A gauche de ces bataillons, le lieutenant-colonel d'Alten, à la tête de cinq compagnies (les 1re, 2e, 4e, 7e et 11e n° 35) auxquelles se joignirent des isolés d'autres troupes, s'avança jusqu'à la grande route, au point de rencontre de celle-ci avec le chemin de Flavigny à Saint-Marcel, mais il ne put arriver au nord de la route. Derrière son aile gauche se tenaient les batteries qui s'étaient avancées du cimetière de Vionville. — A la gauche d'Alten se relièrent le bataillon de fusiliers et le 1er bataillon n° 20, qui s'avancèrent même au nord de la grande route, mais durent s'arrêter aussitôt devant le feu supérieur des Français.

A ces 13 compagnies servaient de réserve, entre Flavigny et l'abreuvoir, les 7 compagnies restantes du 35e régiment.

Le 64e régiment, qui s'était d'abord avancé à l'est de Vionville, des deux côtés de la grande route, fut bientôt rappelé à Vionville, où il fut réuni de manière à servir de réserve à l'extrême aile gauche, — 24e régiment, 2e bataillon n° 20, et 2e bataillon n° 91, — aussi bien qu'à relier la 11e brigade d'infanterie à la 12e brigade.

Le 24e régiment et le 2e bataillon n° 20, — soutenus successivement par la 5e et la 8e compagnie n° 91, — avaient ouvert le feu, avec une naïve audace, contre les troupes très supérieures de Canrobert, mais ils souffrirent énormément et perdirent leurs forces. En outre, le 13e dragons, qui observait à l'extrême gauche, au nord des bois de Tronville, annonçait l'approche de nouvelles troupes françaises, — c'étaient successivement la division Tixier, le 3e et le 4e corps, — qui menaçaient du nord le flanc gauche des Allemands.

Déjà vers midi et demi, c'est-à-dire longtemps avant que la crise ne fût sensible sur la grande route à l'est de Vionville, les troupes d'infanterie du détachement Lehmann qui se trouvaient encore à Tronville reçurent l'ordre de se porter au nord dans les bois de Tronville.

Les 3e et 4e compagnies n° 91 et le bataillon de fusiliers n° 91 à leur gauche, arrivent entre une heure et deux, à la lisière est des bois de Tronville; le 2e bataillon n° 78 les suit à gauche des fusiliers. Les bois sont couverts d'obus, soit de la voie romaine et de l'angle ouest du bois de Saint-Marcel, soit du village de Saint-Marcel où l'artillerie de Lebœuf commence alors à entrer en action. En outre, le taillis épais ralentit beaucoup la marche. Cependant, les 6 compagnies n° 91, conduites par le colonel de Kameke, arrivent enfin à l'angle nord-est des bois de Tronville et, bientôt après, le 2e bataillon n° 78, — major de Runckel — atteint la lisière nord des bois.

Mais il est impossible de déboucher en plaine; les Allemands reçoivent alors un terrible feu de chassepots contre lequel leurs fusils à aiguille, d'une moindre portée, ne peuvent rien. Ils perdent beaucoup d'hommes, notamment des officiers; Kameke est tué. L'aile gauche du 24e régiment (2e bataillon) est également obligée de se réfugier dans le bois de Tronville, et les bataillons prussiens qui s'y trouvent réunis s'estiment heureux de pouvoir s'y maintenir.

Après les immenses efforts de ses troupes, en présence d'une supériorité incontestable des Français, Alvensleben ne pouvait songer à remporter une grande victoire. Il ne savait pas quand des renforts lui arriveraient, et il n'était que 2 heures de l'après-midi, de sorte qu'il y avait encore de longues heures de jour, le 16 août. Les soldats étaient fatigués par la marche et la grande chaleur; l'infanterie avait combattu sans relâche. On devait être satisfait si l'on conservait à peu près, avec l'infanterie et l'artillerie, le terrain que l'on avait gagné.

Il ne restait en réserve que la cavalerie, dont le premier rôle était de maintenir les communications et de couvrir les ailes. Nous savons que la brigade Redern était chargée depuis longtemps d'assurer les flancs de la 6e division d'infanterie et d'établir en même temps les communications avec la 5e division qui, de son côté, ne pouvait pas employer de cavalerie sur son flanc droit.

Pour observer à l'extrême gauche du IIIe corps, contre la route de Doncourt, sur laquelle des mouvements de troupes françaises étaient prévus d'avance, on n'avait employé jusqu'à présent que le 13e dragons. Mais les rapports de ce côté devenant de plus en plus pressants, toute la brigade Barby fut envoyée de Tronville à l'ouest des bois de Tronville et dans la direction de Bruville.

A peu près en même temps, vers 2 heures de l'après-midi, Rheinbaben dirigeait sur Vionville la brigade Bredow (sauf le 13e dragons), qui restait seule disponible.

Pendant ce mouvement, Bredow reçut l'ordre d'envoyer deux escadrons en reconnaissance au nord des bois de Tronville. Le sort désigna pour cela le 3e escadron du 7e cuirassiers et le 1er escadron du 16e ulans. Il restait donc à Bredow 6 escadrons, 3 de chaque régiment.

Sur ces entrefaites, il était arrivé que la 6e division d'infanterie et le détachement Lehmann, non seulement ne pouvaient aller plus avant, mais encore que leur aile gauche était décidément repoussée dans les bois de Tronville.

Afin de dégager son aile gauche, Alvensleben crut, avant

tout, nécessaire de faire taire les batteries françaises qui se trouvaient sur la voie romaine. Ce résultat devait être obtenu par une attaque de cavalerie, et Alvensleben envoya son chef d'état-major général, le général Voigts-Rhetz, mettre en jeu cette attaque.

Voigts-Rhetz rejoignit Bredow à un kilomètre et demi à l'ouest de Vionville et lui transmit l'ordre d'Alvensleben en lui expliquant la situation.

Bredow déploya aussitôt ses six escadrons, faisant front à Vionville, le 16ᵉ ulans à droite, le 7ᵉ cuirassiers à gauche. Afin d'arriver sur l'ennemi le plus à couvert possible et d'utiliser pour cela le ravin qui va de Vionville à la voie romaine, Bredow fit faire un à gauche, de sorte que le 7ᵉ cuirassiers avait la tête dans ce ravin et le 16ᵉ ulans la queue.

C'est vers ce moment que le commandant Vignotti, envoyé par Canrobert, ainsi que nous l'avons dit plus haut, arriva près de Forton, dans sa position au bois de Villers, et lui demanda ses deux batteries. Forton les donna et Vignotti les emmena sur la hauteur à l'ouest du cours supérieur du ruisseau de Rezonville et au sud de l'extrémité est du bois de Saint-Marcel.

Cependant Bredow arrivait à l'extrémité nord du ravin, à l'est des bois de Tronville; il forma ses régiments à droite en ligne de colonnes, de manière à faire face à l'est, le 16ᵉ ulans, major de Dollen, à droite, le 7ᵉ cuirassiers, major comte Schmettau, à gauche, rapproché du bois de Saint-Marcel. Les deux régiments gravirent dans cet ordre le versant est du ravin, les escadrons prenant leur intervalle de déploiement. Au sommet du coteau, ils se formèrent en ligne, traversèrent l'infanterie et les batteries de Canrobert, et poursuivirent sans s'arrêter leur course folle, entre la voie romaine et la grande route, jusqu'au chemin de Rezonville à Villers, non sans subir naturellement des pertes considérables et se mettre dans le plus grand pêle-mêle.

De Forton voit arriver cette avalanche de cavalerie, es ulans prussiens ayant un peu d'avance sur les cuirassiers. Il jette sur le flanc gauche de Bredow la brigade Murat, qui coupe en deux la colonne prussienne; la tête des escadrons de Bredow se heurte ensuite aux dragons de la division Valabrègue.

Forton, sur ces entrefaites, lance encore sur le 7e cuirassiers prussiens son 7e cuirassiers et un escadron du 10e. Il en résulte une terrible mêlée. Immédiatement au nord de Rezonville, les dragons de Valabrègue luttent avec les ulans prussiens; plus au nord-ouest, dragons et cuirassiers de Forton espadonnent contre ulans et cuirassiers prussiens, enfin plus au nord, l'escadron du 10e cuirassiers français tombe sur la queue du 7e cuirassiers prussien.

Bredow fait sonner l'appel (le ralliement); tout ce qui reste de cavaliers prussiens se retire à fond de train vers le sud, sur Flavigny, derrière lequel ils se rallient. Ils ne sont pas, du reste, vivement poursuivis, parce que la cavalerie française a également besoin de se rallier et qu'elle s'occupe, en outre, à ramasser les chevaux et les cavaliers que les Prussiens ont laissés sur le champ de bataille.

Cette charge de Bredow est certainement la plus remarquable des temps modernes, puisqu'elle parcourut d'une traite plus de trois kilomètres au galop et à la charge. On a comparé cette charge à celle des Anglais à Balaclava. C'est faire injure à Bredow. Quand celui-ci reçut son ordre, il prit ses dispositions avec une grande réflexion et toute la prudence que comporte une attaque de cavalerie. Mais une fois le moment venu de charger, la réflexion disparut et l'audace lui succéda. Leur attaque ne conduisit point les Prussiens dans un abîme, comme les Anglais à Balaclava, mais sur un terrain praticable. — Il faut reconnaître, d'un autre côté, que Forton saisit avec une grande décision l'occasion qui s'offrait à lui; il vint réellement comme « Zieten hors du bois », ce qui, sur le champ de bataille, a été et sera toujours la chose principale pour un général de cavalerie.

Les pertes de la brigade Bredow étaient énormes. Ses six escadrons avaient amené au combat 800 chevaux à peine. Le 7e cuirassiers perdit 7 officiers, 189 hommes et 209 chevaux; le 16e ulans 9 officiers, 174 hommes et 200 chevaux, ce qui fait en tout 16 officiers, 363 hommes et 409 chevaux, environ la moitié de l'effectif. Immédiatement après la charge, les trois escadrons de chaque régiment ne purent en former qu'un seul. Heureusement qu'un escadron par régiment n'avait pas pris part à l'attaque et restait intact.

Les débris de la brigade Bredow furent reçus par le 11e hussards que le général Redern amenait, à cet effet, entre Flavigny et Vionville, mais qui n'eut pas à combattre, parce que les Français ne prolongèrent pas la poursuite au delà de la grande route.

La cavalerie française subit peu de pertes dans ce combat. En effet, la division de Forton ne perdit en tout, le 16 août, que 7 tués, 64 blessés et 38 disparus, ensemble 109 hommes, dont probablement la plus grande partie revenait à l'affaire de la matinée. La division Valabrègue ne perdit, le 16, que 13 officiers, dont 1 tué, et 56 hommes, dont 4 tués.

Forton attribue à deux causes cette grande différence entre les pertes de la cavalerie allemande et la sienne : l'une, c'est que les Français étaient reposés, tandis que les Allemands avaient fourni une longue course lorsque Forton attaqua ; l'autre, c'est que les Français pointent tandis que les Allemands sabrent. Mais il convient d'ajouter qu'en traversant par deux fois les lignes de l'artillerie et de l'infanterie françaises, les cavaliers allemands souffrirent considérablement du feu, tandis que les cavaliers français n'y furent point exposés.

Forton dit avoir remarqué, avec les cuirassiers et les ulans de Bredow, des dragons et des hussards allemands. Il est possible, en effet, que des détachements de cavalerie divisionnaire ou des soutiens d'artillerie se soient joints à la charge de Bredow.

Peu d'instants avant que Bredow ne se mît en mouvement, la brigade Barby avait quitté sa position de Tronville; elle traversa la grande route à l'ouest des bois de Tronville, puis le ruisseau qui cotoie la voie romaine, et prit position au nord de ce ruisseau sur la hauteur où était déjà le 13e dragons. Barby disposait alors de quatre régiments. Il mit en première ligne le 13e et le 19e dragons, en deuxième ligne le 13e ulans et le 4e cuirassiers. Ses flanqueurs observaient le pays entre le ruisseau de Jarny et Saint-Marcel.

On a vu déjà qu'avant l'attaque de Bredow, le 1er bataillon et le bataillon de fusiliers n° 20 s'étaient avancés à l'est de Vionville et un peu au nord de la grande route. Ces bataillons profitèrent du temps d'arrêt produit par Bredow dans le feu des Français, pour s'avancer davantage sur la hauteur et s'y établir solidement. Leur droite était appuyée par les 6e et 7e compagnies n° 91, qui s'étaient avancées de Vionville, et par des fractions du 35e régiment; leur gauche par des fractions du 64e régiment.

Mais ce dernier régiment, qui avait beaucoup souffert, fut alors complètement mis en réserve derrière Vionville.

X. — ARRIVÉE DE RENFORTS AUX AILES OUEST DES DEUX ARMÉES APRÈS TROIS HEURES DU SOIR. LE COMBAT JUSQU'A SEPT HEURES DU SOIR SUR CETTE PARTIE DU CHAMP DE BATAILLE.

Nous avons quitté le 16 au matin le 3e corps d'armée français, Lebœuf. Le maréchal Lebœuf avait alors avec lui sur le plateau de Verneville les divisions Montaudon et Nayral, la réserve d'artillerie et de cavalerie du corps. Il lui manquait les divisions d'infanterie Metman et Aymard. Dans la colonne de Lebœuf avaient pris place, derrière la division Nayral, les bagages du 4e corps, puis un équipage de pont, et la division Lorencez, du 4e corps; les divisions Metman et Aymard venaient ensuite. Les voitures ne purent avancer longtemps dans un chemin étroit et mauvais. La division Aymard ne se trouvait donc encore le 16 au matin qu'à l'entrée du défilé de Plappeville, près du fort Moselle. Dès que le général Aymard entendit le canon sur le plateau, il fit faire demi-tour à sa division et la conduisit, par le chemin de Moulins-les-Metz, sur les hauteurs où il arriva, d'après la déposition de Lebœuf, lorsque le combat s'engageait pour le 3e corps. Il est fort improbable qu'Aymard, marchant au canon, ait commencé son mouvement avant 10 heures du matin, et il est donc difficile qu'il soit arrivé avant 2 heures de l'après-midi entre Verneville et Saint-Marcel. Dans tous les cas, l'artillerie de Lebœuf n'avait été que partiellement engagée avant cette heure-là.

Il manquait encore Metman. Comme celui-ci ne donnait pas signe de vie, Lebœuf lui envoya enfin par un officier d'état-major une lettre très vive. Cet officier trouva la division Metman dans le défilé de Lessy-Plappeville, dans l'impossibilité d'avancer; il lui fit prendre le chemin de Lorry d'où elle arriva ensuite sur le plateau aux environs de Rezonville, après la fin de la bataille. Bazaine l'y plaça en arrière-garde pour couvrir la retraite dans les lignes d'Amanvillers le 17 août.

Voici la composition des portions du 3e corps qui prirent part à la bataille :

1re division, Montaudon :

1re brigade, général N..., 18e bataillon de chasseurs, 51e et 62e de ligne;

2e brigade, général Clinchant, 81e et 95e de ligne, 5e, 6e et 8e batterie du 4e régiment d'artillerie.

2e division, Nayral :

1re brigade, général N..., 15e bataillon de chasseurs, 19e et 41e de ligne;

2e brigade, général Duplessis, 69e et 90e de ligne, 9e, 11e et 12e batterie du 4e régiment d'artillerie.

4e division, Aymard :

1re brigade, général de Brauer, 11e bataillon de chasseurs à pied, 44e et 60e de ligne;

2e brigade, général Sanglé-Ferrière, 80e et 85e de ligne, 8e, 9e et 10e batterie du 11e régiment d'artillerie.

Division de cavalerie de Clérambault :

1re brigade, général de Bruchard, 2e, 3e et 10e chasseurs;

2e brigade, général de Maubranches, 2e et 4e dragons;

3e brigade, général de Juniac, 5e et 8e dragons.

Réserve d'artillerie : 7e et 10e batterie du 4e régiment, 11e et 12e batterie du 11e régiment, 1re, 2e, 3e et 4e batterie du 17e régiment.

Le 16 au matin, le général de Ladmirault se trouvait encore aux environs du Sansonnet avec la plus grande partie du 4e corps. Il s'était assuré, pendant la nuit, que le but de sa marche était réellement Doncourt, mais il apprit, en même temps, d'une manière certaine, que le chemin par Lessy et Châtel-Saint-Germain, qui lui avait été assigné primitivement et sur lequel se trouvait bloquée la division Lorencez, était absolument impraticable et fermé. En conséquence il se dirigea, le 16 au matin, sur Briey, par Woippy, et suivit la route de Briey jusqu'à Sainte-Marie-aux-Chênes, d'où il marcha droit sur Doncourt. Il avait pris les devants avec son état-major pour s'orienter; la division de cavalerie Legrand le suivait, puis la division Grenier et enfin la division de Cissey.

D'après son dire, Ladmirault atteignit de sa personne Doncourt vers midi; la division de cavalerie y arriva à une heure, la division Grenier au plus tôt à une heure et demie, la division de Cissey à 2 heures 1/2.

La division de Lorencez n'arriva sur le champ de bataille qu'à 10 heures du soir et ne prit point part au combat.

Les troupes engagées du 4e corps se composaient ainsi :

1re division de Cissey:

1re brigade, général Brayer, 20e bataillon de chasseurs, 1er et 6e de ligne;

2e brigade, général de Golberg, 57e et 73e de ligne;

5e, 9e et 12e batterie du 15e régiment.

2e division, Grenier:

1re brigade, général Bellecourt, 5e bataillon de chasseurs à pied, 13e et 43e de ligne;

2e brigade, général Pradier, 64e et 98e de ligne;

5e, 6e et 7e batterie du 1er régiment d'artillerie.

Division de cavalerie Legrand:

1re brigade, général de Montaigu, 2e et 7e hussards;

2e brigade, général de Gondrecourt, 3e et 11e dragons.

Réserve d'artillerie: 11e et 12e batterie du 1er, 6e et 9e batterie du 8e, 5e et 6e batterie du 17e régiment d'artillerie.

Au moment où la tête de cavalerie de Ladmirault arrivait à Doncourt, le général du Barail, avec le 2e régiment de chasseurs d'Afrique, les deux batteries d'artillerie de la 1re division de cavalerie de réserve (5e et 6e du 19e régiment), et la brigade de la garde de France (dragons et lanciers), remontait, de Conflans, le ruisseau de Jarny, dans la direction de Mars-la-Tour. Du Barail se trouvait ainsi à droite de Ladmirault, et ses troupes couvraient le flanc droit de l'armée.

D'après la déposition du général Montaudon, les troupes du 3e corps qui se trouvaient aux environs de Verneville, prirent les armes entre 11 heures et midi. La division Montaudon marcha sur Bagneux ; plus à droite, la division Nayral prit la direction d'Urcourt; la division Aymard, qui arrivait, s'intercala entre les deux et se dirigea, par Saint-Marcel, sur le côté nord des bois de Tronville.

La division Montaudon se trouvait arrivée aux environs de Bagneux, lorsque le maréchal Lebœuf vint dire à Montaudon : « La bataille est fortement engagée. Faites déposer les sacs, et marchez sur Saint-Marcel. »

Montaudon exécuta cet ordre et il était sur le point de diriger ses troupes sur Saint-Marcel, lorsqu'il reçut de Bazaine l'ordre de marcher sur Gravelotte. Il fit naturellement reprendre les sacs et, en arrivant à Gravelotte, il fut avisé de descendre le ravin de la Mance jusqu'à Ars, pour y couper la retraite de l'ennemi.

Il est particulièrement intéressant pour nous d'apprendre de Montaudon qu'il reçut l'ordre de marcher à gauche de Gravelotte juste au moment où Bredow venait de faire son attaque et Forton sa contre-attaque. C'était donc environ entre 2 heures 1/2 et 3 heures (1).

---

(1) Le général Montaudon n'a dit à ce sujet que ceci : « Je dirigeai mes troupes sur Saint-Marcel précisément au moment où la cavalerie venait de faire une charge très brillante sur l'ennemi et l'avait repoussé ». Mais il résulte de toutes les circonstances, temps, lieu, etc., qu'il ne peut s'agir ici que de la charge de Forton contre Bredow, et non de l'attaque de du Preuil à la tête des cuirassiers de la garde. W.R.

Bazaine ordonnait en même temps au maréchal Lebœuf de conserver sa position (au sud-ouest de Saint-Marcel) avec la division Nayral, et d'établir ses communications avec Canrobert au moyen de la division Aymard (vers le côté nord des bois de Tronville).

On sait que Bazaine était, depuis le commencement, sous la préoccupation d'une attaque des Prussiens contre son extrême gauche, dans le but de le couper de Metz. Cette préoccupation fut de nouveau entretenue par des renseignements venus d'Ars-sur-Moselle, annonçant que des troupes prussiennes passaient constamment la Moselle à Novéant-Corny. Pendant qu'il rappelait la division Montaudon, Bazaine ramenait en même temps à l'est de Gravelotte les division Bataille et Vergé, du corps de Frossard, et il envoyait bientôt après la division Forton dans une position sur le bord gauche du ravin de la Jurée. Valabrègue restait aux environs de Rezonville.

Nous reviendrons plus tard à l'aile gauche de la position Bazaine. Il nous faut examiner, pour le moment, ce que les Allemands pouvaient espérer opposer à bref délai, sur leur aile gauche, aux troupes nouvellement arrivées de Lebœuf et de Ladmirault.

Ce ne pouvait être que les détachements de Schwarzkoppen et de Kraatz-Koschlau, du Xe corps. Nous avons laissé le premier en marche de Thiaucourt sur Saint-Hilaire; nous avons vu le dernier arriver à 11 heures 1/2 du matin.

Kraatz-Koschlau voulait s'arrêter là et il plaça ses avant-postes sur la route de Saint-Hilaire, bien qu'il eût entendu au loin le canon en allant de Pont-à-Mousson à Thiaucourt. Mais bientôt après arriva à Thiaucourt une communication du lieutenant-colonel Caprivi, chef d'état-major général du Xe corps, qui se trouvait depuis le matin sur le champ de bataille avec la division Rheinbaben, et ces nouvelles décidèrent Kraatz-Koschlau à marcher sans délai sur Charey et Saint-Julien.

Son ordre de marche était le suivant:

39e brigade d'infanterie, général-major de Woyna ;
16e dragons ;
1er et 2e bataillon n° 79 ;
3e batterie légère et 3e batterie lourde n° 10 ;
1er et 2e bataillon n° 56 ;
Bataillon de fusiliers n° 79 ;
Division à pied de l'artillerie de corps d'armée : 5e et 6e batterie légère, 5e et 6e batterie lourde n° 10 ;
40e brigade d'infanterie, général-major de Diringshofen ;
Régiment n° 17 ;
4e batterie légère et 4e batterie lourde n° 10 ;
1er bataillon et bataillon de fusiliers n° 92 ;
Bataillon de chasseurs n° 10.
Ensemble : 11 bataillons, 4 escadrons (sauf les pointes d'officier envoyées dès Pont-à-Mousson dans la direction du champ de bataille) et 8 batteries.

Le bataillon de fusiliers n° 56 était resté à Pont-à-Mousson pour garder le quartier général du prince Frédéric-Charles, mais il fut relevé dans ces fonctions par le 2e bataillon n° 92 et se mit en route pour rejoindre sa division.

La tête de la 39e brigade arrivait, à 2 heures 1/2, à Chambley d'où elle marcha aussitôt sur Tronville. Sur ces entrefaites, Kraatz-Koschlau avait envoyé son officier d'état-major à Tronville et lui-même s'était rendu à Flavigny. Il y remarqua que le centre du IIIe corps était fort dégarni, ce qui était réellement vrai, et il envoya l'ordre à Woyna d'appuyer la 5e division d'infanterie avec un régiment de sa brigade. En conséquence, Woyna ne marcha plus sur Tronville qu'avec le 1er et le 2e bataillon n° 79, la 3e batterie légère et la 3e batterie lourde n° 10, tandis que le 1er et le 2e bataillon n° 56 et le bataillon de fusiliers n° 79, sous les ordres du colonel de Block, se dirigeaient à droite sur le bois de Vionville. Lorsque Kraatz, revenant de Flavigny, rejoignit la brigade Woyna, à la ferme du Sauley, il détacha en outre les deux batteries, 3e légère et 3e lourde n° 10, vers l'est, au sud de Flavigny.

Le 16e régiment de dragons avait déjà précédé la brigade Woyna et pris position entre Puxieux et Tronville ; il fut plus tard mis à la disposition du général de Rheinbaben.

Le commandant de l'artillerie du corps, colonel de Goltz, avec la permission du général Kraatz, emmena de Saint-Julien les 5e et 6e batteries légères aux environs de Tronville ; les 5e et 6e batteries lourdes suivirent, au contraire, plus tard les 3e légère et 3e lourde sur Flavigny.

La 4e batterie légère et la 4e batterie lourde no 10, précédant la 40e brigade d'infanterie, suivirent de près à Tronville les 5e et 6e batteries légères no 10.

Les 1er et 2e bataillons no 79 n'arrivèrent à Tronville qu'à 3 heures 1/2 ; la 40e brigade d'infanterie les y rejoignit à 4 heures 1/2, et, à 5 heures, arrivait le bataillon de fusiliers no 56, venant de Pont-à-Mousson.

La colonne du général Kraatz, amenait donc, entre 3 et 5 heures, sur la partie ouest du champ de bataille, 9 bataillons, 4 escadrons et 4 batteries, tandis qu'elle détachait 3 bataillons et 4 batteries sur la partie est du théâtre de la lutte.

Nous avons laissé la colonne du général Schwarzkoppen marchant de Thiaucourt sur Saint-Hilaire. Avec elle se trouvait le général Voigts-Rhetz, commandant le Xe corps. Pendant la route, on entendait faiblement sur sa droite le bruit du canon et l'on supposait qu'il s'agissait d'un combat de la division Rheinbaben contre l'arrière-garde française. Cependant, Voigts-Rhetz, voulant se rendre compte de la véritable situation, prit les devants avec le 3e escadron du 2e régiment de dragons de la garde, suivit la route de Saint-Hilaire jusqu'à Woël et se porta de là sur Xonville. Il y reçut les rapports du lieutenant-colonel Caprivi qui le décidèrent à s'avancer jusqu'à Tronville. Il vit alors clairement la vérité : tout le IIIe corps se trouvait engagé dans un combat sérieux. Voigts-Rhetz envoya immédiatement de tous côtés les ordres nécessaires pour amener le Xe corps sur le champ de bataille.

Cependant, la colonne du général Schwarzkoppen poursuivait sa marche vers Saint-Hilaire. La brigade de dragons de la garde, général comte de Brandebourg II, y était arrivée dès 10 heures du matin, avec les six escadrons dont elle disposait encore. On avait, chemin faisant, entendu constamment mais faiblement le canon du côté de l'est. Brandebourg demanda à Schwarzkoppen la permission de se porter à l'est avec le 1er escadron de dragons de la garde et la 1re batterie à cheval. Elle lui fut accordée.

Schwarzkoppen continua, du reste, sa route sur Saint-Hilaire avec son infanterie et ses deux batteries à pied. Comme Voigts-Rhetz s'était rendu de sa personne sur le champ de bataille, on pouvait être certain qu'il changerait en temps utile, s'il le fallait, la direction de la marche.

Arrivé à Saint-Hilaire, Schwarzkoppen déploya ses troupes au sud du village et plaça aux avant-postes, à l'ouest, dans la direction de Verdun, le 2e bataillon, no 57, et les 1er et 4e escadrons du 2e régiment de dragons de la garde, restés à Saint-Hilaire.

Le gros de Schwarzkoppen n'était pas encore complètement installé au sud de Saint-Hilaire lorsque survint, — à midi passé, — un ordre de Voigts-Rhetz de se diriger au nord de Chambley pour aller appuyer le IIIe corps. — Le chemin le plus court était de passer par Xonville. Mais il arriva bientôt à Schwarzkoppen des nouvelles postérieures, d'après lesquelles le détachement Lehmann, qui appartenait à sa division, se trouvait engagé au nord de Tronville dans un combat acharné.

Schwarzkoppen résolut alors de gagner la grande route de Mars-la-Tour. Il se fit aussitôt précéder dans cette direction par le 4e escadron du 2e régiment de dragons de la garde. Le 2e bataillon no 57, avec un détachement de dragons, fut laissé à Saint-Hilaire pour garder le convoi.

A la tête des 5 bataillons restants, de 2 compagnies de pionniers et de 2 batteries, Schwarzkoppen rompit de Saint-Hilaire entre midi et demi et une heure, et marcha sur Mars-la-Tour.

Brandebourg, en arrivant à l'ouest de Mars-la-Tour, avait d'abord observé les mouvements de troupes françaises au nord-est. A une heure et demie, il fut rejoint par le 4e escadron du 2e régiment de dragons de la garde et il marcha au nord sur Ville-sur-Yron. Avec le 1er régiment de dragons de la garde il observa le bois de Greyère, où du Barail avait avancé ses chasseurs d'Afrique; il envoya le 4e escadron du 2e dragons de la garde avec la batterie sur le ruisseau de Jarny, d'où la batterie dirigea son feu contre l'artillerie française qui commençait à tirer sur la brigade Barby à l'ouest des bois de Tronville.

Avec la tête de son infanterie, Schwarzkoppen arriva, à 3 heures 1/2, à Suzemont, 4 kilomètres à l'ouest de Mars-la-Tour. Son premier dessein était de marcher sur Ville-sur-Yron, pour tomber sur le flanc droit des Français dont on apercevait les batteries vers Bruville. Mais les rapports qui arrivaient indiquaient qu'il était urgent que Schwarzkoppen se joignît par le plus court chemin à l'aile gauche des Allemands.

Pendant sa marche sur Mars-la-Tour, Schwarzkoppen avait déjà au nord le 1er escadron du 2e dragons de la garde, vers la route d'Etain, par Conflans, sur laquelle on avait aperçu des nuages de poussière. Cette poussière pouvait provenir de détachements en retard de l'escorte de Napoléon,—brigade Margueritte et 3e bataillon du 3e grenadiers, — ou encore de la brigade de cavalerie de France.

Pour établir aussi sûrement et aussi promptement que possible sa liaison avec l'aile gauche des troupes allemandes engagées, Schwarzkoppen envoya sur sa droite, à la ferme Mariaville, le bataillon de fusiliers nº 16.

Il déploya à Suzemont, pour le combat, les troupes restantes, 4 bataillons de la 38e brigade, Wedell.

Il mit en première ligne le 57e régiment, colonel de Cranach, le 1er bataillon à droite, celui de fusiliers à gauche; en deuxième ligne le 16e régiment, colonel de Brixen, 2e bataillon à droite, 1er à gauche; entre les deux lignes d'infanterie les batteries, la 2e légère à droite, la 2e lourde nº 10 à gauche. Les deux compagnies de pionniers étaient en réserve.

Il résulte des développements qui précèdent que les Allemands ne pouvaient engager sur leur aile gauche, de 3 à 5 heures du soir, en troupes fraîches, que 12 bataillons, 12 bataillons 1/2 en comptant les pionniers, 10 escadrons et 7 batteries.

A ces troupes fraîches les Français pouvaient opposer, y compris la division Montaudon (calcul provisoirement permis), 5 divisions d'infanterie avec 65 bataillons, 3 divisions de cavalerie avec 63 escadrons, et 29 batteries.

Les troupes fraîches prussiennes s'élevaient donc au plus à 12,500 hommes d'infanterie et de cavalerie avec 42 pièces, celles des Français à 45,000 hommes d'infanterie et de cavalerie avec 174 pièces.

Si les divisions du 4e corps français et la division Aymard avaient eu à faire de fortes marches avant de pouvoir combattre, la situation des troupes prussiennes dont il s'agit était peut-être encore plus mauvaise sous ce rapport.

On ne pouvait donc pas établir d'avance un pronostic favorable pour l'aile gauche prussienne telle qu'elle venait d'être nouvellement constituée. Mais ce qui compensait en grande partie les mauvaises conditions où elle se trouvait, c'était la constante préoccupation du maréchal Bazaine pour son aile gauche, préoccupation qui paralysait la force offensive de l'aile droite française. Non seulement le maréchal Bazaine enlevait à son aile droite des troupes, force matérielle, — nous avons déjà parlé de la division Montaudon, nous verrons bientôt que d'autres demandes de même nature furent faites au maréchal Lebœuf, — mais ce souci continuel pour son aile gauche affaiblissait encore moralement la force offensive de l'aile droite. Les nouvelles qui leur arrivaient continuellement de l'aile gauche, et qui avaient pour résultat l'envoi de brigades et de divisions de l'ouest à l'est, devaient nécessairement inviter à la prudence les généraux qui commandaient à l'aile droite française. Or, si grande vertu militaire que puisse être la prudence, au moment opportun, elle paralyse indubitablement la force de l'offensive lorsque, pour une raison quelconque, elle dépasse une certaine mesure.

Après ces observations préliminaires, racontons les événements survenus, de 3 à 7 heures du soir, à l'aile gauche allemande et à l'aile droite française.

Nous avons déjà vu comment l'apparition de la division Tixier et l'approche des divisions Aymard et Nayral avaient menacé l'extrême gauche d'Alvensleben et refoulé dans les bois de Tronville le détachement Lehmann, puis le bataillon n° 24. Le 2e bataillon n° 20, le 1er bataillon et le bataillon de fusiliers n° 24 furent bientôt forcés de se réfugier également dans ces bois.

La brigade Barby, forte maintenant de 4 régiments de cavalerie, avait été d'abord incommodée par l'artillerie que le 3e corps français avait placée au nord du ruisseau de la voie romaine. Vers 2 heures 3/4, elle fut également attaquée par l'infanterie de la division Aymard. Les mitrailleuses de cette division appuyèrent ses chassepots, et la brigade Barby fut obligée de se retirer à l'ouest du bois de Tronville, au sud de la grande route et jusqu'à Tronville.

Immédiatement après, à 3 heures, le comte de Brandebourg, avec ses cinq escadrons de dragons de la garde et sa batterie, dut également abandonner sa position avancée de Ville-sur-Yron, se retirer au sud et se mettre à couvert au sud-ouest de Mars-la-Tour.

Trois divisions françaises concentraient maintenant leur attaque contre les bois de Tronville et l'infanterie prussienne qui s'y trouvait refoulée. La division Nayral marchait contre l'angle nord-ouest, la division Aymard contre le côté nord, et la division Tixier contre l'angle nord-est de ces bois. A droite de la division Nayral parut un peu plus tard la division Grenier, du corps Ladmirault. La division Nayral, restée, pour des raisons inconnues, en arrière de la division Aymard arrivée bien après elle, ne devait pas prendre une part très sérieuse au combat, ainsi qu'on le verra plus loin ; en revanche, Lebœuf avait fait avancer devant elle et à l'aile droite d'Aymard plusieurs batteries de la réserve de son corps d'armée, dont la présence se fit bientôt sentir aux Allemands.

Les bataillons du 24e régiment, du 20e et du détachement Lehmann défendirent les bois avec opiniâtreté, mais vers 4 heures, étant complètement épuisés, ils durent se retirer des bois pour se rallier au village de Tronville. Le 24e régiment avait perdu 52 officiers et 1,000 hommes, plus du tiers de son effectif ; il en était ainsi du 2e bataillon no 20.—Les pertes du détachement Lehmann, bien que moins considérables, s'élevaient encore à 20 officiers et 600 hommes. Il fut chargé d'occuper et de mettre en état de défense le village de Tronville.

Les 3e et 2e batteries à cheval no 10, des positions où nous les avons laissées en dernier lieu à l'est de Vionville, avaient longtemps soutenu le combat de l'infanterie contre la voie romaine et le corps de Canrobert ; mais elles y subirent de si grandes pertes qu'elles durent se retirer au sud-ouest de Vionville pour se refaire. Cependant, la 3e batterie à cheval no 10 ne tarda pas à se porter sur la hauteur à l'ouest de Vionville où elle prit position, au nord de la grande route, entre les batteries du lieutenant-colonel Beck (5e légère, 5e et 6e lourde no 3). Ces 4 batteries combattaient l'artillerie et l'infanterie françaises à l'angle sud-ouest du bois de Saint-Marcel et cherchaient en même temps à empêcher la division Aymard de s'avancer dans les bois de Tronville. Mais les troupes prussiennes ayant été décidément refoulées dans ces bois, ces batteries se trouvèrent bientôt sous le feu des tirailleurs d'Aymard qui arrivaient à la lisière sud des bois, et une batterie française, établie sur la hauteur au sud de Bruville, les prit en même temps à revers par la clairière sud des bois. Enfin les munitions commencaient à leur manquer. Le général Buddenbrock, commandant la 6e division d'infanterie, ordonna alors au lieutenant-colonel Beck d'emmener ces batteries. Elles se retirèrent en échelons dans le bas fond entre Tronville et Vionville, au sud de ce dernier village, où elles complétèrent leurs munitions.

Les trois batteries du major Kœrber (1re à cheval no 4, 1re lourde et 1re à cheval no 10), qui étaient à droite de Beck, sur la hauteur à l'ouest de Vionville mais au sud de la grande route, se trouvant mieux abritées soit par les peupliers, soit par la chaussée de la route, continuèrent encore sur ce point le combat d'artillerie. La 3e batterie légère nº 3 se joignit bientôt à elles. Cette batterie, qui opérait au nord-est de Vionville, avait été forcée de se retirer lorsque le régiment nº 64 avait été rejeté sur le village et, pendant sa retraite, elle mit souvent en batterie pour repousser l'infanterie française qui la serrait de trop près.

Lorsque l'artillerie de Lebœuf s'avança davantage vers le sud, les batteries de Kœrber furent également prises à revers par la clairière du bois de Tronville. La 3e légère nº 3 et la 1re à cheval nº 4 se retirèrent alors en arrière à gauche, afin de mieux agir contre le bois de Tronville; la 1re lourde et la 1re à cheval nº 10 continuèrent leur feu contre l'angle sud-ouest du bois de Saint-Marcel.

En arrivant de sa personne à Doncourt, vers midi, Ladmirault se porta au sud pour s'orienter sur le champ de bataille. Il crut remarquer à Mars-la-Tour une force considérable de cavalerie allemande, — ce ne pouvait être que le comte de Brandebourg avec les dragons de la garde; — et qu'en outre Tronville était occupé par une infanterie nombreuse, ce ne pouvait être alors que le gros du détachement Lehmann.

Revenu à Doncourt, Ladmirault y attendit l'arrivée de la division Grenier. Lorsque celle-ci fut réunie, il fit déposer les sacs dont on enleva les munitions, et il marcha dans la direction de Tronville, à l'est du chemin de Doncourt à Mars-la-Tour, par Bruville, la brigade Bellecourt en première ligne, la brigade Pradier en deuxième et débordant à droite. Le départ eut lieu vers 2 heures. A 3 trois heures, l'aile droite de Ladmirault atteignait la ferme de Greyère. Il la fit mettre en état de défense pour se donner un point d'appui et y réunit le 98e de ligne.

Pendant que Grenier était en marche, le maréchal Lebœuf reçut l'ordre de Bazaine de diriger à gauche une de ses divisions pour appuyer Canrobert qui se trouvait très fortement attaqué. Lebœuf désigna pour cela la division Nayral qui n'était pas encore engagée, mais était sur le point d'entrer au combat.

Cette division rappela aussitôt ses troupes avancées, se forma au sud de Saint-Marcel et marcha à gauche dans la direction de Villers-aux-Bois. — Ce mouvement de Nayral doit avoir commencé à 3 heures, après le départ de Montaudon, et certainement aussi après la charge de cavalerie de Bredow, mais pas beaucoup plus tard. A 4 heures environ, Nayral put se mettre en marche sur Villers-aux-Bois.

Lebœuf n'avait plus alors à sa disposition que la division Aymard, la réserve d'artillerie de son corps d'armée et la division de cavalerie Clérembault.

Dans les circonstances présentes, la division Grenier ne formait réellement qu'une force de remplacement de la division Nayral retirée, et il lui fut ordonné d'appuyer à gauche pour établir la liaison avec la division Aymard.

Dès que Lebœuf avait eu connaissance de l'approche du 4e corps, il s'était mis en relation avec Ladmirault et avait appris que celui-ci projetait un mouvement tournant par Mars-la-Tour. Comme Lebœuf prévoyait qu'il aurait peu d'occasions de faire usage de sa cavalerie, il la mit bientôt à la disposition de Ladmirault.

Lorsque Ladmirault eut mis en état de défense la ferme de Greyère, il fit avancer à l'ouest des bois de Tronville, au sud du ruisseau de la voie romaine, l'artillerie de la division Grenier et la brigade Bellecourt. La division de cavalerie Legrand reçut l'ordre de se préparer derrière Greyère à se porter sur Mars-la-Tour contre la cavalerie allemande.

Ladmirault ne manquait pas de cavalerie. La division du Barail, y compris la brigade de France, venant de droite, se joignit à lui au ruisseau de Jarny; sur sa gauche arriva d'abord le général de Clérembault avec la brigade Bruchard, puis avec la brigade Maubranches.

Au moment où les bois de Tronville étaient évacués par le détachement Lehmann et les 4 bataillons décimés de la 6e division d'infanterie, et en même temps que la brigade Bellecourt, de la division Grenier, s'avançait au sud du ruisseau de la voie romaine, la colonne Kraatz-Koschlau, du Xe corps, entrait en ligne.

Le colonel de Goltz, avec les 5e et 6e batteries légères, no 10, parut le premier sur le champ de bataille à l'ouest de Tronville. Il mit en batterie et ouvrit le feu contre la division Grenier lorsque les troupes avancées d'infanterie furent arrivées à peu près à hauteur de la clairière sud des bois de Tronville ; bientôt après, de Goltz fit avancer son artillerie jusqu'à la grande route. Les 3e et 4e escadrons du 4e cuirassiers, de la brigade Barby, lui servaient de soutien. De Goltz essaya de s'avancer au nord de la grande route, mais un feu violent d'infanterie refoula les deux batteries et les cuirassiers au sud de la route.

Il paraît que peu d'instants après le premier mouvement en avant du colonel de Goltz, quelques batteries de la réserve d'artillerie de Lebœuf avaient été retirées par suite du départ de Nayral, que de Goltz attribua cette retraite à son feu, tandis que ce n'était qu'une conséquence des ordres de Bazaine à Lebœuf, et que c'est en raison de cette fausse interprétatiou que de Goltz s'était porté au nord de la grande route.

Après que de Goltz se fut retiré au sud de la grande route, la 4e batterie lourde et la 4e batterie légère no 10 se mirent en ligne à droite des 5e et 6e batteries légères no 10 à l'ouest et tout près des bois de Tronville. Ces quatre batteries entretinrent alors un feu très vif contre celles que Ladmirault avait réunies successivement sur la hauteur au sud de Bruville.

Après la retraite des batteries de réserve de Lebœuf, le major Kœrber dirigea de nouveau tout le feu de ses 4 batteries, — 1re à cheval no 4, 3e légère no 3, 1re lourde et 1re à cheval no 10, — contre l'angle ouest du bois de Saint-Marcel. A ces 4 batteries se joignit bientôt la 2e à cheval no 10, qui, après avoir complété ses munitions et remis ses voitures en état, suivit au sud de Vionville la 3e batterie à cheval no 10.

Au moment où arrivait cette batterie, les tirailleurs

d'Aymard et de Grenier, qui atteignaient l'angle sud-est des bois de Tronville, obligèrent Kœrber à faire face de ce côté, et l'infanterie française fut alors forcée de se réfugier dans le bois.

Aussitôt que le 1er et le 2e bataillon n° 79, de la brigade Woyna, arrivèrent à Tronville, à 3 heures 1/2, ils furent dirigés sur les bois de Tronville que leurs défenseurs des régiments nos 24 et 20 et du détachement Lehmann évacuaient peu à peu.

Le 1er bataillon n° 79 laissa la 1re compagnie à Tronville ; les trois autres compagnies marchèrent au nord jusqu'à la grande route. La 2e compagnie resta là provisoirement ; les 3e et 4e entrèrent dans la partie sud des bois, à droite et en avant de la ligne des 4 batteries que le colonel de Goltz avait établies au sud de la grande route.

Le 2e bataillon n° 79 s'avança à l'est de Tronville, avec la 6e compagnie à l'aile droite. Cette compagnie gagna, à gauche des batteries de Kœrber, l'angle sud-est de la partie du milieu des bois de Tronville et, de là, la portion nord du bois, non sans avoir livré un violent combat de mousqueterie.

Les 5e, 7e et 8e compagnies n° 79 entrèrent, à gauche de la 6e, dans les bois du sud. Pour arriver ensuite dans le plus grand bois du centre, il leur fallut traverser la lisière qui sépare ces bois et elles essuyèrent alors le feu d'infanterie de la brigade Bellecourt qui avait occupé l'angle nord-ouest du bois du milieu. Elles arrivèrent néanmoins dans la partie est de ce bois, en appuyant à droite, et se relièrent de nouveau à la 6e compagnie qui avait gagné du terrain vers l'angle nord-est des bois de Tronville, d'où elle avait même fait, sans succès, une tentative hardie de s'avancer contre l'angle sud-est du bois de Saint Marcel.

La 2e compagnie n° 79 s'avança de la grande route, à gauche des 3e et 4e compagnies, contre l'angle nord-ouest du grand bois central de Tronville.

On voit que les deux bataillons n° 79 s'étaient assez étendus à l'intérieur des bois de Tronville, et il pourrait sembler extraordinaire qu'ils aient pu le faire à 4 heures passées. La raison en est vraisemblablement dans le départ de Nayral, et aussi en ce que le général de Ladmirault observait trop exactement les mouvements de la 40e brigade d'infanterie vers Tronville, s'exagérait la force de ces troupes et songeait plutôt, en conséquence, à concentrer la division Grenier qu'à lui faire prendre franchement l'offensive.

« J'avais passé moi-même le ravin (du ruisseau de la voie romaine), — dit Ladmirault au procès Bazaine, — lorsque, regardant Tronville, j'aperçus une armée entière de fantassins qui se disposaient à descendre vers Mars-la-Tour, de sorte que notre position eût été tout à fait désavantageuse, si nous avions attendu que ce mouvement fût fait. »

C'est alors que Ladmirault ordonna l'attaque de cavalerie dont nous parlerons plus loin.

La 40e brigade d'infanterie prussienne Diringshofen était en position à Tronville, à 4 heures 1/2. Kraatz-Koschlau ordonna aussitôt au 17e régiment, qui était en première ligne, de se remettre en marche. Ce régiment s'avança à l'est de Tronville, pénétra dans les bois sous le feu de l'artillerie, gagna le bois du milieu et se forma à l'aile gauche du 2e bataillon n° 79. Il avait son bataillon de fusiliers à l'aile droite, son 1er bataillon au centre et son 2e bataillon à l'aile gauche.

En première ligne, de la droite à la gauche, marchaient, en colonnes de compagnie, les 8e, 5e, 4e, 1re, 12e et 9e compagnies; en deuxième ligne, formées en trois demi-bataillons, les 7e et 6e, les 3e et 2e, les 11e et 10e compagnies.

Le reste de la brigade Diringshofen, 1er bataillon et bataillon de fusiliers n° 92, et 10e bataillon de chasseurs, prirent une position préparatoire entre la portion sud du bois de Tronville et la grande route. C'est également là que fut dirigé le bataillon de fusiliers n° 56, lorsqu'il arriva sur le champ de bataille, à 5 heures.

Par suite du mouvement de concentration en arrière de la division Grenier, le colonel de Goltz put faire avancer, à l'est des bois de Tronville, à environ 500 mètres au nord de la grande route, les 5e et 6e batteries légères, les 4e lourde et 4e légère n° 10.

A 3 heures 1/2, le général Voigts-Rhetz, de la hauteur de Tronville, avait fait savoir au général Schwarzkoppen la tournure défavorable que prenait alors le combat au bois de Tronville, par suite de l'approche de Lebœuf et de Ladmirault, en l'informant qu'une division de cavalerie allemande se trouvait à l'aile gauche; il invitait Schwarzkoppen à attaquer l'aile droite française.

A 4 heures, Schwarzkoppen, avec la brigade Wedell, se dirigea de Suzemont sur Tronville; lorsqu'il rencontra les dragons de Brandebourg au sud-ouest de Mars-la-Tour, le combat avait déjà pris une tournure plus favorable pour les Allemands, par suite de l'entrée en ligne de la 20e division d'infanterie et du ralentissement de l'offensive française. Les Français ne s'étaient point avancés au sud de la grande route, comme on l'avait craint un instant. Au contraire, les troupes de la division Kraatz marchaient vigoureusement contre les bois de Tronville.

Schwarzkoppen résolut d'appuyer, de son côté, le mouvement de la division Kraatz, en portant à gauche de celle-ci la brigade Wedell. Il ne savait pas jusqu'où s'étendait l'aile droite des Français, et il espérait pouvoir tomber ainsi sur leur flanc droit. Il l'espérait d'autant plus qu'il avait conclu des communications à lui faites par Voigts-Rhetz, que la division de cavalerie prussienne dont parlait ce dernier se trouvait vers Ville-sur-Yron, ce qui n'était pas vrai.

Schwarzkoppen ordonna donc au comte de Brandebourg de marcher sur Ville-sur-Yron avec les dragons de la garde pour se réunir à la division de cavalerie qu'il y supposait.

Brandebourg se mettait en marche lorsqu'il reçut directement du général Voigts-Rhetz l'ordre de couvrir les batteries prussiennes qui se trouvaient sur la grande route à l'ouest des bois de Tronville. Il prit alors position au sud-est de Mars-la-Tour avec les quatre escadrons du 1er régiment de dragons de la garde. Le 4e escadron du 2e régiment de dragons de la garde, avec la batterie à cheval de la garde,

Stratégique et tactique

BATAILLE DE VIONVILLE-MARS-LA-TOUR.

(LE 16 AOÛT 1870.)

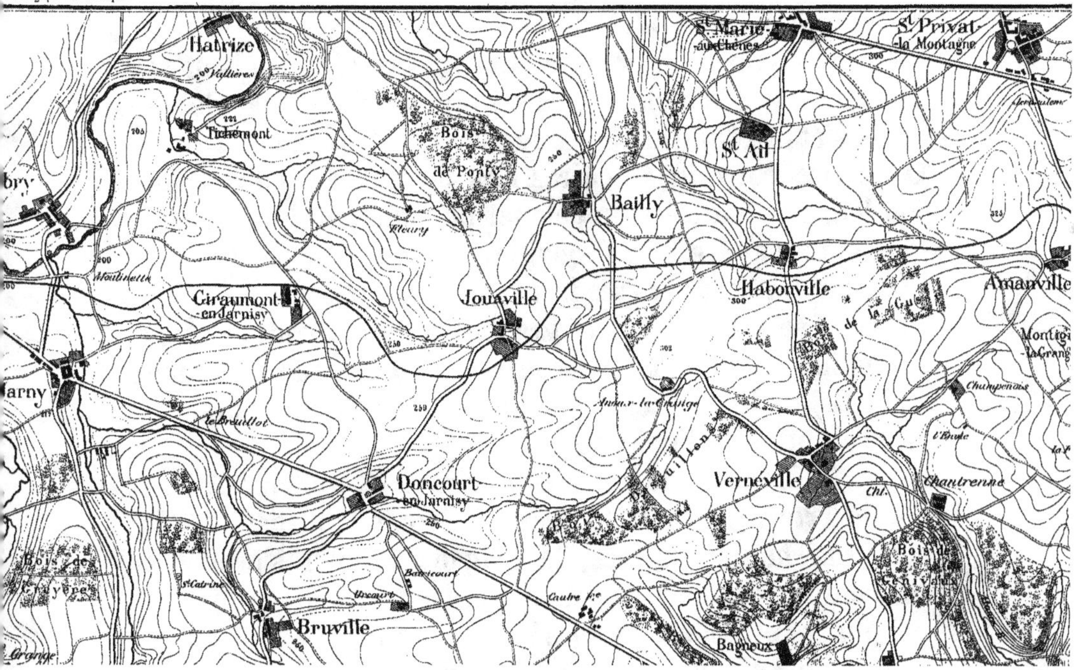

L'aile gauche de Schwarzkoppen, ayant le moins de chemin à faire, se trouvait en avant de l'aile droite. La ligne occupée par la brigade Wedell formait un vaste arc de cercle, l'aile droite refusée. Lorsque le bataillon de fusiliers n° 16 fut arrivé de Mariaville, il y avait en première ligne, de la gauche à la droite, en colonnes de compagnies, les 5e, 6e, 7e, 3e, 2e, 11e et 10e compagnies n° 16; les 2e, 1re, 12e et 9e compagnies n° 57; les 2e et 3e compagnies de pionniers n° 10; — en arrière, également de la gauche à la droite, et formées en demi-bataillons, sauf la 8e compagnie n° 16 : la 8e, les 4e et 1re, les 12e et 9e compagnie n° 16; les 4e et 3e, les 11e et 10e compagnies n° 57.

A ce moment, le général Barby avait, au sud-ouest de Tronville, le 13e ulans et le 19e dragons, de sa brigade, auxquels s'était réuni le 13e dragons, de la brigade Bredow. Deux escadrons du 4e cuirassiers étaient détachés comme soutiens des batteries du colonel de Goltz, et deux autres se tenaient au sud-est de Tronville.

Le 10e hussards (3 escadrons), de la brigade Redern, avait conservé sa position sur la grande route, au sud du bois de Tronville, jusqu'à l'évacuation de ces bois par le détachement Lehmann, 24e et 20e régiment. Il s'était alors retiré et placé au nord de Puxieux.

Le 16e dragons, de la division Kraatz-Koschlau, était au sud de Tronville, à droite et en arrière de la brigade Barby.

A cinq heures passées, la brigade Wedell s'avança au nord de la grande route, dans l'ordre que nous avons indiqué plus haut. Elle gravit les hauteurs situées entre la route et le ravin du ruisseau de la voie romaine et, bien que fortement canonnée par l'ennemi, elle n'éprouva pas d'abord de pertes considérables; mais dès qu'elle fut arrivée sur le plateau entièrement découvert, elle se trouva sous le feu des mitrailleuses, des canons et des chassepots de la division Grenier. Sa première ligne, formée d'une seule ligne de tirailleurs, fut décimée et les pertes y furent remplacées par la deuxième ligne où il ne resta bientôt plus que quelques groupes en ordre serré. — La brigade arriva en cet état au ravin du ruisseau de la voie romaine, que nous avons indiqué plus haut comme étant l'un des plus difficiles à franchir. La première ligne prussienne traverse cependant le ravin, mais elle arrive face à face avec les Français et est forcée de se retirer sur le côté droit du ravin. Elle ne s'y trouve pas mieux et beaucoup d'hommes sont à bout de forces, ce qui n'est pas surprenant après la longue marche de Thiaucourt au champ de bataille, en passant par Saint-Hilaire, et les efforts qu'on exigeait d'eux.

L'aile gauche de la brigade Wedell fut retirée la première, suivie par toute la division de Cissey, qui venait d'arriver de Doncourt et s'avançait très vivement, en appuyant sa droite au ruisseau de Jarny. — A l'aile droite, les 2e et 3e compagnies de pionniers n° 10 sont arrivées à l'angle nord-ouest du bois de Tronville, où elles se sont fortement installées et prennent en flanc gauche les troupes de Ladmirault. Mais cela sert à peu de chose ; les débris de la brigade Wedell se retirent en désordre jusqu'à la grande route, les divisions Grenier et de Cissey suivent de près et la cavalerie française attaque à droite de ces divisions.

Lorsque Ladmirault avait eu à sa disposition la masse de cavalerie dont nous avons fait mention, il lui avait d'abord ordonné de s'avancer lentement, afin qu'il pût commencer par réunir son infanterie.

Plus tard, lorsqu'il fut obligé, par l'approche de la division Kraatz-Koschlau et le départ de la division Nayral, de retirer la division Grenier au nord du ruisseau de la voie romaine, il ordonna à la cavalerie de charger à fond, mais il fallut un certain temps pour que la cavalerie fût en état d'exécuter cet ordre.

Six régiments français passèrent sur la rive gauche du ruisseau de Jarny et se formèrent en échelons d'attaque entre ce ruisseau et celui de l'Yron. Le premier échelon s'appuyait au ruisseau de Jarny, au sud de la ferme de Greyère, les échelons suivants débordaient à droite, et le dernier appuyait sa droite à l'Yron, au nord de la Grange.

La brigade Montaigu composait le premier échelon, avec le 7e hussards à gauche, le 2e hussards à droite. Le deuxième échelon était formé du 3e dragons, de la brigade Gondrecourt; —ces trois régiments appartenant à la division Legrand. Le troisième échelon, lanciers de la garde, et le quatrième, dragons de la garde, étaient fournis par la brigade de France. Enfin, le 2e régiment de chasseurs d'Afrique se plaça en réserve derrière l'aile gauche, après avoir été engagé comme nous le verrons plus loin.

Les débris en retraite de la brigade Wedell reçurent du général Voigts-Rhetz l'ordre de se rassembler à Tronville. En même temps ou un peu après, le rapport prussien dit : « vers 6 heures », mais il faut croire qu'il était un peu plus tôt, Voigts-Rhetz ordonna aux généraux Rheinbaben et Brandebourg de charger à fond pour arrêter la poursuite des Français.

Brandebourg étant le plus rapproché de l'ennemi chargea le premier.

Il conduisit à l'est de Mars-la-Tour trois escadrons du 1er régiment de dragons de la garde au nord de la grande route, en laissant le quatrième en réserve à Mars-la-Tour.— Les haies qui se trouvent au nord de la route, le feu ennemi et les détachements en retraite de la brigade Wedell, apportaient de grands obstacles à la marche de la cavalerie. Cependant les difficultés furent surmontées ; Brandebourg chargea l'aile droite de la brigade Bellecourt, le 13e de ligne, et lui passa sur le corps ; les Français qui étaient déjà passés sur ce point du côté sud du ravin se retirèrent au nord, et le régiment prussien n° 57 fut tiré d'une situation dangereuse. Le choc des dragons de la garde eut son contre-coup à l'aile droite française de sorte que le régiment n° 16 put également se dégager. A l'aile gauche de ce régiment s'était avancée en même temps que lui de Mars-la-Tour la 2e batterie lourde n° 10. Elle se trouva serrée de si près par la division Cissey, qu'elle put, —chose rare en cette guerre,— tirer à mitraille pour se débarrasser des Français qui la poursuivaient. La charge de Brandebourg dégagea également cette batterie et elle put rejoindre à Mars-la-Tour la 2e batterie légère qui y était restée.

Si la charge des dragons de la garde avait eu un succès manifeste, elle avait coûté aussi des sacrifices extraordinaires : 12 officiers, dont le commandant du régiment, colonel d'Auerswald, et 125 hommes, étaient tués ou blessés. C'était plus du tiers des trois escadrons. La perte en chevaux était de 250, plus de la moitié de l'effectif.

Afin d'appuyer l'attaque de Brandebourg, le major de Kuylenstjerna, commandant les deux escadrons du 4e cuirassiers chargés de couvrir l'artillerie du colonel de Goltz, près du bois de Tronville, essaya d'avancer à droite des dragons de la garde, mais le feu des mitrailleuses et des chassepots français l'obligea de se retirer.

De l'autre côté, à gauche de Brandebourg et sur la rive gauche du ruisseau de Jarny, le 4e escadron du 2e régiment de dragons de la garde, avec la batterie à cheval de la garde, s'était avancé de Mars-la-Tour sur la hauteur située au nord et près du village. C'était avant que les escadrons de Legrand et de la brigade de France ne passassent sur la rive gauche du ruisseau de Jarny, de sorte que les Français n'avaient momentanément de ce côté que le régiment de chasseurs d'Afrique.

La batterie à cheval de la garde dirigea son feu sur la division Legrand qui se disposait à traverser le ruisseau de Jarny. Peu de temps après, elle s'avança jusqu'au chemin de Ville-sur-Yron à la ferme de Greyère et tira sur l'infanterie de la division de Cissey qui traversait le ravin du ruisseau de la voie romaine. — A ce moment, la batterie fut attaquée par les chasseurs d'Afrique ; mais le 5e escadron du 2e dragons de la garde réussit à la dégager. Cet escadron fut ensuite recueilli lui-même par le 13e régiment de dragons qui se portait en avant.

C'est alors que la masse de cavalerie française passa de la rive droite sur la rive gauche du ruisseau de Jarny et se forma comme nous l'avons indiqué plus haut, avec le 2e régiment de chasseurs d'Afrique en réserve. Mais une masse de cavalerie allemande s'opposa immédiatement à cette cavalerie française, à l'ouest de Mars-la-Tour.

Nous venons de voir marcher le 13e dragons qui s'était réuni d'abord aux régiments de Barby au sud-ouest de Tronville. Après sa charge, ce régiment se rallia sur la rive gauche du ruisseau de Jarny, sur la hauteur au nord de Mars-la-Tour, et le reste de l'escadron de dragons de la garde qu'il avait dégagé, forma trois pelotons et se plaça à son aile gauche.

Barby avait encore dans la position au sud-ouest de Tronville le 13e ulans et le 19e dragons. Il y réunit les 2 escadrons du 4e cuirassiers qui étaient à l'est de Tronville.

Lorsqu'il en reçut l'ordre de Rheinbaben, Barby marcha d'abord avec ces 10 escadrons sur la grande route à l'est de Mars-la-Tour; mais il se convainquit que la retraite de la brigade Wedell l'empêcherait absolument de se frayer un passage de ce côté.

Pour couvrir directement le ralliement de la brigade Wedell, Barby dut détacher un escadron du 13e ulans. Avec les 9 escadrons restants, il passa au sud de Mars-la-Tour, tourna à droite à l'ouest du village et se porta au nord de la grande route.

Il se déploya alors sur une seule ligne, ayant à l'aile droite le 19e dragons (4 escadrons), au centre le 4e cuirassiers (2 escadrons) et à l'aile gauche le 13e ulans (3 escadrons).

Derrière cette ligne se plaça plus tard le 16e dragons (4 escadrons), venant du sud de Tronville.

Le 10e hussards, au contraire, venant de Puxieux, avait précédé Barby et arriva, peu d'instants après le 13e dragons, au nord-ouest de Mars-la-Tour, entre les ruisseaux de Jarny et de l'Yron.

A peine le 13e dragons et l'escadron de dragons de la garde avaient-ils pris la position indiquée plus haut que la brigade Montaigu se déploya sur la rive gauche du ruisseau de Jarny et attaqua immédiatement; les hussards français passèrent en partie dans les intervalles un peu grands qui séparaient les escadrons du 13e dragons.

Mais parut alors le 10e hussards allemand ; il repoussa les hussards français et passa ensuite par les deux ailes du 13e dragons pour compléter son succès.

Là dessus Barby s'ébranla. En raison du front restreint, il ne put conserver déployés de sa première ligne, vers Ville-sur-Yron, que le 19e dragons et le 13e ulans. Les deux escadrons du 4e cuirassiers passèrent en deuxième ligne à l'aile gauche du 16e dragons.

Le 19e dragons se jeta sur les lanciers de la garde qui laissèrent arriver l'ennemi à courte distance et le chargèrent impétueusement.

Le 13e ulans, débordant les dragons français de la garde, les surprend au milieu de leur déploiement. En même temps, l'escadron du 2e régiment de dragons de la garde que Schwarzkoppen avait détaché vers la route d'Etain, pendant sa marche de Saint-Hilaire sur Suzemont, vient prendre part au combat, en traversant l'Yron et se jetant sur les derrières des Français.

Le général Legrand a conduit personnellement le 3e dragons au secours de la brigade Montaigu ; les deux escadrons du 4e cuirassiers allemands se mêlent alors à la lutte. Le général Legrand est tué ; le général de Montaigu, grièvement blessé, est fait prisonnier.

Le 2e régiment de chasseurs d'Afrique cherche à prendre part au combat, mais le 19e dragons le prend à revers, après avoir refoulé les lanciers de la garde ; le 16e dragons tombe également dans la même direction sur la deuxième ligne française.

La mêlée de cette masse de cavalerie faisait rage à 6 heures 3/4 du soir, mais elle fut de courte durée. Les escadrons se dégagèrent bientôt ; les régiments français se retirèrent au nord et passèrent, au bois de Greyère, sur la rive droite du ruisseau de Jarny.

Le général de Clérembault, qui se trouvait sur cette rive avec les brigades de Bruchard et de Maubranches, avait ordonné à la brigade Bruchard de passer sur la rive gauche pour appuyer la brigade de Montaigu, lorsqu'il vit celle-ci repoussée. Bruchard tomba au milieu du torrent de hussards en retraite et fut entraîné par eux. La brigade de Maubranches suivit la brigade Bruchard sur la rive gauche du ruisseau de Jarny; elle put s'y déployer devant les Allemands qui se ralliaient eux-mêmes, mais elle ne réussit qu'à couvrir la retraite des régiments français refoulés.

Il ne restait sur le terrain que le 2e régiment de chasseurs d'Afrique. Pendant que les Prussiens se ralliaient, il mit des détachements à pied dans le bois au nord de la Grange. Les chasseurs ouvrirent de là un feu de chassepots contre les Allemands, qui recevaient en même temps de la rive droite du ruisseau de Jarny et de la ferme de Greyère le feu de l'infanterie et de l'artillerie françaises.

Barby, couvert par le 13e dragons qui formait l'arrière-garde, ramena lentement ses troupes à Mars-la-Tour.

Cette lutte grandiose de cavalerie coûta relativement peu de monde aux deux partis, parce que l'infanterie et l'artillerie n'y prirent qu'une part fort restreinte. Elle marqua la fin de la journée sur la partie ouest du champ de bataille. Nous n'avons pas voulu quitter plus tôt cette partie du théâtre de la lutte, parce qu'il était presque impossible d'interrompre sur ce point les péripéties du combat sans nuire à notre récit, et, en outre, parce que cela était inutile à cause de la grande indépendance de cette portion du champ de bataille, clairement établie vis-à-vis des autres portions depuis 3 heures de l'après-midi.

XI. — ARRIVÉE DE RENFORTS A L'AILE DROITE DES ALLEMANDS.

Avant de raconter les événements accomplis aux ailes est des deux armées, à partir de trois heures de l'après-midi, il nous faut examiner quels renforts reçut le 16 août l'aile droite des Allemands.

Nous avons laissé, le 15 au soir, le IXe corps à l'est de la Seille, à Verny.

D'après l'ordre d'armée donné par le prince Frédéric-

Charles à Pont-à-Mousson, le 15 à 7 heures du soir, le IXe corps ne devait aller le 16 qu'à Sillegny, sur la Seille, pour suivre ensuite, le 17, le IIIe corps à Gorze.

Le 16, à 10 heures 1/2 du matin, le prince Frédéric-Charles reçut à Pont-à-Mousson les premières nouvelles que lui envoyait de Tronville le général d'Alvensleben sur l'engagement de la bataille. L'opinion qu'y joignait Alvensleben, c'était que les Français se retiraient vers le nord et qu'il ne livrait combat qu'à leur arrière-garde.

Le prince n'avait, d'après cela, aucune raison de modifier les dispositions qu'il avait déjà prises, et l'ordre d'armée qu'il donna le 16 à midi, à Pont-à-Mousson, prescrivait encore que la Deuxième armée gagnerait la Meuse le plus vite possible. Il informait en outre la Deuxième armée que, pendant les jours suivants, la Première armée serait derrière son aile droite.

D'après cet ordre d'armée, le IXe corps devait aller à Mars-la-Tour le 17 août ; il avait en même temps l'ordre de remplacer, le 17, par un pont établi sur des bateaux de la Moselle, le pont de campagne jeté par le IIIe corps à Champey, et de renvoyer au IIIe corps son équipage léger de pont.

Bientôt après, à la suite de nouvelles postérieures, un ordre spécial fut envoyé au IXe corps : il devait. autant que cela serait possible, exécuter dès le 16 août les mouvements ordonnés pour le 17, et se mettre en mesure d'assurer le flanc droit du IIIe corps pendant que celui-ci marcherait vers le nord.

Mais avant même d'avoir reçu cet ordre, le général de Manstein, commandant le IXe corps, avait déjà, sur des nouvelles et des instructions envoyées du grand quartier général, dirigé la 25e division (hessoise) sur Corny, la 18e division (Wrangel) et l'artillerie du corps sur Arry. — Sur ces entrefaites, Wrangel fut avisé par le général de Gœben, commandant le VIIIe corps, qu'il était en train de passer la Moselle avec les troupes disponibles de son corps d'armée, pour aller prendre part à un combat qui se livrait au delà de Novéant.

Wrangel envoya aussitôt à Corny le 11e régiment d'infanterie, avec ordre d'y occuper le pont et de se mettre, pour le reste, à la disposition du commandant du VIIIe corps.

Lorsque Steinmetz eut reçu les directions qui avaient été données, le 15 à 6 heures 1/2 du soir, à Herny, par le grand quartier général pour la journée du 16, il ordonna que, le 16, le VIIIe corps irait à Arry et Lorry, le VIIe à Pommérieux, et la 1re division de cavalerie à Fey, en passant par Pouilly. Le VIIIe corps devait rompre le 16 à 6 heures du matin.

Les troupes qui restaient à la 16e division après le départ du détachement de Gneisenau, c'est-à-dire la 32e brigade d'infanterie, 3 escadrons du 9e hussards et 3 batteries n° 8, marchèrent de Chesny sur Arry, par Fleury et Coin-sur-Seille. Lorsqu'elles arrivèrent à Arry à midi, on entendait le canon dans la direction du nord-ouest, et l'on sut bientôt que le IIIe corps était engagé, entre Gorze et Rezonville, dans un combat contre des forces ennemies supérieures, et que les munitions commençaient même à lui manquer. La 5e division d'infanterie fit alors demander qu'on vînt à son secours. Le général de Barnekow, commandant la 16e division d'infanterie, envoya ces nouvelles à Lorry au commandant du VIIIe corps, et il fut autorisé, par celui-ci, à répondre aux demandes de secours qu'il avait reçues et à prendre part au combat comme il le jugerait à propos.

La 15e division d'infanterie, qui avait reçu un peu tard l'ordre de route, ne partit de Liéhon qu'à 8 heures du matin et rencontra, à 9 heures, à Chérisey, les colonnes de marche du IXe corps, allant de Verny à Sillegny. Un conflit pouvait s'élever au sujet des colonnes qui continueraient leur marche les premières, mais il fut aussitôt écarté par un officier d'état-major venant du quartier général du roi, qui produisit un ordre ouvert du général de Moltke, d'après lequel le IXe corps devait passer la Moselle à Arry, sur les ponts de campagne jetés par le IIIe corps, et disant que, pour cela, il prendrait le pas sur les troupes de la Première armée qu'il viendrait à rencontrer.

La 15e division d'infanterie resta donc provisoirement à Chérisey, et ce n'est qu'à une heure de l'après-midi, lorsque la tête du VIIe corps la rejoignait, qu'elle continua sa route, par Marieulles, jusqu'à Vezon où elle bivouaqua.

D'après les ordres du Prince Frédéric-Charles, le IXe corps devait aller le 16 à Sillegny, et suivre le IIIe corps sur Gorze le 17 seulement. Il partit de Verny le 16 au matin, reçut ensuite, chemin faisant, l'ordre direct du grand quartier général dont nous venons de parler, à la suite duquel il put devancer la 15e division et marcher sans retard sur Sillegny.

Barnekow, à la tête de la 16e division d'infanterie, se remit en marche d'Arry à une heure pour aller passer la Moselle à Corny. Il trouva à Corny le 11e régiment d'infanterie qui se joignit à lui.

Barnekow marcha de Corny sur Gorze dans l'ordre suivant :

2e, 3e et 4e escadron du 9e hussards ;

32e brigade d'infanterie, colonel de Rex ; bataillon de fusiliers n° 72.

5e batterie légère et 5e batterie lourde n° 8 ;

1er et 2e bataillon n° 72 ;

1er bataillon n° 40 ;

6e batterie lourde n° 8 ;

2e et 3e bataillon n° 40 ;

11e régiment d'infanterie n° 11, colonel de Schœning ; ensemble : 9 bataillons, 3 escadrons et 18 pièces.

Barnekow venait à peine de traverser la Moselle lorsque de nouvelles demandes du champ de bataille le décidèrent à envoyer en avant ses trois escadrons de hussards et ses trois batteries.

Avec la tête de son infanterie, il arrivait à 3 heures 1/2 à l'est de Gorze, et, à 4 heures, il déployait ses bataillons au sud du bois de la Croix-Saint-Marc.

Le général de Manstein, commandant le IXe corps, ne reçut pas immédiatement l'ordre ouvert du grand quartier général, communiqué à ses troupes à Chérisey à 9 heures du matin. Cet ordre ne lui parvint qu'à 3 heures de l'après-midi. Jusqu'à ce moment, il n'avait pas l'intention de faire passer la Moselle le 16 à son corps d'armée, très fatigué par les marches des jours précédents.

Au contraire, le prince Louis de Hesse, commandant la 25e division (de Hesse-Darmstadt), avait reçu cet ordre plus tôt. Il avait pris ses dispositions en conséquence pour rapprocher sa division de la Moselle et il avait dirigé sur Corny la 49e brigade d'infanterie. La 50e brigade resta provisoirement plus à l'est et, lorsque Manstein eut pris ses dispositions après 3 heures, elle reçut l'ordre de marcher également sur Corny.

L'ordre fut expédié en même temps au général de Wittich, commandant la 49e brigade, de marcher de Corny sur Gorze, par le pont suspendu de Novéant.

Wittich marcha sur Gorze, à 4 heures 1/2, dans l'ordre suivant :

2e escadron du 1er régiment hessois de chevau-légers de la garde ;

1er et 2e bataillon du 1er régiment d'infanterie (gardes du corps) ;

1re et 2e batterie lourde, 1re batterie légère de la division d'artillerie de campagne hessoise ;

1er et 2e bataillon du 2e régiment d'infanterie (Grand-Duc) ;

1er, 3e et 4e escadron du 1er régiment de chevau-légers de la garde.

Ensemble, 4 bataillons, 4 escadrons et 18 pièces.

Un ordre remarquable ne régnait pas le 16 août dans les mouvements des troupes et des trains; il survint des rencontres, ainsi que nous l'avons vu. C'est ainsi que des convois coupèrent, de la brigade Wittich, le bataillon de chasseurs de la garde hessoise qui en faisait partie et qui ne put rejoindre sa brigade que la nuit suivante.

Le 2e escadron de chevau-légers devança la brigade Wittich pour aller chercher des nouvelles du champ de bataille.

Le passage du pont suspendu de Novéant se fit très lentement. Comme les nouvelles du champ de bataille étaient de plus en plus pressantes, Wittich fit avancer ses batteries, dès qu'elles furent sur la rive gauche, avec ordre de se mettre à la disposition de la 5e division d'infanterie.

Ainsi que nous le verrons, les troupes hessoises ne prirent part à la bataille que partiellement et tout à la fin.

Reprenons le récit des événements à l'est du champ de bataille.

XII. — ARRIVÉE DU PRINCE FRÉDÉRIC-CHARLES SUR LE CHAMP DE BATAILLE ; LA LUTTE A L'EST DU CHAMP DE BATAILLE, DE TROIS A SEPT HEURES DU SOIR.

Nous avons vu que le prince Frédéric-Charles avait reçu à 10 heures 1/2, à Pont-à-Mousson, la nouvelle du combat engagé à Vionville ; qu'Alvensleben, en la lui transmettant, croyait à la retraite des Français vers le nord et à un simple combat d'arrière-garde, et que le prince n'avait pas cru devoir modifier l'ordre de porter rapidement la Deuxième armée sur la Meuse. C'est dans ce sens qu'il dictait, le 16 à midi, l'ordre pour le 17 août.

Mais, à 2 heures de l'après-midi, arriva une dépêche du général Kraatz-Koschlau, que celui-ci avait rédigée lorsqu'il s'était rendu de Thiaucourt sur le champ de bataille. Elle disait que le IIIe corps était engagé dans un combat fort dangereux et que la 20e division se hâtait d'aller à son aide.

Le prince monta alors à cheval avec son état-major et, vers 4 heures, il arrivait sur le champ de bataille près de la division Stülpnagel (1).

Sur cette partie du champ de bataille il n'y avait pas eu

(1) D'après le témoignage du capitaine de Goltz, le prince et son état-major auraient parcouru en 55 minutes la distance qui sépare le côté nord de Pont-à-Mousson de l'angle nord-ouest du bois de Vionville, — 21 kilomètres, ce qui fait le kilomètre en un peu plus de deux minutes et demie. Que les cavaliers d'ordonnance ne se plaignent donc pas quand on veut leur faire faire le kilomètre en quatre minutes. W R.

de changements importants depuis midi, et le prince Frédéric-Charles, qui se porta à l'angle nord-ouest du bois de Vionville pour observer la situation, n'y trouva rien d'essentiel à changer. Il s'agissait principalement de tenir ferme en déployant une forte artillerie.

Bazaine, qui pensait plus que jamais à ses communications avec Metz, avait été amené par cette idée, non seulement à paralyser l'offensive de son aile droite, mais encore, ce qui était beaucoup plus important, à se placer à son aile gauche sur une défensive bien prononcée, et il ne songeait plus du tout à prendre l'offensive en remontant la Moselle. Il facilita singulièrement ainsi la situation des Allemands qui, envisagée en elle-même, était assurément l'une des plus difficiles dans lesquelles une armée se soit jamais trouvée.

Si l'on calcule ce que les Allemands pouvaient encore amener avec beaucoup de peine sur le champ de bataille, on sera de notre avis. Leurs actions pouvaient et devaient assurément remonter le 17 août, mais le 16 elles étaient très bas. La fortune, après avoir comblé Bazaine pendant toute sa vie, avait cessé de le traiter en enfant gâté; cependant elle lui offrait, le 16 août, une occasion qu'il ne sut pas saisir. Que l'on ne vienne point dire que Bazaine ne pouvait savoir, le 16, ce qu'il avait devant lui. Il devait le savoir assez exactement, sinon à mille hommes près, en supposant qu'il se fût inquiété d'avance des mouvements de l'ennemi. Nous reviendrons, du reste, sur ce sujet.

Les Allemands ne manquaient pas d'artillerie à l'est du champ de bataille. Quand nous les avons quittés sur ce point, il y avait à l'extrême droite 5 batteries, sous le major Gallus, à l'angle nord-ouest du bois de Vionville : la 2e lourde et la 2e légère, la 1re lourde et la 1re légère n° 3, puis la 1re légère n° 10.

Plus à gauche, entre Flavigny et le point de croisement des routes Flavigny–Gorze et Buxières-Rezonville, étaient les 5 batteries du colonel de Dresky : 2e, 1re et 3e à cheval, 6e légère et 3e lourde n° 3.

Nous avons vu en outre, plus tard, qu'en conduisant la

20e division d'infanterie sur Tronville, le général Kraatz-Koschlau avait détaché de sa colonne, vers l'est du champ de bataille, la 3e batterie légère et la 3e batterie lourde n° 10, et que ces deux batteries avaient été suivies ensuite par les 5e et 6e batteries lourdes n° 10.

Les deux premières de ces batteries, sous le major Krause, se placèrent, à 2 heures 3/4, dans le groupe du colonel Dresky; les deux dernières, sous le major Cotta, se joignirent, à 3 heures 3/4, à l'aile gauche du groupe du major Gallus, qui avait été mortellement blessé quelques instants auparavant.

Maintenant, nous savons déjà que le général de Barnekow, arrivé à Novéant, avait détaché en avant de ses autres troupes les trois batteries qu'il avait avec lui. Ces batteries, 5e légère, 5e et 6e lourde n° 8, sous le lieutenant-colonel Hildebrand, parurent successivement, entre 3 heures 1/2 et 4 heures, sur le champ de bataille, à l'ouest du bois de Vionville. Lorsque Hildebrand arriva avec les deux premières batteries, des détachements d'infanterie de l'aile gauche de la 5e division se portaient en avant. Hildebrand se joignit à eux, mais il fut bientôt forcé de faire demi-tour et il réunit ses batteries à celles du major Cotta. Les Allemands avaient alors en tout, sur la partie est du champ de bataille, 17 batteries ou 102 pièces. Elles conservaient les positions qu'elles avaient une fois prises, tandis que l'artillerie française changeait fréquemment les siennes et faisait relever ses batteries. — L'infanterie française, dans les lignes de laquelle parurent des bataillons frais, entreprit divers petits mouvements offensifs, qui n'étaient pas de nature à changer la situation générale et furent le plus souvent repoussés par l'artillerie allemande, avant que l'infanterie française n'arrivât à la portée du fusil allemand.

Quant aux renforts d'infanterie que reçurent les Allemands sur la partie est du champ de bataille, dans les premières heures de l'après-midi, les premiers arrivés furent les deux bataillons que la 5e division d'infanterie avait laissés primitivement dans la vallée de la Moselle pour garder les ponts de Corny; le 1er bataillon n° 12 arriva vers 2 heures, et le 1er bataillon n° 8 à 4 heures.

Vers 3 heures 1/2, le général Schwerin fit avancer à l'attaque, sur la route de Buxières à Rezonville, les 1er et 2e bataillons n° 12, sous le lieutenant-colonel Kalinowski. C'est à cette attaque que prirent part les batteries du lieutenant-colonel Hildebrand qui arrivaient à ce moment. L'attaque ne réussit point, cependant elle permit aux lignes de tirailleurs du 12e régiment de s'établir solidement dans le pli de terrain situé au nord-ouest du bois de Vionville.

A droite de Kalinowski, le colonel de Lyncker couvrait le groupe de batteries du major Gallus avec les 6e et 7e compagnies et le bataillon de fusiliers n° 78, tandis que les 5e et 8e compagnies n° 78 prenaient part au combat dans le bois de Vionville. Lorsque Kalinowski se porta en avant, et au moment où le 1er bataillon n° 8 arrivait près du groupe de batteries de l'aile droite, Lyncker fit avancer ses six compagnies, les fusiliers à gauche, en passant sur les ailes du groupe de batteries, dans le but d'occuper la hauteur (+ 311) au sud de Rezonville, mais il ne put gagner plus de quelques centaines de pas, et lui-même fut blessé, ainsi que les deux chefs de bataillon et tous les commandants de compagnie.

A 4 heures 1/2 arrivait également, sur la partie est du champ de bataille, le colonel de Block, avec les 1er et 2e bataillons n° 56 et le bataillon de fusiliers n° 79, que Kraatz-Koschlau avait détachés de la brigade Woyna, lorsque celle-ci marchait sur Tronville. Block n'avait pu traverser sans difficulté le bois de Gaumont; en arrivant sur le plateau, il se déploya, le bataillon de fusiliers n° 79 à droite, les deux bataillons n° 56 à gauche, et il s'avança dans la direction de l'extrémité nord-ouest du bois de Vionville, entre les groupes de batteries de Gallus et de Dresky; il se porta ensuite contre la hauteur (+ 311) au sud de Rezonville. Il reçut alors un feu violent de la grande route, de sorte que les deux bataillons de l'aile gauche firent involontairement front dans cette direction, tandis que les fusiliers n° 79 se logeaient sur la pente sud de la hauteur (+ 311).

Il semblait, vers 5 heures, que si l'aile droite allemande pouvait difficilement entreprendre une offensive sérieuse, elle n'avait du moins rien à craindre pour elle, d'autant plus que Barnekow était déjà en situation de prendre part au combat.

Afin de mieux embrasser la situation générale, le prince Frédéric-Charles, quittant l'extrême droite, se rendit, à 5 heures passées, sur la hauteur de la statue de Sainte-Marie, au sud-ouest de Flavigny. Un temps d'arrêt s'était également produit au centre. Il sembla même au prince que le centre français, au sud du bois de Saint-Marcel, était dépourvu d'infanterie ; on n'apercevait là qu'une longue ligne d'artillerie. Lorsqu'à ce moment le canon de Mars-la-Tour annonça l'arrivée de Schwarzkoppen sur le champ de bataille, le prince envoya au général Voigts-Rhetz l'ordre de lancer tambour battant quelques bataillons à la charge sur la grande route. Il est évident que le prince voulait par là s'éclairer complètement sur son adversaire, afin de pouvoir ensuite, en raison du manque supposé d'infanterie, frapper un coup décisif et peut-être y joindre la poursuite.

Mais nous savons déjà que Voigts-Rhetz avait alors autre chose à faire à l'aile gauche, et qu'il n'était pas dans une situation convenable pour obéir à cet ordre du prince.

Nous devons appeler l'attention sur quelques événements survenus à l'aile gauche française pendant la période de temps qui nous occupe.

Dans la matinée, le colonel de Montarby, commandant le régiment de chasseurs de la garde, qui avait été attaché à la division de voltigeurs, avait fait fouiller les bois de Saint-Arnould et des Ognons. On n'y avait trouvé personne. Lorsque le canon gronda à Vionville et à Tronville, Montarby revint à Gravelotte, mais il laissa deux escadrons pour observer les bois et la Moselle.

Nous avons vu que vers 3 heures du soir Bazaine avait appelé à Gravelotte la division Montaudon, du corps de Lebœuf. Lorsque Montaudon arriva à Gravelotte, Bazaine lui ordonna de descendre le ravin de la Mance, entre le bois des Ognons et le bois de Vaux, « pour couper la retraite à l'ennemi ».

Montaudon marcha vers ce ravin. Il rencontra, chemin faisant, une masse de paysans venant de la vallée de la Moselle, qui lui dirent qu'il ne s'y trouvait plus de Prussiens et que ceux-ci s'étaient portés sur Gorze.

Cette circonstance ne devait pas sembler défavorable pour Montaudon, si ce dernier était réellement destiné à couper la retraite aux Allemands. Mais, par le fait, Bazaine paraît n'avoir voulu lui donner pour rôle que celui d'occuper le ravin de la Mance pour assurer le flanc gauche de l'armée française et ses communications avec Metz. Bazaine avait reçu les mêmes rapports que Montaudon. Celui-ci reçut alors l'ordre de soutenir Lapasset et le 3e régiment de grenadiers de la garde, et il établit sa division au ravin de la Jurée, au sud de la grande route, la 1re brigade sur la rive droite de ce ravin, la 2e brigade sur la rive gauche.

Les attaques réitérées de détachements d'infanterie prussienne dont nous avons parlé (Kalinowski, Lyncker et Block) contre la hauteur (+ 311), sur la rive droite du ruisseau de Rezonville, entre ce village et le bois de Vionville, n'avaient pas réussi à se faire jour, mais elles avaient cependant ébranlé la position qu'y occupait la division Picard, des grenadiers de la garde, et Bazaine crut devoir placer en réserve à Rezonville la division de voltigeurs, Deligny, qui fut remplacée par Montaudon dans sa position contre le bois des Ognons.

La 2e brigade, Garnier, de la division Deligny, dépassa aussitôt Rezonville avec ses deux régiments (3e et 4e voltigeurs), pour renforcer et relever en partie les grenadiers de la garde. La 1re brigade, Brincourt, resta provisoirement à l'est et près de Rezonville, sauf le bataillon de chasseurs à pied de la garde qui avait été laissé en observation à l'angle nord-est du bois des Ognons.

Nous avons quitté le général Barnekow à 4 heures du soir, lorsqu'il déployait ses bataillons au sud du bois de la Croix-Saint-Marc. Son premier dessein était de traverser le bois des Chevaux et le bois des Ognons, pour se porter sur le flanc et, s'il était possible, sur les derrières des Français. Mais les nouvelles qui arrivèrent du général Stülpnagel l'empêchèrent d'entrependre un mouvement tournant aussi étendu, parce que la 5e division d'infanterie était naturellement trop fatiguée pour qu'on fût certain qu'elle résisterait à une offensive française un peu énergique.

Barnekow se contenta donc de faire avancer le 2e bataillon n° 72 dans le bois des Chevaux, sur la rive gauche de la Jurée, pour couvrir son flanc droit. Il conduisit dans le bois de Saint-Arnould, par Gorze et la Côte-Mousa, ses autres troupes, le bataillon de fusiliers et le 1er bataillon n° 72, le 40e régiment et le 11e régiment.

A la lisière nord de ce bois, les deux bataillons n° 72 rencontrèrent, à 5 heures du soir, le bataillon de fusiliers et le 2e bataillon n° 8, dont les officiers supérieurs étaient blessés. En outre, ces deux bataillons n° 8 avaient à peu près épuisé leurs munitions pendant un combat de six heures, de sorte qu'il était nécessaire de les relever.

En conséquence, pendant que le colonel de Helldorff, commandant le 72e, déployait son bataillon de fusiliers à droite du chemin, son 1er bataillon à gauche, les deux bataillons n° 8 se retirèrent à l'intérieur du bois.

Helldorff, sortant du bois, marcha contre la hauteur (+ 308) située en avant. Il fut reçu par un feu nourri de chassepots et par celui des mitrailleuses de la garde et de la division Montaudon, dont l'effet était excellent sur ce terrain resserré. Cependant les troupes déjà fatiguées de Lapasset et du 3e grenadiers de la garde n'empêchèrent pas Helldorff de gagner la hauteur du premier bond, mais il ne put s'y maintenir contre les troupes fraîches de Montaudon et lui-même fut tué dans cette attaque. A 5 heures 1/2, les deux bataillons de son régiment se retirèrent dans le bois de Saint-Arnould où ils furent reçus par le régiment de fusiliers n° 40, colonel d'Eberstein, qui venait d'y arriver.

Eberstein avait son 1er bataillon à droite dans le ravin de la Jurée, le 2e au centre sur le chemin de la Côte-Mousa à

Rezonville, le 3e à gauche dans le ravin du ruisseau de Rezonville. Eberstein auquel s'étaient réunis des détachements du 72e régiment, sortit à son tour du bois de Saint-Arnould. Il repoussa encore les Français et occupa la Maison-Blanche, sur le chemin de la Côte-Mousa à Rezonville, à 1,200 mètres au sud du dernier village. Mais, à ce moment, le général Deligny envoya de Rezonville contre Eberstein deux nouveaux bataillons de la 1re brigade de voltigeurs de la garde, de sorte qu'il ne gardait avec lui à Rezonville que quatre bataillons.

L'attaque du 40e régiment prussien fut repoussée. Eberstein fut tué et ses fusiliers se retirèrent dans le bois de Saint-Arnould.

Après ce combat sanglant, le colonel de Rex, commandant la 32e brigade d'infanterie, envoya au colonel de Schoening, commandant le 11e régiment d'infanterie, resté jusqu'alors en réserve au nord de la Côte-Mousa, l'invitation de se porter en avant.

Lorsque Schœning reçut cette invitation, il venait de lui arriver un ordre du IXe corps, auquel il appartenait, d'après lequel il devait retourner à son ancien bivouac de Corny. Cet ordre ayant été évidemment donné sans une connaissance exacte de ce qui se passait sur le plateau de Gorze, Schœning se décida à n'y point obéir et à marcher au nord. Il déploya ses bataillons entre le chemin de Rezonville et le ravin du ruisseau de Rezonville et s'avança ensuite au nord du bois de Saint-Arnould. A son attaque se joignirent cette fois des fractions du 56e régiment, du détachement de Block, qui avaient réussi, comme on l'a vu plus haut, à se loger au sud de la hauteur (+ 311), sur la rive droite du ruisseau de Rezonville et au nord du bois de Vionville.

Le combat se déroula de la même manière que ceux qui l'avaient précédé : d'abord une course hardie, qui s'arrête en arrivant à la bonne portée des chassepots et des mitrailleuses et se change ensuite en retraite. Schœning est blessé à mort. Le 11e régiment se retire dans le bas-fond au nord du bois de Saint-Arnould, où se pressaient, en cherchant à former un front défensif, des détachements de tous les régiments qui avaient pris part aux diverses attaques.

Le 2e bataillon n° 72 s'était avancé péniblement, à travers le bois des Chevaux, jusqu'à la lisière ouest du bois des Ognons et aux coteaux de la rive gauche de la Jurée. Il arriva là vers 9 heures, lorsque l'attaque du 11e régiment avait échoué et que des troupes françaises s'avançaient au sud.

Ces troupes furent reçues par l'espèce de front défensif formé par les Allemands au nord du bois de Saint-Arnould, et prises en flanc par un feu très vif du 2e bataillon n° 72. Les détachements prussiens dans le bois de Saint-Arnould, enhardis par ce secours, se portèrent encore une fois en avant, furent encore repoussés et arrêtèrent eux-mêmes de nouveau le retour offensif des Français.

XII. — LA LUTTE APRÈS SEPT HEURES DU SOIR, FIN DE LA BATAILLE.

Vers 7 heures, le prince Frédéric-Charles résolut d'entreprendre encore un grand mouvement offensif contre Rezonville avec les détachements d'infanterie de la 6e division qui se trouvaient le plus rapprochés de ce village et avec l'artillerie. Le prince pensait prouver par là au maréchal Bazaine qu'il avait assez de forces pour chercher un succès décisif qu'il n'avait pas encore obtenu, du moins sur le champ de bataille. Le prince espérait en même temps que cette action, favorisée par la nuit qui arrivait, et opérée contre des troupes ennemies ébranlées, aurait une grande influence et augmenterait le désordre qui existait déjà chez les Français. Il comptait enfin sur la coopération des troupes du IXe corps dont la venue était annoncée, mais qui, d'après ce que nous avons dit précédemment, ne pouvaient participer que dans une mesure fort restreinte à l'offensive projetée.

Dans le fait, le général Wittich entra dans le bois des Chevaux avec l'infanterie hessoise, que suivait la 1er batterie lourde hessoise.

Le lieutenant-colonel Stumff conduisait directement, par

Gorze et Saint-Thiébault, à l'ouest du bois de Vionville, la 1re batterie légère et la 2e batterie lourde hessoises.

Quant aux batteries de la 5e division d'infanterie, commandées avant sa blessure par le major Gallus, le prince Frédéric-Charles ne pouvait plus compter qu'elles prendraient part à l'attaque générale, car ces batteries manquaient de munitions et avaient, en outre, perdu beaucoup de chevaux. Seule, la 1re batterie légère n° 10, du détachement Lyncker, était encore mobile et avait renouvelé ses munitions. Elle se porta donc en avant avec les deux batteries hessoises de Stumff, pendant que les autres batteries du groupe du major Gallus se contentaient de conserver leur position au bois de Vionville et de continuer leur feu comme elles pouvaient.

Dans le grand groupe central de l'artillerie allemande, des deux côtés du chemin de Buxières à Rezonville, les batteries s'avancèrent contre Rezonville dans l'ordre suivant, de la gauche à la droite : la 3e batterie à cheval n° 10, la 6e légère et la 2e à cheval n° 3, la 3e légère et la 3e lourde n° 10, la 1re et la 3e à cheval n° 3, la 5e lourde n° 10. Tout ce qui pouvait marcher se porta en avant ; ainsi, la 3e à cheval n° 10 ne put aller qu'au pas.

La 4e batterie légère et la 4e lourde n° 3, placées près de la grande route, voulurent aussi prendre part à l'attaque, mais elles furent arrêtées par un feu violent d'infanterie, partant des fossés de la route de Rezonville.

En revanche, le mouvement de l'artillerie fut suivi sur la grande route par des fractions du 35e régiment, sous le lieutenant-colonel d'Alten, et par les restes du 1er bataillon et du bataillon de fusiliers n° 20 sous les majors Stocken et Pirch.

Pour appuyer l'attaque, le prince Frédéric-Charles fit suivre l'artillerie par la 6e division de cavalerie.

La brigade Grüter s'avança sur la route de Buxières à Flavigny. Elle avait en première ligne le 3e ulans (2 escadrons), en deuxième ligne, le 15e ulans (4 escadrons) débordant à droite, et le 6e cuirassiers (3 escadrons) débordant à gauche.

A droite de la brigade Grüter marchait le 12e dragons de

la 5e division d'infanterie ; à gauche de Grüter la brigade de hussards Rauch, avec le 3e hussards à l'aile gauche, le 16e à l'aile droite ; derrière ce dernier régiment marchaient en deuxième ligne 2 escadrons 1/2 du 9e dragons.

Lorsque Bazaine eut assuré ses derrières par les positions prises sur la Jurée et contre le bois des Ognons, il craignit une attaque principale des Allemands sur la rive droite du ruisseau de Rezonville et au sud de la grande route. Cette crainte lui avait été causée d'abord par les attaques isolées de Kalinowski, de Lyncker et de Block. Il voyait maintenant dans la canonnade prolongée des batteries placées entre Flavigny et le bois de Vionville la préparation d'une attaque générale dans cette direction. A Rezonville même, le front de Bazaine était encore assez fort à l'ouest. Au sud de la grande route était réunie une grande partie de la garde. Au nord s'était pressée toute l'aile gauche du 6e corps, les divisions Lafont de Villiers et Levassor-Sorval. La division Tixier était toujours à l'angle sud-ouest du bois de Saint-Marcel, et toute la ligne au sud de ce bois, le long de la voie romaine, était faiblement occupée, de sorte que le prince Frédéric-Charles avait justement apprécié la situation de la hauteur de la statue de Sainte-Marie, en disant que le centre de Bazaine était faiblement occupé par l'infanterie.

Dans ces circonstances-là, Bazaine demanda à Lebœuf de lui envoyer d'autres renforts pour sa gauche. Lebœuf avait déjà détaché la division Montaudon, puis la division Nayral, de sorte qu'il ne lui restait plus depuis longtemps que la division Aymard. Il dirigea néanmoins à l'est une brigade de cette division, mais il fit dire en même temps au maréchal Bazaine qu'il avait un assez grand front à garder et que s'il perdait ce terrain, le 4e corps pourrait être coupé.

Lorsque la ligne d'artillerie allemande, soutenue par l'infanterie, s'avança contre Rezonville, Bazaine fit marcher à l'ouest de ce village le général Deligny, avec les quatre derniers bataillons de voltigeurs de la garde que celui-ci avait encore sous la main. En même temps, Bourbaki réunit sur la rive gauche du ruisseau de Rezonville toute l'artillerie qu'il put trouver aux environs du village et il en forma une grande batterie de 54 pièces.

Les batteries prussiennes réussirent à s'avancer sur la route de Buxières à Rezonville jusqu'à la hauteur (+ 311) à l'est de cette route. Mais elles furent alors fort maltraitées par la grande batterie de Bourbaki et par les chassepots de la garde; elles répondirent pendant quelque temps par un feu à volonté mais se virent bientôt forcées de se retirer par échelons dans leurs anciennes positions.

La 6e division de cavalerie se porta alors en avant pour recevoir les batteries en retraite. La brigade Grüter traversa la ligne d'artillerie mais rencontra bientôt un feu violent d'infanterie; son aile gauche, une partie du 6e cuirassiers, tomba sur la grande route, près de Rezonville, sur le 93e de ligne, de la division Lafont de Villiers. Ce régiment perdit son aigle et un canon français dut être abandonné. Mais les cuirassiers prussiens ne purent enlever ces trophées, parce qu'au même instant ils furent attaqués et refoulés par la division de cavalerie Valabrègue, du corps de Frossard. Toute la brigade Grüter dut se mettre en retraite.

La brigade de hussards Rauch, maintenant commandée par le colonel de Schmidt, se porta au nord de la grande route, en laissant Flavigny à droite ; elle y trouva des troupes du 35e régiment d'infanterie qu'attaquaient à ce moment les escadrons de la division Valabrègue et qui faisaient feu de tous les côtés. Schmidt fit passer ses hussards à travers l'infanterie prussienne, mais il se heurta partout, aux environs de Rezonville, contre l'infanterie française des divisions Lafont de Villiers et Levassor-Sorval. La nuit qui se faisait rendait absolument impossible de s'orienter, et Schmidt dut ramener la brigade de hussards au sud de la grande route derrière Flavigny.

Cette attaque repoussée, Bazaine renvoya à son corps la brigade de la division Aymard, que Lebœuf avait fait passer à l'aile gauche, non sans observations (1). Par contre, il fit

(1) Dans son *Rapport sur la bataille du 16 août*, publié à Berlin à la

alors avancer de nouveau la division de cavalerie de Forton. dans la position du bois de Villers qu'elle occupait à midi et lors de l'attaque de la brigade Bredow.

L'attaque finale ordonnée par le prince Frédéric-Charles avait été repoussée, mais elle n'en avait pas moins amené une partie du résultat qu'on s'en promettait. Ce fait ressort assurément d'un épisode intéressant du procès Bazaine, épisode qui mérite d'être préservé de l'oubli dans l'intérêt de plus d'une relation historique.

Dans la séance du Conseil de guerre du 21 octobre 1873, le maréchal Canrobert dit en terminant sa déposition relative à la journée du 16 août :

« En somme, nous avons tenu la position jusqu'à huit heures ou huit heures et demie, et nous avons couché sur le champ de bataille.

« L'ennemi s'est retiré (pas très loin, il est vrai), nous laissant les blessés à relever et surtout les morts à enterrer. Or, comme le disait dans le temps un général russe, le général Mentchikoff, la bataille appartient à celui qui doit enterrer les morts, et celui-là doit enterrer les morts qui reste à côté d'eux sur le champ de bataille. C'était notre lot, nous étions maîtres du champ de bataille ; par conséquent nous étions victorieux. Nous restâmes là à regarder, lorsqu'arriva un ordre du quartier général qui nous prescrivait de tenir nos positions jusque vers les dix heures du soir, et, après avoir fait reconnaître dans la nuit le terrain en avant de nous, de chercher, en resserrant nos lignes, à les reprendre (1). C'est ce (?) que nous exécutâmes et la nuit se passa tranquillement ; il n'y eut rien, et nous bivouaquâmes sur le champ de bataille, en restant l'arme au bras. »

Le maréchal Bazaine, qui savait que beaucoup de personnes, même des généraux français, étaient d'avis que la

---

fin de 1870, Bazaine, parlant du moment qui nous occupe, dit qu'il renvoya alors au 3e corps la division Montaudon. C'est là une erreur, comme on le verra bientôt. Il ne peut s'agir ici que du renvoi de la brigade de la division Aymard demandée la dernière à Lebœuf. W.R.

(1) A les reprendre — les lignes ou les positions? W. R.

situation de l'armée française était excellente le 16 au soir, et qu'il ne fallait qu'attaquer pour anéantir l'armée allemande, devait s'attendre à voir cette opinion exprimée dans le procès.

Le général de Montarby, qui commandait en 1870 le régiment de chasseurs à cheval de la garde, et dont nous avons déjà mentionné la reconnaissance de la Jurée, était cité par la défense comme témoin à décharge.

A la fin de sa première déposition sur le 16 août, Montarby s'exprima ainsi dans la séance du 27 octobre 1873 :

« Le soir, nous étions en bataille contre le village de Rezonville (1), lorsqu'à sept heures et demie, nous vîmes sortir une masse de troupes considérables, pêle-mêle, sans ordre, et comptant pour ainsi dire autant de numéros qu'il y avait d'hommes. Ce défilé a continué pendant fort longtemps, jusqu'à minuit. Quand cette tête de colonne est arrivée à Gravelotte, on a commencé des sonneries d'infanterie pour appeler les hommes. Puis, peu à peu, ces sonneries se sont répandues sur une ligne fort étendue, qui pouvait aller depuis l'extrémité du bois jusqu'à une lieue environ plus loin ; elles ont duré au moins jusqu'à minuit.

« Voilà ce que j'avais à dire. »

Là dessus s'engagea la discussion suivante :

« Me Lachaud (défenseur du maréchal Bazaine).— M. le Président voudrait-il avoir la bonté de demander à M. le général si, dans la soirée du 16, M. le maréchal Canrobert ne l'a pas requis pour éviter certains désordres qui s'étaient produits ?

« M. le Président. — Vous avez entendu la question de M. le défenseur ?

« M. le général de Montarby.—C'est vrai. M. le maréchal Canrobert s'est adressé à moi et, en passant, m'a prié d'envoyer deux escadrons pour arrêter cette tête de colonne au bas de la côte (2). Dans ce moment, nos deux régiments

---

(1) A l'est de Rezonville. W. R.

(2) C'est-à-dire au ravin de la Jurée. W. R.

d'infanterie, auxquels nous étions attachés, étaient au feu. Aussi cet ordre m'était très pénible et je lui ai fait observer que je ne pouvais pas me défaire de ces deux escadrons. Le maréchal a insisté et il m'a dit : « Si dans un quart d'heure vous n'avez pas un contre-ordre, envoyez vos escadrons au bas de la côte. » Je promis au maréchal de faire tout ce que je pourrais. Le canon commençait à diminuer, le soleil baissait, la bataille allait finir. En outre, il est arrivé une division d'infanterie (1) que le maréchal Bazaine a fait placer devant nous. Il n'y avait donc plus de chance de donner pour nous ; j'ai envoyé les deux escadrons.

« Mais la nuit était venue, le mouvement de retraite s'étendait à droite et à gauche (2) et le passage était extrêmement difficile. Ces escadrons sont arrivés sur les 10 heures, c'est-à-dire trop tard.

« M. le Président.—Où étiez vous ?

« M. le général de Montarby.— A Rezonville.

« M. le Président.—C'était le 6e corps qui passait devant vous ?

« M. le général de Montarby.—Je ne puis l'affirmer. Ce que je puis dire, c'est que le mouvement de retraite a duré jusque vers minuit.

« M. le Président.—Dans quelle direction ce mouvement se faisait-il ?

« M. le général de Montarby.—Dans la direction de Gravelotte. »

A la suite de cette déposition du général de Montarby, le maréchal Canrobert fut appelé de nouveau à la barre dans cette séance du 27 octobre.

« M. le Président.—Monsieur le maréchal, je vous rappelle que vous continuez votre déposition devant le conseil sous la foi du serment que vous avez déjà prêté.

« Je désirerais que vous voulussiez bien faire connaître au conseil, en peu de mots, quelles positions le 6e corps a

---

(1) La division Metman. W. R.

(2) Ce qui voudrait dire au sud de Gravelotte. (?) W. R.

quittées dans la soirée du 16 août, sur quelles positions le 16e corps s'est replié, et de quelle façon s'est opérée sa retraite?

« M. le maréchal Canrobert. — Le 16 août?

« M. le Président. — Oui.

« M. le maréchal Canrobert. — Je ne me suis pas retiré du tout.

« M. le Président.— Vous n'avez pas fait un mouvement de retraite?

« M. le maréchal Canrobert.— Pas le moins du monde.

« M. le Président. — Quelle était la position que vous occupiez dans l'après-midi?

« M. le maréchal Canrobert. — Le soir, lorsque la nuit allait arriver, ma gauche tenait la pointe de Rezonville, qui faisait face à Vionville, à telle enseigne qu'il y avait plusieurs régiments qui avaient crénelé les murs d'enceinte des jardins, des maisons, des écuries et des granges. La garde était à ma gauche et combattait contre l'ennemi qui se trouvait entre le bois des Ognons et la route de Mars-la-Tour; le 2e corps était là (1).

« Maintenant, j'avais là le 100e de ligne (2), un autre régiment; la brigade du général Marguenat (3), qui a été tué, se trouvait à droite de la route de Rezonville, sa direction s'en allait vers le bois de Saint-Marcel. La division Levassor-Sorval m'avait donné une brigade pour appuyer la droite de Rezonville. L'autre brigade, qui avait beaucoup souffert, se tenait en arrière et faisait face du côté du bois des Ognons, parallèlement à la route qui passe entre Rezonville et Gravelotte.

« Quant à la droite, elle était dans le bois de Saint-Marcel et s'étendait vers le village de Saint-Marcel.

« Je ne pense pas qu'elle l'occupait parce que nous avions reçu l'ordre de nous resserrer un peu (4).

---

(1) Où? Frossard était à l'est de Gravelotte!

(2) Ce régiment était à la division Tixier.

(3) Appartenait à la division Levassor-Sorval.

(4) Naturellement sur Rezonville!! W. R.

« Voilà où nous en étions le soir.

« M. le Président. — Depuis quelle heure à peu près occupiez-vous ces positions ?

« M. le maréchal Canrobert. — Mais depuis la veille.

« M. le Président. — Vous y étiez encore le soir ?

« M. le maréchal Canrobert. — Parbleu.

« M. le Président. — Et vous n'avez remarqué aucun symptôme de désordre ou d'ébranlement parmi vos troupes ?

« M. le maréchal Canrobert. — Oh ! Monsieur le président, un champ de bataille a une certaine étendue ; celui-là avait peut-être trois quarts de lieue. Dans l'endroit où je me tenais (1), les troupes étaient parfaitement solides. Que, sur certains points, il y ait eu quelques moments de faiblesse, c'est possible, je ne le garantis pas, mais je n'en ai pas trouvé trace dans les rapports de mes subordonnés.

« M. le Président. — En somme, le 6e corps a occupé ces positions jusqu'au coucher du soleil ?

« M. le maréchal Canrobert. — Il les a occupées, Monsieur le président, jusqu'à dix heures du soir.

« Nous sommes partis le lendemain matin, à 4 heures, dans l'ordre le plus parfait, pour aller à Verneville.

« Cela ne veut pas dire que dans quelques compagnies, dans quelques sections, il n'y ait pas eu un peu de trouble, mais je n'en ai rien su.

« M. le Président. — Les explications que M. le maréchal vient de donner complètent les dépositions que le conseil avait entendues précédemment.

« M. le maréchal est autorisé à se retirer. »

Ce débat, si instructif à beaucoup d'égards, aurait vraisemblablement gagné un intérêt de plus si le président s'était spécialement informé du sort de la division Lafont de Villiers. La brigade Colin, de cette division, était à midi à Vionville, et elle se trouvait le soir tout près de Rezonville, lors de la charge de la brigade Grüter. L'éloignement de ces

---

(1) Canrobert se trouvait à Rezonville. Que l'on compare ses affirmations avec la déposition très positive de Montarby. W. R.

deux localités étant de 3 kilomètres environ, cette circonstance ne pourrait s'expliquer si la brigade Colin n'avait pas changé de position dans l'après-midi.

Lorsque l'infanterie de la brigade Wittich et une de ses batteries arrivèrent à Sainte-Catherine, à l'est de Gorze, elles entrèrent dans le bois des Chevaux. Un officier d'état-major du VIIIe corps conduisit ces troupes par de petits chemins à travers le bois épais où il ne faisait déjà plus clair à 7 heures. Les six compagnies hessoises les plus avancées rencontrèrent à 7 heures 1/2, dans le bois des Ognons, le bataillon français de chasseurs à pied de la garde; elles furent presque aussitôt soutenues par deux des compagnies suivantes et s'avancèrent alors jusqu'à la lisière nord-ouest du bois, d'où elles firent feu sur des troupes qui se retiraient vers Rezonville, — probablement une partie de la division Montaudon. On se tirait encore des coups de fusil dans le bois des Ognons, mais, vers 10 heures du soir, le commandant du IXe corps, général de Manstein, arrivé depuis quelque temps, fit complètement cesser le feu. La brigade hessoise fut portée en arrière et passa la nuit dans une clairière.

Les autres troupes du IXe corps avaient également passé la Moselle dans la soirée du 16 août et s'étaient rapprochées du champ de bataille; l'artillerie de corps campa au sud-est de Gorze; le reste de la 25e division derrière le bois de la Croix-Saint-Marc, et la 18e division à Arnaville, sur la Moselle.

A l'ouest du champ de bataille, le général de Ladmirault, après le grand combat de cavalerie entre les ruisseaux de l'Yron et de Jarny, réunit son corps d'armée dans la position de Greyère, au nord du ruisseau de la voie romaine.

Du côté des Allemands, les débris de la brigade Wedell s'étaient ralliés, sous la protection du combat de cavalerie, et ils campèrent au sud-ouest de Tronville, sur la route de Mars-la-Tour à Buxières. Sur leur droite jusqu'à Tronville et à la ferme du Sauley bivouaquèrent les bataillons également maltraités du détachement Lehmann.

Nous nous rappelons que le prince Frédéric-Charles avait envoyé, à cinq heures passées, au général Kraatz-Koschlau l'ordre de s'avancer tambour battant au nord de la grande route, avec quelques bataillons, pour profiter de la faiblesse en infanterie du centre français.

Avant que Kraatz ne reçût cet ordre, il s'était porté dans le bois de Tronville pour s'orienter sur la situation du combat et, à son retour, il avait envoyé un officier au général Voigts-Rhetz, pour lui porter son rapport et lui donner des nouvelles de l'état de la lutte à l'extrême-gauche. Kraatz ne savait alors encore rien de l'engagement de la brigade Wedell.

L'officier envoyé par lui arriva à l'état-major du Xe corps juste au moment où la brigade Wedell commençait son mouvement de retraite du ravin de la voie romaine vers la grande route. Cet officier fut alors chargé, — vraisemblablement par méprise, par suite d'une confusion de la 20e division (Kraatz) avec la 19e (Schwarzkoppen), — de dire à son général de division de la réunir à Tronville et d'occuper ce village.

Bien que la situation où se trouvait la 20e division aux bois de Tronville ne fût pas des plus convenables pour entreprendre à l'est de ces bois l'offensive à corps perdu ordonnée par le prince Frédéric-Charles, le général Kraatz trouvait encore moins de motifs dans cette situation pour retirer sa division à Tronville.

Mais il aperçut à ce moment la retraite de la brigade Wedell et il en conclut que le commandement en chef du Xe corps avait vu dans une situation que lui, Kraatz, ne connaissait pas encore, la raison de l'ordre qui venait de lui être envoyé.

Il mit alors en retraite sur le village de Tronville les bataillons de la 20e division qui se trouvaient sur la grande route au sud des bois de Tronville, et cette retraite fut inquiétée par les obus français.

Le général d'Alvensleben, commandant le IIIe corps, et le prince Frédéric-Charles remarquèrent aussitôt ce mouvement rétrograde.

Alvensleben craignit pour son flanc gauche qui allait se trouver en l'air par l'abandon complet des bois de Tronville et il envoya son chef d'état-major, le colonel Voigts-Rhetz, inviter Kraatz-Koschlau à se reporter en avant.

De son côté, le prince Frédéric-Charles envoya plusieurs officiers porter des ordres dans le même sens.

Sur ces entrefaites, Kraatz-Koschlau avait déjà reçu lui-même des nouvelles plus favorables de l'extrême-gauche; la grande attaque de cavalerie au nord de Mars-la-Tour avait en effet permis à la brigade Wedell de rallier ses débris. Kraatz ne fit donc rétrograder que le 1er bataillon n° 92 pour occuper Tronville. En revanche, il fit avancer dans les bois de Tronville le 10e bataillon de chasseurs à pied et le bataillon de fusiliers n° 56, le premier à l'est, le second à l'ouest. Il retira ensuite du bois le 2e bataillon n° 79 et le 17e régiment, et réunit ces troupes à l'angle sud-ouest des bois de Tronville, près des batteries 4e lourde et 4e légère n° 10.

Lorsque le prince Frédéric-Charles fit faire la dernière grande attaque contre Rezonville, Kraatz voulut l'appuyer en marchant sur Vionville avec le 1er bataillon n° 17, le bataillon de fusiliers n° 92, la 4e batterie légère n° 10 et le 4e escadron du 16e dragons. La batterie s'établit sur la hauteur à l'ouest du village, l'escadron de dragons s'avança vers Rezonville, mais en arrivant près de cette localité il fut repoussé par le feu de l'infanterie.

A la nuit tombée, le général Voigts-Rhetz avait pris ses dispositions pour se maintenir sur les hauteurs entre Tronville et Vionville, dans le cas où ces positions seraient attaquées par les Français, pendant la nuit ou le lendemain.

De 9 à 10 heures du soir, le feu cessa enfin complètement sur le champ de bataille.

Les troupes prussiennes qui avaient pris part au combat campèrent de la manière suivante : la brigade Wittich dans le bois des Ognons; — les bataillons de la division Barnekow et du 11e d'infanterie au sud du bois de Saint-Arnould; — la 5e division d'infanterie et les troupes du Xe corps qui avaient combattu de ce côté, au bois de Vionville; — la 6e division d'infanterie au village de Vionville; — l'artillerie de corps du IIIe corps derrière Flavigny; — la 6e division de cavalerie en arrière de la ligne Flavigny-Vionville; — le Xe corps à Tronville; — la 5e division de cavalerie derrière le Xe corps.

Le front des troupes avancées de l'armée française allait de la ferme Greyère aux bois de Saint-Marcel, le long de la voie romaine, puis de l'angle sud-est de ces bois, en traversant la grande route, jusqu'à l'angle nord-ouest du bois des Ognons et au côté nord de ce bois.

Bazaine mit à l'est de Rezonville la division Metman, arrivée sur le champ de bataille après la fin du combat, pour couvrir la retraite déjà résolue.

Les deux partis étaient extrêmement fatigués. Les efforts imposés aux soldats ce jour-là ressortent d'une façon générale du récit des événements; mais ils ressortiront encore davantage du chiffre des pertes éprouvées des deux côtés, et dont nous allons parler dans le chapitre suivant.

Il faut joindre à cela la chaleur qu'il fit le 16 août. De très bonne heure le temps était très lourd et la chaleur dura toute la journée, de sorte que les troupes qui combattirent à l'ombre des bois s'estimèrent heureuses. La grande chaleur amène toujours la lassitude; peut-être cet effet se produisit-il d'une manière plus sensible chez les Français, plus agglomérés, que chez les Allemands, qui se répandirent de suite sur un vaste front.

Le manque d'eau, qui se faisait sentir sur le plateau le jour de la bataille, se fit doublement apercevoir quand on resta plus longtemps en place.

Dès que la situation se fut assez clairement dessinée pour les Allemands, le grand quartier général et celui de la Deuxième armée prirent immédiatement des mesures pour faire venir le lendemain le plus de troupes fraîches possible sur le champ de bataille ou au moins sur la rive gauche de la Moselle et, à cet effet, on jeta des ponts en toute hâte. Dans le fait, d'après ces dispositions, le prince Frédéric-

Charles pouvait compter avec certitude qu'il verrait le 17 sur le champ de bataille tout le VIIIe et tout le IXe corps, dont quelques fractions seulement étaient arrivées dans la soirée du 16, puis le VIIe corps, et au moins une partie importante du XIIe corps.

Le prince Frédéric-Charles ignorait encore le 16 au soir qu'il avait eu devant lui toute l'armée de Bazaine; — il ne savait rien, par exemple, de la présence du 6e corps. Mais il était clair qu'il avait eu affaire à une portion considérable de l'armée ennemie.

Les troupes fraîches que le prince pouvait amener le 17 sur le champ de bataille représentaient la valeur d'au moins deux corps d'armée; Bazaine ne pouvait avoir de troupes fraîches que les divisions Metman et Lorencez (1). De grand matin, Bazaine se décida finalement à se retirer dans les lignes d'Amanvillers.

Dans nos observations générales nous discuterons, ou plutôt nous ferons discuter par d'autres, les motifs de cette résolution. Mais afin de réunir tous les matériaux de cette discussion, nous allons d'abord examiner les forces relatives et les pertes des armées en présence le 16 août.

XIV. — PROPORTION DES FORCES ET PERTES ÉPROUVÉES.

Nous avons déjà donné (voir page 7) le chiffre des troupes que Bazaine pouvait amener le 16 août sur le champ de bataille. Il s'élevait à 116,844 hommes d'infanterie. Pour les motifs résultant de notre récit de la bataille, il faut déduire de ce chiffre la division Metman, du 3e corps, et la division de Lorencez, du 4e, plus un bataillon du 3e régiment de grenadiers de la garde, ce qui fait en tout 16,826 hommes (voir pages 133 et 134). Il reste donc, en nombre rond, 100,000 hommes d'infanterie disponibles pour la bataille.

---

(1) Il faut dire cependant que la division Nayral et même les deux autres divisions du 3e corps, Aymard et Montaudon, n'avaient pas supporté le 16 août des effets considérables. W. R.

En cavalerie disponible nous avions trouvé 13,200 hommes. Il faut en retrancher, pour le 16 août, la brigade Margueritte avec 856 chevaux, de sorte qu'il reste 12,350 hommes de cavalerie.

Nous avions dit qu'il existait en tout 87 batteries. 10 d'entre elles ne parurent pas sur le champ de bataille, savoir les 6 batteries des divisions Metman et de Lorencez, et les 4 batteries de la grande réserve d'artillerie qui furent laissées à Metz. Les Français eurent donc le 16 août, 77 batteries sur le champ de bataille. Mais toutes ne furent pas engagées, entre autres les 3 batteries de la division Nayral et les 2 de la division du Barail. Il n'y eut donc au feu que 72 batteries, avec 432 pièces; mais nous pourrions ne pas tenir compte de ce fait, car rien n'empêchait les généraux français d'employer 77 batteries, avec 462 pièces.

Ce n'est que pour le calcul des pertes qu'il importe de différencier le nombre des batteries amenées au feu de celui des batteries présentes sur le champ de bataille.

En discutant la bataille de Spicheren, nous avons admis que 70 hommes par batterie avaient été réellement au feu. Dans la bataille de Vionville — Mars-la-Tour, le rôle de l'artillerie fut beaucoup plus étendu, et cela des deux côtés; il fallut remplacer des servants pendant le combat, et l'on ne se trompe pas en estimant, pour les deux partis, que chaque batterie engagée eut en moyenne 80 hommes au feu. Cela ferait 5,760 hommes pour les 72 batteries françaises.

Infanterie, cavalerie et artillerie comprise, l'armée française avait sur le plateau 118,110 combattants.

Nous comptons en moyenne les bataillons prussiens à 900 hommes, à l'exception de ceux de la 5e division d'infanterie, qui, après les pertes considérables éprouvées à Spicheren, ne peuvent pas être évalués à plus de 350 hommes. — D'autres troupes avaient également subi des pertes par suite du mauvais temps et des marches difficiles, surtout pour certaines divisions, depuis la Sarre jusqu'à la Moselle; mais il paraît que ces difficultés avaient été épargnées aux troupes qui furent engagées le 16 août.

Il faut compter en moyenne à 135 combattants l'escadron allemand pour la journée du 16 août.

La 5e division d'infanterie amena sur le champ de bataille ses 13 bataillons, et la 6e division ses 12 bataillons, le IIIe corps avait donc 25 bataillons ou 20,550 hommes.

A l'infanterie du Xe corps, il manquait deux bataillons, savoir le 2e bataillon nº 92, qui resta à Pont-à-Mousson, et le 2e bataillon nº 57, que Schwarzkoppen laissa à Saint-Hilaire. Ce corps d'armée eut donc sur le champ de bataille 23 bataillons, avec 20,700 hommes.

De la division Barnekow, du VIIIe corps, combattirent 6 bataillons, avec 5,400 hommes. Du IXe corps, le 11e régiment d'infanterie, de la division Wrangel, et 4 bataillons de la brigade hessoise Wittich, en tout 7 bataillons avec 6,300 hommes.

En additionnant, nous trouvons que les Allemands engagèrent 61 bataillons d'infanterie, faisant, en nombres ronds, 53,000 hommes.

En cavalerie, nous trouvons :

4 régiments de cavalerie divisionnaire des IIIe et Xe corps	16	escadrons.
3 escadrons de cavalerie divisionnaire du VIIIe corps	3	—
4 escadrons hessois du IXe corps	4	—
La brigade de dragons de la garde	8	—
9 régiments de la 5e division de cavalerie	36	—
4 régiments 1/2 de la 6e division de cavalerie	18	—
Total	85	escadrons,

ou 11,475 cavaliers.

En infanterie et cavalerie, les Allemands purent donc engager 64,475 hommes, c'est-à-dire 57 p. 100 de ce que Bazaine avait à sa disposition de ces deux armes. — En infanterie seule, les Allemands n'avaient que 53 p. 100 des troupes à pied françaises.

Nous ne faisons pas entrer en ligne de compte que toutes les troupes françaises qui pouvaient prendre part à la lutte se trouvaient en situation d'entrer en ligne au plus tard entre 3 et 4 heures de l'après-midi, tandis que 12 bataillons allemands au moins ne pouvaient manifester leur présence que beaucoup plus tard.

De l'artillerie allemande arrivèrent sur le champ de bataille :

Toutes les batteries du IIIe et du Xe corps.	30 batteries.
3 batteries de la division Barnekow, du VIIIe corps.	3 —
3 batteries hessoises du IXe corps.	3 —
1 batterie à cheval de la garde.	1 —
1 batterie à cheval du IVe corps, avec la division Rheinbaben.	1 —
Total.	38 batteries,

ou 228 pièces.

Nous trouvons donc 228 pièces allemandes contre 462 pièces françaises.

Ne veut-on parler maintenant que des batteries réellement engagées au feu, il faut retrancher une batterie hessoise, et il reste 37 batteries allemandes avec 222 pièces, contre 72 batteries françaises avec 462 pièces. Veut-on enfin faire un calcul plus favorable aux Français, en ne comptant pas comme artillerie les 8 batteries de mitrailleuses engagées, il reste encore 37 batteries allemandes avec 222 pièces, contre 64 batteries françaises avec 384 pièces, ce qui fait une proportion comme 58 : 100. Mais en comptant les mitrailleuses, la proportion de l'artillerie allemande à celle des Français est réellement comme 50 : 100.

D'après nos calculs antérieurs, il faut attribuer aux 37 batteries allemandes 2,960 artilleurs. Les Allemands avaient donc, en infanterie, cavalerie et artillerie, 67,435 hommes contre 118,110 Fançais. La proportion générale est ainsi comme 57 : 100.

Nous pouvons fixer à peu près à 2 heures 1/2 le moment à partir duquel les deux partis reçurent des forces nouvelles. Il peut donc être intéressant d'établir quelles étaient les forces dont disposait chacun des partis avant cette heure-là.

Nous trouvons, sous ce rapport, pour les Allemands :

1° *Infanterie.*

11 bataillons de la 5ᵉ division	. . . .	8,250 hommes.
12 — de la 6ᵉ division	. . . .	10,800
6 — du Xᵉ corps	. . . .	5,400
	Total. . . .	24,450 hommes.

2° *Cavalerie.*

De la cavalerie divisionnaire des IIIᵉ et Xᵉ corps, 12 escadrons	. . . .	1,620 hommes.
5ᵉ et 6ᵉ divisions de cavalerie, 54 escadrons	. . .	7,290
Un escadron de dragons de la garde	. . . .	135
	Total. . . .	9,045 hommes.

3° *Artillerie.*

Toutes les batteries du IIIᵉ corps	. . . .	15 batteries.
5 batteries du Xᵉ corps et 1 du IVᵉ	. . . .	6
	Total. . . .	21 batteries,

avec 1680 hommes. — Total des combattants 35,175 hommes.

Nous trouvons chez les Français :

1° *Infanterie.*

Du 2ᵉ corps d'armée	. . . .	20,343 hommes.
Du 6ᵉ corps d'armée	. . . .	26,000
De la garde	. . . .	13,300
	Total. . . .	59,643 hommes.

2° *Cavalerie.*

Du 2ᵉ corps	. . . .	2,000 hommes.
De la garde	. . . .	2,200
Division de Forton	. . . .	1,800
	Total. . . .	6,000 hommes.

3° *Artillerie.*

Du 2ᵉ corps	. . . .	13 batteries.
Du 6ᵉ corps	. . . .	11
De la garde	. . . .	12
De la division de Forton	. . . .	2
De la réserve d'artillerie	. . . .	8
	Total. . . .	46 batteries,

avec 3,680 hommes. — Total des combattants 69,323 hommes.

Pendant la première période principale, la proportion des forces allemandes à celles des Français est la suivante ;

En infanterie, comme 41 : 100 ;

En cavalerie, comme 66 : 100 ;

En artillerie, comme 46 : 100 ;

Et en tout, comme 51 : 100.

Pendant cette première période, les Allemands ont donc plus de cavalerie que les Français ; ils leur sont inférieurs en infanterie, en artillerie et dans l'ensemble de leurs forces. En somme, quelle que soit la manière de calculer, les Allemands n'avaient pas dans cette bataille beaucoup plus de la moitié des forces engagées par les Français.

Passons maintenant au chapitre des pertes, en commençant par les Allemands, et procédant encore par arme.

L'infanterie de la 5e division,— 9,750 hommes, — perdit 127 officiers et 2,932 hommes, ce qui fait 3,059 hommes ou 32 p. 100 de son effectif. Elle resta au combat pendant une moyenne de 10 heures, entre 10 heures du matin et 8 heures du soir. La perte par heure est donc de 3,2 p. 100. Il y eut 849 hommes tués, dont 43 officiers ; 2,124 blessés, dont 84 officiers ; 86 disparus seulement. La plus grande partie des disparus appartient au 2e bataillon n° 52 et au bataillon de fusiliers n° 12, qui s'avancèrent dans l'après-midi sur Flavigny, à l'extrême gauche de leur division, et eurent affaire là aux cuirassiers français de la garde. La proportion des tués aux blessés dans la 5e division est comme 40 : 100; la proportion des officiers aux hommes, tués ou blessés, est comme 4, 5 : 100, tandis que la proportion normale devrait être comme 2 : 100.

La plus grande perte absolue fut celle du régiment n° 52. Ce régiment avait relativement peu souffert à Spicheren et a pu amener au feu le 16 août 2,600 hommes.

Il perdit :

	Tués.	Blessés.	Disparus.	Total.
Officiers	18	32	»	50
Troupe.	345	806	51	1202
	363	838	51	1252

c'est-à-dire 48 p. 100 de son effectif et, par heure, 4,8 p. 100. La perte en officiers est énorme.

La moindre perte absolue fut celle du 12ᵉ régiment. Il perdit :

	Tués.	Blessés.	Disparus.	Total.
Officiers	4	12	»	16
Troupe	106	297	19	422
	110	309	19	438

Mais ce régiment avait perdu 806 hommes à Spicheren et ne pouvait engager le 16 août plus de 2,000 hommes. Il perdit donc au moins 22 p. 100 de son effectif, et l'un de ses bataillons, qui avait été d'abord laissé dans la vallée de la Moselle, n'arriva sur le champ de bataille que dans l'après-midi, de sorte que le régiment n'eut pas en moyenne plus de 8 heures de combat et que sa perte horaire est de près de 2, 8 p. 100.

L'infanterie de la 6ᵉ division perdit :

	Tués.	Blessés.	Disparus.	Total.
Officiers	44	113	»	157
Troupe	885	2,333	116	3,334
	929	2,446	116	3,491

La perte est donc de 32 p. 100 de l'effectif, et, à l'heure, de 3,6 p. 100, le combat ayant duré à peu près neuf heures pour cette division. La proportion des tués aux blessés est comme 38 : 100; les pertes en officiers sont par rapport à celles de la troupe comme 4,8 : 100.

La plus grande perte absolue fut éprouvée par le 24ᵉ régiment qui fut longtemps opposé presque seul, à l'est des bois de Tronville, aux forces très supérieures de Canrobert. Cette perte s'éleva à 1,146 hommes, dont 47 officiers, ce qui fait à peu près 43 p. 100 de l'effectif.

L'infanterie de la 19ᵉ division, 11 bataillons, ou 9,900 hommes, perdit :

	Tués.	Blessés.	Disparus.	Total.
Officiers	50	80	1	131
Troupe	1217	1867	486	3,570
	1267	1947	487	3,701

ce qui fait 38 p. 100 de son effectif. Les troupes de cette division arrivèrent au feu à des instants fort différents : par exemple le détachement Lyncker dans la matinée, le détachement Lehmann au commencement de l'après-midi, et la brigade Wedell à 5 heures seulement. On ne peut donc évaluer qu'à 5 heures la durée moyenne du combat, et la perte par chaque heure de la lutte est de 7,6 p. 100. La perte en officiers est de 3,6 p. 100 de celle de la troupe.

La perte principale de cette division atteint la brigade Wedell dans son combat meurtrier contre les divisions Grenier et de Cissey, au ravin du ruisseau de la voie romaine, et, dans cette brigade, c'est le 16e régiment, combattant à l'aile gauche, qui est le plus éprouvé.

Ce régiment perdit ici, en deux heures de combat :

	Tués.	Blessés.	Disparus.	Total.
Officiers	27	21	1	49
Troupe	526	787	423	1736
	553	808	424	1785

c'est-à-dire 66 p. 100 de son effectif ; les disparus furent pour la plupart tués ou blessés.

Il va de soi qu'en faisant le calcul des pertes par heure de combat, nous ne songeons pas à répartir également les pertes dans chaque heure du combat d'une division ou d'un régiment. Avec l'armement actuel, il arrive forcément que les pertes s'accumulent pendant un temps très court sur un corps donné, lequel n'en subira ensuite que de nulles ou d'insignifiantes pendant le reste du temps. Mais la comparaison des pertes par heure donne une représentation assez exacte des difficultés qu'a eu à vaincre une fraction donnée de troupe et des dangers auxquels elle s'est trouvée exposée.

Le cas du 16e régiment est un des plus extraordinaires dans l'histoire des guerres modernes. En effet, tout s'est trouvé réuni contre lui : la grande distance à parcourir avant d'arriver sur le champ de bataille, son passage immédiat de la marche au combat, la difficulté de traverser le ravin de la voie romaine, soit en arrière soit en avant, le terrain de son déploiement, découvert et commandé par l'ennemi, qui avait eu déjà tout le temps de placer avantageusement son artillerie pour balayer ce terrain, enfin la supériorité numérique de la division de Cissey, fraîchement arrivée, mais déjà en formation de combat.

En comparaison des pertes énormes du 16e régiment, celles des troupes qui combattirent dans les bois de Tronville, par exemple celles du 91e régiment, d'environ 18 p. 100 de son effectif engagé, nous semblent presque minimes.

Les 12 bataillons de la 20e division, 10,800 hommes, perdirent :

	Tués.	Blessés.	Disparus.	Total.
Officiers	18	36	»	54
Troupe	265	789	53	1107
	283	825	53	1161

ce qui fait 11 p. 100 de l'effectif et, pour chacune des quatre heures de combat, 2, 7 p. 100. Les tués se montent ici à près de 30 p. 100 des blessés. La perte des officiers dépasse 5 p. 100 de celle de la troupe. Le seul régiment de cette division qui souffrit considérablement fut le 56e, lequel perdit 745 hommes, dont 28 officiers.

Les 6 bataillons de la division Barnekow, 5,400 hommes, perdirent :

	Tués.	Blessés.	Disparus.	Total.
Officiers	21	32	»	53
Troupe	237	642	67	946
	258	674	67	999

Mais cette perte tombe pour les neuf dixièmes sur le 72e régiment, et particulièrement sur les deux bataillons qui débouchèrent à 5 heures du soir du bois de Saint-Arnould, pour relever le 8e régiment, et qui ne furent réellement pas engagés pendant plus d'une heure. La perte ainsi éprouvée par ces troupes est énorme et semble devoir être attribuée en grande partie aux mitrailleuses qu'avait placées Bazaine pour balayer les ravins.

Du IXe corps un seul régiment éprouva des pertes sérieuses, c'est le 11e qui combattit à peu près dans les mêmes conditions que le 72e, il perdit :

	Tués.	Blessés.	Disparus.	Total.
Officiers	17	24	»	41
Troupe	339	750	30	1119
	356	774	30	1160

En revanche, les quatre bataillons hessois ne perdirent que :

	Tués.	Blessés.	Disparus.	Total.
Officiers	»	1	»	1
Troupe	20	52	2	74
	20	53	2	75

En récapitulant, nous trouvons pour les 53,000 hommes d'infanterie que les Allemands amenèrent au combat :

	Tués.	Blessés.	Disparus.	Total.
5e division d'infanterie.	849	2,124	86	3,059
6e — —	929	2,446	116	3,491
19e — —	1,267	1,947	487	3,701
20e — —	283	825	53	1,161
16e — —	258	674	67	999
11e régiment.	356	774	30	1,160
49e brigade d'infanterie .	20	53	2	75
	3,962	8,843	841	13,646

ce qui donne une perte totale de 25,7 p. 100 de l'effectif. La durée moyenne du combat est de 7 heures, ce qui porte la perte horaire à 3,7 p. 100 de l'effectif. Le nombre des morts est environ 45 p. 100 de celui des blessés.

La proportion des tués aux blessés est considérable. Mais la comparaison des chiffres totaux avec les chiffres partiels donne une effrayante régularité de cette proportion, et nous n'avons pas à enregistrer ici les écarts que nous avons signalés dans notre examen des pertes de la bataille de Spicheren.

Passons maintenant à la cavalerie, en commençant par la cavalerie divisionnaire. Il faut d'abord observer que, fidèle à notre principe, nous avons porté plus haut quatre escadrons hessois comme étant arrivés sur le champ de bataille, mais que n'ayant point été engagés nous ne nous en occuperons pas dans le calcul des pertes.

Les régiments de cavalerie divisionnaire que nous avons à mentionner sont les 2e, 12e, 9e et 16e dragons, ainsi que le 9e hussards.

Le 12e dragons perdit :

	Tués.	Blessés.	Disparus	Total.
Officiers	»	»	»	»
Troupe	3	10	»	13
	3	10	»	13

Nous indiquerons toujours les pertes en chevaux, sans mentionner la nature des pertes. Le 12e dragons perdit 32 chevaux.

Le 2e dragons perdit :

	Tués.	Blessés.	Disparus.	Total.
Officiers	»	»	»	»
Troupe	2	11	»	13
	2	11	»	13

et 26 chevaux.

Le 9e dragons perdit :

	Tués.	Blessés.	Disparus.	Total.
Officiers	»	»	»	»
Troupe	»	10	»	10
	»	10	»	10

et 14 chevaux.

Le 16e dragons perdit :

	Tués.	Blessés.	Disparus.	Total.
Officiers	1	3	»	4
Troupe.	3	16	3	22
	4	19	1	26

et 43 chevaux.

Le 9e hussards perdit 1 homme blessé et 5 chevaux.

La perte totale des 19 escadrons de cavalerie divisionnaire, 2,565 cavaliers, est donc de 63 hommes, ou à peine 2,5 p. 100 de l'effectif. La seule perte notable fut subie par le 16e dragons, qui prit part, dans la soirée, à l'attaque de Barby, entre les ruisseaux de l'Yron et de Jarny. La perte en chevaux dépasse celle en hommes et atteint 120 ou près de 5 p. 100 des chevaux conduits au feu.

Les pertes sont beaucoup plus fortes pour les divisions de cavalerie et particulièrement pour certaines fractions d'entre elles.

Les 8 escadrons de la brigade de dragons de la garde perdirent :

	Tués.	Blessés.	Disparus.	Total.
Officiers	12	7	1	20
Troupe.	29	152	16	197
	41	159	17	217

hommes et 354 chevaux, ce qui fait 20 p. 100 des hommes et 33 p. 100 des chevaux amenés au combat. Les pertes se répartissent sur tous les escadrons. En effet, si le 1er régiment de dragons de la garde combattit seul tout entier pour dégager la brigade Wedell, les escadrons du 2e régiment de la brigade firent isolément diverses attaques avec d'autres troupes, notamment, à plusieurs reprises, le 2e escadron de ce régiment. La perte en chevaux est plus élevée pour le 1er régiment (204) que pour le 2e (150); au contraire, la perte en hommes est plus forte pour celui-ci (121) que pour celui-là (96). La perte des officiers (20) s'élève à 10 p. 100

de celle de la troupe, tandis que la proportion normale ne devrait point dépasser 3 p. 100.

Dans la 5e division de cavalerie, la brigade Barby perdit :

	Tués.	Blessés.	Disparus.	Total.
Officiers	6	20	»	26
Troupe	30	157	18	205
	36	177	18	231

hommes et 212 chevaux, ce qui fait, pour 12 escadrons ou 1,620 cavaliers, 14 à 15 p. 100 des hommes et 13 p. 100 des chevaux. La perte en officiers est de 12,5 p. 100 de celle des hommes.

La perte principale provient incontestablement de la grande attaque de cavalerie du soir entre l'Yron et le ruisseau de Jarny. A cette attaque prirent part, comme on sait, le 4e cuirassiers avec 2 escadrons seulement, le 13e ulans avec 3, et le 19e dragons avec ses 4 escadrons. Ce dernier régiment qui, dans cette occasion, se heurta de front contre les lanciers de la garde, est celui qui fut le plus éprouvé ; il perdit 125 hommes, dont 12 officiers, c'est-à-dire près de 24 p. 100 de son effectif.

A propos de cette attaque de cavalerie, nous voulons reproduire la déposition du général de Gondrecourt, commandant la brigade de dragons de la division Legrand :

« Le général Legrand, dit Gondrecourt, n'avait alors que trois régiments, dont l'un servait de soutien à son artillerie. Il n'hésita pas cependant à se porter en avant, et dès qu'il aperçut cette masse de cavalerie, il la chargea. Le choc fut violent : en dix minutes, notre cavalerie a perdu le quart de son effectif et, sur trois généraux, deux ont été tués. Il se produisit là un moment de confusion parce que les lanciers de la garde avaient à peu près le même uniforme que les ulans, de sorte que, malheureusement, nos hommes se sabrèrent mutuellement. Il y eut également une sonnerie fâcheuse de ralliement qui eut pour effet d'entraîner notre troupe. Enfin, il faut bien le dire, nous fûmes ramenés, pendant environ deux cents mètres, jusqu'à un petit ruisseau où je parvins à rallier tout mon monde. Nous reprîmes plus tard possession du terrain d'où l'ennemi avait disparu complètement, en laissant même une partie de ses morts et beaucoup de ses blessés. »

Dans la déposition qui précède, on ne comprend pas que les lanciers de la garde aient pu être confondus avec les ulans, puisque les premiers portaient un kourka blanc (1) et les autres une tunique bleu foncé. Peut-être les fameux « cuirassiers blancs » jouent-ils ici un rôle.

La brigade Bredow, sur ses 12 escadrons ou 1,620 cavaliers, perdit :

	Tués.	Blessés.	Disparus.	Total.
Officiers	6	17	2	25
Troupe	110	299	40	449
	116	316	42	474

hommes et 475 chevaux, ce qui fait près de 30 p. 100 de son effectif en hommes et en chevaux. La perte la plus forte tombe sur les 6 escadrons du 7ᵉ cuirassiers et du 16ᵉ ulans, qui prirent part à l'attaque de Bredow contre les lignes de Canrobert, entre 2 et 3 heures de l'après-midi. Le 13ᵉ dragons prit également part en entier à la charge du soir de Barby.

La perte relativement la moins forte, dans la 5ᵉ division de cavalerie, fut celle de la brigade de hussards Redern, 12 escadrons, 1,620 cavaliers, bien que ces escadrons aient participé à plusieurs attaques partielles dans la journée, et que 3 escadrons du 10ᵉ hussards aient chargé le soir avec Barby.

La brigade de hussards perdit :

	Tués.	Blessés.	Disparus.	Total.
Officiers	1	8	»	9
Troupe	15	105	18	138
	16	113	18	147

(1) L'auteur se trompe. Pour éviter de funestes méprises, arrivées déjà dans la campagne d'Italie, en 1859, on avait fait prendre aux lanciers de la garde le kourka bleu de ciel (*Note du traducteur*).

hommes et 132 chevaux, ou 9 p. 100 de l'effectif en hommes et 8 p. 100 de celui des chevaux.

La perte la plus forte atteint les 2 escadrons du 17e hussards, de Brunswick, qui, après la charge de du Preuil, firent un retour offensif sur Rezonville et surprirent Bazaine près de la batterie de la garde. Ce régiment perdit 91 hommes, dont seulement 2 officiers. — Le 10e hussards, de Magdebourg, avait, en revanche, sur une perte assez faible de 33 hommes, perdu 5 officiers, c'est-à-dire 18 p. 100 !!

De la 6e division de cavalerie, la brigade Grüter, venue sur le champ de bataille avec 10 escadrons, 1,350 cavaliers, perdit :

	Tués.	Blessés.	Disparus.	Total.
Officiers	2	5	»	7
Troupe	13	44	5	62
	15	49	5	69

hommes et 107 chevaux, un peu plus de 5 p. 100 de l'effectif en hommes et de 8 p. 100 de celui en chevaux.

La brigade Rauch, 8 escadrons ou 1,080 chevaux, perdit :

	Tués.	Blessés.	Disparus.	Total.
Officiers	4	8	1	13
Troupe	57	115	21	193
	61	123	22	206

hommes et 206 chevaux, ou 19 p. 100 de l'effectif en hommes et en chevaux.

La 6e division de cavalerie prit part à l'attaque infructueuse d'une heure de l'après-midi, puis à celle ordonnée le soir par le prince Frédéric-Charles contre la grande route de Rezonville.

Le 3e hussards éprouva la plus grosse perte. Ce régiment avait déjà souffert le matin, quand Rauch essaya de gravir les hauteurs à l'ouest du bois de Vionville ; il souffrit davantage dans l'attaque manquée de midi et enfin dans l'attaque du soir. Il perdit en tout 169 hommes, dont 9 officiers, et

133 chevaux, ou 31 0/0 de l'effectif en hommes et 24 0/0 de celui en chevaux.

La perte totale de la cavalerie que les Allemands engagèrent le 16 août, — 11,475 hommes, — s'élève à 104 officiers, 1,303 hommes et 1,606 chevaux. La cavalerie allemande perdit donc, d'une manière générale, un cavalier sur huit, presque le quart de ses officiers, et un cheval sur sept.

Assurément, cette perte moyenne n'atteint pas celle de l'infanterie dans la sanglante journée du 16 août. Mais que l'on songe que les divers corps de cavalerie participèrent d'une manière fort inégale aux pertes générales de cette arme, et l'on verra que si tous les régiments avaient été employés seulement une fois comme le furent les dragons de la garde, le 7e cuirassiers et le 16e ulans, il serait certainement resté sur le terrain un homme sur quatre et autant de chevaux. Que l'on se rappelle, en outre, que ces grandes pertes de la cavalerie se produisirent dans un temps très court, beaucoup plus court que pour l'infanterie.

On voit par ce qui précède que la plus belle cavalerie du monde peut être complètement ruinée dans trois batailles importantes de notre époque, si elle n'est pas employée avec la plus grande réserve, avec la plus sage réflexion, et seulement dans les cas où on ne peut la remplacer par rien autre chose, — où elle seule peut donner. Il est donc absolument nécessaire que l'on réfléchisse bien si dans tel ou tel moment la cavalerie est la seule ancre de salut. Nous reviendrons sur ce sujet.

Une bonne cavalerie ne peut être remplacée aussi facilement que l'infanterie, et si l'on s'habitue à la guerre à trop mettre sa confiance dans la cavalerie, il arrivera dans le cours des événements, quand la cavalerie sera naturellement ruinée, que la confiance générale s'amoindrira.

Passons maintenant à l'artillerie qui joue un rôle si éminent le 16 août !

Chez les Allemands, une batterie à cheval complète a

4 officiers, 150 hommes et 207 chevaux ; une batterie légère à pied 4 officiers, 145 hommes et 124 chevaux ; une batterie lourde à pied 4 officiers, 151 hommes et 126 chevaux. Mais chaque batterie n'amène réellement au combat : la batterie à cheval que 4 officiers, 74 hommes et 96 chevaux, la batterie à pied que 4 officiers, 62 hommes et 48 chevaux.

Nous avons expliqué précédemment pour quelles raisons nous comptions une moyenne de 80 hommes et de 80 chevaux par batterie amenée au feu.

Les 15 batteries du IIIe corps, 1,200 hommes et 1,200 chevaux, perdirent :

	Tués.	Blessés.	Total.
Officiers	5	20	25
Troupe	57	298	355
	62	318	380

hommes et 560 chevaux ; ce qui fait près de 32 0/0 des hommes et environ 47 0/0 des chevaux. La perte en officiers est de 7 0/0 de celle de la troupe ; ce qui ne dépasse pas trop la proportion normale.

Les batteries de la 5e division d'infanterie furent les plus maltraitées au bois de Vionville, et l'on comprendra facilement qu'elles n'aient plus été en état dans la soirée de prendre part au mouvement général contre Vionville.

Ainsi la 1re batterie lourde n° 3 perdit 40 hommes et 40 chevaux ; la 2e lourde n° 3, 48 hommes (dont 3 officiers) et 40 chevaux ; la 1re légère n° 3, 36 hommes (dont 3 officiers) et 40 chevaux ; la 2e légère n° 3, 47 hommes (dont 4 officiers) et 50 chevaux.

Les 15 batteries du Xe corps, dont la plupart arrivèrent tard sur le champ de bataille, perdirent ensemble :

	Tués.	Blessés.	Total.
Officiers	1	12	13
Troupe	36	204	240
	37	216	253

hommes et 306 chevaux, ou 21 0/0 de l'effectif en hommes et 25 0/0 de celui en chevaux.

Mais certaines batteries du Xe corps furent maltraitées d'une manière tout extraordinaire. Ce sont d'abord les trois batteries à cheval qui furent engagées depuis le matin de bonne heure.

La 1re batterie à cheval n° 10 perdit 44 hommes (dont 2 officiers) et 35 chevaux; la 2e batterie à cheval n° 10 (Schirmer), que nous avons déjà vue le 15 août, avec la division Rheinbaben, dans un combat contre la division de cavalerie de Forton, perdit 30 hommes et 50 chevaux, et la 3e à cheval n° 10 23 hommes, dont le commandant de la batterie, capitaine Saalmuller, et 49 chevaux.

Il faut également mentionner ici les 5e et 6e batteries égères n° 10, que le colonel de Goltz avait conduites au nord de la grande route et qui appuyèrent, sur son flanc droit, l'attaque de la brigade Wedell. La 5e légère n° 10 perdit 27 hommes et 20 chevaux, et l'un de ses officiers fut tué; la 6e légère n° 10 perdit 17 hommes et 32 chevaux.

La 2e batterie lourde n° 10, qui accompagna le flanc gauche de l'attaque de la brigade Wedell et se trouva là dans une situation très critique, ne perdit pourtant que 9 hommes et 5 chevaux.

La 1re batterie à cheval n° 4 (Bode), la seule du IVe corps qui fût engagée le 16 août, se trouva à peu près dans la même situation que les batteries à cheval du Xe corps; elle perdit 22 hommes, dont 1 officier, et 36 chevaux.

Les 3 batteries de la division Barnekow, qui furent engagées, perdirent :

	Tués.	Blessés.	Total.
Officiers.	1	1	2
Troupe.	3	46	49
	4	47	51

hommes et 76 chevaux. La plus grosse perte fut celle de la 5e batterie légère n° 8, avec 31 hommes, dont un officier (le capitaine Hammer), et 48 chevaux. La relation officielle n'explique pas clairement la perte considérable de cette batterie. Il paraît cependant, bien que cela ne soit pas formellement dit, qu'elle prit part au grand mouvement contre Rezonville, ordonné par le prince Frédéric-Charles.

Les deux batteries hessoises qui parurent sur le champ de bataille ne perdirent qu'un homme et un cheval ; — la batterie de la garde qui agit de concert avec les dragons de la garde perdit 3 hommes et 7 chevaux.

Les 37 batteries allemandes qui furent amenées au feu perdirent en tout 710 hommes et 986 chevaux, ce qui fait 24 0/0 de la troupe et 33 0/0 des chevaux. Il est clair que cette artillerie ne s'est pas ménagée ; c'est à sa manière, parfois hardie, de se porter en avant et à sa ténacité que revient une bonne partie du succès obtenu.

Ce qui surprend, c'est que cette artillerie, constamment exposée, ait éprouvé des dégâts insignifiants à son matériel. Hoffbauer (1) signale environ 23 dégâts valant la peine d'être cités. 8 roues d'affût en tout furent démontées ou mises momentanément hors de service. — Or chaque batterie amène au combat 12 roues d'affût, ce qui fait 444 roues pour 37 batteries. Il en résulte que 1,8 0/0 de ces roues fut endommagé. En aurait-il été ainsi si, au lieu de faire exclusivement usage de projectiles creux, en 1870, on avait employé les boulets pleins d'autrefois ? Il est permis d'en douter.

La perte totale des 67,435 Allemands qui prirent part à la bataille de Vionville — Mars-la-Tour s'établit de la manière suivante :

	Tués.	Blessés.	Disparus.	Total.
Officiers	236	470	5	711
Troupe	4,185	9,932	962	15,079
	4,421	10,402	967	15,790

Ce qui fait 23 p. 100 des combattants. La proportion des tués aux blessés, en ne tenant pas compte des disparus, est comme 41 : 100, les pertes des officiers sont à celles de la troupe comme 4,7 : 100.

(1) *L'Artillerie allemande dans les batailles de Metz.* Berlin 1872.

Sur environ 15,000 chevaux, les Allemands en perdirent 2,736, ou 18 p. 100.

Nous n'avons malheureusement pas pour l'armée française des données aussi précises que pour l'armée allemande, de sorte qu'il est fort difficile d'établir aussi exactement la proportion des pertes.

Il résulte de ce qui a été dit plus haut que le 2e corps, Frossard, amena sur le champ de bataille et engagea réellement 22,343 hommes d'infanterie et de cavalerie, avec 13 batteries. En comptant 1040 hommes dans les batteries, la somme des combattants du 2e corps est de 23,383 hommes.

Ce corps perdit le 16 août 353 tués, 2,436 blessés et 2,497 disparus; en tout 5,286 hommes ou près de 23 p. 100 de son effectif.

Parmi les disparus se trouvèrent nécessairement des tués et des blessés, mais il est impossible d'en donner le chiffre.

Dans les annexes au rapport du procès Bazaine, on a admis en moyenne qu'il y avait au moins un dixième de tués dans le chiffre des disparus. Il faudrait d'après cela retrancher 250 tués du nombre des disparus. Dans cette hypothèse, et si nous ne comptons pas de blessés parmi les disparus, nous trouvons 603 tués et 2,436 blessés, c'est-à-dire que les tués se montent à peine à 25 p. 100 des blessés, proportion qui paraît incroyable si nous la comparons à celle chez les Allemands et si nous songeons au rôle important qu'a joué l'artillerie allemande sur le champ de bataille.

Le 3e corps d'armée amena sur le terrain le 16 août 26,474 hommes d'infanterie et de cavalerie, avec 17 batteries, mais de ces 17 batteries, celles de la division Nayral ne prirent aucune part au combat. On sait, d'après notre récit, quel fut le rôle obscur de cette division, autant que nous avons pu le suivre. Il semble qu'elle n'ait engagé au feu que des fractions insignifiantes, et que son action ait été paralysée par des marches et contre-marches inutiles.

Si nous laissons donc de côté la division Nayral dans le calcul des pertes, nous avons pour le 3e corps, Lebœuf, 18,674 hommes d'infanterie et de cavalerie, et, pour

14 batteries, 1120 artilleurs, ce qui fait 19.794 combattants.

Ce corps perdit : 87 tués, 589 blessés et 127 disparus, en tout 803 hommes, ou 4 p. 100 seulement de l'effectif; preuve que le corps d'armée ne fut point soumis à des efforts extraordinaires. Si nous admettons encore un dixième de tués parmi les disparus, la proportion des tués aux blessés est également excessivement faible et ne dépasse pas 17 p. 100.

Le 4e corps d'armée amena au combat 18,840 hommes d'infanterie et de cavalerie, et 12 batteries avec 960 hommes, ce qui fait un total de 19,800 hommes. Il perdit 191 tués, 1710 blessés et 557 disparus, en tout 2,458 hommes, c'est-à-dire environ 12,5 p. 100 de l'effectif. Encore une faible proportion des tués aux blessés, 14 seulement p. 100. Cette constante proportion des tués aux blessés, qui reste tellement au-dessous des conditions constatées chez les Allemands, même en rangeant parmi les tués plus du dixième des disparus, ne peut s'expliquer autrement que par la grande supériorité du chassepot sur le fusil à aiguille. Nous envisagerons plus tard à un autre point de vue la proportion des pertes en tués et blessés.

Le 6e corps, Canrobert, amena au feu 26,000 hommes d'infanterie et 11 batteries avec 880 artilleurs, c'est-à-dire 26,880 hommes. Il paraît du moins que les pertes des quatre batteries de la réserve générale, affectées au 6e corps, ont été comprises dans les pertes de ce corps d'armée. — Il perdit 596 tués, 3,366 blessés et 1766 disparus, en tout 5,728 hommes, pas tout à fait 22 p. 100 de son effectif. La proportion des tués aux blessés, en observant la même règle que précédemment, est ici de près de 23 p. 100.

Le corps de la garde avait au combat 17,137 hommes d'infanterie et de cavalerie. et 12 batteries avec 960 artilleurs, c'est-à-dire 18,097 combattants. Il perdit 183 tués (230 en y rangeant le dixième des disparus), 1885 blessés et 468 disparus, en tout 2,536 hommes ou 14 p. 100 de son effectif. Les tués ne dépassent pas beaucoup 12 p. 100 des blessés.

La division de Forton, 1700 hommes, 1860 en y comprenant l'artillerie, perdit 7 tués, 64 blessés et 38 disparus, en tout 109 hommes, pas tout à fait 6 p. 100 de l'effectif.

L'artillerie de réserve, moins les 8 batteries attachées au 6e corps, perdit, sur 640 hommes, 15 tués, 76 blessés et 19 disparus, en tout 110 hommes.

D'après des calculs antérieurs, les Français auraient eu au feu le 16 août 110,454 hommes. Leur perte totale fut de 17,030 hommes, ce qui fait 15,4 p. 100 de l'effectif, tandis que la perte des Allemands s'élève à 23 p. 100 de leur effectif.

Cette perte de Français se divise en 1432 tués, 10,126 blessés et 5,472 disparus. — Le nombre de prisonniers que firent les Allemands est donné de diverses manières, mais on reconnaît généralement qu'il fut relativement peu considérable. Le capitaine de Goltz (1) l'estime à environ 2,000 hommes tandis que d'autres indiquent un chiffre plus élevé mais qui ne dépasse pas 3,000 hommes. En acceptant le chiffre inférieur, 2,000 hommes, il faut compter parmi les disparus donnés par les Français 3,272 tués ou blessés de manière à ne pouvoir changer de place, ce qui ne veut pas toujours dire blessés grièvement. Si nous répartissons également dans les deux catégories ces 3,272 hommes, et que nous corrigions d'après cela les chiffres des pertes, nous trouvons 3,078 tués, 11,762 blessés, et 2,000 disparus. Nous avons fait ce calcul pour revenir, comme nous l'avons annoncé plus haut, sur la proportion des tués par rapport aux blessés ; elle reste encore seulement d'environ 26 p. 100 contre la proportion de 42 p. 100 chez les Allemands. Même si nous comptions comme tués les 3,272 hommes retranchés du nombre des disparus, nous n'arriverions chez les Français qu'à la proportion de 40 p. 100 de tués par rapport aux blessés.

Si nous comparons la perte en officiers, 837, à celle de la

---

(1) *Les Opérations de la Deuxième armée, depuis le commencement de la guerre jusqu'à la capitulation de Metz.* Berlin, 1873.

troupe, 16,193, la première ne dépasse pas beaucoup 5 p. 100 de la deuxième. Cette perte en officiers semble relativement peu considérable, car les petites unités de l'armée française sont pourvues de presque autant d'officiers que les unités plus fortes de l'armée allemande. Les officiers français sont au moins 4 p. 100 de la troupe.

Les pertes se décomposent ainsi :

	Tués.	Blessés.	Disparus.
Officiers.	147	597	93
Troupe.	1285	9,529	5,379

Nous trouvons donc en officiers tués 11 1/2 p. 100, blessés 6,25 p. 100, et disparus 1,75 p. 100 des pertes correspondantes de la troupe.

En comptant comme tués tous les officiers disparus, la proportion des officiers tués aux blessés serait comme 40 : 100, ce qui se rapproche de la proportion générale des pertes allemandes.

Le corps du maréchal Canrobert eut un grand nombre de disparus, 1766 ; le 2e corps seul en annonça davantage. Que l'on range les disparus dans la catégorie que l'on voudra, que l'on dise que tous les disparus du corps de Canrobert étaient tués ou blessés grièvement, cette circonstance n'en est pas moins difficile à concilier avec l'assertion de Canrobert que le 6e corps avait conservé le 16 août, à 10 heures du soir, les mêmes positions qu'il occupait à midi. Puisse cette observation donner à quelqu'un mieux informé que nous le désir de nous rectifier !

XV. — REMARQUES

A. *Observations générales.* — Nous avons donné à la bataille du 16 août le nom de Vionville — Mars-la-Tour que lui donnent les Allemands ; les Français l'appellent bataille de Rezonville, — et, quant à nous, si nous en pouvions être le parrain, nous la nommerions bataille de Flavigny.

S'il est encore quelqu'un, ce qui deviendra rare, qui

feuillette la vie de Jules-César par Napoléon III, il trouvera à la 26e feuille de l'atlas une belle vue qui est intitulée :

« Vue prise de la position occupée par César (dernière bataille) sur les pentes *de la montagne de Flavigny.* »

La vue nous montre une hauteur de forme allongée, sur laquelle se trouve à gauche une sorte de colonne où l'on distingue à la loupe un homme sur un piédestal. Cette hauteur est le mont Auxois, l'ancienne Alesia, et sur ce piédestal est la statue en bronze, de six mètres et demi de hauteur, que Napoléon III fit élever au héros gaulois Vercingétorix.

Le Flavigny d'Alésia est assurément fort éloigné de celui situé sur le champ de bataille de Vionville ; mais ce dernier et la hauteur de Flavigny (où est la statue de Sainte-Marie) n'ont pas joué, le 16 août 1870, un moindre rôle que le plateau d'Alésia aux mois d'août et de septembre de l'année 52 avant Jésus-Christ.

La bataille de Vionville—Mars-la-Tour ne fut pas la dernière d'une guerre, voire même d'une campagne, mais elle renferme plus d'action décisive qu'une dernière bataille.

Bien que Napoléon III, à Sedan, n'ait pas fait à cheval, recouvert de ses armes, le tour du camp du roi de Prusse, avant de se rendre à lui, comme Vercingétorix autour du camp du César romain, —les Allemands, auxquels personne, depuis des siècles, n'a fait autant de bien que Napoléon III, n'en devraient pas moins élever à ce prince, sur la hauteur du cimetière de Vionville, une statue que le voyageur pourrait contempler de la hauteur de Flavigny, comme il aperçoit de l'autre Flavigny celle de Vercingétorix. Les destinées des nations sont, à de courts intervalles, soumises à des changements considérables, —mais, quel que soit le sens dans lequel tourne la roue de la Fortune, la statue du moderne César gaulois en une telle place aurait toujours le pouvoir d'inviter l'homme sensé à rentrer en lui-même.

C'est pour ces raisons-là que nous voudrions voir la bataille du 16 août s'appeler bataille de Flavigny.

Pour l'indication des heures de la journée, nous avons suivi l'ouvrage de l'état-major allemand. La comparaison de ces heures avec celles des rapports français indique encore la différence entre le temps de Paris et celui de Berlin, bien que les Allemands fussent depuis dix jours sur le territoire français. Les montres allemandes avancent.

En considérant la bataille en elle-même, on peut dire qu'elle fut indécise. Les deux partis firent, le soir, quelques pas en arrière, sans quitter le champ de bataille et sans avoir l'intention de recommencer aussitôt la lutte. Mais ce n'est pas en cela que résident l'importance et la signification de cette bataille. La question qu'elle était appelée à décider se pose ainsi : Le maréchal Bazaine peut-il, après la bataille, continuer sa marche sur Verdun? Peut-il rester dans les positions du 16 et livrer le 17 une nouvelle bataille avec chances de victoire? Doit-il se retirer sur Metz?

Quant à la première question, en France même on a hésité à répondre affirmativement. En Allemagne, on a dit positivement non ; on a déclaré suffisant le résultat obtenu, et on a reconnu que les troupes allemandes qui ont combattu le 16 n'ont obtenu ce succès que par leur brillante ténacité.

Laissons maintenant la parole, sur les trois questions soulevées, aux diverses voix françaises importantes qui les ont discutées, soit dans des écrits, soit au procès Bazaine. Leurs opinions fournissent ample matière à la réflexion et nous donneront plus d'une fois l'occasion d'un examen plus approfondi.

Voyons d'abord ce que dit le maréchal Bazaine lui-même dans son « *Rapport sommaire* (1), » publié à Berlin à la fin de 1870.

« Le 17 août, l'armée vint s'établir sur les positions de Rozérieulles à Saint-Privat-la-Montagne pour les raisons suivantes :

« 1) Manque d'eau à Gravelotte et aux environs.

« 2) Obligation, avant de continuer la marche en avant,

---

(1) *Rapport sommaire sur les opérations de l'armée du Rhin, du* 13 *août au* 29 *octobre* 1870, par le commandant en chef maréchal Bazaine. Berlin, 1870.

d'aligner les vivres et de remplacer les munitions consommées, principalement en projectiles de guerre.

« 3) Evacuer les blessés sur Metz.

« Des suppositions ont été faites sur la possibilité de continuer la marche sur Verdun dans la nuit du 16 au 17 : elles étaient erronées. Ceux qui les émettaient ne connaissaient pas la situation. L'ennemi recevait à chaque instant des renforts considérables et avait envoyé des forces pour occuper la position de Fresnes en avant de Verdun. L'armée française, en marche depuis plusieurs jours, venait de livrer deux batailles sanglantes, et elle avait encore des fractions en arrière, y compris le grand parc de réserve de l'armée, qui était arrêté à Toul, attendant une occasion favorable pour rejoindre, ce qu'il n'a pu faire. L'armée pouvait éprouver un échec très sérieux qui aurait eu une influence fâcheuse sur les opérations ultérieures. »

Dans l'ouvrage l'*Armée du Rhin* (1), le maréchal Bazaine s'exprime ainsi sur le même sujet :

« La bataille de Rezonville, 16 août, qui nous avait été imposée par suite des circonstances que j'ai relatées, mit l'armée dans l'impossibilité de continuer sa retraite, le 17, dans de bonnes conditions tactiques.

« Les Prussiens, en s'emparant de Mars-la-Tour, dès le matin, avaient coupé la route sud de Verdun, que nous aurions été obligés de reconquérir par une nouvelle bataille, contre des masses beaucoup plus considérables que le 16 août ; il en était de même pour la route qui passe par Conflans, très voisine de la première. Restait la direction de Briey-Longuyon, dont j'ai signalé plus haut (2) les inconvé-

---

(1) *L'Armée du Rhin depuis le 12 août jusqu'au 29 octobre 1870*, par le maréchal Bazaine. Paris, 1872.

(2) Voici ce que dit Bazaine de la route de Briey :

« Je ne me servais pas de la route de Briey, parce que cette route m'offrait des difficultés considérables de terrain aux environs de cette ville, et que des renseignements, corroborant la dépêche de l'Impératrice, citée plus haut, m'indiquaient du monde de ce côté ; on parlait d'un corps de cavalerie de 20,000 hommes. En avançant sur les deux

nients, et que je n'aurais pu prendre à ce moment, qu'à la condition d'exécuter devant l'ennemi des mouvements qui m'auraient obligé à lui tourner le dos.

« D'ailleurs, la troupe n'avait plus de vivres que pour la journée, il était indispensable et urgent de faire les distributions. Celles-ci n'avaient pu être faites que très imparfaitement, le 14 août, avant le départ; les événements de la journée du 14, le retard qui s'ensuivit dans la marche des troupes, l'encombrement inévitable qui en résulta à la sortie de Metz, tout concourut à les rendre impossibles le 15. Enfin, les convois, obligés de cheminer sur la seule route carrossable qui mène de Metz à Gravelotte, n'avaient pas tous rejoint leurs corps d'armée le 16 au matin. »

« A toutes ces raisons venait s'ajouter la pénurie de munitions dans laquelle nous nous trouvions. La consommation avait été énorme dans la journée du 16, surtout pour les deux corps d'armée (2e et 6e) engagés depuis le commencement de la bataille, ainsi que pour la réserve générale d'artillerie. Le grand parc n'était pas à l'armée, et la totalité des ressources qui restaient, ressources fournies principalement par les 3e et 4e corps, engagés seulement dans le courant de la journée, et dont deux divisions n'avaient pas donné, à cause des distances à parcourir, ne pouvait procurer à tous un approvisionnement de combat.

Dans tous les cas, après douze heures de lutte, au milieu du désordre dans lequel se trouvaient les divisions des divers corps d'armée, par suite de la façon dont elles avaient dû être engagées, en raison de l'étendue considérable de notre ligne de bataille, il eût été impossible, dans la nuit du 16

---

routes sud qui mènent à Verdun, routes parallèles et peu distantes l'une de l'autre, j'avais l'avantage de garder l'armée plus compacte et de pouvoir faire face à l'ennemi, de quelque côté qu'il se présentât, mes deux ailes restant toujours parfaitement unies. » — Sans aller plus loin, nous pourrions observer de suite ici que, d'après ce qu'il dit lui-même, Bazaine ne croyait plus, au moins le 15 août, au corps ennem de cavalerie sur la route de Briey. W. R.

au 17, de répartir les munitions restantes d'une façon égale dans tous les corps.

« Il fallait donc de toute nécessité me rapprocher de de Metz, où seulement je pouvais me ravitailler.

« Le 17 août, l'armée vint occuper les fortes positions d'Amanvillers, qui s'étendent depuis Rozérieulles jusqu'à ce point : le 6e corps en avant, à Verneville. Dans le courant de la journée, sur les observations du commandant du 6e corps, j'autorisai M. le maréchal Canrobert à quitter Verneville, pour se replier plus à droite à Saint-Privat-la-Montagne.

« Ma pensée, en établissant l'armée du Rhin sur les positions de Rozérieulles à Amanvillers, donnant les ordres les plus précis pour que ces lignes soient très solidement fortifiées, était d'y attendre l'ennemi. Les combats précédents m'avaient montré qu'une, peut-être deux batailles défensives, dans des positions que je considérais comme inexpugnables, useraient les forces de mon adversaire, en lui faisant éprouver des pertes très considérables, qui, répétées coup sur coup, l'affaibliraient assez pour l'obliger à me livrer passage sans pouvoir s'y opposer sérieusement.

« En me maintenant sur le plateau, à bonne portée de la place de Metz pour le ravitaillement, je me réservais toutes facilités pour m'engager dans la direction de Briey, par où je chercherais à gagner la Meuse. Je pensais pouvoir entreprendre cette nouvelle opération le 19 ou le 20. »

Qu'il nous soit permis de faire ici une observation au sujet de l'action attribuée par Bazaine aux batailles défensives.

Les troupes allemandes qui avaient paru le 16 août sur le champ de bataille s'étaient trouvées, en effet, réduites de 67,435 hommes à 51,645.

Bazaine conservait encore après la bataille 120,000 hommes sur les 137,000 dont il pouvait disposer (en y comprenant l'artillerie, voir page 7).

Maintenant, si les Allemands livraient avec leurs 51,000 hommes une nouvelle bataille aux 120,000 hommes de Bazaine, retirés dans une position presque inexpugnable, il est vraisemblable que cette nouvelle bataille aurait réduit les forces allemandes à 35,000 hommes, tandis que Bazaine aurait encore disposé de 110,000 hommes. Alors il aurait certainement pu, après cette bataille, aller où il aurait voulu.

Mais telle n'était pas la situation. — Au contraire, Bazaine, resserré sur Metz, ne pouvait provisoirement pas renforcer son armée, dont la force en rase campagne se trouvait amoindrie. Il n'en était pas ainsi pour les Allemands qui pouvaient continuellement recevoir des renforts, grâce à leur supériorité numérique, résultant de l'organisation de leur armée, et à la liberté de leurs communications sur la Moselle. Or, les Français ne pouvaient gêner ou rompre ces communications que par l'offensive.

On voit d'après cela que toutes les belles théories défensives, basées sur la supériorité des armes à feu modernes, sont sans valeur, parce qu'elles n'ont qu'une valeur relative, qui se limite à un champ de bataille, peut-être à une partie du champ de bataille, tandis que la guerre embrasse un théâtre très étendu et entraîne dans son orbite des peuples entiers. — Mais on voit aussi combien il serait faux, pour la pratique de la guerre, de supprimer l'ancienne distinction entre l'offensive et la défenvive, en disant : il ne s'agit que faire du mal à l'ennemi, et il n'importe que ce soit offensivement ou défensivement. Cela n'est pas exact : l'offensive est la volonté positive qui ne s'inquiète point, en fin de compte, de ce que pense l'ennemi ; — la défensive au contraire, avec le plus vif désir de faire du mal à l'adversaire, reçoit toujours sa loi, et lorsqu'elle songe à lui nuire d'une certaine façon, elle néglige cent autres manières de lui causer des dommages beaucoup plus sensibles.

Voici ce que dit le général Frossard (1) :

« Nous n'avons pas à discuter si l'armée pouvait continuer,

---

(1) *Rapport sur les opérations du 2e corps de l'armée du Rhin, dans la campagne de* 1870, par le général Frossard. Paris, 1871.

le 17 au matin, sa marche sur Verdun. Nous pensons seulement qu'il lui eût été difficile de le faire dans de bonnes conditions. »

Ici, le général ajoute une note que nous reproduisons d'autant plus volontiers qu'elle nous donne une autre opinion que la sienne. Voici cette note :

« Dans son *Journal d'un officier de l'armée du Rhin*, M. le colonel d'état-major Fay, examinant cette question, s'exprime ainsi :

..... « Nous avions seulement en réserve deux divisions, « ou moins de 20,000 hommes, des blessés en grand nombre « à relever, des munitions et des vivres à compléter et une « longue route à entreprendre vers l'intérieur avec 8 à « 9 corps d'armée sur nos pas ; voilà la situation vraie de « cette soirée du 16. Je crois donc que nous ne pouvions « pas continuer notre mouvement. Nous aurions réussi à « passer le 16 août au soir, même le 17 au matin, car les « premiers corps ennemis, arrivés le 17 (XIIe et garde) « n'étaient à Mars-la-Tour qu'à trois heures de l'après-midi ; « mais, après avoir forcément sacrifié tous nos bagages, « nous aurions pu éprouver un grave échec les jours sui- « vants, nous aurions été probablement rejetés vers le nord, « séparés du camp de Châlons..... enfin Metz aurait été en- « levé plus tôt. Aussi ai-je toujours pensé que les Prussiens, « en nous rejetant dans Metz, avaient commis une faute. »

« Ce raisonnement, continue Frossard, nous paraît juste; mieux valait, pour notre armée, tenter encore une fois le sort des armes sur place et poursuivre sa marche en cas de succès.

« Quant aux vivres, nous n'étions pas suffisamment pourvus, il est vrai, mais la faute n'en était point à nous. On en jugera par l'extrait suivant du rapport que nous adressait, le 14, l'intendant du 2e corps : « La démarche « personnelle que j'ai faite, par votre ordre, auprès de « M. l'Intendant général de l'armée, à l'effet de rehausser « nos approvisionnements, n'a pas eu le résultat que j'es- « pérais. Ce n'est qu'avec beaucoup de peine que j'ai obtenu

« du pain à peu près pour tout le corps d'armée, pour les « journées des 14 et 15. Je completerai en biscuit; et, de cette « denrée, il ne me restera que 18,000 rations, c'est-à-dire un « peu plus d'une demi-journée. Il ne se trouvait hier 13, dans « les magasins de Metz, qu'environ 800 quintaux métriques « de biscuit, soit à peu près 145,000 rations; et comme on « ne peut plus rien recevoir, soit de Paris, soit de Nancy, « j'ai dû m'estimer heureux d'en obtenir 100 quintaux. »

« On m'avait promis 200 quintaux de farine, je n'en ai « reçu que 100. Quant au riz, sel, sucre et café, notre si- « tuation est meilleure; nous avons pour le moins, avec ce « qui se trouve dans la division, 6 jours assurés. Le service « de la viande est bien fourni, et j'ai l'espoir qu'il conti- « nuera à fonctionner pendant au moins 8 jours à la suite « du corps d'armée. Quant à l'avoine, la distribution d'au- « jourd'hui assurée, nous en emportons environ deux « jours. »

« On voit, par ce détail, qu'il n'y avait pas précisément pénurie pour le 2e corps; mais il fallait que les voitures portant les denrées pussent arriver, et c'est ce que l'encombrement des routes ne permit complètement ni le 15 ni le 16. »

Les opinions que nous avons reproduites jusqu'ici nous semblent complètement d'accord sur ce point qu'après la bataille du 16, l'armée française ne pouvait continuer à marcher sur Verdun sans livrer aux Allemands une bataille nouvelle et victorieuse.

Donnons maintenant la parole à l'adversaire le plus déclaré, nous ne voulons pas dire de Bazaine, mais de sa manière de faire la guerre, au colonel d'Andlau (1).

Celui-ci, après avoir fait mention de l'ordre du 16 au soir qui repliait l'armée dans les lignes d'Amanvillers, poursuit en ces termes :

« Dire la stupeur qui s'empara de tous, en apprenant un

(1) *Metz, campagne et négociations*, par un officier supérieur de l'armée du Rhin, 3e édition. Paris, 1872.

pareil ordre, est impossible. A Borny, on avait argué de la nécessité de continuer sans retard le mouvement de concentration sur Verdun, pour ne pas poursuivre l'ennemi ni profiter du premier échec qu'on lui infligeait. Aujourd'hui, c'est après une bataille gagnée, au moment où l'armée prussienne est en retraite sur tous les points, où le passage peut nous être ouvert, qu'on vient alléguer d'autres motifs pour se retirer encore ; on n'ose même pas affirmer son succès, en s'avançant sur cette route qui est devenue libre, en achevant le mouvement dont l'exécution vient d'être assurée par le sang de plus de 20,000 hommes (3,608 à Borny et 16,954 à Rezonville)...

« La consommation des munitions ne pouvait être un motif sérieux ; les réserves des corps, la réserve générale de l'armée étaient là pour remplir les gibernes des hommes et compléter les coffres des caissons : on pouvait y puiser sur les lieux mêmes aussi bien qu'à une lieue en arrière ou sur le plateau de Plappeville. Si l'on devait recourir aux ressources de l'arsenal de Metz, il était facile de les lui demander pendant la nuit, comme on avait si bien su le faire pour les approvisionnements. Et d'ailleurs, cette consommation avait-elle été si grande ?... Dans l'artillerie, c'étaient des batteries de la réserve générale qui avaient été engagées le plus longtemps, et les pièces qui avaient le plus tiré, n'avaient dépensé que cinquante-trois coups (1). Dans l'infanterie, quatre divisions n'avaient pas combattu ou n'avaient été engagées que partiellement (1 au 4e corps, 3 au 3e) (2) ; le chiffre des pertes est là pour confirmer cette assertion : 3e corps, 797 tués, blessés ou disparus ; 4e corps, 2,458.

---

(1) Renseignement fourni par les officiers de ces batteries (Note de d'Andlau). — Nous reviendrons plus tard sur ce sujet.

(2) Dans le 4e corps, la division Lorencez ne fut point engagée ; dans la 3e, Metman resta éloigné du combat, ainsi que Nayral, du moins à peu près. Laquelle des deux autres divisions, Aymard ou Montaudon, serait donc restée presque intacte d'après d'Andlau ? Nous voudrions bien que les hommes en situation de donner des éclaircissements, le fissent d'une manière précise. W. R.

« Le 6e corps était seul dans une position plus désavantageuse, par suite des circonstances qui l'avaient empêché de compléter son organisation. Formé à Châlons, puis envoyé à Nancy le 5 août, renvoyé à Châlons le 7, il avait été appelé à Metz en toute hâte le 9. Trois de ses divisions étaient seules arrivées avec leurs batteries ; l'interruption des lignes ferrées avait fait rester en arrière une partie de sa deuxième division, ainsi que son artillerie et son parc de réserve, et cependant ce corps d'armée qui, par suite des mouvements qu'il exécuta dans la journée du 17, n'avait pas été reprendre des munitions, se trouva en avoir suffisamment le 18 pour soutenir une lutte acharnée de onze heures à quatre heures. Nul doute que, s'il eût été maintenu le matin dans ses bivouacs de Rezonville, à quelques centaines de mètres du parc de la réserve générale, il n'eût trouvé immédiatement les ressources suffisantes pour une nouvelle rencontre.

« Les positions que le maréchal faisait prendre à ses troupes ne laissaient, d'ailleurs, aucune espèce de doute sur ses intentions ; s'il eût voulu continuer sa marche, en admettant même qu'il se crût obligé de se rapprocher momentanément de Metz pour faciliter son ravitaillement, il avait autour de lui assez de terrain pour y masser son armée ; nulle nécessité ne le forçait de faire rentrer dans l'intérieur du camp retranché ses réserves d'infanterie, de cavalerie et d'artillerie, qui se trouvaient ainsi séparées des autres corps par une vallée d'un accès difficile et éloignées de 6 à 10 kilomètres ; quant à lui, il fût resté sur le plateau pour préparer les éléments de son mouvement, étudier le terrain, au lieu d'aller se retirer dans une des jolies maisons de campagne de Plappeville, au centre de la banlieue de Metz. Il se chargea, du reste, de lever lui-même toute incertitude, s'il avait pu y en avoir encore ; il envoya un contre-ordre à l'intendant en chef et le prévint qu'il n'y avait pas lieu de diriger sur Gravelotte le convoi d'approvisionnement qu'il avait demandé deux heures auparavant. Il écrivit en même temps au commandant supérieur de Metz pour le prévenir que son armée rentrerait le lendemain en partie dans l'intérieur du camp retranché, et qu'il se porterait de sa personne au village de Plappeville, où s'établirait son quartier général.

« Il y a dans cette attitude nouvelle, si hautement proclamée, une sorte de mystère qu'il est difficile de pénétrer, et dont l'avenir donnera sans doute la clef. Si l'on en recherche les causes, on se trouve en présence d'un inconnu qui laisse le champ libre à toutes les suppositions. Plusieurs personnes ont voulu y voir la conséquence d'un ordre émanant de l'empereur, soit qu'il ait été donné directement avant son départ, soit qu'il ait été envoyé de Verdun par le télégraphe.

« C'est, il est vrai, aussitôt après sa conversation avec l'empereur, au moment du départ de Gravelotte, que le maréchal suspend le mouvement de ses troupes et qu'il semble vouloir passer subitement de l'offensive à la défensive. Mais il est naturel de penser que si, à cette heure, la rentrée de l'armée à Metz avait été arrêtée de concert, il n'aurait pas tant pressé la concentration des 3e et 4e corps ; il aurait plutôt fait revenir en arrière ceux qui étaient le plus avancés, pour éviter une bataille imminente ou ne la livrer que sur un terrain plus favorable, dans les belles positions qui s'étendent autour de Gravelotte. Sa ligne de retraite aurait été assurée sous le canon des forts de Plappeville et de Saint-Quentin ; il aurait échappé ainsi aux incessantes préoccupations qu'il avait montrées pendant le combat. Enfin, dans la soirée, son premier acte ne serait pas d'envoyer chercher à Metz un convoi de ravitaillement. Tout tend donc à prouver qu'il ne pouvait y avoir eu de décision prise par l'empereur dans ce sens ; les dépêches que nous verrons le maréchal lui adresser plus tard et dans lesquelles il annonce son désir de gagner Châlons, démontrent plus péremptoirement encore l'invraisemblance d'une pareille supposition.

« Il n'y a pas eu davantage d'ordre envoyé de Verdun, ou les télégrammes du maréchal ne s'expliqueraient pas. Ce qu'il est possible d'admettre, c'est que l'empereur ait appris à Verdun l'approche de l'ennemi dans la vallée de la Meuse, qu'il se soit effrayé des dangers qui pourraient en résulter pour l'armée et qu'il en ait prévenu le maréchal, en l'invitant à modifier la direction de sa marche et à la reporter plus au nord. Tel aurait pu être l'objet de la dépêche que le maréchal aurait reçue le 16, affirme-t-on, à neuf heures du soir. S'il en avait été ainsi, ces renseignements l'auraient décidé à se reporter en arrière pour abandonner la route directe de Verdun et suivre plus tard celle des Ardennes, le long de nos frontières.

« Si, au contraire, on veut admettre qu'il n'ait agi que par le fait de sa propre initiative, sous l'inspiration d'une idée arrêtée depuis longtemps dans son esprit, ses résolutions s'expliquent plus facilement ; le choix des directions indiquées aux colonnes, l'ordre de la suspension de la marche le 16 mai au matin, ses préoccupations à la fin de la journée, tout se suit et s'enchaîne. Ce serait la conséquence logique des motifs qui le portaient à s'isoler..... Autant de problèmes qui peuvent être posés, sans qu'on puisse encore les résoudre.

« Le 17, à la pointe du jour, toutes les troupes se mirent en marche et se dirigèrent sur les emplacements qu'on leur avait assignés. Faut-il rappeler ici l'étonnement et le mécontentement qui se manifestèrent dans tous les rangs, chez des officiers comme parmi les soldats ? A quoi sert de gagner une bataille, disaient les uns, pour nous faire battre en retraite ?.... C'était bien la peine de nous faire tuer, disaient les autres, pour nous ramener où nous étions auparavant !... Pourquoi cette fuite? ajoutait-on encore. Nous avons battu hier les Prussiens et nous les battrons aujourd'hui, s'il le faut..... Et le fait est que cette retraite devint bientôt une sorte de fuite. »

C'est la première fois que nous voyons exprimer l'opinion que Bazaine aurait pu marcher sur Mars-la-Tour et sur Conflans le 17 au matin, ou même dans la nuit du 16 au 17.

Passons actuellement aux dépositions les plus intéressantes à ce sujet dans le procès Bazaine. Nous citerons d'abord une seule phrase du rapport du général Serré de Rivière, la voici :

« Dans cette situation (le 16 au soir) il n'y avait que deux partis à prendre pour rétablir les communications de l'armée avec l'intérieur : ou attaquer l'ennemi et le rejeter du côté de la Moselle, ou se dérober par une marche rapide vers Briey dans la direction du nord. »

Il ressort de là que le général de Rivière ne croyait pas, lui aussi, à la possibilité de marcher sur Mars-la-Tour et Conflans sans livrer d'abord une nouvelle bataille. L'interrogatoire du maréchal Bazaine n'ajoutant rien de nouveau aux citations que nous avons faites de ses divers écrits, nous verrons d'abord la déposition du maréchal Canrobert. Le lecteur, qui a suivi notre exposé fidèle des événements, y ajoutera de lui-même plus d'un point d'interrogation ou d'exclamation.

« M. le Président. — Pensez-vous qu'il eût été possible de reprendre les positions de Mars-la-Tour et de Vionville, dans la journée du 17, alors que les divisions qui étaient en arrière ont rejoint les 3e et 4e corps ?

« M. le maréchal Canrobert. — Je crois qu'on aurait pu ne pas les quitter, puisque nous les tenions.

« M. le Président. — Vous ne croyez pas qu'elles aient été occupées par l'ennemi ?

« M. le maréchal Canrobert. — Pour Mars-la-Tour, je ne sais pas ; mais devant nous il n'y avait pas d'ennemis. Nous tenions les positions que le maréchal avait donné l'ordre de conserver. Je suis parti à quatre heures du matin pour aller à Verneville ; je ne sais plus ce qui s'est passé ensuite. Seulement j'ai entendu dire qu'on avait beaucoup critiqué le mouvement du maréchal. En fait de guerre, c'est le cas de dire :

La critique est aisée et l'art est difficile.

« Ce qu'il y a de positif, c'est que le maréchal, dans l'ordre que nous avons reçu à deux heures, ou deux heures et demie du matin, qui nous prescrivait de nous rapprocher de Metz et ordonnait au 6e corps d'aller à Verneville, disait que la grande consommation de cartouches qui avait été faite, le défaut de vivres et la masse de blessés l'obligeaient à se rapprocher de la ville de Metz pour se ravitailller. Nous n'avions pas d'observations à faire. Quand un général en chef écrit des choses pareilles, il n'y a qu'à s'incliner.

« M. le Président. — Un de MM. les juges me prie de vous demander si vous pensez qu'après la journée du 16 il y eut chance de battre l'ennemi en l'attaquant le lendemain 17.

« M. le maréchal Canrobert. — C'est là une question bien délicate ; pour moi, je le crois, mais je suis loin d'en être sûr. Nous n'étions pas démoralisés, la garde avait été magnifique ; à notre gauche, mon corps tenait parfaitement, le corps du maréchal Lebœuf était reconstitué, c'était celui qui avait le moins souffert, celui du général de Ladmirault avait eu un succès très réel. Je crois qu'il eût été possible de marcher en avant ; mais, je le répète, je suis loin de l'affirmer. Ce que je puis dire, c'est que le 18 au matin, le surlendemain, passant devant le front de bandière de mes troupes, je fus entouré par mes soldats, et je remarquai sur leur physionomie quelque chose que je n'étais pas habitué à y voir sur les champs de bataille. Je les interrogeai et ils me répondirent : « Nous avons faim, et nous n'avons pas de « quoi manger. »

« Cela me parut étrange ; je dis aux officiers : « Comment « n'avez-vous pas obvié à cet inconvénient quand on le pou« vait encore le 16 au matin avant l'attaque ? » Je ne reçus pas de réponse. Le soldat, qui est toujours en avance pour les vivres, en avait reçu le 14 quatre jours, c'est-à-dire pour le 15, le 16, le 17 et le 18 ; il devait en avoir le 18, mais le 18 il n'en avait plus. Tout était mangé.

« Vous savez comment cela se passe. Non seulement le soldat n'avait ni pain, ni biscuit, mais il n'avait pas d'eau, il n'y en avait pas à Saint-Privat. Les soldats se sont battus toute la journée sans avoir ni mangé ni bu. Tout cela me fait supposer que le mouvement en avant aurait rencontré des retards, des difficultés ; cependant, je crois qu'on aurait pu l'exécuter ; mais encore une fois je ne l'affirme pas.

« M. le Président. — Ne pensez-vous pas que, si, en partant des positions qu'on occupait, on avait fait, le 16 au soir ou le 17 au matin, un mouvement offensif, le ravitaillement de l'armée serait devenu plus facile qu'il ne l'a été avec le mouvement de retraite sur la ligne de Rozérieulles?

« M. le maréchal Canrobert. — Plus facile en quoi? Au point de vue de la facilité des communications avec la place?

« Mais nous avions, à Rezonville, cette grande route, allant de Metz à Mars-la-Tour, qui est plus large qu'aucune autre, et par laquelle on pouvait faire venir des ravitaillements. Il y avait aussi des routes à Verneville, à Amanvillers, à Saint-Privat. »

« M. le Président. — Un de MM. les juges me prie de vous demander si, dans le cas où on aurait pu refouler l'armée prussienne le 17, vous pensez qu'on eût été assailli par cette armée le 18 pendant qu'on eût été en marche de flanc.

« M. le maréchal Canrobert. — Cela aurait dépendu de la manière dont on aurait opéré. Il est évident que si, le 17 au matin, on avait pu, par un changement de front du corps de Ladmirault à droite et de Frossard à gauche et de la garde qui était en réserve, jeter les Prussiens dans la Moselle, ils n'auraient pas eu envie, le 18, de venir nous attaquer. Mais si on ne les avait pas complètement défaits, ils se seraient certainement jetés sur notre flanc, mais ce sont là des choses trop délicates pour qu'on puisse affirmer que les choses se seraient passées de telle ou telle façon. Si l'on avait donné l'ordre de faire un grand mouvement de conversion sur la gauche, qu'avec le 4e corps Ladmirault on fût tombé sur la gauche de l'ennemi, qu'on eût suivi ce mouvement avec les corps Lebœuf, Canrobert, Frossard et Bourbaki, et qu'on eût jeté les Prussiens dans la Moselle, ils ne nous auraient pas inquiétés le 18. Il est vrai que la Moselle n'est pas une rivière où l'on puisse noyer beaucoup de monde, surtout des Prussiens (1), qui étaient si bien munis d'équipages

(1) On est ici sur des épines. Nous ne cacherons pas au lecteur que nous croyions certainement que le témoin allait ajouter : mauvaise herbe ne meurt point. W. R.

de pont et qui en auraient bientôt jeté sept ou huit; mais, si on les avait battus, ils auraient probablement été forcés de battre en retraite et nous auraient laissé le passage libre. »

Nous ignorons si tout le monde pense comme nous, mais nous avons toujours trouvé comique de voir de soi-disant experts, dans les procès criminels, où ils n'ont qu'à expliquer un fait matériel, émettre un jugement positif sur ce qui s'est passé ou ce qui aurait dû se passer. Nous n'avions du reste jamais remarqué ce procédé dans les débats militaires avant le procès Bazaine. Le maréchal Canrobert semble avoir été du même avis que nous. En effet, tandis que sur d'autres points il n'est pas toujours clair et précis et exagère volontiers, à la dernière question du président tout son bon sens français lui revient avec la dose d'esprit nécessaire et il répond de suite : si les Prussiens avaient été jetés dans la Moselle le 17 août, Bazaine aurait pu aller où il aurait voulu le 18. — Nous nous attendons à trouver dans un prochain ouvrage d'art militaire le précepte que voici : « Jette aujourd'hui à l'eau tous tes ennemis, et tu seras maître demain de tout le théâtre de la guerre. »

La suite de la déposition du maréchal Canrobert porte sur des questions qui n'intéressent pas directement l'objet qui nous occupe. A la fin cependant de cette déposition, le maréchal Bazaine se lève et dit :

« Je demanderai à dire deux mots seulement pour rafraîchir la mémoire de M. le maréchal Canrobert.

« M. le maréchal Canrobert disait tout à l'heure qu'il n'avait pas d'ennemis devant lui. Or, le 17 août, il m'écrivait : « D'un autre côté, des renseignements me disent que l'armée ennemie est restée en position à Vionville, compacte et résolue. On ajoute que ce sont les Bavarois qui occupent cette localité. » Pour moi, cela expliquait que les têtes de colonnes de l'ennemi étaient proches, et qu'elles nous auraient attaqués si nous nous étions mis en route.

« M. le maréchal Canrobert. — Il m'est facile de répondre à l'observation de mon ancien chef. Lorsque j'ai écrit cette lettre, j'étais à Verneville, j'avais déjà quitté les positions que nous avions conquises le 16, et sur lesquelles nous étions restés toute la nuit. Je reçus à mon arrivée à Verneville, de gens du pays que j'avais envoyés à la découverte, des renseignements que mon devoir m'obligeait à transmettre à M. le maréchal Bazaine, et que je lui ai transmis. Deux de ces renseignements étaient contradictoires ; l'un disait que l'ennemi était dans un grand désordre et descendait presque à la débandade vers la Moselle ; l'autre disait au contraire que les Bavarois tenaient très vigoureusement du côté de Vionville. J'ai transmis ces renseignements à mon chef qui, plus que moi, pouvait les faire vérifier. Je n'avais pas de cavalerie ; plus tard on m'en a donné. Je n'ai eu d'abord qu'un escadron, avec lequel je formais mon escorte et celle de tous mes généraux ; mais, avec un escadron, on ne peut pas faire de reconnaissance à grande distance. Ensuite, on m'a envoyé un régiment de cavalerie, puis trois autres régiments. Le maréchal Bazaine m'a reconstitué toute ma cavalerie le 18, sous les ordres du général du Barail, dont je n'ai eu qu'à me louer pendant tout le reste de la campagne. »

On conviendra qu'il est difficile de laisser passer cette dernière déposition sans point d'interrogation et d'exclamation.

Ecoutons maintenant le maréchal Lebœuf :

« M. le Président. — Puisque vous avez parlé de l'arrivée de cette division (Metman) sur le champ de bataille, je vous demanderai si vous pensez que, le 16 au soir ou le 17, lorsque votre corps d'armée a été rallié par la division Metman, et le 4e par la division de Lorencez, il était possible de reprendre Mars-la-Tour et Vionville ?

« M. le maréchal Lebœuf. — Avant de répondre, je ferai une observation. Les campagnes sur le terrain sont très difficiles à faire ; mais quand on est dans le cabinet, n'ayant en face que ses cartes et pas d'ennemis, rien n'est plus facile. Sous le bénéfice de cette observation, je puis vous donner mes impressions, mais rien que des impressions, et sous toutes réserves.

« Eh bien, quand je bivaquai sur le terrain que nous avions conquis dans la journée, avant de me retirer à Saint-Marcel, voici quelles étaient mes impressions. Je les ai traduites, en écrivant au maréchal Bazaine, que je me tenais prêt à recommencer la lutte le lendemain (17). Mes reconnaissances m'indiquaient que l'ennemi que nous avions devant nous, qui s'était couvert par de l'artillerie avec laquelle j'avais eu encore un engagement vers 8 heures du soir (16), s'était retiré, mais qu'il se massait à une certaine distance en arrière du champ de bataille; pour se retirer complètement, il fallait qu'il s'engageât dans les défilés d'Ars et de Gorze où peut-être il aurait couru gros jeu. Je pensais donc qu'il tiendrait bon, et je croyais que le lendemain (17) nous compléterions ce mouvement tournant de la droite, qui non seulement était une chose indiquée naturellement, mais qui, je dois le dire, m'a été indiquée sur le champ de bataille à moi-même, par M. le maréchal Bazaine qui était passé près de moi vers 3 ou 4 heures du soir.

« Je pensais donc que nous pourrions compléter ce mouvement tournant, que, peut-être, nous aurions pu faire plus sérieusement si les troupes obligées (le 16) d'appuyer la gauche avaient pu rester à l'aile droite.

« Mon impression était donc qu'on se battrait très probablement le lendemain (17), avant de se remettre en mouvement. Se remettre en mouvement dans ces conditions-là, avec l'ennemi sur le flanc gauche, n'eût peut-être pas été très sage.

« Quand le premier mouvement rétrogade s'est fait, j'ai eu une autre pensée; c'était que M. le maréchal Bazaine voulait prendre par Briey et Longuyon; néanmoins, j'avoue que, si j'avais été consulté, j'aurais été plutôt d'avis de recommencer la lutte le lendemain; mais, quand on n'est pas général en chef, il est très commode de raisonner ainsi. Le maréchal Bazaine n'a pas pu être arrêté par le manque de munitions, quoique cependant les rapports de l'artillerie aient dû lui donner à ce sujet de grandes inquiétudes. Il n'était pas arrêté non plus par la question des vivres, car nous en avions assez pour arriver jusqu'à Verdun. Mais le maréchal Bazaine savait peut-être, —ce que nous ignorions, — que l'ennemi était sur la Meuse ; il nous avait déjà débordés et avait gagné sur nous beaucoup de terrain.

Dans ces conditions, je répéterai ce que j'ai dit au conseil d'enquête, et cela résume mon opinion : Il n'y avait pas impossibilité, mais il fallait beaucoup d'audace ; et, mon Dieu, quand on est général en chef, quelquefois on ne doit pas être audacieux.

« Voilà tout ce que j'ai à dire.

« M. le Président. — MM. les juges m'avaient prié de vous poser une question, mais je pense que vous y avez déjà suffisamment répondu par les explications que vous venez de donner. C'était une appréciation plutôt qu'une déposition de faits, que je devais vous demander ; vous venez de faire, par avance, la réponse. »

Le Président demande au général de Ladmirault :

« Lorsque vous avez été rejoint par la division Lorencez, dans la nuit du 16 au 17, et lorsque le 3ᵉ corps, qui était à votre gauche, a été rejoint par la division Metman, pensez-vous qu'ainsi renforcés, vos deux corps d'armée auraient pu, le 17, faire un effort avec quelque chance de succès, pour reprendre Mars-la-Tour et Vionville, en un mot pour maîtriser de nouveau la route de Metz à Verdun, par Mars-la-Tour ?

« M. le général de Ladmirault. — Je n'aurais pas hésité à le faire. Voilà mon opinion. Je ne dis pas que j'aurais réussi, mais je l'aurais tenté.

« M. le Président. — L'un de MM. les juges me prie de vous demander si, dans le cas où l'armée prussienne eût été ainsi refoulée le 17, au moins dans les ravins, sans qu'on poussât plus loin cet avantage, de manière à se tenir rapproché de la route, si, dans le cas, dis-je, où l'on eût remporté ce succès de déloger l'ennemi des villages qu'il occupait et de le refouler dans les ravins, vous pensez que l'armée eût pu continuer sa marche sur Verdun, sans être exposée à une attaque de flanc ?

« M. le général de Ladmirault. — Oh ! je crois que si le succès avait couronné nos efforts, nous aurions remporté un immense avantage. Peut-être même n'y aurait-il pas eu besoin de marcher sur Verdun. Le 17, il y avait 220,000 hommes dans les bois de Gorze et de Corny, et le roi de Prusse lui-même s'y trouvait en personne.

« Une attaque profonde et rapide eût été décisive ; nous aurions pu être battus, c'est vrai ; mais, si le succès s'était déclaré pour nous, le résultat eût été immense. Toutefois, il était impossible de préjuger ce qui se serait passé. Ce que je puis dire, c'est que l'affaire était bien préparée, mais qu'on ne pouvait évidemment répondre du succès. »

On aura remarqué qu'aucun des commandants de corps dont nous avons cité les dépositions n'émet l'opinion que l'armée pouvait continuer, le 17, sa marche par Mars-la-Tour, sans livrer une nouvelle bataille. L'un traite la question plus sérieusement que l'autre, mais la nouvelle bataille paraît nécessaire à tous. Ils admettent ensuite que si Bazaine obtient un succès le 17, il sera libre de faire, le 18, ce qu'il voudra. Il ne s'agit donc réellement plus que de la vraisemblance d'un succès de Bazaine le 17. Pour nous, qui savons les forces peu considérables engagées par les Allemands le 16, et les troupes fraîches qu'ils pouvaient amener le 17 sur le champ de bataille, qui connaissons, en outre, exactement les pertes éprouvées le 16 par les deux partis, la vraisemblance de ce succès doit nous sembler moins grande qu'elle ne pouvait l'être aux généraux français dans la soirée du 16, parce qu'ils estimaient trop faiblement les pertes françaises, et s'exagéraient, au contraire, les troupes allemandes engagées le 16 et leurs pertes. Écoutons encore d'autres témoignages.

Le général Montaudon est appelé à la barre.

« M. le Président. — Général, je vous ai fait rappeler parce que M. le défenseur m'a dit qu'il avait encore une question à vous adresser.

« Me Lachaud. — Monsieur le Président, tout à l'heure M. le général a répondu à une question que vous lui adressiez relativement à la soirée du 16. Mais j'ai oublié un point important : je voulais vous prier de demander à M. le général s'il croit que, dans la nuit du 16 au 17, il fût possible de marcher en avant.

« M. le général Montaudon. — C'est une opinion personnelle que j'ai à émettre ; dois-je répondre, monsieur le Président ?

« M. le Président. — Ce qu'on vous demande, ce n'est pas un témoignage sur un fait, c'est une impression, une appréciation personnelle, que vous pouvez donner avec toutes les réserves que vous jugerez nécessaires.

« M. le général Montaudon. — Comme je l'ai dit tout à l'heure, j'étais dans le ravin d'Ars, lorsque j'ai vu une nombreuse population accourir vers moi pour m'informer qu'il y avait une grande quantité de troupes qui traversaient le ravin de Gorze et qui montaient sur le plateau ; je remontai moi-même au devant des Prussiens, et je les repoussai, mais je ne pus les détruire ; de sorte que mon impression sur le moment a été, — et elle est restée telle, — qu'il était imprudent, pour ne pas dire impossible, de marcher en avant dès le lendemain (17), avant d'avoir détruit l'armée qui se trouvait sur notre gauche et sur nos derrières ; car il est impossible qu'une armée sans base d'opérations se lance dans la campagne ayant l'ennemi à ses trousses ; une avant-garde peut bien arriver à destination, mais le reste ne peut pas y arriver. Cela a toujours été, je le répète, ma manière de voir. Dans la situation où nous étions, il n'était pas prudent, avant d'avoir livré une nouvelle bataille et rejeté les prussiens dans la Moselle, d'aller de l'avant.

« Me Lachaud. — C'est tout ce que j'avais à demander à M. le général.

« M. le Commissaire du Gouvernement. — Je désire savoir si M. le général pense que cette seconde bataille pouvait être livrée.

« M. le général Montaudon. — Evidemment, puisqu'une autre bataille a eu lieu. Mais c'est le général en chef seul qui, avec les renseignements qu'il possède sur l'état des vivres, de l'artillerie, etc., peut décider une pareille question. Un simple général de division ne peut qu'exécuter les ordres qu'il reçoit; c'est son devoir, mais il lui est impossible de dire : on peut ou on ne peut pas faire telle ou telle chose; il n'y a que le général en chef qui puisse prendre une résolution de cette importance. »

Le général de Gondrecourt, commandant la brigade de dragons de la division Legrand, s'exprima ainsi sur le 16 août, à la fin de sa déposition :

« On m'a demandé si je croyais qu'on pût occuper Mars-la-Tour le soir (16).

« Pour moi, c'était impossible. J'avais reconnu par les cavaliers que j'avais envoyés de ce côté-là, vers 2 heures, qu'à ce moment la gauche de l'ennemi était relativement faible; je ne savais pas alors ce qui s'était passé du côté de l'ennemi.

« Mais entre 2 heures et 6 heures, au moment où eut lieu notre charge, je dus croire que Mars-la-Tour était fortement occupé, puisque nous avions été obligés de reculer devant un retour offensif de l'ennemi (Barby).

« Je dois ajouter qu'aucun de nos chevaux n'avait ni bu, ni mangé, depuis 3 heures du matin; nos hommes avaient, à 9 heures, mangé un petit morceau sur le pouce; ils étaient épuisés de fatigue; ils avaient perdu le quart de leur effectif. Je ne puis donc réellement dire ce qu'on aurait pu faire à 7 heures du soir, au milieu d'une obscurité profonde, dans une opération contre Mars-la-Tour.

« Maintenant, le général Ladmirault avait-il de l'infanterie sous la main, et pouvait-il tenter avec elle ce que la cavalerie ne pouvait pas faire? Je n'en sais rien. Quant à faire, vers Mars-la-Tour, un retour offensif avec de la cavalerie, c'était impossible, parce qu'elle était épuisée par les attaques précédentes.

« Me Lachaud. — M. le Président voudrait-il demander au général si, dans sa pensée, il était sage et possible, le 17, de marcher en avant?

« M. le Président, *au témoin.* — C'est une opinion, une

appréciation qu'on vous demande de produire; vous pouvez le faire avec les réserves qui vous conviendront.

« M. le général de Gondrecourt. — Je ne ferai pas de réserves, je ferai connaître mon opinion personnelle. Je dirai que croire que le 17 nous pouvions marcher sur Verdun sans admettre qu'au préalable nous fussions débarrassés de l'armée du prince Frédéric-Charles, c'est renverser tous les principes que j'ai sur la stratégie, principes que j'ai puisés dans des études assez sérieuses, car, enfin, pour marcher en avant, il ne fallait pas laisser sur ses derrières le prince Frédéric-Charles, et, sur son flanc gauche, une autre armée de 240 à 250,000 hommes, avec la perspective, en outre, de rencontrer en tête l'armée du prince royal, et, de plus, sur son flanc droit, l'armée du prince de Saxe. Eh bien, marcher en avant sans avoir d'abord détruit l'armée du prince Frédéric-Charles, c'était courir un grand hasard. Peut-être que l'école de Condé l'eût fait, mais je ne crois pas que le sage Turenne eût agi ainsi. »

Voyons, enfin, l'impression que produisaient ces questions sur l'esprit du général Pourcet, commissaire du Gouvernement, ou, en d'autres termes, accusateur public dans le procès Bazaine.

« Ce serait, messieurs, dit le général Pourcet, sortir du cadre de ce réquisitoire que d'étudier, au point de vue tactique, la bataille de Rezonville.

« Glorieuse pour nos armes, elle n'amena pas cependant de résultat décisif. Les troupes couchèrent sur les positions conquises, mais l'ennemi avait pu se maintenir en face de l'armée française, qui ne recouvra pas le libre usage de la route de Verdun par le sud.

« Mais le ministère public a le droit de rechercher le mobile qui semble avoir inspiré le maréchal pendant cette journée.

« A 9 heures et demie du matin, la surprise de la division de Forton marque l'apparition de l'ennemi qui attaque immédiatement. Les 2e et 6e corps sont seuls engagés d'abord. Tandis qu'ils soutiennent une lutte opiniâtre sous les yeux du commandant en chef, qui déploie la plus brillante bravoure, les 3e et 4e corps arrivent sur le terrain à l'exception d'une division de chacun d'eux qui n'avait pas rejoint encore. Débordant la ligne de bataille, ces deux corps s'établissent face à la route de Gravelotte à Mars-la-Tour, en avant de la droite du 6e corps, et leur attaque vigoureuse fait reculer l'ennemi.

« Encore un effort, et celui-ci allait être refoulé dans les défilés de Gorze et d'Ars-sur-Moselle; mais le maréchal, sans plus songer à s'ouvrir un passage sur Verdun, a pour unique souci de conserver ses communications avec Metz. Il appelle de ce côté ses réserves et deux divisions du 3e corps, dégarnissant sa droite qui avait le rôle important, au profit de sa gauche qui n'avait qu'à couvrir la retraite. Son convoi et son parc, qu'il pouvait faire filer en toute sécurité par la route d'Etain, demeurent immobiles en arrière de Gravelotte. Pas plus que sa conduite précédente, la préoccupation constante du commandant en chef pendant la bataille ne dénote donc qu'il ait eu la ferme volonté de marcher sur Verdun.

« Comprenant que ses dispositions trahissaient trop clairement une intention tout opposée, il a allégué, il est vrai, dans son mémoire au conseil d'enquête, qu'il avait prescrit aux 3e et 4e corps, de faire « un mouvement de conversion, « l'aile droite en avant, afin de refouler, dit-il, les Alle-« mands dans les défilés de Gorze et de Chambley, et enfin « dans la vallée de la Moselle, si c'était possible. » Mais vous savez, messieurs, qu'en fait, il n'a donné aucune instruction au général de Ladmirault, et qu'il n'a laissé à M. le maréchal Lebœuf qu'une seule division d'infanterie dont, à un moment, il voulut même distraire l'une des brigades. Comment, dans ces conditions, le mouvement de Gorze à Chambley aurait-il pu s'effectuer? D'après les ordres donnés par le maréchal pendant la nuit (16-17), l'armée, au lieu de continuer sa retraite sur Verdun, dut se reporter en arrière sur le plateau de Plappeville. Voyons quels furent les motifs invoqués pour justifier cette grave détermination.

« Le 16 août, au soir, le colonel Vasse-Saint-Ouen fut

chargé par le général Soleille d'aller informer le maréchal que la consommation des munitions avait été considérable, qu'on pouvait l'apprécier au tiers ou à la moitié de l'approvisionnement de l'armée, et qu'il serait utile d'envoyer à Metz, dans la nuit même, chercher de nouveaux caissons de munitions.

« La précipitation du général Soleille à fournir au commandant en chef des renseignements alarmants, qui se trouvèrent être complètement erronés, fut certainement regrettable.

« Il est non moins fâcheux qu'en présence d'une consommation qui lui paraissait si considérable, le général Soleille n'ait pas envoyé, pendant la journée même, chercher, ou tout au moins faire préparer des caissons à l'arsenal de Metz, au lieu d'attendre la nuit; car, s'il eût agi ainsi, les munitions seraient arrivées et les distributions eussent pu se faire dès la matinée du lendemain (17).

« Quoi qu'il en soit, le maréchal Bazaine reçoit cette communication sans paraître s'en émouvoir. Cependant, puisqu'il croit devoir se baser sur cette situation des munitions pour suspendre sa marche et même pour revenir sur ses pas, il semble que l'avis apporté par le colonel Vasse-Saint-Ouen doive singulièrement l'affecter. En effet, ce n'est à ses yeux rien moins que l'ajournement, peut-être le renversement du plan d'opérations adopté, c'est-à-dire du projet de retraite sur Verdun.

« Le temps matériel a manqué au général Soleille pour recueillir des renseignements positifs. C'est donc une appréciation toute personnelle qu'il livre au maréchal. Celui-ci sait que le commandant en chef de l'artillerie est couché, et qu'il souffre d'une contusion reçue pendant la bataille; il ne peut ignorer que la santé du général, gravement atteinte depuis quelque temps, a ébranlé son moral, et que lui, si vigoureux, si énergique autrefois, est maintenant trop porté à voir toutes choses sous le jour le plus sombre et à s'exagérer les difficultés de la situation, ainsi que ces débats l'ont fait ressortir pour plus d'une circonstance.

« Ce serait bien le cas d'interroger l'officier que, de son lit, le général a envoyé lui porter cette désolante nouvelle, de le presser afin de savoir quel degré de confiance il doit y ajouter, sur quelles données elle se fonde, combien enfin il peut rester approximativement de coups de canon et de coups de fusil à l'armée.

« D'ailleurs, en admettant que le tiers, que la moitié même de l'approvisionnement eût été épuisée à la suite des deux batailles du 14 et du 16, il en restait largement de quoi continuer la lutte tout au moins pendant une ou deux journées.

« Rien ne pressait donc de battre en retraite, rien n'empêchait surtout d'attendre au lendemain matin (17) pour prendre un parti définitif et de se borner jusque-là à prescrire aux corps d'armée de se tenir prêts à marcher.

« S'il eût ainsi procédé, si, comme sa haute expérience, comme son sang-froid éprouvé devaient le lui conseiller, s'il eût enfin fait la part de l'exagération du premier moment, il aurait pu être promptement rassuré, car il aurait appris bien vite que les appréciations du général Soleille étaient très erronées.

« Le 17 au matin, il restait en effet 80,000 obus et 16 millions de cartouches, sur 106,000 obus et 17 millions de cartouches que possédait l'armée à son départ de Metz. On avait donc consommé tout au plus le quart de l'approvisionnement en munitions d'artillerie et le seizième en munitions d'infanterie.

« En accueillant l'appréciation du général Soleille sans observations, en se déterminant immédiatement, d'après elle, à reporter sa ligne en arrière, le maréchal Bazaine, loin de témoigner d'une intention formelle de continuer son mouvement sur Verdun, a laissé voir au contraire son désir de profiter du premier prétexte pour abandonner l'opération entreprise.

« Le deuxième motif allégué pour expliquer sa détermination de se rapprocher de Metz fut la pénurie des vivres. Il était encore moins valable que le premier.

« Les vivres eussent pu manquer en effet, si l'ordre de licenciement, donné le 15, avait été suivi d'effet ; mais, comme nous l'avons précédemment constaté, il n'en était rien : quelques-uns des convois étaient parvenus sur le plateau, dès le 16 au matin.

« Le convoi du grand quartier général, à lui seul, contenait plus d'un jour et demi de vivres pour toute l'armée. La plus grande partie des troupes avait encore un jour de vivres dans le sac ; certains corps d'armée en avaient deux.

« L'intendant général Wolf était venu annoncer le matin même (16), au maréchal que des approvisionnements considérables avaient été préparés à Verdun. Dans la soirée, l'intendant en chef intérimaire ne sut pas, il est vrai, et ce fut un tort, renseigner le maréchal sur l'existant à Gravelotte.

« Mais pourquoi celui-ci, eu égard à la situation de M. de Préval, nommé depuis trois jours seulement, ne s'adressa-t-il pas au fonctionnaire chargé spécialement du service et qu'il avait également sous la main à son quartier général ? M. Mony lui eût, vous le savez, fourni des indications très rassurantes.

« L'ignorance dans laquelle resta le commandant en chef n'eut d'ailleurs qu'un résultat favorable ; car, pour plus de sûreté, il envoya immédiatement chercher à Metz une partie des convois qui y étaient restés. Un convoi de 450 voitures allait rejoindre, le 17 au matin, lorsqu'il fut arrêté par l'avis que l'armée rebroussait chemin.

« Le maréchal a déclaré que ses appréhensions au sujet des munitions et des vivres, tout en pesant sur ses décisions, ne furent cependant pas les motifs déterminants de sa conduite. Il y aurait eu, selon lui, un défaut de rédaction dans ses dépêches : « Dans ma pensée, a-t-il dit, ce n'étaient pas « les vivres qui manquaient, mais il fallait les distribuer « de façon que les hommes en aient pour deux ou trois « jours dans le sac, de manière à nous débarrasser de notre « immense convoi. »

« La nécessité de ravitailler les troupes, tant en vivres

qu'en munitions, soit avec les ressources sur le plateau, soit au moyen des convois qui allaient arriver, pouvait-elle déterminer le commandant en chef, non à attendre sur place, mais à se reporter en arrière? Il suffit de poser cette question pour la résoudre.

« Cependant, la pénurie des munitions et celle des vivres furent les seules causes indiquées par le maréchal dans ses dépêches à l'Empereur comme dans ses ordres aux commandants de corps, pour expliquer son mouvement rétrograde. Il écrit, en effet, au souverain, le 16, à 11 heures du soir : « La difficulté, aujourd'hui, gît principalement dans la « diminution de nos parcs de réserve, et nous aurions de la « peine à supporter une journée comme celle d'aujourd'hui « avec ce qui nous reste dans nos caissons; d'un autre coté, « les vivres sont aussi rares que les munitions, et je suis « obligé de me reporter sur la ligne de Vigneulles-Lessy « pour me ravitailler. »

« Et à minuit, précisant encore mieux sa pensée, le maréchal écrivait aux commandants de corps : « La grande « consommation de munitions qui a été faite dans la jour« née, ainsi que le manque de vivres pour plusieurs jours, « ne nous permettant pas de continuer la marche qui avait « été tracée, nous allons nous reporter sur le plateau de « Plappeville. »

« Pressé de fournir des explications catégoriques sur une détermination si peu en harmonie avec la situation, le maréchal s'est borné à déclarer que les dépêches écrites par lui les 16 et 17 août, l'ont été sous l'impression du moment et des renseignements qui lui étaient fournis. Il a employé dans sa dépêche à l'Empereur le mot « principalement » pour indiquer qu'il y avait d'autres causes *qu'il ne croyait pas devoir rendre publiques.*

« Mais, en vérité, la pénurie de munitions et de vivres, où se serait alors trouvée l'armée, était bien autrement grave que les conditions d'ordre tactique que pouvait sous-entendre le maréchal. S'il devait craindre de rendre publique l'une quelconque des difficultés qui l'arrêtaient, c'était précisément celle-là qu'il aurait dû s'efforcer de dissimuler avec le plus grand soin, car elle était de nature à indigner et à consterner le pays, en lui apprenant que, deux jours après sa mise en mouvement, l'armée française était obligée de suspendre sa marche, faute d'avoir été pourvue au départ de ce qui lui était indispensable.

« Le maréchal a reconnu que ni les munitions ni les vivres ne lui faisaient défaut pour continuer sa marche.

« Mais alors pourquoi ces fausses indications dans les dépêches du 16 à l'Empereur et au maréchal de Mac-Mahon, indications que nous verrons cependant se reproduire les jours suivants alors même qu'il ne pourra plus avoir aucun doute sur leur inexactitude?

« Pourra-t-on prétendre qu'il y ait quelque chose d'incertain dans des affirmations formulées en termes si clairs et si précis?

« Le commandant en chef de l'armée du Rhin a-t-il songé à l'effet qu'allaient produire ses télégrammes et au péril des résolutions qu'ils pouvaient provoquer?

« Si le maréchal a pu se tromper pendant quelques heures sur la véritable situation, pourquoi ne pas s'empresser de rétablir la vérité dès qu'elle lui fut connue, au lieu de persévérer, pendant plusieurs jours, dans l'annonce des mêmes besoins, et, par conséquent, des mêmes dangers pour son armée?

« Tout en expliquant sa détermination à l'Empereur, et en la fondant sur la nécessité d'un ravitaillement, le commandant en chef avait soin d'ailleurs de l'avertir que cet arrêt dans la marche de l'armée n'était que momentané.

« Dans sa dépêche du 17, il lui écrivait : « L'ennemi a « été repoussé et nous avons passé la nuit sur les posi« tions conquises..... Je pense pouvoir me remettre en « marche après-demain, en prenant la direction plus au « nord, etc..... »

« Il se montre plus affirmatif encore dans le télégramme ci-après, du même jour, expédié au ministre de la guerre,

M. le général de Palikao, dans lequel nous lisons ces mots : « J'arrête quelques heures mon mouvement pour mettre « mes munitions au grand complet. »

« Or, nous allons voir les sentiments qu'il manifestait tandis qu'il envoyait ces nouvelles à l'Empereur et au ministre.

« Le 16 au soir, au moment où il venait d'expédier ses ordres, s'adressant aux officiers qui l'entouraient, il leur disait : « Il nous faut sauver l'armée française, et, pour cela, « revenir sous Metz. ». On conçoit l'étonnement qu'un pareil langage dut faire naître parmi ces officiers, car il pouvait à bon droit sembler inexplicable dans la bouche du chef d'une armée qui, suivant ses propres expressions, venait de repousser l'ennemi et qui couchait sur les positions conquises.

« Le lendemain, 17, il annonçait son intention de faire descendre les troupes des positions qu'il venait de leur faire prendre, pour les ramener vers la place, et il témoignait le désir de faire effectuer ce mouvement, soit le jour même, soit le lendemain matin.

« Ce simple rapprochement, entre les avis qu'il envoyait à 'extérieur et l'opinion qu'il exprimait à ceux qui l'approchaient, fait suffisamment ressortir la manière dont le maréchal Bazaine s'acquittait de son devoir, qui était de dire au souverain et au ministre la vérité sur la situation.

« Plus tard, nous retrouverons encore cette constante préoccupation de cacher la vérité au Gouvernement, afin de mieux dissimuler les véritables motifs de son immobilité.

« Pour justifier son mouvement rétrograde du 17, le maréchal a déclaré qu'en raison de la nécessité impérieuse de rétablir l'ordre tactique, il n'avait cru possible, ni de conquérir définitivement par un nouveau combat la route de Conflans, ni de s'élever vers le nord par la route de Briey, encore entièrement libre dans cette journée.

« D'ailleurs, à ce qu'il assure, l'Empereur, en le quittant, ne lui avait nullement donné l'ordre formel de poursuivre la retraite : ce mouvement était subordonné aux circonstances et ne devait s'accomplir que dans de bonnes conditions tactiques, afin de ne pas compromettre l'armée.

« Nous ne nous refusons nullement, quant à nous, à croire que le maréchal n'avait pas reçu d'ordres formels du souverain : un général en chef n'a pas à en recevoir de cette nature, et il est bien évident qu'il est toujours maître d'apporter à ses instructions primitives les modifications nécessitées par les événements imprévus, si fréquents dans la conduite des opérations militaires en face de l'ennemi.

« Mais il n'en est pas moins incontestable qu'il avait un plan d'opérations à accomplir, et qu'il ne devait y renoncer que si ce plan devenait impraticable ou trop dangereux. Or, la retraite était encore très exécutable le 17, et le maréchal n'a rien tenté pour l'effectuer.

« Il a donc trompé la confiance que l'Empereur avait mise en lui. C'est ce qu'il n'est que trop facile d'établir.

« Constatons d'abord qu'en reprenant sa marche sur Verdun par les routes d'Etain et de Briey, le 17, une fois les distributions faites, ravitaillé ainsi de deux à trois jours de vivres dans le sac du soldat, et suffisamment réapprovisionné en munitions d'artillerie et d'infanterie, le maréchal avait encore une avance de vingt-quatre heures sur l'ennemi.

« En effet, les corps allemands qui avaient combattu le 16 ne bougèrent pas pendant toute la journée du 17, obligés qu'ils étaient de se réorganiser et de se concentrer, et c'est seulement grâce à des marches forcées que les autres corps purent venir prendre part à la bataille du lendemain (18).

« Pour se dérober par une marche vers le nord, il lui aurait fallu, a dit le maréchal, faire exécuter un changement de front, l'aile gauche en avant, par des chemins de traverse, ce qui aurait donné à l'ennemi le temps de le rejoindre.

« Une telle explication est-elle sérieuse ? Que veut dire, à propos du mouvement à exécuter, cette expression de changement de front, l'aile gauche en avant.

« Pour se porter des positions occupées le 16 dans la direction de Briey, il fallait, au contraire, reculer en dérobant sa gauche; ce mouvement devait avoir pour résultat de l'éloigner de l'ennemi. Or, comme il ne put parvenir à la route de Briey que le 18 après-midi, on pouvait par là l'éviter, au moins pendant quelques jours, et très probablement se dérober tout à fait, si l'on prenait la direction des places du nord.

« Nous reconnaissons, toutefois, qu'une marche en retraite, dans ces conditions, n'eût pas été exempte de dangers, et nous croyons, comme la plupart des généraux entendus dans le cours des débats, qu'il eût peut-être mieux valu compléter préalablement le succès du 16 en attaquant l'ennemi le 17 pour le refouler dans les ravins de Gorze et, de là, sur la Moselle.

« Vous avez entendu les dépositions de MM. les commandants de corps, relativement à la possibilité de recommencer la lutte le 17, et malgré leur extrême réserve, dictée d'ailleurs par les plus honorables scrupules, vous avez compris, messieurs, que leur avis, presque unanime, était qu'il fallait continuer la bataille le lendemain et que les chances leur paraissaient favorables.

« En cas d'un insuccès, on était toujours à même de se retirer sous Metz, tandis que les résultats d'une victoire eussent été incalculables.

« L'armée du prince Frédéric-Charles, adossée à la Moselle, courait risque d'être détruite, et elle eût été du moins contrainte à reculer en toute hâte peut-être au delà de la frontière, tandis que l'armée du prince royal, isolée au cœur de la France, avec ses communications coupées, se fût trouvée dans la position la plus critique.

« Mais, sans vouloir insister à ce sujet et sans entrer dans le domaine de l'hypothèse, nous nous contenterons de faire remarquer que, puisque le commandant en chef ne jugeait pas devoir continuer immédiatement sa marche vers la Meuse, il lui fallait nécessairement livrer le 17 une seconde bataille. En effet, plus il attendait et plus il laissait s'accentuer le mouvement tournant de l'ennemi et s'accroître le nombre des troupes à combattre. Plus il attendait et moins le projet de retraite concerté avec l'Empereur devenait exécutable.

« Ces considérations élémentaires ne pouvaient échapper à la haute expérience du maréchal. Mais déjà, comme nous venons de le voir, il ne songeait plus guère à l'exécution de ce projet.

« Aux premières nouvelles de la bataille, l'Empereur crut à une victoire, et il se hâta d'adresser au commandant en chef la dépêche suivante (17 août, 9 heures du soir) : « Je vous « félicite de votre succès ; je regrette de n'y avoir pas assisté. « Remerciez, en mon nom, officiers, sous-officiers et sol- « dats. La patrie applaudit à leurs travaux. »

« Nous regrettons d'avoir à constater que le maréchal attendit jusqu'au 22 pour communiquer aux troupes les éloges du souverain et pour les remercier de leur brillante valeur qui, dans trois batailles successives, avait excité l'admiration de l'ennemi. »

Immédiatement après cette dernière accusation, qui se serait difficilement produite en d'autres pays, mais qui était grave en France, la séance fut suspendue pendant 10 minutes.

De la suite du discours du général Pourcet nous ne citerons que les phrases suivantes, qu'il prononça en reprenant la parole :

« Ainsi que nous venons de le dire, messieurs, le maréchal, sans avoir souci de la mission qui lui était confiée, avait résolu de reporter son armée en arrière.

« L'ennemi ne pouvait prévoir un tel mouvement. Non seulement il ne fit rien pour l'inquiéter, mais tandis que nos troupes allaient prendre, le 17, les positions indiquées, le prince Frédéric-Charles, inquiet et craignant que l'armée française ne se fût dérobée, poussait au loin les reconnaissances dans la direction de Verdun, pour avoir de ses nouvelles. »

Nous ferons, sur ce réquisitoire du général Pourcet, quelques observations qui ont de l'importance, non seulement pour l'histoire militaire, mais encore pour la science de la guerre.

On voit combien il est facile de dénaturer le tableau général d'une bataille quand on regarde comme superflu de tenir compte du temps et du lieu. — D'après le général Pourcet, un effort, qu'il n'estime pas très considérable, aurait suffi, le 16, pour refouler les Prussiens dans les ravins d'Ars et de Gorze. Mais on se demande avec raison à quel moment de la journée cet effort pouvait se produire à l'aile droite de l'armée française. Il n'était pas indifférent, en effet, pour cette question, que l'aile droite française entrât en ligne à 10 heures du matin ou à 3 heures de l'après-midi. Le général Pourcet se contente de nous dire que le 3e et le 4e corps arrivèrent sur le terrain pendant que le 2e et le 6e corps soutenaient une lutte opiniâtre. Ce n'est pas exact : le 2e corps s'était déjà porté en arrière quand le 3e corps vint prendre part timidement au combat. Verneville n'étant qu'à 6 kilomètres des bois de Tronville, il est bien certain que le 3e corps pouvait entrer en ligne dès midi avec les divisions Nayral et Montaudon. La meilleure preuve de cela, c'est que la division Aymard qui, marchant au canon, avait un long trajet à parcourir pour arriver de la vallée de la Moselle sur le plateau, entra en ligne vers 3 heures, encore avant la division Nayral. A cette heure seulement les divisions Montaudon et Nayral étaient à peu près prêtes à entrer en ligne. Etait-ce la faute de Bazaine? Bazaine aurait-il pu appeler vers la gauche, à 3 heures passées, les divisions Montaudon et Nayral, si elles avaient été sérieusement engagées depuis midi et avaient remporté des succès? Nous croyons positivement qu'ainsi engagées ces divisions auraient obtenu des avantages importants. Mais elles n'étaient pas là. Si Lebœuf et Ladmirault étaient entrés en ligne à 10 heures du matin, ou même à midi, au lieu de le faire, le premier vers 3 heures, le second plus tard encore, à cause du plus long chemin qu'il avait à parcourir, leur action eût été bien différente. En effet, il n'y a qu'environ 8 kilomètres du ruisseau de la voie romaine, où Ladmirault écrasa, vers 5 heures du soir, la brigade Wedell, jusqu'aux ravins de Gorze, dans lesquels le général Pourcet veut refouler les Allemands. Des troupes qui ne rencontrent pas de résistance peuvent faire ce chemin en deux heures environ, mais il leur faut 4 à 6 heures dès qu'elles sont forcées de combattre. Or, Ladmirault ne pouvait s'avancer sans rencontrer de résistance, et il l'a reconnu lui-même en se concentrant à la ferme de Greyère et au ruisseau de la voie romaine après l'attaque infructueuse de la cavalerie de Legrand.

Il n'entre pas dans notre sujet de suivre pas à pas l'acte d'accusation du général Pourcet. Nous ne pouvons qu'en discuter les points les plus importants. Le maréchal Bazaine avait pour défenseur Me Lachaud, avocat célèbre, mais qui avait lui-même conscience de son insuffisance pour apprécier les questions militaires. Lachaud perdit la tête au point de produire, pour justifier le maréchal Bazaine, une lettre du prince Frédéric-Charles. Faute incroyable! Car, à défaut même de grief sérieux contre le maréchal, c'était le perdre que d'invoquer le témoignage du prince prussien pour le justifier aux yeux d'un tribunal français. — Si le maréchal Bazaine avait eu pour défenseur un militaire intelligent, sans être pour cela un grand orateur, ce dernier aurait pu réduire à néant l'accusation et mettre souvent les rieurs de son côté. — On ne nous croira pas assez naïf pour supposer qu'un tel défenseur eût pu faire acquitter le maréchal Bazaine. Non, le procès était jugé d'avance et le maréchal Bazaine ne put douter, dès le premier instant, de la sentence qui devait le frapper. Mais une pareille défense eut beaucoup servi à éclairer la nation française, et cet avantage a son prix à nos yeux.

Le général Pourcet demande : Qu'y avait-il de plus grave à livrer à la publicité que de dire que l'armée, deux jours après sa mise en mouvement, était obligée de suspendre sa marche faute de vivres et de munitions ? Quelles conditions d'ordre tactique pouvaient sembler plus importantes ? — Aucune. Mais il y avait autre chose que le manque de vivres et de munitions que le maréchal pouvait beaucoup moins livrer à la publicité : diverses phrases que prononça le maréchal Bazaine pendant son procès nous montrent que la tenue de l'armée française, le 16 au soir, ne lui semblait pas si brillante qu'à d'autres, au maréchal Canrobert, par exemple, que le mouvement sur la route de Rezonville à Gravelotte, si clairement décrit par le général de Montarby, ne lui parut pas être une vétille, arrivant tous les jours après tous les combats. Peut-être aussi le maréchal Bazaine, à la suite des observations qu'il avait pu faire le 14, et surtout de très près le 16, n'était-il pas convaincu que les Prussiens étaient hors d'état de faire un mouvement. Mais comment aurait-il pu alors rendre ces choses-là publiques? Cela nous paraît impossible. Tout Français en conviendra s'il n'est pas trop oublieux. Et s'il a perdu la mémoire, il n'a qu'à relire un des grands journaux de Paris de cette époque-là.

Le général Pourcet affirme que l'armée française aurait eu une avance d'au moins vingt-quatre heures, si elle avait pris le 17 la route par Etain et par Briey. Pour affirmer pareille chose, il faut admettre qu'après une grande bataille, les soldats français n'ont pas besoin du repos qui est nécessaire à leurs ennemis ; que les bataillons français ne sont pas mis en désordre par une bataille, et n'ont pas perdu de monde, tandis que cela arrive à leurs adversaires ; que les colonnes françaises de vivres et de munitions se meuvent, en terrain inconnu et par une nuit obscure, aussi facilement qu'en plein jour et sur un terrain d'exercices comme le camp de Châlons, pendant que c'est tout le contraire chez le parti opposé. A défaut de ces hypothèses et d'autres semblables tout aussi inadmissibles, l'affirmation dont il s'agit ne tient pas.

Le général Pourcet s'appuie sur ce que les troupes allemandes qui avaient combattu le 16 ne firent aucun mouvement le 17. C'est parfaitement vrai. Elles s'attendaient à être attaquées de nouveau le 17 et se préparaient à recevoir l'attaque. Le 17, au point du jour, le prince Frédéric-Charles, qui avait mis pendant la nuit son quartier général à Gorze, revenait sur le champ de bataille. Chaque heure de retard de l'attaque de Bazaine était gagnée par les Allemands et leur assurait de plus en plus une victoire décisive, puisqu'ils attendaient d'heure en heure des renforts considérables.

La tête du IXe corps, dont le 11e régiment d'infanterie avait seul été engagé le 16, arrivait le 17, dès 6 heures du matin, sur les hauteurs à l'ouest du bois de Vionville. Le VIIe et le VIIIe corps, ainsi que la 1re division de cavalerie, appartenant à la Première armée, qui n'avait eu d'engagé le 16 que la moitié de la division Barnekow, commençaient à passer la Moselle à Corny et Arry, le 17 entre 5 et 6 heures du matin ; ces troupes pouvaient donc prendre part au combat vers 9 heures, au moins à l'aile droite allemande, sur la Mance et le ruisseau de Gorze.

En outre, la division de cavalerie saxonne arrivait le 17 de grand matin à Harville, au nord-est de Saint-Hilaire, sur la route de Metz à Verdun par Mars-la-Tour, et, à 9 heures du matin, elle atteignait, à Saint-Jean-lez-Buzy, la route de Metz à Verdun par Etain.

Le XIIe corps (Saxon) arrivait le 17, entre 1 heure et 2 de l'après-midi, entre Puxieux et Mars-la-Tour, et le corps de la garde prussienne était à 1 heure à Puxieux.

Le prince Frédéric-Charles avait certainement raison d'attendre l'arrivée de ses renforts, en prévision d'une nouvelle bataille, car on ne peut jamais avoir trop de troupes pour livrer bataille. Admettons que les Français, sans plus s'inquiéter des Allemands, aient marché sur Etain ou sur Briey dans la matinée du 17, — et ils ne pouvaient jamais le faire trop tôt. — Dans ce cas, les Allemands seraient-ils restés aussi tranquilles ? Le général Pourcet dit lui-même que le prince Frédéric-Charles craignait que l'armée française ne se dérobât. Nous pensons donc qu'aussitôt que les reconnaissances et la division de cavalerie saxonne auraient fait savoir que les Français marchaient sur Etain et Briey, celles des batteries allemandes qui avaient combattu le 16 sans être trop maltraitées, se seraient avancées sans perdre un instant, couvertes par la 5e et la 6e division de cavalerie, afin de canonner les colonnes de marche françaises ; cette artillerie aurait été suivie par les batteries fraîches du IXe corps et de la Première armée, si bien qu'à peine en marche, l'armée française aurait été forcée de faire halte et front, car elle n'aurait pu se résigner à se laisser décimer impunément.

Après s'être efforcé de prouver que l'armée française pouvait se remettre en marche le 17 au matin, le général Pourcet avoue lui-même, — ainsi que l'ont fait d'une manière plus ou moins précise tous les généraux présents sur le champ de bataille du 16, — qu'il eût peut-être été préférable (sinon nécessaire) de commencer le 17 par livrer une nouvelle bataille. Mais il admet que l'armée française conservait pour cela comme position fondamentale celle qu'elle occupait à la fin de la bataille du 16, et il n'est pas difficile de voir que le général Pourcet attribuait l'action principale à l'aile droite française, aux 4e et 3e corps, qui devaient refouler les Allemands dans les ravins de Gorze. — En cas d'insuccès, pense le général Pourcet, on était toujours à même de se retirer sous Metz, tandis que les résultats d'une victoire eussent été incalculables.

Avec la connaissance forcément incomplète que le maréchal Bazaine avait, le 16 et le 17 août, de la situation des Allemands, un semblable calcul pouvait jusqu'à un certain point lui être permis ; mais il cesse de l'être avec la connaissance précise qu'avait de cette situation le général Pourcet, le 3 décembre 1873, lorsqu'il prononça son réquisitoire.

Examinons maintenant le rôle qui devait être attribué au général de Ladmirault dans le plan de bataille du général Pourcet. Le général de Ladmirault passait, dans l'armée française, pour entreprenant, et tout le monde conviendra qu'il justifia, le 16 août, cette réputation. Il est certain également qu'il ne mit pas de côté toute prudence, qui pourrait lui en faire un reproche? Donc le corps du général de Ladmirault, pendant la nuit du 16 au 17, campa au nord du ruisseau de la voie romaine, ayant son aile droite à la ferme de Greyère. Admettons que ces troupes, après avoir mangé quelque chose, fussent sous les armes, le 17 août à 7 heures du matin, prêtes à marcher à l'attaque. Nous croyons, en cela, supposer des conditions aussi favorables que possible pour le 4e corps français. — C'est, du reste, le système que nous suivrons toujours. — A 7 heures et demie, l'artillerie de Ladmirault ouvre donc le feu contre Mars-la-Tour et Tronville. Le corps Ladmirault a d'abord pour objectif de marcher par Tronville sur Buxières. De Greyère à Buxières il y a 8 kilomètres, que l'on peut parcourir en deux heures, si l'on ne rencontre pas de résistance. Mais le général de Ladmirault trouve déjà à Tronville la plus grande partie du Xe corps allemand et la division Rheinbaben ; à la droite de cette division se relie, à Vionville, la 6e division d'infanterie, puis se trouve vers le bois de Vionville la 5e division d'infanterie, et derrière ces deux divisions la 6e division de cavalerie.

A 7 heures et demie, lorsque la lutte commence entre Greyère et Tronville, le IXe corps est arrivé à l'ouest du bois de Vionville ; le prince Frédéric-Charles est informé que dans une heure au plus tard le VIIe corps s'avancera dans la direction de Gravelotte, à travers le bois de Vaux et le bois des Ognons, et qu'à 9 heures, 9 heures et demie au plus tard, le VIIIe corps paraîtra au bois de Vionville, pour marcher sur Rezonville. Le prince envoie alors aussitôt une division du IXe corps soutenir le Xe corps et la 6e division d'infanterie. Cette division du IXe corps arrive à 8 heures trois quarts à la ferme du Sauley. A ce moment Ladmirault a délogé le Xe corps des hauteurs de Tronville ; la division du IXe corps attaque immédiatement, occasionne un temps d'arrêt dans le combat, et Ladmirault est forcé de rassembler ses troupes et de se recueillir. Cependant il prend un nouvel élan et, vers 10 heures, les Allemands plient vers Buxières où ils se reforment à 10 heures et demie. Sur ces entrefaites, le corps de Lebœuf s'est également avancé, il a enlevé Vionville à la 6e division prussienne qu'il a refoulée vers le bois de Gaumont ; Frossard, de son côté, s'est de nouveau porté en avant de Rezonville, et entame un combat acharné contre les bois de Vionville et de Saint-Arnould, occupés par les Allemands. Pendant que toute l'aile droite française obtient ainsi l'avantage entre 10 et 11 heures, le VII° corps allemand s'est avancé dans le bois de Vaux et le bois des Ognons, et il empêche Bazaine d'envoyer ses réserves, le 6° corps et la garde, soutenir l'aile droite française. Ces réserves sont maintenues à Gravelotte et Rozéreuilles.

Mais à ce moment, le VIII° corps allemand s'est complètement déployé à l'ouest du bois de Vionville. Le prince Frédéric-Charles, au lieu d'employer ce corps d'armée à renforcer son aile gauche, le dirige sur la grande route, entre Rezonville et Vionville, contre le centre français. On ne dira pas, croyons-nous, que ce mouvement doit être sans influence sur l'aile droite française ; mais nous nous contenterons d'admettre qu'il ne fait qu'arrêter la marche en avant de cette aile, et qu'après un combat acharné, l'attaque du VIII° corps est repoussée. Néanmoins, il est alors plus de midi, et le XII° corps (saxon) arrive à Chambley, suivi de près par le corps de la garde prussienne. Qu'aura maintenant Ladmirault à opposer à ces nouvelles forces ? Fort peu de chose, croyons-nous. Et, ajouterons-nous de suite : plus son succès aura été grand jusqu'à ce moment, plus mauvaise sera sa situation entre midi et 1 heure. Supposons que son aile droite soit arrivée jusqu'au bois de Harl, pendant que sa gauche s'appuie au ravin de Tantelainville, alors les troupes fraîches allemandes qui arrivent le prennent en flanc et à dos. Qui oserait affirmer qu'en de telles circonstances, après une bataille perdue le 17, les Français eussent pu se retirer sous Metz comme si rien ne fut arrivé? Quel est celui qui, tenant compte du temps, de l'espace et des forces, voudrait contester que nous ayons été, dans notre calcul, aussi favorable que possible pour les Français ?

Comme tout le monde, partant des points de vue les plus divers, arrive finalement à cette conclusion qu'une marche sur Etain et Briey, sans s'inquiéter des Allemands campés près de la route de Mars la-Tour, n'était pas rationnelle, — qu'une nouvelle bataille était nécessaire pour ouvrir à l'armée les routes de Verdun, — il ne reste plus qu'à savoir de quelle position initiale on devait livrer cette nouvelle bataille, et nous croyons avoir démontré que la position du 16 au soir était défavorable pour cela. — On n'a jamais dit que Bazaine voulait absolument éviter une nouvelle bataille, et dans le fait il en livra une le 18. Bazaine voulait seulement livrer cette bataille dans les conditions le plus favorables possible, et il ne les trouvait dans son opinion, partagée du reste à cette époque par un grand nombre de généraux français, que dans une position défensive, contre laquelle devaient courir les Allemands, et où l'on pouvait utiliser toute la puissance du chassepot.

Après avoir examiné tant d'opinions diverses et acquis une connaissance exacte de la véritable situation, nous résumerons brièvement notre opinion sur elle.

Il est incontestable que Bazaine faisait une marche de flanc par rapport aux Allemands qui passaient la Moselle au-dessus de Metz, et il ne pouvait avoir lui-même aucun doute à cet égard, car il savait que les têtes de colonnes allemandes étaient dès le 12 août sur la rive droite de la Moselle.

Or il négligea pour l'exécution de cette marche de flanc les règles les plus habituelles.

On peut, si l'on évite les fautes les plus graves, en exécutant une marche de flanc, se déployer pour combattre aussi facilement, plus facilement même que dans la marche en avant vers l'ennemi. Ce n'est pas, du reste, de la difficulté de se déployer pour combattre que résulte la faiblesse d'une armée qui opère une marche de flanc. Cette faiblesse réside plutôt en ce que, lorsqu'on exécute une marche de flanc, on a un tout autre but que de combattre pendant la marche. On veut, soit atteindre tranquillement un point, en arrivant sur lequel on se sera tiré d'une position critique où l'on se trouvait, — ou un point sur lequel arrivé on se trouvera dans des conditions très favorables pour attaquer l'ennemi ou attendre son attaque. On ne veut donc point se battre pendant la marche de flanc, et si l'on s'y trouve forcé, cela seul est une cause de faiblesse, parce que le premier dessein est contrarié, parce que la volonté se trouve alors nécessairement divisée. — Il faut, en conséquence, faire tout ce qu'on peut pour préserver l'armée d'une bataille pendant la marche de flanc.

C'est de là que découlent les vieilles et excellentes règles : se dérober à l'ennemi le plus vite et le plus secrètement possible ; marcher le plus rapidement possible ; pour cela, les adversaires les plus déclarés des marches de nuit et des marches forcées les permettent dans ce cas ; fractionner l'armée sur plusieurs colonnes que l'on fait marcher sur des routes parallèles, distinctes les unes des autres, mais pas trop éloignées ; débarrasser les colonnes qui peuvent être obligées de combattre de tous les convois qui ne sont pas absolument indispensables, et faire marcher ceux-ci sur des routes particulières, le plus loin possible de l'ennemi, sans craindre de faire des détours. Préparer à l'approche de l'ennemi le plus d'obstacles que l'on peut ; observer les mouvements de l'ennemi par des détachements envoyés au loin sur le flanc des colonnes, afin d'être informé promptement de ces mouvements et de pouvoir prendre ses mesures en conséquence.

Toutes ces règles, qui se trouvent dans tous les manuels de tactique, et dont, ce qui plus est, les généraux les plus ordinaires se sont rarement écartés, furent négligées ici de la manière la plus fâcheuse. Cela ressort effectivement de notre récit, et nous reviendrons seulement en quelques mots sur les obstacles qui auraient dû être préparés à l'ennemi. Il fallait tout mettre en œuvre et le plus longtemps possible pour empêcher les Allemands de passer la Moselle, et l'on ne fit à cet égard que ce qui était le plus inutile en faisant sauter le pont du chemin de fer de Longeville. — En ce qui concerne l'observation des mouvements de l'armée allemande, il fallait envoyer des détachements français, d'un côté jusqu'à la Moselle et de l'autre au moins jusqu'au Rupt de Mad. Et l'on conviendra que 13,000 cavaliers, dont plus de la moitié étaient armés de l'excellent chassepot de cavalerie, étaient plus que suffisants pour ce service de reconnaissance. Comme on l'a déjà dit, la négligence à cet égard fut complète et nous n'examinerons pas de nouveau si la faute en est attribuable à Bazaine seul ou à ses adjoints. Nous avons réuni plus haut, autant que nous avons pu le faire, les éléments nécessaires pour résoudre cette question.

La malheureuse journée du 16 août arriva donc sans qu'on puisse dire que la préparation de la marche sur Verdun fut achevée.

Le 16 août, Bazaine dut se battre ; il n'avait pas autre chose à faire; il se trouvait dans le cas que l'on doit éviter par tous les moyens possibles quand on exécute une marche de flanc. Une fois ce cas survenu, il ne s'agit plus, pour améliorer la situation, que d'écarter la cause de faiblesse qui résulte inévitablement de l'existence d'un double dessein, d'une volonté partagée. — On doit alors mettre provisoirement de côté la marche en avant sur le but primitif (ici Verdun), pour ne songer qu'à livrer bataille, en cherchant, si cela est possible, à remporter une victoire décisive afin de préparer d'une manière avantageuse les opérations futures.

Nous voyons maintenant que tout le monde a reproché à Bazaine de n'avoir pas employé, le 16, toutes ses forces à son aile droite. Sur quoi ce reproche est-il fondé? Nous avons vu que les Français obtinrent à l'aile droite un certain succès, mais qu'il fut promptement arrêté. Le raisonnement des adversaires de Bazaine, dans son procès, semble être celui-ci : puisque l'on avait constaté un commencement de succès à l'aile droite, c'est là qu'on devait nécessairement obtenir un grand succès. Notre discussion, assurément modérée, de la bataille hypothétique du 17 août, aura suffisamment prouvé au lecteur la fausseté de ce raisonnement. En réduisant les choses à leur plus simple expression, nous dirons : tout succès de l'aile droite française, qu'il fût remporté quelques heures plus tôt ou plus tard, devait nécessairement être suivi d'un revers, si l'armée française ne parvenait point à empêcher les Allemands d'amener sur le champ de bataille les renforts considérables qu'ils avaient dans le voisinage. Or, les renforts allemands les plus rapprochés ne pouvaient arriver qu'en traversant la Moselle entre Metz et Pont-à-Mousson. C'est donc dans la vallée de la Moselle que Bazaine devait lier les bras aux Allemands, et si loin qu'il eût déjà laissé aller les choses, nous sommes convaincu qu'il devait encore au moins essayer de le faire le 16 août. Mais pour une telle opération, la seule qui pût amener un revirement favorable pour les Français, Bazaine ne pouvait agir qu'avec son aile gauche, de la ligne Gravelotte-Rozérieulles, et en aucune façon avec son aile droite, de la ligne Greyère-Saint-Marcel. D'après cela, on ne saurait donc reprocher à Bazaine d'avoir donné l'importance principale à son aile gauche. Mais il n'en est pas moins clair que tous les avantages qu'on pouvait encore obtenir le 16 exigeaient une offensive hardie de l'aile gauche, et qu'en laissant cette aile sur la défensive, sur la Mance et la Jurée, on ne pouvait obtenir de résultat. Que Bazaine eût pu sûrement changer la face des choses en attaquant le 16 dans la vallée de la Moselle, nous sommes naturellement bien loin de l'affirmer, car dans les opérations de guerre il n'y a généralement que des probabilités. Mais le mouvement offensif en remontant la vallée de la Moselle, avec un dessein arrêté, était rationnel ; et si un revirement favorable aux Français pouvait encore être amené, il ne pouvait l'être que de cette façon. Ce que peut une volonté simple et positive en face d'une volonté hésitante et multiple, on le voit justement dans la conduite des Allemands et, en particulier, dans celle du IIIe corps d'armée, le 16 août. Si Alvensleben ne s'en était pas simplement tenu à sa consigne, d'empêcher les Français de marcher sur Verdun par Mars-la-Tour, s'il s'était laissé tourmenter par d'autres considérations, disons même, s'il n'avait pas reçu réellement l'ordre de croire qu'il ne pouvait avoir affaire qu'à une arrière-garde française, qui peut affirmer qu'il se serait avancé aussi tranquillement et qu'il aurait tenu avec autant d'énergie qu'il le fit ? Avec la manière actuelle de combattre, on peut moins que jamais compter ses ennemis sur le champ de bataille, et le général qui songe à le faire est déjà à moitié perdu. Ce compte doit, autant que possible, être fait d'avance d'une manière générale.

En conclusion, nous croyons que Bazaine aurait encore pu, le 16 août, mettre la fortune de son côté; mais que, le 17, il ne lui restait plus qu'à ouvrir une nouvelle série d'opérations, suivant un nouveau plan initial, en prenant provisoirement pour base la place de Metz.

B. — Sur l'emploi de l'artillerie le 16 août.

Le rôle important que joua l'artillerie dans la bataille de Vionville—Mars-la-Tour, ressort clairement de notre récit. Nous allons examiner les points essentiels de l'action de l'artillerie.

Les annexes au rapport dans le procès de Bazaine font connaître la consommation de munitions pour les batteries de canons de l'armée française qui furent engagées, mais non pour les batteries de mitrailleuses, qui étaient abondamment approvisionnées, mais ne furent cependant employées que momentanément et sur certains points seulement. Voyons d'abord la consommation des batteries légères (batteries de 4) :

les 9	batteries légères	du 2e corps tirèrent	. . . .	6,179	obus,
les 10	—	— du 3e corps tirèrent	. . . .	2,358	—
les 8	—	— du 4e corps tirèrent	. . . .	2,027	—
les 9	—	— du 6e corps tirèrent	. . . .	5,210	—
les 2	—	— de la division Forton tirèrent	. . . .	1,361	—
les 6	—	— de la réserve d'artillerie tirèrent	. .	2,671	—
les 10	—	— de la garde impériale tirèrent	. . .	2,642	—
les 54	batteries légères	de l'armée tirèrent	. . . .	22,448	obus.

Chaque pièce tira donc en moyenne :

au 2e corps	114	coups,
au 3e corps	39	—
au 4e corps	42	—
au 6e corps	96	—
à la division Forton	113	—
à la réserve d'artillerie	74	—
dans la garde impériale	44	—

La moyenne des coups tirés par chaque pièce légère de l'armée est de 69.

Voici maintenant la consommation des batteries lourdes (batteries de 12) :

les 2	batteries lourdes	du 2e corps tirèrent	1,338	obus,
les 2	— —	du 3e corps tirèrent	437	—
les 2	— —	du 4e corps tirèrent	718	—
les 2	— —	du 6e corps tirèrent	269	—
les 2	— —	de la réserve d'artillerie tirèrent	522	—
les 10	batteries lourdes	de l'armée tirèrent	3,284	obus.

Cela donne pour chaque pièce lourde la moyenne suivante :

au 2e corps	111	coups,
au 3e corps	36	—
au 4e corps	60	—
au 6e corps	22	—
à la réserve d'artillerie	44	—

ce qui ne fait pas, pour chaque pièce lourde de l'armée, une moyenne de 55 coups.

Les batteries de canons de l'armée tirèrent en tout 25,732 coups.

On voit quel usage le 2e corps fit de son artillerie; le 6e corps reste loin derrière lui et on est frappé de la faible consommation de munitions du 3e corps. Il faut observer, en effet, que l'on ne parle ici que des batteries qui furent réellement au feu et non de toutes celles qui parurent sur le champ de bataille.

Du côté des Allemands, voici quelle fut la consommation des batteries légères (4 rayé) :

1re batterie à cheval de la garde	82	obus,	
1re et 2e batteries légères no 3	2,083	—	
3e batterie légère no 3	552	—	
4e — —	417	—	
5e — —	465	—	5 boîtes à mitraille,
6e — —	576	—	8 —
1re — à cheval no 3	1,148	—	
2e — —	838	—	6 —

3e	batterie	à cheval n° 3	1,164	obus,
5e	—	légère n° 8	400	—
1re	—	— n° 9	65	—
1re	—	— n° 10	677	—
	—	— n° 10	444	—
	—	— n° 10	475	—
4e	—	— n° 10	225	—
5e	—	— n° 10	248	—
6e	—	— n° 10	141	—
1re	—	à cheval n° 10	1,048	—
2e	—	—	785	—
3e	—	—	603	—
1re	—	à cheval n° 4	585	—

Les 22 batteries légères, 132 pièces, tirèrent donc 13,022 obus, ce qui fait une moyenne de 98,6 obus par pièce. L'approvisionnement de batterie de chaque pièce légère, dans les coffres et caissons, était de 128 coups à obus; la moyenne des coups tirés atteignit presque cet approvisionnement, et, comme on ne peut pas attendre, pour compléter les munitions, qu'il ne reste plus dans les coffres que deux ou trois coups, les parcs furent naturellement mis à contribution, mais la consommation de certaines batteries avait de beaucoup dépassé la moyenne, ainsi la 1re batterie à cheval n° 3 tira 1148 obus, ce qui fait presque 192 coups par pièce; la 3e batterie à cheval n° 3 tira 1164 obus, c'est-à-dire 194 coups par pièce; la 1re batterie à cheval, n° 10, 1048 obus, près de 175 coups par pièce; les 1re et 2e batteries légères n° 3 atteignirent presque un chiffre égal à celui-là.

La consommation des batteries lourdes (6 rayé) est la suivante :

1re et 2e	batteries lourdes	n° 3	1,650	obus,
3e	batterie lourde	n° 3	925	—
4e	—	n° 3	735	—
5e	—	n° 3	562	—
6e	—	n° 3	432	—
5e	—	n° 8	211	—
6e	—	n° 8	289	—
2e	—	n° 9	38	—
1er	—	n° 10	597	—

2e batterie double	n° 10	. . . .	332 obus,
3e	—	n° 10	255 —
4e	—	n° 10	157 —
5e	—	n° 10	259 —
6e	—	n° 10	175 —

Les 15 batteries lourdes, — 90 pièces, — tirèrent donc 6,617 obus, ce qui fait une moyenne de 73,5 coups par pièce. — L'approvisionnement de batterie qu'emporte avec elle chaque pièce lourde n'étant que de 102 coups à obus, on voit que les batteries lourdes ont eu le même besoin que les batteries légères d'avoir recours aux parcs.

Les 37 batteries, tant lourdes que légères, 222 pièces, tirèrent 19,657 coups, y compris un petit nombre de boîtes à mitraille, ce qui donne une moyenne de 88,5 coups par pièce. — On voit que les batteries allemandes prirent une part beaucoup plus importante au combat que les batteries françaises, — et comme toutes les batteries allemandes, une fois en action, ne l'abandonnèrent point aussi facilement malgré leurs pertes en hommes et en chevaux, il est naturel que la consommation de munitions de ces batteries soit à peu près en proportion du temps écoulé entre leur arrivée sur le champ de bataille et la fin du combat.

Dans toute la campagne de 1866, les 900 pièces de campagne de l'armée prussienne ne tirèrent pas plus de 36,000 coups, ce qui ne fait pas le double de ce que tirèrent les 222 pièces allemandes sur le champ de bataille de Vionville, le 16 août. Il fut tiré seulement 40 coups par pièce pendant toute la guerre de 1866; c'est-à-dire au plus 53 coups par pièce à l'armée du Mein, 48 à la Première armée et à celle de l'Elbe, et 28 à la Deuxième armée (prince royal de Prusse). — Que l'on compare à cela les 88 coups par pièce dans la seule bataille de Vionville — Mars-la-Tour. Cette différence dans la consommation des munitions entre 1866 et 1870 indique le rôle tout différent que joua l'artillerie dans les deux guerres. Qui ne se rappelle les jugements défavorables portés sur l'artillerie prussienne après 1866? L'égalisation de l'armement de l'infanterie rendit à l'artillerie en 1870 le rang qui lui appartient. Mais comment se trouva-t-elle prête, cette année-là, à jouer son nouveau rôle? C'est que l'adversité, quand elle ne dure pas trop longtemps, est un bienfait pour les sociétés intelligentes comme pour l'homme habile!

Si l'on admet qu'en moyenne un obus éclate en 10 ou 11 fragments, qui peuvent tuer ou blesser, l'artillerie prussienne lança, le 16 août 1870, environ 200,000 de ces éclats.

Nous avons vu que les Français eurent tout au plus 14 à 15,000 tués ou blessés. En les attribuant tous à l'artillerie allemande, il aurait fallu 14 éclats d'obus pour tuer ou blesser un Français, et 28 éclats si nous n'attribuons à l'artillerie que la moitié des blessures.

Tandis qu'en 1866, l'artillerie prussienne se traînait constamment derrière les colonnes et se tenait au second plan, en 1870 elle est en avant. Elle se trouve, le plus souvent, judicieusement répartie dans les colonnes de marche, de manière à pouvoir se charger des préludes du combat. Cependant ce n'était pas là le cas général, ainsi qu'on peut le voir en étudiant les mouvements d'approche des divisions allemandes pour la bataille du 16. Mais, dans les circonstances les plus défavorables, l'artillerie sut trouver son chemin pour se porter en avant et arriver à temps au point favorable, afin de préparer sa voie à l'infanterie. Les escadrons, les régiments de cavalerie, s'attachèrent à elle pour lui servir de soutien, très rarement désignés spécialement pour ce service, mais le plus souvent entraînés par la solidarité, la fraternité d'armes de l'armée, dont étaient pénétrés tous les chefs, et qui se faisait valoir ici dans le sentiment de l'égale mobilité de l'artillerie et de la cavalerie. L'artillerie n'avait pas besoin de demander des soutiens parce qu'elle était sûre d'en trouver. Elle obtint par ces conditions, toutes naturelles, une immense liberté de mouvement et sut en tirer habilement parti.

Bien que la surprise de la cavalerie française, dans la matinée, ait été moins due à la cavalerie qu'à l'artillerie à cheval, Seydlitz ou Zieten auraient été fiers de ce fait d'armes d'artillerie-cavalerie.

Aussitôt que l'artillerie se trouve en nombre suffisant, elle se forme en masses, dont les batteries concentrent leur feu sur un but donné. L'infanterie, lorsqu'elle est arrivée, prend alors d'une manière plus solide le soutien de ces masses, profite de leur effet pour se porter elle-même en avant, et cherche ainsi à ouvrir aux masses d'artillerie un chemin vers l'ennemi.

Dans l'espace compris entre Flavigny et le bois de Vionville, il y avait, à 5 heures du soir, 18 batteries prussiennes — 108 pièces — concentrant leur feu contre le centre de la position française à Rezonville. Elles occupaient un front de 2,000 mètres à peine, 19 mètres au plus par pièce, laissant encore de l'espace pour l'action de l'infanterie et de la cavalerie.

Les distances auxquelles agissait l'artillerie allemande varient généralement entre 800 et 4,000 pas (600 et 3,000 mètres) (1). On rencontre les plus courtes distances (600 mètres) lorsque l'adversaire prenait l'offensive et que l'artillerie croyait opportun de rester en place pour résister le plus longtemps possible à ce mouvement offensif. En pareil cas, l'emploi de la mitraille à la distance de 300 mètres semblait être indiqué. Cependant l'examen des munitions consommées montre que ce tir fut rarement jugé utile.

On trouve les plus grandes distances, 3,000 mètres environ, quand l'une des ailes d'une grande ligne d'artillerie qui n'a pas pour le moment d'autre but direct, veut soutenir l'autre aile menacée, en tirant sur les réserves ennemies et prenant de flanc les colonnes de soutien de l'adversaire. Dans de telles circonstances, ces feux à grandes distances n'ont nullement été inefficaces ni superflus. Seulement, il ne faut pas tirer au hasard, ni employer un feu rapide et rasant. — Déjà, dans la bataille de Solférino, on avait pu

---

(1) Nous suivons complètement ici le livre du capitaine E. Hoffbauer : *L'Artillerie allemande dans les batailles de Metz.* Berlin, 1872.

faire les mêmes observations avec les canons rayés français qui faisaient leur apparition en 1859. — Ainsi, les pièces rayées du 4e corps (Niel) durent principalement leur succès contre l'aile gauche autrichienne, très supérieure en nombre, au feu qu'elles dirigèrent contre les réserves autrichiennes, à des distances à peine soupçonnées jusqu'alors.

On peut regarder les distances de 1500 à 2,000 pas (1125 à 1500 mètres) comme étant celles réellement efficaces, avec les pièces rayées actuelles, au début d'un combat offensif. En observant ses obus qui éclatent, l'artillerie reconnaîtra si elle se trouve à cette distance de l'ennemi, et si elle voit qu'elle en est trop éloignée, elle pourra s'en rapprocher, à moins que le terrain ne présente des difficultés insurmontables. Il faut admettre les distances de 800 à 1200 pas (600 à 800 mètres) comme étant les plus petites pour l'offensive. La distance de 600 mètres semble à peine nécessaire pour soutenir efficacement l'infanterie. Elle peut toujours être employée quand un retour offensif de l'ennemi suit ou accompagne notre propre offensive, en outre quand on ne peut voir autour de soi, comme cela arriva dans la bataille du 16 août. On doit d'autant moins faire tirer l'artillerie à cette distance, que l'armement d'infanterie des armées opposées est plus égal. Si, pour ce motif, l'artillerie prussienne avait encore raison, en 1870, de se rapprocher de l'ennemi, il n'en sera plus ainsi dorénavant, par suite des perfectionnements apportés à l'armement de l'infanterie allemande. Si une bonne artillerie ne saurait admettre en principe qu'elle doive, en toute circonstance, se tenir hors du feu de l'infanterie ennemie, il serait, par contre, insensé de s'exposer à ce feu sans nécessité, c'est-à-dire lorsqu'on n'a pas en perspective un gain qui réponde à l'enjeu.

On peut ériger en règle générale que l'artillerie d'un corps de troupes considérable doit être employée sur la même partie du champ de bataille où combattent les autres armes de ce corps. Il n'est jamais bon de rompre une communauté donnée. Il peut cependant se présenter des cas urgents où une séparation de l'artillerie est indiquée, mais il faut admettre ces cas-là avec une grande circonspection. On doit reconnaître que de telles séparations eurent lieu beaucoup moins fréquemment dans la bataille du 16 août que dans celle du 6 (Spicheren), et qu'elles étaient beaucoup mieux justifiées le 16, parce qu'elles ne se produisirent que tard, lorsque la supériorité numérique de l'ennemi était parfaitement constatée. Malgré cela, il faut se montrer plus sévère encore à cet égard, et ne pas se laisser entraîner à justifier comme règle ce qui ne doit être que l'exception.

Ces séparations plus ou moins volontaires de l'artillerie rendent plus difficile le renouvellement des munitions, lorsque la consommation en est considérable, parce que les colonnes de munitions (parcs de division ou de corps) ont plus de difficultés pour trouver les fractions de troupes dont elles doivent compléter les munitions. Si cet inconvénient ne s'est pas fait sentir dans la bataille du 16, cela ne veut pas dire qu'il ne puisse jamais se produire. Du côté prussien, on cherchait à s'entr'aider mutuellement, sans tenir trop de compte des corps de troupes déterminés auxquels les colonnes auraient dû livrer leurs munitions. Un grand nombre de batteries prussiennes avaient perdu tant de chevaux qu'elles pouvaient à peine se mouvoir; les caissons de batteries, notamment, ne pouvaient aller loin avec les attelages qui leur restaient. Il leur était complètement impossible d'établir un va-et-vient entre les batteries et les parcs, pour apporter de nouvelles munitions, va-et-vient aussi problématique du reste que celui des colonnes de vivres pour assurer constamment les subsistances. En conséquence, les caissons de parcs s'approchaient le plus possible de la ligne des batteries et versaient directement leurs munitions dans les coffres d'avant-train des pièces. Cette manière de faire doit être approuvée, mais elle ne pourra vraisemblablement être appliquée que si les parcs sont très bien dirigés, ce qui n'aura pas toujours lieu de la même manière. Nous pouvons même affirmer que chez les Allemands, le 16 août, on put constater une différence dans les services rendus par les parcs, et elle est attribuable à la différence de direction, bien qu'elle puisse provenir d'autres causes. Les parcs qui se distinguèrent par les services rendus livrèrent aux batteries, non-seulement des munitions, mais des chevaux, et la plupart de leurs voitures ne conservèrent que les deux chevaux de limon.

L'artillerie française, en raison du nombre supérieur de batteries qu'elle engagea, eut moins de difficultés que l'artillerie allemande pour compléter ses munitions. Cette supériorité numérique permettait de retirer momentanément du combat quelques batteries, qui complétaient tranquillement leurs munitions dans des positions abritées et prenaient un certain repos avant de revenir au combat. Il n'était pas non plus indispensable qu'elles reprissent dans la bataille la place qu'elles occupaient précédemment. Elles pouvaient au contraire, en raison des modifications survenues dans la lutte, renforcer subitement des positions qui avaient acquis de l'importance depuis la retraite momentanée de ces batteries.

Des faits de cette nature se produisirent également chez les Allemands, mais ils furent moins fréquents à cause du nombre restreint des batteries dont ils disposaient.

D'après les derniers renseignements qui nous sont parvenus sur les modifications apportées au matériel de l'artillerie allemande, on peut croire que ce matériel (sauf celui de l'artillerie à cheval) sera beaucoup plus lourd dans les guerres à venir qu'il ne l'était en 1870.

Il faut assurément accorder une haute valeur à l'efficacité des batteries de position. La portée des pièces, l'éclatement des projectiles en nombreux fragments susceptibles de mettre les gens hors de combat, ont une grande importance. Plus on saura donner aux projectiles ces qualités, par leur poids, par leur construction et celle des pièces qui les tirent, moins il sera nécessaire de changer de position les batteries en action à chaque modification du combat, soit pour se dérober au feu à longue portée de l'infanterie ennemie, soit pour soutenir efficacement sa propre infanterie qui s'avance. Mais quelle que soit la valeur accordée, sous ce rapport, à l'efficacité des bouches à feu, il ne faut pas surfaire cette efficacité au détriment de la mobilité.

Dans la bataille du 16 août, nous voyons assurément, surtout du côté allemand, les batteries qui ont pris position sur le champ de bataille, y changer fort peu de place. Mais l'observateur attentif a pu reconnaître avec quelle vitesse, quelle spontanéité, les batteries allemandes sortaient des colonnes de marche pour se porter en tête au milieu de la lutte. Or cette vigueur d'action, si évidemment utile dans ses effets, ne doit-elle pas être attribuée, en grande partie, à la confiance que les officiers d'artillerie avaient dans la mobilité de leurs batteries ; mobilité qui leur donnait l'avantage inappréciable d'arriver par surprise, et qui leur permettait en outre de se retirer rapidement si le chef s'était trompé ?

Il faut évidemment tenir compte à la fois de la mobilité et de l'action sur place de l'artillerie, si l'on ne veut pas déranger l'influence générale de cette arme sur le sort des batailles. D'après nos renseignements, nous croyons que la masse de l'artillerie de campagne allemande va devenir trop pesante, trop lourde, mais l'artillerie à cheval conservera toute la mobilité qu'elle avait en 1870 et dont elle sut faire si bon usage. Que cette mobilité n'ait diminué en rien la ténacité de l'artillerie à cheval, la preuve en est dans l'énorme dépense de munitions faite par les batteries à cheval des Allemands. Mais les batteries légères montées ont été presque aussi mobiles que les batteries à cheval, et comme l'artillerie à cheval est, sans contredit, la plus coûteuse des armes, et qu'il faudra toujours en limiter le nombre dans les armées les plus riches, on se demande s'il n'eût pas été avantageux de conserver, à côté d'elle, une artillerie montée presque aussi légère. Cette question deviendra d'autant plus importante, si l'on songe à la quantité d'artillerie légère (à cheval) qu'il faut nécessairement attribuer aux divisions de cavalerie d'une armée riche en cavalerie. Il faudra examiner si ces divisions de cavalerie peuvent rendre tous les services dont elles sont susceptibles, en restant constamment sur le champ de bataille. S'il en est autrement, on renoncera donc sur le champ de bataille aux batteries à cheval qui sont attachées à ces divisions, c'est-à-dire à l'emploi de l'artillerie légère pendant le combat, si l'armée n'en possède pas d'autre que l'artillerie à cheval.

C. — *Sur l'emploi de la cavalerie le 16 août.*

Nos observations sur l'emploi de la cavalerie le 16 août 1870 se limitent naturellement à l'emploi de cette arme sur le champ de bataille. A notre avis, c'est, en grand comme en petit, sur le théâtre des opérations, dans le service de sûreté et d'éclaireurs, qu'il faut chercher la véritable sphère d'action de la cavalerie moderne. Mais cette action, d'une importance extrême, mérite d'être l'objet d'une étude spéciale, que nous ferons plus loin, en prenant pour exemple historique les opérations des divisions de cavalerie de la IIIe armée allemande, entre Nancy et Sedan, et celles des divisions de cavalerie de l'armée de Mac-Mahon pendant le même temps.

Ne voulant donc étudier pour le moment que l'emploi de la cavalerie sur le champ de bataille, nous commencerons par énumérer brièvement les combats de cavalerie qui eurent lieu le 16 août.

1° Nous trouvons d'abord, dans la matinée, la surprise du camp de la division française de Forton. Elle n'est réellement exécutée que par les quatre batteries à cheval de la division Rheinbaben, sous les ordres du major Kœrber. Les douze escadrons de la brigade Redern (y compris l'escadron des dragons de la garde qui se joignit à eux) ne jouent, à vrai dire, que le rôle d'un fort soutien de cette artillerie. La surprise a le plus brillant résultat; la cavalerie française disparaît tout d'abord. Cependant la cavalerie prussienne ne réussit point à poursuivre ce premier succès et se voit arrêtée par la marche en avant, prompte et décidée, de l'artillerie et de l'infanterie de Frossard. La brigade Redern, doit alors prendre des positions abritées. La brigade Rauch, de la division de cavalerie du grand-duc de Mecklembourg, est forcée, pour les mêmes causes, d'agir de même lorsqu'elle veut gravir le plateau à l'ouest du bois de Vionville. Il en est bientôt ainsi des brigades Bredow et Barby, de la division Rheinbaben, qui avaient d'abord suivi la brigade Redern en débordant sa gauche.

2° Laissant de côté la première attaque du 3e lanciers qui s'arrête dès le début, faute d'avoir une direction précise, nous passons à l'attaque du général du Preuil, à la tête de sept escadrons français, dont deux du 3e lanciers. Les cinq escadrons de cuirassiers de la garde constituent le gros de cette cavalerie. L'attaque est entreprise pour couvrir le mouvement du corps de Frossard qui se replie et la marche en avant des grenadiers de la garde. Elle se brise contre l'attitude résolue et les feux des deux bataillons de la 5e division d'infanterie allemande qui se sont avancés sur Flavigny. Du point de départ de l'attaque, les cuirassiers français avaient environ 1,500 mètres à parcourir pour arriver sur l'infanterie allemande. L'arrêt que cette charge de cavalerie imposa au mouvement de l'infanterie allemande, si celle-ci avait réellement le dessein de se porter sur Rezonville, fut sans importance. Il est clair que cette attaque de cavalerie n'aurait pas été nécessaire s'il y avait eu derrière le 2e corps français des réserves d'infanterie suffisantes. Indépendamment de cela, l'attaque de du Preuil n'aurait pas été nécessaire non plus, si le corps de Canrobert avait pris l'offensive, car, dans ce cas, la faible extrême gauche allemande aurait été écrasée, malgré toute sa ténacité, et Alvensleben aurait eu fort à faire pour se maintenir simplement au sud de la grande route.

3° En voyant s'avancer les cuirassiers français de la garde, le général Redern, qui se trouve près de Flavigny, se prépare à marcher contre eux. Il entreprend son attaque avec huit escadrons (y compris le deuxième escadron, déjà fort maltraité, du 2e régiment de dragons de la garde). Lorsque Redern dépasse Flavigny, du Preuil a été déjà repoussé par l'infanterie allemande; Redern ne peut donc plus que le poursuivre. Il arrive ainsi près de Rezonville où, par un hasard heureux, il met en désordre tout l'état-major de Bazaine, et ce dernier est sur le point d'être tué ou pris. La brigade Redern fit deux kilomètres et demi, de son point de départ jusqu'à Rezonville. Le 3e bataillon de chasseurs à pied français lui fit beaucoup de mal. Les escadrons d'escorte de Bazaine, laissés à Rezonville, se portèrent alors en avant à la poursuite des hussards de Redern, mais ils n'eurent sérieusement affaire qu'à des fractions de la 6e division de cavalerie.

4° La 6e division de cavalerie allemande, Mecklembourg, 17 escadrons, avait reçu l'ordre de s'avancer du bois de Gaumont, lorsqu'on s'était aperçu que le 2e corps français pliait. — Cette division, à laquelle se réunirent en route six escadrons de cavalerie divisionnaire, était à peu près prête à se porter en avant au moment où Redern se repliait. Elle se déploya très difficilement et son attaque échoua dès le début contre les grenadiers de la garde française qui se portaient en avant.

5° Les conditions qui résultaient, dans les premières heures de l'après-midi, de la prise de Vionville et de Flavigny, ainsi que de la faiblesse de l'extrême aile gauche du IIIe corps allemand, firent croire au général Alvensleben que le maréchal Canrobert préparait une grande offensive. C'est pour la recevoir qu'il ordonna l'attaque de la brigade Bredow (six escadrons). Cette brigade fit quatre kilomètres et demi, de son point de départ à celui où elle fit demi-tour, dont trois kilomètres au galop et à la charge. — L'attaque de Bredow n'était pas nécessaire pour repousser une offensive de Canrobert, puisque cette offensive n'était pas en projet ; et ce qui en avait fait concevoir l'idée aux Allemands, c'était le mouvement de recul de l'aile gauche du maréchal et la position flanquante que prenait ainsi involontairement son aile droite contre le 24e régiment prussien. En tout cas, l'attaque de Bredow mit un grand désordre dans l'aile droite de Canrobert. — On a vu, par notre récit, combien nous approuvons la manière dont fut exécutée la charge de Bredow, bien que nous ne croyions pas qu'elle fût nécessaire.

6° La division Forton et partie de la division Valabrègue se jetèrent ensuite sur les escadrons essoufflés de Bredow. La tâche de cette cavalerie française était facile, car elle n'avait pas plus de 5 à 600 mètres à faire pour rencontrer les cavaliers prussiens hors d'haleine et dans le désordre inséparable d'une charge. Cette attaque de Forton fut tout à fait opportune, mais il faut ajouter que pareille occasion se présentera très rarement dans les batailles modernes. Du reste, les escadrons de Bredow perdirent beaucoup moins de monde par cette attaque des cavaliers français que par le feu d'artillerie et d'infanterie, surtout pendant la marche au galop sur toute la longeur des bois de Saint-Marcel.

7° Une charge de cavalerie réellement nécessaire et couronnée du plus brillant succès, ce fut celle des trois escadrons, pas beaucoup plus de 400 chevaux, du 1er régiment de la garde, à l'est de Mars-la-Tour, pour tirer la brigade Wedell de la position critique où elle se trouvait;

8° Bientôt après avait lieu la grande attaque de cavalerie entre les ruisseaux d'Yron et de Jarny, dans laquelle 21 escadrons allemands eurent affaire à 28 escadrons français. Le but des Allemands était de dégager à tout prix leur flanc gauche, et le général Barby avait l'ordre de charger à fond. Du côté français, le dessein de Ladmirault était seulement de couvrir son flanc droit, et, en conséquence, le général Legrand n'avait pas reçu de mission aussi formellement offensive que le général Barby. Le choc de cette cavalerie fut court et violent. Les Allemands seuls eurent à souffrir, dans cette occasion, du feu d'infanterie et d'artillerie de la ferme de Greyère, puis de celui des chasseurs d'Afrique occupant à pied le petit bois au nord de La Grange. Les Français, au contraire, arrivèrent à peine sous le feu ennemi. Néanmoins, la perte totale des cavaliers français semble avoir dépassé celle des Allemands. Ce qui peut seul expliquer ce résultat, c'est que les Français, en se retirant sur l'étroit espace entre les deux ruisseaux d'Yron et de Jarny, puis en franchissant ce dernier, rencontrèrent Clérembault qui voulait se porter en avant, ce qui occasionna nécessairement un désordre considérable. —Cette attaque de cavalerie pouvait sembler indiquée aux deux partis, mais cela surtout parce qu'ils n'avaient plus d'infanterie ni d'artillerie à faire donner. Pour les Allemands, la chose est claire comme le jour; quant à Ladmirault, qui n'avait que deux divisions d'infanterie et sentait qu'il n'était pas activement appuyé sur sa gauche, il se vit également obligé d'avoir recours à la cavalerie. Quoi qu'il en soit, il n'est pas douteux que, si les deux partis avaient eu à leur disposition de l'infanterie et de l'artillerie, ils auraient préféré engager celle-ci, soutenue par de la cavalerie; et que si l'un des deux adversaires avait eu de l'infanterie disponible, celui qui n'aurait eu que de la cavalerie aurait été assurément fort maltraité;

9° L'attaque de la 6e division de cavalerie allemande, entreprise à la nuit, reste également obscure historiquement. Il nous semble, néanmoins, qu'elle ne fut pas étrangère au désordre survenu à ce moment chez les Français, particulièrement dans le corps Canrobert.

Il ressort clairement de notre récit succinct que la cavalerie fut très employée le 16 août. Le champ de bataille, sans grandes difficultés de mouvement, mais pourtant coupé de plis de terrain offrant des positions abritées, était généralement favorable à l'emploi de la cavalerie. L'usage fréquent que les Allemands firent de cette arme s'explique et se justifie parce qu'ils avaient une infériorité numérique importante, qu'ils manquaient d'infanterie, et que, dans plus d'une circonstance où il s'agissait de conserver un résultat obtenu, ils n'avaient pas à se demander quelle était l'arme à employer de préférence, et devaient faire simplement usage de l'arme qu'ils avaient sous la main.

La cavalerie allemande servit donc principalement à combler les vides de l'infanterie manquante; elle fit parfaitement son devoir, mais on ne peut s'empêcher de croire que les choses eussent été souvent mieux pour les Allemands s'ils avaient eu là de l'infanterie.

Chez les Français, en raison de leur grande supériorité numérique, le manque d'infanterie ne se fit pas généralement apercevoir: il ne fut que local, comme à l'extrême droite, — ou très momentané, comme dans le mouvement de retraite du 2e corps. Cette circonstance ne resta pas sans influence sur l'emploi de la cavalerie française, qui fut naturellement beaucoup plus ménagée que la cavalerie allemande.

Il n'y a pas à reconnaître de différence absolue entre l'action de masses de cavalerie plus grandes ou plus petites. La différence relative serait plutôt en faveur des petites masses de cavalerie, qui, employées au bon moment, produisent autant d'effet que les plus grandes, et qu'il est plus facile de tenir prêtes à donner au moment favorable, tandis que les masses de cavalerie plus nombreuses rencontrent des difficultés de déploiement pendant lesquelles le moment favorable se perd.

Une troupe de cavalerie, grosse ou petite, qui veut obtenir des résultats sur le champ de bataille, doit toujours opérer sur plusieurs lignes. La première ligne ne peut généralement réussir qu'à étourdir momentanément et troubler l'ennemi; la deuxième seulement peut profiter de ce trouble; une troisième ligne enfin sert à protéger contre des attaques incidentes de la cavalerie ennemie et à compléter les avantages obtenus par les autres lignes, par exemple, à enlever les pièces de canon abandonnées et à poursuivre l'ennemi en fuite.

D'après ces conditions, il faut, pour attaquer, que la cavalerie se déploie d'avance sur plusieurs lignes, mais elle peut, selon le cas, adopter des formations très différentes. Ce serait une grande faute de supposer qu'une masse de cavalerie, de 12 escadrons, par exemple, formée sur trois lignes, peut se contenter d'un espace de déploiement suffisant pour la première ligne seule, de 300 mètres environ dans le cas qui nous occupe. Il est, au contraire, indispensable que l'espace de déploiement, ou du moins l'espace en avant sur lequel les diverses lignes sont appelées à agir, offre un front au moins suffisant pour le déploiement sur une seule ligne de la masse de cavalerie, c'est-à-dire un front de 900 à 1000 mètres dans notre cas particulier. En effet, pour que les lignes en arrière ne courent pas le danger d'être entraînées dans le désordre des lignes en avant, il faut qu'elles cherchent constamment à opérer sur les flancs de celles-ci, et à mettre toujours de leur côté l'avantage de la surprise. On satisfait moins facilement à cette condition avec de grandes masses de cavalerie qu'avec des masses plus petites, non seulement à cause des limites imposées par le terrain naturel, mais encore à cause de celles qui sont dues au déploiement de nos troupes d'autres armes, limites qui ne disparaissent en partie que lorsque la cavalerie est employée sur les ailes du front de bataille, comme au temps de la tactique linéaire. Le seul exemple de cette espèce, le 16 août, est celui de la division Legrand, de la brigade de France et de la masse de cavalerie de Barby, dans le combat entre les ruisseaux de l'Yron et de Jarny.

Quand la cavalerie n'aura pas à combattre la cavalerie seule, elle subira toujours, dans les combats actuels, des pertes considérables, ce qui, ainsi que nous l'avons dit plus haut, pourra et devra même, si elle est mal employée, ruiner complètement la meilleure cavalerie. Lorsque la cavalerie fera sur le théâtre des opérations le service de reconnaissances et de sûreté de l'armée entière, une arme à feu de longue portée lui sera très utile quand elle sera forcée de combattre à pied, et cet emploi de son feu pourra faire croire à la présence de l'infanterie. Mais sur le champ de bataille même, cette arme à feu lui est inutile. Dans ce cas, elle ne peut agir que par sa vitesse, et ses armes efficaces sont le cheval, le sabre et la lance, ainsi que des armes à feu très courtes, telles que le revolver ou le pistolet. A de rares exceptions près, on ne doit pas songer, sur le champ de bataille, à faire agir la cavalerie par son feu, comme une infanterie imparfaite. Il faut épier le moment favorable pour la lancer sur l'ennemi, et elle ne combat alors qu'avec ses armes de main. Mais, en attendant ce moment d'agir, la cavalerie doit être le moins possible exposée au feu de l'artillerie et de l'infanterie ennemies. On ne peut l'y soustraire qu'en la tenant éloignée de l'ennemi, ou, dans une mesure restreinte, en utilisant tous les obstacles naturels ou artificiels. — C'est toujours l'éloignement de l'ennemi qui a le plus d'importance; mais cet éloignement, dans lequel il faut maintenir la cavalerie pendant sa période d'inaction, augmente nécessairement avec la portée des armes à feu. Il est donc aujourd'hui très grand et hors de comparaison avec ce qu'il était au commencement de ce siècle, et même il y a vingt ans.

Il peut résulter de ce fait des circonstances où la cavalerie ne saurait être employée avantageusement sur le champ de bataille.

En premier lieu, il est aujourd'hui plus difficile que jamais au commandant de la cavalerie de bien observer l'ennemi et de discerner le moment où l'action de cavalerie serait opportune.

En outre, la cavalerie a aujourd'hui beaucoup plus de distance à parcourir pour arriver, de sa position de réserve ou d'observation, sur le point où elle peut agir. Ce trajet plus long entraîne une plus grande dépense de forces et plus de temps qu'autrefois. Cette plus grande dépense de forces fatigue la cavalerie avant qu'elle ne puisse combattre réellement. — Le temps qu'elle perd est gagné par l'ennemi. Lorsqu'elle arrive sur lui, les conditions peuvent donc être devenues déjà fort différentes de ce qu'elles étaient quand le chef de cavalerie l'a portée en avant. Ajoutons que le fusil se chargeant par la culasse permettant, pour ainsi dire, à l'infanterie d'être toujours prête à tirer, laisse aux détachements de cette arme une grande force de résistance, qui s'accroît à chaque minute qu'une infanterie, momentanément ébranlée, gagne pour se remettre en ordre. — La longueur du trajet que doit parcourir la cavalerie d'attaque avant d'arriver au point décisif serait beaucoup moins préjudiciable s'il ne fallait pas le faire sous le feu de l'ennemi. Mais il en est toujours ainsi, au moins en partie, et les canons, comme les fusils, portent aujourd'hui fort loin. De là résultent pour la cavalerie des pertes, parfois très grandes, avant même qu'elle puisse rien faire pour les éviter, longtemps avant qu'elle puisse en tirer vengeance.

Il faut donc reconnaître, bon gré mal gré, que l'emploi de la cavalerie sur le champ de bataille ne peut être actuellement que très limité. Les expériences faites confirment entièrement les conclusions que le raisonnement a pu tirer *à priori*.

Admettons donc que l'emploi de la cavalerie sur les champs de batailles, tel qu'il était encore admissible au commencement du siècle, est devenu impossible aujourd'hui. C'est là malheureusement un résultat tout négatif et qui ne satisfait personne. On cherche toujours un résultat positif et la question suivante se pose alors d'elle-même : Qu'y a-t-il à faire actuellement pour employer utilement la cavalerie sur le champ de bataille sans de trop grands dommages pour cette arme ?

Nous croyons avoir déjà produit un élément de la réponse :

Il faut renoncer à l'emploi de grandes masses de cavalerie et songer plutôt à celui de masses moins considérables. La limite extrême serait, par exemple, d'environ douze escadrons, 1200 à 1500 chevaux.

Nous ne croyons pas qu'une attaque de cavalerie doive être spécialement préparée, par exemple, par le feu d'artillerie ; il vaut mieux que la cavalerie saisisse le moment qui s'offre à elle sans qu'il ait été préparé exprès pour elle.

Mais pour reconnaître ce moment, — ce qui est indispensable, — il faut avoir un service de flanqueurs bien ordonné d'après les principes nouveaux. De petites patrouilles de flanqueurs, sous la conduite d'officiers habiles, sont détachées entre l'ennemi et notre cavalerie tenue en réserve, à peu près à hauteur des lignes avancées d'infanterie et d'artillerie. Elles donnent ensuite à la masse de cavalerie le signal pour se porter en avant et lui indiquent en même temps dans quelle direction elle doit marcher.

Dans les marches en avant, qui précèdent la charge, il faut ménager l'haleine de l'homme et du cheval et les mettre tous deux, autant que possible, à l'abri des pertes par le feu ennemi.

Pour ce motif, lorsque ces marches sont longues, ce qui est la règle pour l'offensive, on doit conserver les allures modérées le plus longtemps qu'on peut, et profiter des mouvements de terrain pour dérober sa marche aux yeux de l'ennemi. — Il est, en général, fort important d'entraîner spécialement le cheval de cavalerie à parcourir aux allures très vives de grandes distances; mais la valeur de cet entraînement diminue beaucoup, juste au moment où il devrait produire son plus grand effet, parce que les chevaux sont alors fatigués par les marches antérieures, par les mouvements sur le champ de bataille, et épuisés, en outre, par le manque de fourrage et d'eau, ou parce qu'ils n'ont pas eu le temps de boire et de manger.

Indépendamment des raisons qui précèdent, il faut toujours que la cavalerie, marchant à l'ennemi, utilise de son mieux tous les abris du terrain, parce que son action, pour être efficace, doit procéder autant que possible par surprise.

Il est à désirer qu'il y ait toujours de l'infanterie au point d'où la cavalerie s'avance au combat, ou même qu'elle suive de loin cette cavalerie. Elle devra recevoir la cavalerie si un retour offensif de la cavalerie ennemie a refoulé nos escadrons, et arrêter par son feu la poursuite de l'ennemi. Si la cavalerie marche à l'attaque devant le front de bataille, elle aura toujours dans le voisinage de l'infanterie prête à l'appuyer, mais il n'en sera pas toujours ainsi si elle opère sur les ailes. Il peut arriver, comme le 16 août, que la cavalerie soit en partie forcée de combler les vides de l'infanterie, parce qu'on est plus faible que l'ennemi et qu'on manque d'infanterie. Dans ce cas, il est bon de mettre dans une position convenable des détachements de cavalerie à pied pour recevoir notre cavalerie d'attaque, pourvu, bien entendu, que ces détachements soient munis d'armes à feu d'une portée suffisante.

Les chasseurs d'Afrique qui occupaient à pied, le soir du 16 août, le petit bois au nord de La Grange, forcèrent les cavaliers de Barby à marcher avec circonspection.

La cavalerie qui traverse, pour attaquer, le centre de notre front, masque toujours une partie de notre ligne de feux, l'empêche d'agir pendant un temps donné et affaiblit ainsi la force de sa propre attaque, puisqu'elle limite la préparation de cette attaque par le feu. — Cette limitation est d'autant plus préjudiciable, on le comprend, que plus grande est la portée des armes que notre cavalerie empêche de tirer. En conséquence, il vaut mieux que la cavalerie traverse les lignes d'infanterie que celles d'artillerie. Il est vrai que ce dernier cas sera généralement moins nécessaire que le premier. La cavalerie, qui a d'abord pour mission de couvrir des lignes étendues d'artillerie, se place naturellement sur les flancs de ces lignes ou en arrière ; l'artillerie occupant les hauteurs, la cavalerie se met à côté de ces hauteurs et dans les bas-fonds où elles se terminent.

Nous avons entendu souvent condamner les attaques de cavalerie dans l'obscurité. A notre avis, cette opinion est trop générale. Il peut arriver, par exemple, que notre cavalerie connaisse exactement le terrain d'un champ de bataille, tandis que celle de l'ennemi ne le connaît pas. Dans ce cas, les dangers d'une attaque de nuit diminuent pour nous, tandis que notre cavalerie peut obtenir de grands résultats par le désordre qu'elle doit causer chez l'ennemi. — Il peut en être encore ainsi quand on sait d'une manière précise que l'ennemi s'est retiré le soir en désordre ; une poursuite de nuit de la cavalerie peut alors augmenter ce désordre et changer la retraite en fuite, tandis que l'infanterie ennemie se trouve empêchée par l'obscurité de tirer parti de son feu. — Nous avons dit plus haut que l'attaque contre Rezonville, ordonnée par le prince Frédéric-Charles le 16 au soir, n'avait sans doute pas été inutile, et il est à croire que le mouvement de la 6e division de cavalerie ne fut point étranger à ce résultat.

Des poursuites par la cavalerie n'ont pas eu lieu, dans les batailles récentes, jusque dans la nuit. Ce fait s'explique, d'abord par la longue durée du combat et la fatigue qui en résulte pour la cavalerie, car cette arme, même alors qu'elle ne prend pas une part sérieuse à la lutte, n'a pas pu faire manger ses chevaux pendant la journée ; en second lieu, parce que les troupes opposées se maintiennent à de plus grandes distances à cause de la portée des armes, et que si l'un des partis se trouve dans une situation critique qui promette à une poursuite énergique de grands résultats, l'autre parti ne peut pas s'en apercevoir aussi rapidement que jadis.

Des surprises, exécutées au point du jour par la cavalerie contre des troupes mal gardées et occupées, dans leur campement, aux détails du service journalier, n'auront pas aujourd'hui moins de succès qu'autrefois.

D. — *L'infanterie le 16 août.*

Nous avons peu à ajouter, relativement à l'emploi de l'infanterie, à ce que nous avons dit en étudiant la bataille de Spicheren.

L'infanterie française s'est portée en avant, sur certains points, notamment dans le 2e et le 4e corps, avec beaucoup d'élan et un ordre parfait, et nous sommes convaincu qu'elle aurait pu obtenir de plus grands résultats qu'elle n'en obtint réellement, si l'ensemble de l'arme avait été animé d'une énergique pensée offensive, et si les différents degrés de la hiérarchie n'avaient pas été trop imbus de l'idée que la défensive seule permettait de donner au chassepot tous ses avantages. Quelques commandants de corps, par exemple ceux du 3e et du 6e, firent preuve d'une lenteur et d'une retenue que n'expliquent pas les ordres ou les instructions antérieures qu'ils avaient reçus du général en chef.

Nous avons vu plusieurs fois, dans des brochures ou des articles émanant de plumes françaises, reprocher à Bazaine de ne pas s'être placé sur un point convenable du champ de bataille. D'après ces critiques, il aurait dû être à l'aile droite et se trouvait au contraire à l'aile gauche. S'il avait été à l'aile droite, il y aurait remarqué le succès obtenu et aurait pris les mesures voulues pour compléter ce succès.

On sait assez que nous n'avons jamais laissé échapper l'occasion de faire ressortir toute l'importance que possède, à nos yeux, la place du général en chef sur le champ de bataille, poste qu'il doit choisir de manière que les événements secondaires ne produisent pas sur lui une impression exagérée et qu'il puisse voir ce qui est réellement important et décisif.

Mais notre discussion antérieure a fait comprendre qu'à notre avis la véritable place de Bazaine n'était point à l'aile droite de la ligne de bataille. C'est au contraire à son aile gauche qu'il aurait dû chercher un premier succès décisif, succès qu'il ne pouvait obtenir que par l'offensive, — et le reproche relatif qu'on peut lui adresser, c'est qu'il n'affaiblit point l'offensive de l'aile droite en faveur d'une offensive de son aile gauche, mais bien en faveur de la défensive de cette aile. — Si Bazaine avait affaibli son aile droite pour prendre avec son aile gauche une offensive énergique, rapidement mise en œuvre et soutenue par tous les moyens à sa disposition, on ne pourrait que le louer, même si le résultat, auquel l'adversaire contribue naturellement, était resté au-dessous de ses espérances.

La consommation totale de munitions de l'infanterie française, dans la journée du 16 août, n'est pas évaluée à plus d'un million de cartouches, en comptant celles perdues sur les hommes tués ou blessés.

Prise d'une manière absolue, cette consommation est faible; car, si l'on admet 90,000 combattants français d'infanterie, cela ne fait pas plus de onze cartouches par homme.

En revanche, cette consommation de munitions est considérable si on la compare à celle des Prussiens en 1866; car, pendant toute cette guerre, les Prussiens ne brûlèrent pas plus de 1,850,000 cartouches, c'est-à-dire une moyenne de sept cartouches par fusil. A l'armée prussienne du Mein, qui consomma le plus de munitions, il ne fut brûlé, dans toute la campagne, que onze cartouches par arme, juste autant que par fusil français dans la seule bataille de Vionville — Mars-la-Tour. D'après les calculs établis, après la guerre de 1866, au sujet des armes rayées, il y eut un touché pour 143 coups tirés. Cela fait 7,000 touchés pour un million de cartouches. En admettant que les résultats furent les mêmes dans la bataille du 16 août, environ la moitié des pertes prussiennes seraient attribuables à l'infanterie française, l'autre moitié à l'artillerie et aux mitrailleuses.

Cela semble invraisemblable, mais nous n'avons pas les moyens de vérifier le fait.

Chaque soldat français avait 90 cartouches dans la giberne et le sac; il se trouvait en outre, le 16 août, dans les parcs divisionnaires, environ 40 cartouches par homme et, dans les parcs de corps d'armée 25 cartouches. Cela fait 155 cartouches par homme. On n'en brûla pas la quatorzième partie, et seulement le huitième des cartouches de la giberne et du sac. Il était donc encore moins question pour l'infanterie que pour l'artillerie d'une insuffisance de munitions le 16 au soir.

Il n'est cependant pas impossible que certains petits détachements d'infanterie aient complètement épuisé leurs munitions de giberne et de sac. La coutume de mettre les sacs à terre peut y avoir contribué, parce qu'on ne songe pas toujours, en pareil cas, à retirer les cartouches du sac. L'homme n'a plus alors que sa giberne, dont il épuise promptement les cartouches dans un engagement très vif; il n'a plus son sac et ne le retrouve pas toujours facilement.

En raison de son infériorité numérique et de l'étendue du front de bataille, l'infanterie prussienne fut obligée, le 16 août, de se déployer sur une ligne mince, à laquelle l'arrivée de réserves ne donnèrent que çà et là plus de consistance et une force offensive limitée. L'infanterie prussienne dut, en conséquence, faire un appel extrême aux forces de chaque soldat, ce qui lui était du reste facilité par l'habitude de marcher en colonnes de compagnie. — Il arriva donc trop souvent, le 16 août, que des bataillons se séparèrent de leur régiment, des compagnies de leur bataillon. Nous avons déjà fait ressortir que des séparations de cette nature semblèrent plus motivées ce jour-là par la force des choses que le 6 août à Spicheren.

Nous n'avons point de données précises sur la consommation des cartouches de l'infanterie prussienne, mais il fut très considérable et ne resta probablement pas au-dessous de celle des Français, car il fut nécessaire de faire arriver sur le champ de bataille des voitures de parc pour compléter les munitions d'infanterie.

Nous terminons notre travail en souhaitant que le lecteur prenne autant d'intérêt que nous à l'étude de cette bataille qui, de quelque manière qu'on l'envisage, reste unique dans l'histoire des guerres modernes. Plus d'un point de notre étude laisse à désirer, principalement à cause du manque de clarté et de précision des rapports français. N'ayant pas les documents nécessaires pour combler ces lacunes, nous nous sommes contenté de signaler les points obscurs, en espérant que la lumière s'y produira quelque jour.

DEUXIÈME PARTIE

ÉTUDES D'OPÉRATIONS.

Opérations des princes royaux de Prusse et de Saxe contre le maréchal de Mac-Mahon, particulièrement en ce qui a trait au service de la cavalerie (du 6 au 31 août 1870).

I. — RETRAITE DU 1er ET DU 5e CORPS FRANÇAIS SUR NEUFCHATEAU ET CHAUMONT, APRÈS LA BATAILLE DE WŒRTH. POURSUITE PAR LA TROISIÈME ARMÉE ALLEMANDE.

Le 6 août 1870, à Wœrth, sur le versant est des Vosges, le maréchal de Mac-Mahon livra bataille aux forces très supérieures de la Troisième armée allemande, commandée par le prince royal de Prusse.

Mac-Mahon avait sur le champ de bataille son corps d'armée, le 1er, une division du 7e corps, appelée de la haute Alsace, et la division de cavalerie de réserve Bonnemains, composée de quatre régiments de cuirassiers. Vers la fin de la bataille, vint se joindre à ces troupes la division Guyot de Lespart, du 5e corps, venant de Bitche, mais qui n'arriva que lorsque la défaite était déclarée.

L'une des quatre divisions du 1er corps, la 2e, avait été si maltraitée à Wissembourg, sous les ordres du général Abel Douay, qu'il n'en restait, à vrai dire, le 6, que des débris, commandés alors par le général Pellé. Les fractions du 5e corps, qui prirent part au combat, arrivèrent extrêmement tard, de sorte qu'on est en droit de dire que Mac-Mahon ne disposait pas, le 6 août, de plus de 40,000 hommes. A ces 40,000 combattants français d'infanterie et de cavalerie, les

Allemands en opposèrent au moins 120,000; aux 29 batteries françaises, au moins 70 batteries.

Avec plus de bravoure personnelle que de discernement, Mac-Mahon prolongea la bataille à outrance. Lorsque le combat cessa, il ne disposait plus de rien et ne commandait plus à personne. Ses troupes battues s'enfuyaient débandées dans les directions qui se présentaient à elles, vers Haguenau et Strasbourg, vers Saverne, vers la Sarre, à travers les défilés des Vosges. Les armes différentes, les brigades, étaient entremêlées, et aucun chef d'un ordre élevé ne pouvait songer à exercer un commandement. Quelques chefs de bataillon énergiques avaient seuls conservé dans la main leur troupe en bon ordre, qui avait combattu dans de meilleures conditions. Les bagages, les convois étaient, pour la plupart, restés aux mains des Allemands, ainsi que beaucoup de bouches à feu; les soldats n'avaient pas retrouvé les havresacs qu'on leur avait fait mettre à terre avant de les lancer à l'attaque; ou ils les jetaient pour fuir plus vite, et avec eux les effets de campement indispensables. Bien qu'il y eût des fuyards dans toutes les directions, la portion principale se retirait cependant vers Saverne, sur le versant est des Vosges.

Cette portion principale comprenait tout au plus la moitié des combattants de Wœrth qui restaient debout le soir de la bataille. En effet, un nombre important s'échappa sur Strasbourg, et, dépassa cette place, vers le sud; si bien que le 8 août la compagnie des chemins de fer de l'Est reçut l'ordre de recueillir 5 à 6,000 hommes du 1er et du 5e corps, dispersés entre la Petite-Pierre (Lützelstein) et Sarrebourg. Cet ordre fut exécuté, et le dernier des trains formés à cet effet allait encore, le 11 août, de Sarrebourg à Toul, tandis que les trains réguliers de Paris à Strasbourg ne dépassaient pas Sarrebourg depuis le 8.

De la division Guyot de Lespart, du 5e corps, la brigade Abbatucci regagna Bitche d'où elle venait, la brigade de Fontanges se chargea de servir d'arrière-garde aux troupes de Mac-Mahon qui se retiraient sur Saverne; cette mission lui fut, du reste, rendue beaucoup moins difficile qu'on ne devait s'y attendre, par suite des conditions où se trouvaient les Allemands.

L'armée du prince royal de Prusse avait supporté, les jours précédents, des fatigues considérables, et les différents services de son administration étaient encore loin d'être organisés sur le pied normal dont nous avons entendu parler plus tard avec tant de complaisance. La cavalerie allemande s'arrêta à l'entrée des défilés des Vosges et cessa la poursuite, obéissant aux craintes superstitieuses qu'exercent toujours les montagnes sur les gens de la plaine. En outre, la retraite d'Abbatucci sur Bitche rendait les Allemands incertains sur la direction prise par Mac-Mahon avec le gros de ses forces, et ils pouvaient croire que lui-même se retirait sur Bitche.

C'est pour ces motifs que le prince royal de Prusse fit reposer son armée le 7 août. Quelques détachements seulement furent portés en avant, et on prit en même temps les dispositions nécessaires pour répartir les corps d'armée sur tous les passages des Vosges, afin de les utiliser tous, ce qui obligea plusieurs corps d'armée à se porter plus au sud.

Lorsque le prince royal continua, le 8 août, sa marche en avant, à travers les Vosges septentrionales, elle se trouva considérablement ralentie par le mauvais état des chemins encore détériorés par les pluies des jours précédents. En outre, les routes ne franchissaient pas les montagnes perpendiculairement et par la ligne la plus courte. La plupart d'entre elles, et les meilleures, se dirigeaient d'abord des plaines de l'Alsace vers le nord-ouest, et ce n'était qu'au point culminant qu'elles s'infléchissaient au sud-ouest vers la vallée de la Sarre. La cavalerie allemande fut maintenue en arrière : d'après la situation générale et la tradition historique, une défense acharnée des Vosges par les Français était vraisemblable, de sorte que les Allemands ne devaient s'avancer qu'avec prudence, et que les Français en retraite auraient pu se dispenser de la précipitation si contraire au bon ordre.

Le gros des troupes de Mac-Mahon et la brigade Fontanges arrivèrent à Saverne dans la nuit du 6 au 7 août et dans la matinée du 7 jusqu'à huit heures. Les chefs cherchèrent alors à réunir et à remettre en ordre bataillons et régiments. Mais, le 7, dès 6 heures du matin, avant même l'arrivée de ses dernières troupes, Mac-Mahon, qui était tombé tout à coup d'une grande confiance dans un découragement plus grand encore, fit sonner la marche générale. Les groupes se réunirent alors, comme ils purent et très lentement, au sud de Saverne, sur la route de Wasselonne. Il en résulta naturellement un temps d'arrêt qui fut sanctionné, du reste, par un ordre de Mac-Mahon, à 10 heures du matin. Mais les meilleurs soldats avaient été arrachés par l'alarme trop matinale au repos dont ils avaient si grand besoin, et une longue pause sous les armes n'était pas faite pour leur rendre l'énergie.

Le 7, à 3 heures de l'après-midi, la marche fut reprise sur Phalsbourg et Sarrebourg. L'arrière-garde, brigade Fontanges, ne quitta Saverne qu'à 7 heures du soir. Elle arrivait à Phalsbourg le 8, à 4 heures du matin, et en repartait à 10 heures pour Sarrebourg, qu'elle atteignait à 3 heures de l'après-midi.

Là, elle se réunit à la brigade Abbatucci de sa division, et se sépara du 1er corps pour reprendre sa place dans le 5e.

Voici quelle avait été la situation du 5e corps pendant la journée du 6 août : la division Guyot de Lespart marchait de Bitche sur Niederbronn et Wœrth ; la division Goze restait à Bitche ; de la division de Labadie, la brigade de Maussion marchait de Sarreguemines sur Bitche, et la brigade Lapasset, avec le 3e lanciers, était retenue à Sarreguemines. Cette brigade ne rejoignit plus le 5e corps et termina sa campagne à Metz avec le corps de Frossard auquel elle s'était ralliée.

Le général de Failly, commandant le 5e corps, apprit par le télégraphe, le 6 août à 5 heures du soir, la défaite de Mac-Mahon à Wœrth, la retraite d'Abbatucci sur Bitche et celle de Fontanges sur Saverne.

Il fut aussitôt décidé que le 5e corps se mettrait en retraite immédiatement et se dirigerait sur Sarrebourg, en suivant le versant ouest des Vosges, par Lemberg, Gœtzenbrück, Wimmenau, Eckartswiller et la Petite-Pierre.

On laissa dans la place de Bitche tous les bagages et une partie des convois dont l'absence se fit plus tard vivement sentir au corps d'armée. On y laissa également, comme garnison, le 3e bataillon du 86e de ligne, de la brigade Nicolas (division Goze), qui fut complété à 800 hommes. Les 3 bataillons du 86e comptaient, à ce moment, 70 officiers et 1880 hommes, y compris les réservistes qui venaient d'arriver, de sorte qu'il restait à peine 1100 hommes dans les deux autres bataillons de campagne.

Le 5e corps partit de Bitche le 6 août, entre 8 et 9 heures du soir. Le 7, de Failly arrivait à la Petite-Pierre où il trouva un ordre de Napoléon III, destiné à confirmer un ordre antérieur qui n'était pas parvenu au 5e corps, et d'après lequel de Failly devait se retirer sur le camp de Châlons.

Le 8 août, il arriva à Sarrebourg où la brigade Fontanges rentra au 5e corps. La position du général de Failly vis-à-vis du maréchal de Mac-Mahon était fort mal définie. Un ordre de Napoléon III ou du maréchal Lebœuf, en date du 4 août, avait bien mis le 5e corps sous le commandement supérieur de Mac-Mahon; mais ce maréchal semblait lui-même considérer cette situation comme modifiée depuis sa défaite de Wœrth, et le fait que de Failly recevait directement des ordres du quartier général impérial justifiait cette manière de voir.

A Sarrebourg, de Failly divisa son corps d'armée sur deux colonnes: la première, composée de la division Goze, de la brigade de Maussion et de la réserve d'artillerie, devait se diriger sur Réchicourt; la deuxième, formée de la division Guyot de Lespart et de la division de cavalerie Brahaut, fort réduite, devait marcher sur Lunéville, par Cirey et Baccarat.

Le 9, de Failly arrivant à Réchicourt avec la première

colonne, y trouva un ordre de l'empereur Napoléon, prescrivant au 5e corps de se rendre à Nancy, d'où il pourrait être appelé à Metz. Comme le plus court chemin de la première colonne, pour aller à Nancy, était de passer par Lunéville, de Failly ne changea rien à ses ordres antérieurs.

Lorsque Mac-Mahon arriva le 8 août à Sarrebourg, il vit plus que jamais sur ses talons le spectre prussien. Les premiers régiments arrivés eurent le temps de se reconstituer. Ils dressèrent même et remirent au commandement les états des pertes de Wœrth. Mais le jour même, peu d'instants après midi, Mac-Mahon fait de nouveau sonner la marche générale. Tout le monde se remet en route. La fuite continue. Partout on voit des cavaliers allemands ! Nous doutons fort qu'il s'en soit réellement montré ; mais, en tout cas, ce ne pouvait être que des patrouilles de quelques hommes. Mac-Mahon ne fait absolument rien pour acquérir une certitude à cet égard. Bien que ses brigades de cavalerie soient remises en ordre, il n'envoie pas du côté de l'ennemi le moindre détachement de sa cavalerie, animée pourtant de la meilleure volonté. La cavalerie marche dans la masse des troupes comme un bagage. Les ordres du maréchal ne servent qu'à augmenter la terreur des fantômes. Il se renferme, comme à dessein, dans une obscurité qu'il lui était si facile d'éclairer. Le 9, il arrive à Blamont, le 10 à Lunéville, où il est pris de la crainte que les Allemands ne coupent, en un tour de main, la voie ferrée entre Nancy et Bar-le-Duc.

De Failly, marchant le 10 août de Réchicourt sur Lunéville, avec sa première colonne, fut arrêté en route par les troupes de Mac-Mahon et n'entra à Lunéville qu'à 4 heures du soir. Il informa immédiatement le maréchal des ordres qu'il avait reçus et des dispositions qu'il avait prises en conséquence. Mac-Mahon répondit qu'il avait déjà ordonné au commandant de Nancy de faire sauter les ponts dans le voisinage de la ville, et que la cavalerie du 1er corps poursuivait déjà sa retraite. De Failly représenta que, d'après les ordres qu'il avait reçus du quartier-général impérial, il devait marcher sur Nancy, et il pria Mac-Mahon de différer au moins la destruction des ponts dans les environs de cette ville.

Mac-Mahon donna effectivement des ordres dans ce sens.

A 10 heures du soir, un officier venant de Metz arriva à Lunéville, et confirma au 5e corps l'ordre de marcher sur Nancy, mais seulement sous conditions, dans le cas notamment où de Failly n'aurait pas à craindre de rencontrer à Nancy des forces ennemies supérieures aux siennes. S'il en était autrement, il devait se porter plus au sud. Comme, d'après les rapports et les renseignements reçus depuis le commencement de cette retraite précipitée, on voyait partout des Prussiens, et des Prussiens en masses, de Failly se décida à se tenir avec le 5e corps plus au sud. Il conservait du reste l'intention, le cas échéant, de se porter plus tard au nord, sur Toul, pour y prendre ou y attendre de nouvelles décisions. Si ensuite il n'était point appelé de Toul à Metz, il pourrait toujours marcher sur Bar-le-Duc ou sur Chaumont, et servir d'arrière-garde aux troupes de Mac-Mahon.

En conséquence, de Failly ordonna que le 5e corps marcherait, le 11 août, sur Charmes, sur la Moselle, la première colonne partant de Lunéville, la deuxième de Baccarat.

En arrivant à Lunéville le 10, les troupes de Mac-Mahon comptaient sur un repos convenable; on commença des distributions régulières avec les ressources abondantes des magasins de la place; la cavalerie commença à faire le fourrage et la soupe, mais elle n'eut pas le temps de terminer ces opérations. Elle dut repartir dès le 10 pour Bayon, sur la Moselle, précédant l'artillerie et l'infanterie qui la suivirent le 11.

Le 12, les troupes de Mac-Mahon arrivèrent à Haroué, sur le Madon, le 13 à Vicherey, et le 14 à Neufchâteau, sur la haute Meuse. Les trains de chemin de fer de Paris à Strasbourg arrivèrent encore le 11 jusqu'à Lunéville, le 12 jusqu'à Nancy, et le 14 jusqu'à Toul. Le commandant militaire de Nancy évacua cette ville dès le 11, et les employés du chemin de fer ne la quittèrent que le 13, après avoir sauvé le matériel. En abandonnant les stations de Lunéville et de Nancy, les Français livraient également l'embranchement de Saint-Dié et d'Epinal.

La première colonne de de Failly passa la nuit du 10 au 11 sur le vaste terrain de manœuvres de Lunéville; il pleuvait à torrents. D'après l'ordre donné le 10, ces troupes se tenaient prêtes à marcher sur Nancy le 11, à 3 heures du matin. Mais, comme il fallait encore beaucoup de temps aux troupes de Mac-Mahon pour sortir de Lunéville et prendre la route de Bayon, le départ de la colonne du 5ᵉ corps fut remis à 7 heures du matin. Ces troupes restèrent sous les armes. Un certain nombre de sous-officiers et de soldats, trouvant qu'il valait mieux passer à l'abri que sous la pluie le temps de repos résultant de ce retard, et croyant que la retraite se ferait à travers la ville, se rendirent dans les auberges, avec l'intention de rejoindre leurs régiments au passage. Mais ils les attendirent en vain, parce que la colonne marcha sur Charmes au lieu de se diriger sur Nancy. Ces « enfants perdus » se rendirent finalement à Nancy, où ils furent rassemblés par des sous-officiers, mais ils ne rejoignirent leur corps d'armée qu'à Amagne, le 25 août.

Le 12, avant de quitter Charmes, de Failly reçut une dépêche du quartier général impérial, expédiée le jour même, à 9 heures du matin, d'après laquelle il devait marcher sur Toul le plus vite possible. De là, il serait, en raison des circonstances, appelé à Metz ou dirigé sur Châlons. De Failly se disposa immédiatement à exécuter cet ordre, et il demanda en même temps à Mac-Mahon la permission de croiser ses colonnes.

Il n'y avait point à cela une nécessité absolue, puisque Mac-Mahon marchait le 12 sur Haroué, et que de Failly, en hâtant sa marche de Charmes par Vezelize sur la route de Toul, pouvait encore prendre l'avance sur Mac-Mahon. En effet, de Charmes à Crepey, par Vezelize, il y a environ 35 kilomètres, que l'on peut faire dans une forte marche, surtout quand la troupe n'est pas surchargée de bagages, ainsi que cela avait lieu pour le 5e corps.

Avant d'avoir la réponse de Mac-Mahon, de Failly reçut à Charmes, à 3 heures 35 minutes de l'après-midi, une dépêche de Napoléon III, qui rapportait l'ordre de se rendre à Toul, et prescrivait de marcher sur Paris, par la route qui lui paraîtrait la plus convenable.

En conséquence, de Failly se dirigea les jours suivants au sud de Mac-Mahon, sur Mirecourt, Remoncourt, la Marche, Montigny et Chaumont, où il arriva de sa personne, le 16 août.

Tandis que les corps de Mac-Mahon et de Failly se trouvaient déjà le 12 août sur le Madon, l'armée du prince royal de Prusse arrivait ce jour-là sur la Sarre, à 70 kilomètres, c'est-à-dire à trois journées ordinaires de marche des Français.

La 12e division d'infanterie, du VIe corps, était le 12 août à Sarre-Union (Bockenhain); elle avait été un peu arrêtée, ainsi que le IIe corps bavarois, par la place de Bitche, devant laquelle celui-ci laissa un faible détachement d'observation.

Le 12 août, le IIe corps bavarois arrivait à Fénétrange; le Ier corps bavarois à Bettborn et, derrière lui, la division wurtembergeoise à Rauwiller. Cette division avait bombardé, le 9 août, le petit fort de Lichtenberg, qui capitula dans la soirée.

Le Ve corps allemand était arrivé le 9 août à la Petite-Pierre, où nous savons que de Failly s'était reposé le 7, dans sa retraite sur Sarrebourg. Le Ve corps trouva la petite place évacuée et arriva le 12 sur la Sarre, à Altroff. Le XIe corps était en même temps à Sarrebourg. Ce dernier était commandé par le général Gersdorf, depuis la blessure du général Bose à Wœrth. La 21e division de ce corps d'armée se porta, le 11 août, devant Phalsbourg avec l'artillerie du corps. On espérait que cette place capitulerait aussitôt, mais, l'espérance ne s'étant point réalisée, l'investissement de la forteresse fut laissé aux troupes qui suivaient du

VIe corps (11e division), et le XIe corps se concentra le 12 à Sarrebourg.

Le quartier général du prince royal de Prusse resta, du 10 au 12, à Petersbach, sur la ligne de marche du Ve corps. Les premiers ordres importants pour nous, que reçut le prince royal du quartier général de l'armée allemande, lui parvinrent le 10 août. On lui faisait savoir que l'armée française s'était probablement retirée derrière la Seille ou même derrière la Moselle. On indiquait à la Troisième armée, pour continuer sa marche, la route de Sarre-Union à Dieuze et les routes au sud de celle-ci; il lui était, en outre, recommandé d'envoyer la cavalerie en avant, à de grandes distances, pour assurer la marche, et de la faire appuyer par des avant-gardes composées en conséquence, afin de permettre à l'armée de gagner du temps pour se concentrer, dans les cas que pourrait faire naître la conduite de l'ennemi.

La Troisième armée allemande disposait d'une assez nombreuse cavalerie. Outre un régiment attaché à chaque division d'infanterie, il y avait encore six régiments bavarois, en une brigade de cuirassiers et une de uhlans, et une brigade de trois régiments de cavalerie wurtembergeoise.— La division de campagne badoise, ayant reçu la mission spéciale d'assiéger Strasbourg, avait été par là séparée de la Troisième armée. En revanche, cette armée reçut deux divisions de cavalerie indépendantes, la 4e et la 2e.

La 4e division, sous les ordres du vieux prince Albert de Prusse, comprenait six régiments répartis dans les trois brigades Hontheim, Bernhardi et Krosigk, et deux batteries à cheval.

Lorsque la Troisième armée avait commencé à passer les Vosges, le gros de cette division avait été laissé provisoirement en arrière, à Buschwiller et Steinbourg, avec ordre de ne suivre l'infanterie que le 11 août, lorsque celle-ci se serait emparée de tous les défilés de la montagne. Mais ces cavaliers étaient si impatients de voir l'ennemi, qu'ils se mirent en marche dès le 10 et arrivèrent ce jour-là à Metting.

C'est alors que le prince royal reçut de Moltke l'ordre de porter la cavalerie en avant, et qu'on acquit, en outre, la certitude que Mac-Mahon s'était retiré sur Sarrebourg.

En conséquence, la 4e division de cavalerie reçut l'ordre de se porter également sur Sarrebourg et de fouiller les jours suivants les environs de Lunéville et de Nancy.

Elle arriva le 11, avec son gros, à Héming, d'où partent des routes sur Metz, sur Nancy et sur Lunéville. A gauche, sur la route de Lunéville, le général Krosigk s'avança jusqu'à Saint-Georges, avec le seul régiment de sa brigade, le 2e hussards, qu'il avait alors avec lui, et deux compagnies de soutien du 95e régiment (du XIe corps). A droite, sur la route de Nancy et de Metz, un escadron de ulans s'avança jusqu'à Langatte. Les Français avaient fait sauter, le 11, le pont sur lequel la route de Nancy traverse le canal, entre les étangs de Gondrexange et du Stock. Les ulans détachés à Langatte en rendirent compte ; des pionniers furent alors envoyés de Sarrebourg et construisirent le 12, dans la matinée, un pont de bateaux au sud de celui détruit.

Le 12 août, il ne resta sur la route de Lunéville que le 1er escadron du 2e hussards, qui occupa cette ville et bivouaqua à l'est. Le gros de la 4e division de cavalerie se porta sur la route de Nancy. L'avant-garde, sous le général Krosigk, alla jusqu'à Moyenvic. A Dieuze, le 5e dragons, de la brigade Krosigk, se joignit à l'avant-garde. Ce régiment avait été primitivement employé à surveiller la frontière qui sépare l'Alsace du Palatinat, puis il s'était réuni à Deux-Ponts, le 6 août, et avait marché jusqu'à Sarre-Union avec la 7e division d'infanterie (du IVe corps).

La 2e division de cavalerie, comte Stolberg-Wernigerode, comptait six régiments, dans les trois brigades Colomb, Barnekow et Baumbach, et deux batteries à cheval.

Cette division ne marcha que le 7 août de Mayence vers la frontière d'Alsace ; elle la franchit le 11 à Wissembourg, suivit ensuite le VIe corps, et arriva seulement le 15 à Saint-Georges, sur la route de Lunéville.

Le 12 août, comme on vient de le voir, les détachements

les plus avancés de la Troisième armée allemande étaient encore assez loin des troupes de Mac-Mahon et de Failly.

Ce jour-là, il est vrai, quelques détachements de la Deuxième armée, qui marchait au nord de la Troisième, passaient la Moselle.

Le capitaine de Kleist, du 10e hussards, entra le 12 août dans Nancy, évacué par les troupes françaises.

Le même jour, le capitaine Braun, du 17e hussards, traversait la Moselle à Marbache et arrivait à Frouard, au moment où passaient là des troupes du corps de Canrobert, allant de Châlons à Metz. L'infanterie française força les hussards d'interrompre les travaux de destruction qu'ils avaient commencés à la gare de Frouard et les obligea de se retirer.

Dans la nuit du 11 au 12 août, le général Voigts-Rhetz dirigea d'Aulnois vers la Moselle le capitaine Kotze, du 10e hussards, avec une partie de son escadron et une section de pionniers, commandée par le lieutenant Neumeister. Ce détachement traversa la Moselle à Dieulouard, sur un pont que les Français venaient d'y rétablir; il commença à y démolir la gare, mais fut également empêché par l'arrivée de l'infanterie du corps de Canrobert, de compléter son œuvre de destruction.

Tous les détachements de la Deuxième armée dont il vient d'être parlé appartenaient à la brigade Redern, de la 5e division de cavalerie, Rheinbaben. De petits partis de la brigade Bredow, de la même division, battaient en même temps le pays vers Dieuze, Marsal et Château-Salins.

Le 12 août, dans l'après-midi, le prince royal de Prusse donna à Petersbach les ordres nécessaires pour la marche de la Troisième armée de la Sarre sur la Moselle. Dans la nuit du 12 au 13, il reçut du quartier général de l'armée allemande des instructions qui n'exigeaient aucune modification à ces ordres. Il était dit dans ces instructions que la Troisième armée devait continuer à marcher contre la ligne Nancy-Lunéville; que son rôle ultérieur lui serait tracé d'une manière précise les jours suivants; que les trains devaient suivre de près leurs corps d'armée jusqu'à la Meurthe et à la Moselle.

Le 13 août, un escadron de la 4e division de cavalerie établit à Château-Salins la communication avec la Deuxième armée, par l'entremise d'un escadron de la division Rheinbaben. Dans la matinée du même jour, le général Krosigk, avec l'avant-garde de la 4e division de cavalerie, investit Marsal, et les batteries divisionnaires lancèrent 87 obus dans la place. Sur ces entrefaites, le 1er escadron du 2e hussards, qui s'était porté de Lunéville à Nancy, fit savoir que cette ville était également évacuée par les Français. A cette nouvelle, le prince Albert, laissant seulement quatre escadrons devant Marsal, porta le jour même l'avant-garde de la 4e division de cavalerie à Champenoux et le gros de la division à Moncel. Dans la soirée, les escadrons laissés sous les murs de Marsal furent relevés par des détachements avancés du IIe corps bavarois et suivirent aussitôt leur division. Disons, en passant, que Marsal capitula dès le 14.

La 4e division de cavalerie entra dans Nancy le 14 août. Elle y resta le 15, en détachant le 5e dragons aux ponts sur la Moselle de Frouard, de Pont-Saint-Vincent et de Flavigny. Le dernier seul avait été détruit. La division se mit de nouveau en communication avec la Deuxième armée, par l'entremise d'un escadron du 10e hussards. Le 16, la 4e division de cavalerie s'avança jusqu'à Bicqueley, Crézilles et Colombey, et détacha de chacune de ces positions un demi-escadron du 2e hussards, pour éclairer sa marche en avant.

Un grand nombre de lettres françaises, de Metz et d'ailleurs, étaient tombées dans ses mains à Nancy, le 14. Les nouvelles qu'elles renfermaient allaient jusqu'au 13 août. Elles donnaient à entendre qu'une partie très considérable de l'armée française était à Metz, où elle attendait une bataille de jour en jour, et qu'en outre des forces importantes étaient réunies au camp de Châlons. D'autre part, l'escadron de la brigade Krosigk qui avait traversé Lunéville avait fait savoir que Mac-Mahon se retirait sur Châlons, et que de

Failly se dérobait vers le sud, pour s'établir fortement dans les Vosges méridionales.

Ces nouvelles semblèrent être confirmées par d'autres qui parvinrent plus tard le 15 et le 16 au matin. Le prince royal de Prusse mit son quartier général à Sarrebourg, le 13 août, à Blamont, le 14, et le 15, à Lunéville.

La 2e division de cavalerie, ainsi que nous l'avons vu précédemment, était arrivée le 15 août à Saint-Georges, sur la route de Héming à Lunéville. Elle s'avança ensuite le 16 jusqu'à Montigny, dans la direction de Baccarat. Elle reçut là l'ordre spécial de reconnaître dans la direction des Vosges méridionales, où les Allemands croyaient que de Failly se retirait.

A partir du 16 août, nous avons donc la 4e division de cavalerie en avant de la droite de la Troisième armée allemande, la 2e division de cavalerie en avant de sa gauche.

Le IIe corps bavarois, devant lequel Marsal avait capitulé le 14 août, entra dans Nancy le 16 et dirigea aussitôt sur Toul sa cavalerie, dont la brigade de ulans Mulzer constituait la portion principale. Les troupes avancées de Mulzer arrivèrent, par Gondreville, jusqu'au sud de Toul d'où elles remarquèrent un combat qui avait lieu au nord de la place.

Un escadron du 2e régiment de dragons de la garde — de la Deuxième armée — s'était avancé dès le 14 août jusque sous le canon de Toul et avait audacieusement sommé la place de se rendre. Le commandant répondit à cette sommation en priant de repasser. Un escadron de ulans de la garde, qui battait l'estrade, étant arrivé, le 15, jusqu'à Toul, par Ménil-la-Tour, sans connaître la tentative de l'escadron de dragons, renouvela son audacieuse sommation et reçut la même réponse polie.

Le 16 août, le gros de la division de cavalerie de la garde, — la brigade de dragons seule étant détachée plus au nord, — arrivait à Apremont et détachait des troupes avancées jusqu'à la Meuse, sur la ligne Saint-Mihiel-Commercy.

La 7e division d'infanterie, du IVe corps prussien, arriva de bonne heure, le 16, à Rosières-en-Haye, à 15 kilomètres de Toul, et la 14e brigade d'infanterie, convenablement renforcée, qui formait l'avant-garde du corps d'armée, fut envoyée au delà de Rosières. Cette avant-garde essaya alors de s'emparer de Toul par un coup de main et engagea le combat que la brigade de ulans bavarois avait aperçu du sud. La batterie à cheval de cette brigade se porta aussitôt en avant et bombarda Toul de Dommartin tant que dura le feu des batteries d'avant-garde du IVe corps.

Le Ve corps allemand atteignait la Meurthe le 15, à Saint-Nicolas et Rosières. Il jeta son avant-garde sur la rive gauche de la rivière, et celle-ci s'avança le 16 jusqu'à Richardménil et Flavigny-sur-Moselle. Le pont de Flavigny avait été détruit par les Français; il fut réparé en 27 heures par les pionniers prussiens qui jetèrent en outre à côté un pont de bateaux. Le gros du Ve corps resta le 16 août à Saint-Nicolas et à Rosières.

Le 13e hussards, cavalerie divisionnaire de la 22e division d'infanterie du XIe corps, était arrivé le 13 août à Baccarat, sur la Meurthe, et y avait coupé le télégraphe. Le 15, les pionniers du XIe corps jetèrent deux ponts de bateaux sur la Moselle, à Bayon, et l'avant-garde du corps d'armée, 13e hussards et 44e brigade d'infanterie, traversa alors la rivière et poussa ses avant-postes jusqu'à Haroué, sur le Madon. Le gros du XIe corps resta le 16 dans ses positions autour de Bayon.

Derrière le Ve corps allemand, la division wurtembergeoise était à Sommerviller, le 15 et le 16 août, et, derrière cette division, le Ier corps bavarois se trouvait à Einville; plus en arrière encore, à Arracourt, était la 12e division du VIe corps.

Le gros du VIe corps — Tümpling — avait eu un temps d'arrêt devant Phalsbourg. Mais le bombardement de cette place, le 14, n'ayant pas amené de suite le résultat désiré, Tümpling ne laissa devant Phalsbourg que deux bataillons et un escadron, et marcha sur Sarrebourg, le 14, avec le reste de ses troupes. Le détachement de la 12e division d'infanterie, laissé devant Phalsbourg, fut relevé par des landwehrs le 19 et le 20 et suivit aussitôt son corps d'armée.

Tümpling resta le 15 à Sarrebourg avec la 12e division d'infanterie et l'artillerie de corps du VIe corps d'armée, et il se porta le 16 à Blamont.

Il ressort de notre récit que les troupes allemandes les plus avancées étaient, le 16 août, à l'est de Saint-Mihiel et de Commercy, au nord de Toul, puis sur la route de Toul à Colombey. Leur première ligne se trouvait donc sur la Moselle, la deuxième ligne beaucoup plus en arrière. Voyons maintenant ce qui se passa les jours suivants du côté des Français.

II. — FORMATION DE L'ARMÉE DE MAC-MAHON.

Tandis qu'une grande partie de l'armée du Rhin se trouvait investie dans Metz, à la suite des batailles livrées sur la Moselle le 14, le 16 et le 18 août, le ministère Palikao entreprit de créer avec les débris des troupes battues et avec des formations nouvelles, une armée qui se rassembla au camp de Châlons et à Reims. Cette armée se trouva finalement composée du 1er, du 5e, du 7e et du 12e corps, et des deux divisions de réserve de cavalerie Margueritte et Bonnemains.

Il nous faut d'abord examiner comment se groupèrent ces diverses formations, quelle destination leur fut donnée, et cet examen nous conduira jusqu'au 23 août.

En arrivant à Neufchâteau, Mac-Mahon demanda par le télégraphe à la compagnie du chemin de fer de l'Est, à Paris, le matériel nécessaire pour transporter à Châlons, par Saint-Dizier et Blesmes, 22,000 hommes, 3,500 chevaux et 500 voitures.

22,000 hommes, — d'après l'effectif des rationnaires, — voilà ce qui restait au maréchal de Mac-Mahon des quatre divisions d'infanterie et de la division de cavalerie du 1er corps, de la division d'infanterie Conseil-Dumesnil du 7e corps, et de la division de cavalerie de réserve Bonnemains. Cela faisait tout au plus 17,000 combattants d'infanterie et de cavalerie; ce qui donne une moyenne de 3,000 hommes par division d'infanterie.

Les troupes de Mac-Mahon devaient être transportées d'abord sur le chemin de fer d'embranchement de Neufchâteau, qui rejoint à la station de Bologne la ligne de Chaumont à Blesmes. Cette dernière est elle-même une voie de jonction entre les deux grandes lignes de Mulhouse à Paris et de Strasbourg à Paris. La distance de Neufchâteau à Châlons est de 170 kilomètres et la ligne ferrée n'a qu'une seule voie sur presque tout son parcours. Sur la ligne de Neufchâteau à Bologne existent des pentes très fortes, ce qui rendait difficile de faire arriver très promptement à Neufchâteau un matériel de mouvement considérable. La direction des chemins de l'Est fit de son mieux et elle avait organisé, le 14 au soir, le service de trains qui lui avait été demandé.

Il faut dire aussi qu'en recevant la dépêche de Mac-Mahon, elle avait prié ce maréchal d'envoyer une partie de ses troupes — cavalerie et artillerie — aux stations de Donjeux et de Joinville, sur la ligne de Chaumont à Blesmes. Mac-Mahon y consentit, ce qui fut une mesure excellente. En effet, elle assura l'avantage, généralement reconnu, de répartir l'embarquement sur plusieurs stations; en outre, le parcours en chemin de fer se trouva diminué d'environ 50 kilomètres pour les troupes embarquées à Donjeux et à Joinville, et celles-ci évitèrent l'embranchement incommode de Bologne. Le reste des troupes de Mac-Mahon arriva le 17 août au camp de Châlons, mais le mouvement ne s'effectua pas sans de nouvelles terreurs des Prussiens, ainsi que nous allons le voir.

Les premières troupes du 5ᵉ corps et, avec elles, de Failly, arrivèrent à Chaumont dans l'après-midi du 16 août. Ce jour-là, les trains du chemin de fer de Paris à Strasbourg allaient encore jusqu'à Bar-le-Duc et ils auraient pu aller jusqu'à Commercy. Mais le spectre des ulans faisait perdre la raison. La direction des chemins de fer de l'Est reçut à Paris différentes nouvelles alarmantes, d'après lesquelles Blesmes semblait être déjà menacé. Elle en fit part à Mac-Mahon. Celui-ci, qui se trouvait près de l'ennemi et pouvait facilement savoir à quoi s'en tenir au moyen de sa cavalerie, n'y pensa même pas. La note du chemin de fer suffit pour lui inspirer des inquiétudes au sujet de Blesmes, et il télégraphia à de Failly pour l'inviter à faire occuper le plus vite possible Blesmes que l'ennemi menaçait. Mac-Mahon, qui ne savait pas encore d'une manière certaine si de Failly était ou non sous ses ordres, l'informait que le 1er corps se rendait définitivement au camp de Châlons.

Dans le 5e corps, la division Goze arriva la première à Chaumont. De Failly ordonna immédiatement que la brigade Nicolas, de cette division, irait à Blesmes, tandis que l'autre brigade, Saurin, occuperait les stations de Bologne, de Vignory, de Joinville, de Chevillon et de Saint-Dizier, sur le chemin de fer de Chaumont à Blesmes. La division de cavalerie qui se trouvait à Clermont, fut dirigée à marches forcées sur Andelot, Chevillon et la Houpette, pour former un rideau en avant du chemin de fer menacé.

La brigade Nicolas, arrivée à Chaumont le 16 août à 6 heures du soir, reçut aussitôt l'ordre de se rendre à Blesmes en chemin de fer. Le 17, à une heure du matin, elle fut embarquée dans le train et n'arriva que le 17, à 2 heures de l'après-midi, à Blesmes, distant de 80 kilomètres seulement de Chaumont. Il se trouvait encore à Blesmes deux bataillons du 20e de ligne, de l'ancienne division Bisson du 6e corps, versés maintenant au 12e corps, en formation au camp de Châlons; le 3e bataillon du 20e de ligne occupait les stations entre Joinville et Blesmes.

Le général Nicolas disposait à Blesmes de sept bataillons, deux du 20e de ligne et cinq de sa brigade qui avait dû laisser à Bitche le 3e bataillon du 86e. Il employa ces troupes à assurer la gare de Blesmes dans les deux directions de Bar-le-Duc et de Saint-Dizier; il fit observer les bois de Maurupt et des Trois-Fontaines, et se mit, le plus loin qu'il put, en relations avec les maires des communes voisines, afin d'avoir le plus tôt possible des nouvelles sûres de la marche des Prussiens, et dans l'intérêt de la subsistance de ses hommes.

Le 3e bataillon du 20e remit, le 18 août, à des troupes de

la brigade Saurin, son service de garde des stations du chemin de fer d'embranchement. Les généraux Goze et Saurin établirent leurs quartiers généraux à Saint-Dizier; le général de Failly s'était rendu lui-même à Vitry dès le 17.

Les trains de Paris allèrent encore le 16 jusqu'à Bar-le-Duc. Les employés du télégraphe de Bar-le-Duc n'arrivèrent à Blesmes que le 18, à 9 heures du matin, et se présentèrent au général Nicolas. Celui-ci envoya ensuite à 10 heures le capitaine du génie Varaigne, sur une locomotive, en reconnaissance vers Bar-le-Duc. Cet officier alla jusqu'à Revigny, 20 kilomètres de Blesmes et 15 de Bar-le-Duc, où il apprit que Bar était réellement occupé par la cavalerie prussienne et qu'une avant-garde, composée de troupes de toutes armes, se montrait à l'est de Bar-le-Duc. Le même jour, 18 août, à midi, Nicolas envoya, par le chemin de fer, le capitaine Varaigne avec 200 hommes au viaduc de Revigny, qui fut rendu impraticable par l'enlèvement des rails et des traverses sur une longueur de 20 mètres.

Le 18 août, à 3 heures de l'après-midi, les détachements du 20e de ligne qui gardaient les stations du chemin de Chaumont à Blesmes et venaient d'être relevés par la brigade Saurin, arrivèrent à Blesmes, et tout le 20e fut dirigé en chemin de fer sur le camp de Châlons.

Sur ces entrefaites, le télégraphiste de Chevillon, ayant été saisi d'une terreur subite des Prussiens, télégraphia immédiatement à Vitry, puis, sans réfléchir que la gare de Chevillon était occupée par un détachement de la brigade Saurin qui ne savait encore rien des Prussiens, il détruisit ses appareils et se sauva. Les communications télégraphiques se trouvèrent de la sorte interrompues sur le chemin de Chaumont à Blesmes. Cependant, de Failly retint à Vitry le général de Septeuil, qui passait là avec un régiment de sa brigade de cavalerie, et l'envoya à Blesmes, où celui-ci arriva le soir à 6 heures et bivouaqua derrière le 61e de ligne. Le 18 août, à 10 heures du soir, Nicolas, d'accord avec l'inspecteur des forêts, ordonna d'obstruer les chemins principaux du bois des Trois-Fontaines.

La veille, 17 août, de Failly recevait du camp de Châlons un télégramme de Mac-Mahon, d'après lequel le 5ᵉ corps était définitivement placé sous le commandement du maréchal, et il lui arrivait en même temps l'ordre de se porter rapidement en chemin de fer sur le camp de Châlons. L'insuffisance de transports ne permit, néanmoins, d'embarquer tout d'abord qu'une partie de la division Guyot de Lespart et son artillerie. De Failly laissait à Chaumont le général de l'Abadie, avec son unique brigade, en lui prescrivant de ne partir pour Châlons qu'avec son dernier bataillon, quand le 7ᵉ corps, marchant sur Paris, aurait dépassé Chaumont.

Le général Liédot, commandant l'artillerie du 5ᵉ corps, était également resté à Chaumont, pour y diriger l'embarquement de la réserve d'artillerie. Mais comme il ne trouvait pas à la station de Chaumont les moyens de transport et les rampes d'embarquement nécessaires, Liédot se dirigea sur Bar-sur-Aube par les voies ordinaires, et il y embarqua son artillerie sur des trains qui gagnèrent le camp de Châlons, en passant par Paris. Le ministre de la guerre fut informé de ce mouvement. Le général de l'Abadie demanda aussi directement au ministre de lui envoyer à Chaumont le matériel nécessaire pour transporter sa brigade. Cette ville se trouva complètement évacuée le 19 août. Le même jour, le général Brahaut, commandant la cavalerie du 5ᵉ corps, qui était répartie, par détachements, à l'est de la ligne Chaumont-Blesmes, reçut l'ordre de réunir sa division et de la conduire au camp de Châlons.

De Failly arriva au camp le 20 août à midi, avec la division Guyot de Lespart, et il reçut l'ordre de marcher sur Reims le 21. Les troupes restantes des divisions Goze et de l'Abadie furent ensuite dirigées directement sur Reims où tout le 5ᵉ corps se trouva réuni le 22, y compris l'artillerie de réserve venue par Paris.

Le 19, au point du jour, le général de Septeuil s'étant avancé de Blesmes dans la direction de Bar-le-Duc, avec son régiment de cavalerie, avait rencontré des cavaliers allemands à Revigny et à Contrisson.

Le 19, à 10 heures du matin, Nicolas reçut un ordre de Failly, d'après lequel il devait évacuer Blesmes aussitôt après le passage du dernier train venant de Chaumont, en détruisant les appareils du télégraphe; il marcherait ensuite sur Loisy-sur-Marne, et se réunirait, chemin faisant, avec la brigade Saurin, venant de Saint-Dizier.

Nicolas fit abattre les tentes à midi et sa brigade se tint prête à se mettre en route. A 1 heure, il fit partir les bagages pour Loisy, et informa en même temps Septeuil que l'infanterie évacuerait Blesmes à quatre heures. A 4 heures et demie, lorsque le dernier train de Chaumont fut passé, Nicolas se dirigea, en effet, par Favresse sur Vauclerc, où il attendit pendant une demi-heure la brigade Saurin. Celle-ci n'étant point arrivée, Nicolas poursuivit sa marche jusqu'à Marolles où il reçut l'ordre de camper. Le 20, il se porta, ainsi que la brigade Saurin, par Saint-Martin-aux-Champs et Pogny, jusqu'à Châlons, d'où, sur l'ordre de se rendre directement à Reims, il alla aux Grandes-Loges le 21, et le 22 à Reims.

Le 7e corps d'armée, sous les ordres du général Félix Douay, s'était d'abord réuni à Belfort. Presque aussitôt, Douay avait dû envoyer au secours de Mac-Mahon une de ses divisions d'infanterie, celle du général Conseil-Dumesnil, qui s'était battue à Wœrth et y avait été fort maltraitée. De la division de cavalerie Ameil, du 7e corps, une brigade, Jolif-Ducoulombier, avait été maintenue à Lyon. Douay n'avait donc à sa disposition, le 7 août, que la division d'infanterie Liébert, la brigade de cavalerie Cambriel et la réserve d'artillerie, quand il reçut, aux environs de Mulhouse, une dépêche de Mac-Mahon sur la défaite de Wœrth, et un ordre télégraphique de Napoléon III, qui lui prescrivait de jeter une division dans Strasbourg et de couvrir Belfort avec les deux autres. Cet ordre était inexécutable puisque Douay n'avait plus qu'une division d'infanterie, Liébert. Il revint avec elle à Belfort, dont les ouvrages avancés étaient encore fort incomplets, et où la division Dumont se réunissait depuis le 13 août. Le 16 août, Douay fut invité par Palikao à conduire tout le 7e corps à Paris par le chemin de fer, et, un peu plus tard, il reçut un nouvel ordre de se rendre au camp de Châlons avec son corps d'armée. — En même temps, la compagnie de l'Est était avisée d'avoir à assurer le transport du 7e corps. Elle s'entendit, à ce sujet, avec la compagnie de Paris-Lyon-Méditerranée, et l'embarquement du corps de Douay commença le 18 août, sur les deux lignes Belfort-Besançon-Dijon-Paris et Belfort-Chaumont-Troyes-Paris.

Les troupes transportées sur la première de ces lignes, ne furent pas descendues à Paris; elles prirent le chemin de ceinture, de la station de Bercy à celle de La Villette, et furent ensuite dirigées sur Châlons. Les trains passant par Chaumont-Troyes furent aiguillés à Noisy-le-Sec sur la ligne de Châlons. Le 20 août, à 11 heures du matin, les troupes du 7e corps avaient entièrement évacué Belfort. Le 21 dans la matinée, les compagnies de chemin de fer furent informées que le camp de Châlons était abandonné, et les troupes de Douay qui arrivaient encore furent alors dirigées directement sur Reims, par Soissons. La division Liébert et l'artillerie de réserve étaient arrivées le 20 au camp de Châlons.

Après la chute du ministère Olivier, l'impératrice Eugénie chargea le vieux général Cousin de Montauban, comte de Palikao, de composer un nouveau ministère.

Palikao, entré en fonctions le 10 août, s'occupa immédiatement de former de nouveaux corps d'armée, qu'il numérota à partir de 12, bien que la primitive armée du Rhin ne se fût composée que de huit corps, y compris la garde.

Le 12e corps se forma au camp de Châlons, de troupes laissées au début sur la frontière d'Espagne, puis de régiments de marche auxquels les dépôts de la ligne fournirent des hommes, de troupes du corps de Canrobert restées au camp de Châlons, et enfin de l'infanterie de marine à laquelle la situation présente de l'armée et de la flotte ne permettait plus de faire exécuter un débarquement sur les côtes du nord de l'Allemagne.

D'après le projet de Palikao, les 18 bataillons de garde

mobile de la Seine devaient faire partie intégrante du 12e corps. Ces jeunes troupes, nullement équipées pour une guerre sérieuse, à peine exercées d'une manière insuffisante, étaient commandées par des officiers qui, pour la plupart, n'avaient pas plus porté les armes que leurs soldats. Le chemin de fer les transporta au camp de Châlons du 30 juillet au 11 août. Trois bataillons seulement allèrent d'abord à Langres et à Besançon d'où ils furent envoyés au camp de Châlons où les 18 bataillons étaient réunis le 12 août.

La garde mobile s'étant montrée fort peu disciplinée, et ayant témoigné un manque absolu de respect aux plus hauts dignitaires militaires de l'empire, après les premières défaites de l'armée du Rhin, Palikao décida que la garde mobile de la Seine serait envoyée, par bataillon, dans 18 places fortes du Nord, et il donna au chemin de fer de l'Est les instructions nécessaires pour transporter ces troupes à leurs nouvelles destinations. Les trains, venant du camp de Châlons, devaient passer par Paris, mais sans s'y arrêter. Les ordres adressés aux commandants de bataillons de garde mobile, prescrivant d'empêcher leurs hommes de descendre des wagons, leur furent transmis par l'intermédiaire de la compagnie de l'Est. Palikao craignait une mutinerie, comme le dit expressément l'ordre du 16, si l'on permettait aux mobiles de faire une longue halte aux stations de Paris.

Les instructions du ministère de la guerre étaient déjà parvenues à la direction des chemins de fer de l'Est, lorsque celle-ci reçut le 17 août, à 1 heure 54 minutes de l'après-midi, du commandement en chef de l'armée de Châlons, c'est-à-dire de Mac-Mahon, l'ordre de transporter les mobiles de la Seine au camp de Saint-Maur, près de Vincennes. Cet ordre fut ensuite complété par une dépêche du 18 août, d'après laquelle trois détachements de garde mobile, de 2,400 hommes chacun, devaient arriver à Reims ce jour-là, à 11 heures du matin, à midi et à 1 heure; le reste, 5,500 hommes, arriverait à Reims dans la journée du 19; chaque détachement devait être aussitôt dirigé sur Saint-

Maur. La direction des chemins de fer de l'Est ne parvint pas à se faire éclairer sur les contradictions existantes dans ces instructions si rapprochées, parce qu'il n'y avait eu aucune entente entre les autorités militaires de qui elles émanaient. En fin de compte, le premier train de gardes mobiles débarqua les hommes à Pantin, d'où ils se rendirent à pied à Saint-Maur, en traversant une partie de Paris. Les trains suivants prirent, à Noisy-le-Sec, le chemin de fer de Mulhouse qui les transporta à Nogent-sur-Marne.

Le renvoi à Saint-Maur des gardes mobiles de la Seine fut décidé dans un conseil de guerre, tenu le 17 au camp de Châlons, et sur lequel nous aurons l'occasion de revenir.

Dans le livre qu'il a publié sur son ministère (1), Palikao se plaint hautement du renvoi de ces gardes mobiles, qui, d'après lui, devaient être un renfort précieux pour l'armée d'opérations, et qu'il avait en conséquence armés du chassepot.

Ces plaintes se comprennent difficilement, quant on lit l'ordre du 16 août, par lequel Palikao lui-même voulait répartir les mobiles de la Seine dans 18 places fortes du Nord, à cause de leur indiscipline, de leur organisation et de leur instruction fort imparfaites. Elles se comprennent moins encore, si l'on songe que les troupes de Mac-Mahon, y compris la division Conseil-Dumesnil, avaient perdu ou jeté à Wœrth et les jours suivants, leurs effets de campement indispensables, qu'il en était de même des troupes de Failly, que les réservistes et les hommes de la deuxième portion du contingent, destinés à compléter les corps, arrivaient au camp de Châlons sans campement ; si l'on se rappelle enfin, pour ne citer qu'un fait, qu'on avait dû prendre les havresacs aux mobiles de la Seine, pour les donner aux troupes de ligne qui en manquaient. Malgré cela, il n'y avait, entre autres dans l'infanterie du 1er corps, qu'un havre-sac pour deux hommes.

---

(1) *Un ministère de la guerre de 24 jours, du 10 août au 4 septembre 1870*, par le général Cousin de Montauban, comte de Palikao.

La nouvelle armée formée au camp de Châlons et dans le voisinage, reçut plusieurs fois des renforts dans le cours des opérations. Afin de ne pas interrompre notre récit, nous allons dire comment elle se trouva finalement constituée.

Cette armée, commandée par le maréchal de Mac-Mahon, ayant pour chef d'état-major général le général Faure, comprenait :

Le 1er corps d'armée, général Ducrot, chef d'état-major général, colonel Robert :

1re division, Wolff :

1re brigade, Moreno : 13e bataillon de chasseurs, 18e et 96e de ligne.

2e brigade, de Postis du Houlbec : 45e de ligne, 1er zouaves ; 6e, 7e et 8e (mitrailleuses) batteries du 9e d'artillerie.

2e division, Pellé :

1re brigade, de Montmarie : 16e bataillon de chasseurs, 50e et 74e de ligne ;

2e brigade, Gandil : 78e de ligne, 1er régiment de tirailleurs, 1er régiment de marche.

Le 1er régiment de marche ne rejoignit le corps d'armée que le 28 août.

9e, 10e (mitrailleuses) et 12e batteries du 9e d'artillerie.

3e division, Lhériller :

1re brigade, Carteret-Trécourt : 8e bataillon de chasseurs, 36e de ligne et 2e zouaves.

2e brigade, Lefèvre : 48e de ligne, 2e régiment de tirailleurs, 1er bataillon de francs-tireurs de Paris.— Ce bataillon ne rejoignit le corps d'armée que le 27 août.

5e, 6e et 9e (mitrailleuses) batteries du 12e d'artillerie.

4e division, de Lartigue :

1re brigade, Fraboulet de Kerléadec : 1er bataillon de chasseurs, 56e de ligne, 2e régiment de marche.

2e brigade, de Bellemare : 3e zouaves, 3e régiment de tirailleurs.

7e, 10e (mitrailleuses) et 12e batteries du 12e d'artillerie.

Le 87e de ligne, qui appartenait primitivement à la brigade Fraboulet, était à Strasbourg depuis le commencement de la campagne. Le 2e régiment de marche ne rejoignit cette brigade que le 28 août.

Division de cavalerie, Duhesme :

1re brigade, de Septeuil : 3e hussards, 11e chasseurs.

2e brigade, de Nansouty : 10e dragons, 2e et 6e lanciers.

3e brigade, Michel, 8e cuirassiers.

Le général Duhesme fut obligé, pour raison de santé, de donner le 25 août au général Michel le commandement de la division, et de se rendre à Paris où il mourut deux jours après.

La brigade Michel se composait primitivement des 8e et 9e cuirassiers ; mais elle avait été tellement maltraitée à Wœrth qu'on dut verser au 8e cuirassiers les hommes valides du 9e, et qu'on renvoya à Paris les cadres de ce dernier régiment pour servir de base à un régiment de nouvelle formation.

Réserve d'artillerie : 11e et 12e batteries du 6e régiment, 5e et 11e batteries du 9e, 1re, 2e, 3e et 4e batteries du 20e régiment (à cheval).

L'artillerie de Mac-Mahon avait perdu à Wœrth un nombre important de ses pièces, il paraît néanmoins que ces pertes, ainsi que celles du 5e corps, furent couvertes par le matériel que l'on trouva au camp de Châlons.

Le 1er corps d'armée, Ducrot, comptait donc le 28 août :

	Bataillons.	Escadrons.	Batteries.
1re division	13	»	3
2e division	16	»	3
3e division	14	»	3
4e division	13	»	3
Division de cavalerie	»	24	»
Réserve d'artillerie	»	»	8
Ensemble	56	24	20

ou 36,000 hommes d'infanterie et de cavalerie, avec 120 pièces.

Le 5e corps d'armée, général de Failly, chef d'état-major général, général Besson :

1re division, Goze :

1re brigade, Saurin : 4e bataillon de chasseurs, 11e et 46e de ligne.

2e brigade, Nicolas : 61e et 86e de ligne.

5e, 6e et 7e (mitrailleuses) batteries du 6e d'artillerie.

Le 3e bataillon du 86e était resté à Bitche, de sorte que la brigade Nicolas n'avait plus que 5 bataillons.

2e division, de l'Abadie d'Aydren :

2e brigade, de Maussion : 14e bataillon de chasseurs, 49e et 88e de ligne.

5e (mitrailleuses) et 6e batteries du 2e d'artillerie.

De cette division, la brigade Lapasset et la 7e batterie du 2e d'artillerie s'étaient réunies à Sarreguemines au 2e corps et à l'armée de Metz.

3e division, Guyot de Lespart :

1re brigade, Abbatucci : 19e bataillon de chasseurs, 17e et 27e de ligne.

2e brigade, de Fontanges : 30e et 66e de ligne.

9e (mitrailleuses), 11e et 12e batteries du 2e d'artillerie.

Division de cavalerie, Brahaut :

1re brigade, de Bernis : 5e hussards, 12e chasseurs.

2e brigade, de la Mortière : 5e lanciers.

Le 3e lanciers, de cette brigade, s'était joint à l'armée de Metz, avec la brigade Lapasset.

Réserve d'artillerie : 6e et 10e batterie du 2e régiment, 11e batterie du 10e, 11e batterie du 14e, 5e et 6e batteries du 20e régiment d'artillerie (à cheval).

Le 5e corps, de Failly, comptait donc :

	Bataillons.	Escadrons.	Batteries.
1re division.	12	»	3
2e division.	7	»	2
3e division.	13	»	3
Division de cavalerie.	»	12	»
Réserve d'artillerie.	»	»	6
Ensemble.	32	12	14

ou 20,000 hommes d'infanterie et de cavalerie, avec 84 pièces.

Le 7ᵉ corps d'armée, général Félix Douay, chef d'état-major général, général Renson :

1ʳᵉ division, Conseil-Dumesnil :

1ʳᵉ brigade, Morand : 17ᵉ bataillon de chasseurs, 3ᵉ et 21ᵉ de ligne.

2ᵉ brigade, Saint-Hilaire : 47ᵉ et 99ᵉ de ligne.

5ᵉ, 6ᵉ et 11ᵉ (mitrailleuses) batteries du 7ᵉ d'artillerie.

2ᵉ division, Liébert :

1ʳᵉ brigade, Guiomar : 6ᵉ bataillon de chasseurs, 5ᵉ et 37ᵉ de ligne.

2ᵉ brigade, de la Bastide : 53ᵉ et 89ᵉ de ligne.

8ᵉ, 9ᵉ et 12ᵉ (mitrailleuses) batteries du 7ᵉ d'artillerie.

3ᵉ division, Dumont :

1ʳᵉ brigade, Bordas : 52ᵉ et 71ᵉ de ligne.

2ᵉ brigade, Bittard des Portes : 82ᵉ et 83ᵉ de ligne.

8ᵉ, 9ᵉ et 12ᵉ (mitrailleuses) batteries du 7ᵉ d'artillerie.

Division de cavalerie, Ameil :

1ʳᵉ brigade, Cambriel : 4ᵉ hussards, 4ᵉ et 8ᵉ lanciers.

La brigade Jolif du Coulombier, destinée à la division Ameil, ne la rejoignit jamais, ainsi qu'on l'a vu plus haut.

Réserve d'artillerie : 7ᵉ et 10ᵉ batteries du 7ᵉ régiment, 8ᵉ et 12ᵉ batteries du 12ᵉ, 3ᵉ et 4ᵉ batteries du 20ᵉ régiment (à cheval).

Le 7ᵉ corps, Félix Douay, comptait :

	Bataillons.	Escadrons.	Batteries.
1ʳᵉ division.	13	»	3
2ᵉ division.	13	»	3
3ᵉ division	12	»	3
Division de cavalerie.	»	12	»
Réserve d'artillerie.	»	»	6
Ensemble.	38	12	16

ou 24,000 hommes d'infanterie et de cavalerie, avec 90 pièces.

Le 12ᵉ corps d'armée, général Lebrun, chef d'état-major général, général Gresley.

1ʳᵉ division, Grandchamp :

1re brigade, Cambriels : 1er bataillon de marche de chasseurs (composé de 4 compagnies, 2 du 1er bataillon de chasseurs et 2 du 2e bataillon), 22e et 34e de ligne.

2e brigade, de Villeneuve : 58e et 79e de ligne.

3 batteries.

Les régiments d'infanterie de cette division avaient été rappelés de la frontière des Pyrénées, où on les avait placés au début de la guerre.

2e division, Lacretelle :

1re brigade, Bernier : 14e, 20e et 31e de ligne ;

2e brigade, Marquisan, 2e bataillon de marche de chasseurs, 2e et 4e régiments de marche.

3 batteries.

Les 3 régiments de la brigade Bernier, étaient ceux de la division Bisson, du corps de Canrobert, qui n'avaient pas pu arriver à Metz. Le bataillon de marche de chasseurs de la division Lacretelle était formé de 2 compagnies du 17e bataillon de chasseurs et de 2 compagnies du 20e bataillon. Les deux régiments de marche de cette division avaient été formés avec les quatrièmes bataillons des 40e, 62e, 64e, 65e, 91e et 94e de ligne.

3e division, de Vassoigne :

1re brigade, Reboul : 1er et 2e régiments d'infanterie de marine.

2e brigade, Martin des Pallières : 3e et 4e régiments d'infanterie de marine.

3 batteries.

Division de cavalerie, de Fénelon :

1re brigade, Savaresse : 1er et 7e lanciers.

2e brigade, de Béville : 5e et 6e cuirassiers.

3e brigade, de Vendeuvre : 7e et 8e chasseurs.

La division de Fénelon, avec les trois brigades Savaresse, de Béville et Tilliard, appartenait primitivement au 6e corps, Canrobert, et fut attachée plus tard au 12e corps, à l'exception de la brigade Tilliard.

Cette dernière brigade avait été envoyée le 15 août à Sainte-Menehould, où elle fut réunie à la brigade Margueritte qui escortait l'empereur Napoléon, revenant de Metz. Le général de Fénelon fut détaché le 20 août à l'est de Châlons, avec la brigade Savaresse, pour éclairer le pays compris entre les routes de Châlons à Vitry d'un côté et à Sainte-Menehould de l'autre. Il avait réuni provisoirement à la brigade Savaresse le 4e régiment de chasseurs d'Afrique. Ce régiment, d'abord destiné à la division du Barail, était allé de Toulon à Commercy, d'où, se voyant dans l'impossibilité de gagner Metz, il s'était dirigé sur Châlons. La brigade Savaresse rejoignit le 12e corps le 23 août, et le 4e régiment de chasseurs d'Afrique fut alors versé dans la division Margueritte, nouvellement formée. La brigade de Béville, ainsi que la brigade de chasseurs (7e et 8e), furent réunies à Rethel sous les ordres du général de division Lichtlin et attachées au 12e corps.

L'artillerie du 12e corps se composait en tout de 15 batteries, savoir : 2 batteries revenant de Rome ; 3 batteries de montagne qui, destinées primitivement à la grande réserve d'artillerie de l'armée du Rhin, n'avaient pas rejoint à temps et furent transformées en batteries montées au camp de Châlons ; 4 batteries attelées d'artillerie de marine et 6 batteries de marche. Après avoir donné trois batteries à chaque division d'infanterie, il en restait encore six pour la réserve du corps d'armée.

L'effectif du 12e corps, Lebrun, était le suivant :

	Bataillons.	Escadrons.	Batteries.
1re division	13	»	3
2e division	16	»	3
3e division	12	»	3
Division de cavalerie	»	24	»
Réserve d'artillerie	»	»	6
Ensemble	41	24	15

Les bataillons d'infanterie de marine étaient forts de 1000 hommes. Le 12e corps avait donc environ 32,000 hommes d'infanterie et de cavalerie, avec 90 pièces.

Des deux divisions de cavalerie de réserve de l'armée de

Châlons, l'une était attachée depuis le commencement au maréchal de Mac-Mahon, c'était la division Bonnemains, ainsi composée :

1re brigade, Girard, 1er et 4e cuirassiers ;

2e brigade, de Brauer, 2e et 3e cuirassiers ;

7e et 8e batterie du 19e régiment d'artillerie (à cheval).

Ensemble 16 escadrons et 2 batteries, ou 1600 hommes et 12 pièces.

La nouvelle division, Margueritte, était formée de l'ancienne brigade Margueritte, actuellement de Galliffet, 1er et 3e régiment de chasseurs d'Afrique, avec adjonction du 4e régiment de même arme, et de la brigade Tilliard, 1er hussards et 6e chasseurs ; ce qui faisait un effectif de 20 escadrons, ou environ 2,500 hommes, parce que les régiments de chasseurs d'Afrique étaient plus forts que ceux de France.

En récapitulant, nous trouvons pour l'armée de Mac-Mahon :

1er corps.	36,000	hommes d'inf.	et de caval.	et 120 pièces,
5e corps	20,000	id.	id.	84 id.
7e corps	24,000	id.	id.	90 id.
12e corps.	32,000	id.	id.	90 id.
Cavalerie de réserve.	4,100	id.	id.	12 id.
Total.	116,100	id.	id.	396 id.

La cavalerie était relativement nombreuse, 11,000 à 12,000 chevaux, c'est-à-dire 1/9 à 1/8 de l'infanterie. L'effectif des rationnaires comptait environ 145,000 hommes. La valeur des éléments constitutifs de cette armée était assez diverse. Les troupes du 1er, du 5e corps et de la division Conseil-Dumesnil, qui avaient fait après Wœrth une retraite précipitée, n'avaient pas apporté au camp de Châlons une grande confiance dans leurs généraux, sans en excepter le commandant en chef. Les nouvelles troupes, réservistes appelés subitement ou hommes de la deuxième portion, incorporés dans tous les régiments possibles, ne pouvaient fortifier la discipline, en raison des circonstances présentes et de l'irritation générale en France depuis les premières défaites. Le matériel était fort insuffisant, surtout en voitures réglementaires.

Dans de semblables conditions, il aurait fallu employer avec une grande prudence cette armée nouvellement formée et lui faire gagner du temps pour resserrer davantage les liens qui unissaient ses divers éléments, ainsi que pour compléter son matériel.

III. — DESTINATION DE L'ARMÉE DE CHALONS.

L'empereur Napoléon et le maréchal de Mac-Mahon étant arrivés au camp de Châlons, il y fut réuni, dans la matinée du 17 août, un conseil de guerre auquel assistèrent, outre l'Empereur et le maréchal, le prince Jérôme Napoléon, les généraux Trochu, Lebrun, Berthaut et Schmitz. Le prince Napoléon émit, dans ce conseil, l'opinion que l'Empereur n'avait plus à choisir qu'entre deux alternatives : reprendre en mains propres soit le commandement de l'armée, soit le gouvernement. Le premier parti parut impossible à tous les assistants après les événements accomplis, et le commandement de l'armée fut attribué au maréchal de Mac-Mahon. On décida, en outre, que Napoléon retournerait à Paris, où la garde mobile de la Seine rentrerait également.

Le prince Napoléon proposa, dans l'intérêt de la sûreté de l'Empereur, que celui-ci fût précédé de douze heures à Paris par un général qui prendrait le gouvernement de Paris et annoncerait par une proclamation la rentrée du souverain.

Cette mission fut confiée au général Trochu, auquel le comte de Palikao avait donné le commandement du 12e corps. Trochu se mit en route immédiatement avec le général Schmitz, son chef d'état-major. Le général Lebrun, ex-premier aide-major général de l'armée du Rhin, qui avait accompagné l'Empereur au camp, reçut le commandement du 12e corps.

La destination attribuée à l'armée de Mac-Mahon était celle d'une « armée de secours », d'une armée de soutien ou, d'après le langage militaire habituel, d'une armée de déblocus pour Paris. Cette mission répondait parfaitement à la condition d'un emploi prudent, car elle entraînait provisoirement un mouvement général de l'armée vers l'ouest, c'est-à-dire vers les contrées de France les plus riches en ressources encore disponibles. Comme il était peu à craindre que Paris fût enlevé en quelques jours par un coup de main, l'armée de Mac-Mahon pouvait sans inconvénient se tenir assez longtemps dans un rôle d'observation et en profiter pour se renforcer considérablement au moyen de nouvelles formations venant de l'ouest et du midi.

Mais le gouvernement de Paris, l'impératrice Eugénie et le comte Palikao, avaient, sur la mission de l'armée de Châlons, de tout autres idées que le conseil de guerre du camp et le maréchal de Mac-Mahon.

L'impératrice reçut fort mal le général Trochu. Elle lui déclara d'une manière péremptoire que l'Empereur ne reviendrait point à Paris ; elle lui ordonna d'effacer de sa proclamation le nom de l'Empereur et répondit aux observations du général qu'il n'avait pas besoin de la présence de l'Empereur pour défendre Paris. Palikao s'exprima plus tard dans le même sens : Mac-Mahon ne reviendrait pas à Paris, et il était beaucoup plus pressant qu'il marchât sur Metz pour dégager Bazaine.

Après son entrevue avec Trochu, Palikao télégraphia à l'Empereur, le 17 à 10 heures 27 minutes du soir, que Napoléon devait abandonner son plan de revenir à Paris. L'armée de Châlons, ajoutait-il, aurait dans trois jours 85,000 hommes, sans compter le corps de Douay qui amènerait trois jours plus tard 18,000 hommes. Ne pourrait-on pas opérer avec de telles forces une puissante diversion contre les corps ennemis, affaiblis déjà par plusieurs combats ?

Le 18, le plan de Palikao se développa plus clairement. D'après lui, Mac-Mahon, dont l'armée était supposée complète et prête à marcher le 20, se dirigerait vers la Meuse le 21, y occuperait le 25 la ligne Verdun-Charny, d'où elle se porterait contre Briey, en culbutant tout ce qu'elle trouverait devant elle et opérant ainsi sa jonction avec Bazaine qui, dans l'hypothèse admise, sortirait en même temps de Metz. Quand les armées allemandes autour de Metz auraient été, de cette façon, forcées de battre en retraite, ce qui, dans l'opinion de Palikao, devait avoir lieu au plus tard vers le 27 août, les armées françaises réunies pourraient alors tourner leurs armes contre le prince royal de Prusse et battre isolément ce dernier, que Palikao croyait jusqu'à ce moment pouvoir mettre hors de cause.

Ce plan a été fort diversement apprécié, mais le plus souvent condamné, bien que son auteur l'ait défendu avec une grande énergie. Examinons-le à notre tour, car il soulève plus d'une question stratégique importante.

L'action combinée de Mac-Mahon et de Bazaine contre les armées allemandes autour de Metz se présente évidemment comme une attaque concentrique, comme une opération sur des lignes extérieures. Il est toujours très difficile d'établir un accord parfait entre deux armées séparées par l'espace et destinées à une action commune. Cet accord était plus difficile encore dans le cas présent, si l'on admet, ce qu'on est en droit de faire, que les Allemands chercheraient à couper autant que possible les communications autour de Metz. Quand même ils n'y réussiraient pas complètement, ils n'en obtiendraient pas moins ce résultat que ni Bazaine, ni Mac-Mahon ne pourraient communiquer entre eux avec certitude. Pour que le plan de Palikao eût chance de succès, il était donc nécessaire que les armées réunies de Mac-Mahon et de Bazaine eussent sur les armées allemandes qui entouraient Metz une grande supériorité numérique ou morale.

Examinons s'il en était ainsi :

Après la bataille du 16 août, il restait à Bazaine au plus 120,000 hommes d'infanterie et de cavalerie pour les opérations en rase campagne. Mac-Mahon, d'après notre calcul précédent, aurait finalement 116,000 hommes, mais qui ne seraient tous réunis que le 27 août. Les deux maréchaux pouvaient ainsi commencer leurs opérations d'ensemble avec 230,000 hommes d'infanterie et de cavalerie.

Les dix corps et les six divisions de cavalerie des armées allemandes aux environs de Metz, avaient encore le 17 août un effectif d'au moins 250,000 hommes d'infanterie et de cavalerie, et les Allemands attendaient, en outre, les jours suivants, la division de réserve Kummer, qui porterait leurs forces à 265,000 hommes.

Nous n'avons pas à tenir compte de la bataille de Saint-Privat, parce que Palikao ne pouvait en avoir le 18 août que des nouvelles fort incomplètes et que, d'autre part, cette bataille affaiblit les deux partis à peu près d'égale sorte.

On peut observer, il est vrai, que les Allemands ne pouvaient abandonner complètement la rive droite de la Moselle, s'ils voulaient tout au moins se tenir au courant de ce qui pourrait s'y passer. Mais, en admettant qu'ils y laissassent 35,000 hommes, il leur restait encore sur la rive gauche de la Moselle, pour opérer sur la ligne intérieure, entre Bazaine et Mac-Mahon, des forces numériquement égales aux armées françaises réunies.

Quant à la supériorité morale des Français sur les Allemands, il ne saurait en être question pour l'armée de Mac-Mahon, en raison de sa composition, ni pour l'armée de Bazaine, du moins depuis qu'elle s'était retirée le 19 derrière les forts de Metz.

Si, malgré les circonstances si difficiles dans lesquelles se trouvaient les Français, on persiste à soutenir que le plan de Palikao n'était pas impossible, on reconnaîtra du moins qu'il avait absolument besoin, pour réussir, de certaines conditions, telles qu'un bonheur particulier ou encore des fautes commises par les Allemands. Mais il fallait encore que Mac-Mahon opérât avec la plus grande décision et la plus grande rapidité pour profiter de son bonheur supposé et des fautes des Allemands. La rapidité était indispensable, non seulement à cause de la distance considérable que Mac-Mahon avait à parcourir du camp de Châlons aux environs de Metz, mais encore pour une autre raison. En effet, Mac-Mahon ne pouvait, en aucun cas, compter qu'il arriverait à Metz sans être forcé de livrer combat, au moins sur la rive droite de la Meuse, ne fût-ce qu'à des têtes de colonnes allemandes, un ou deux corps d'armée. Mais tout combat occasionne un arrêt disproportionné dans le mouvement. Mac-Mahon devait s'y attendre, en admettant même qu'il sortît constamment vainqueur des combats qu'il pourrait avoir à livrer entre la Meuse et Mars-la-Tour. Or, chaque jour de retard dans la marche de Mac-Mahon, une fois que les partis seraient en présence, rendait d'autant plus vraisemblable que l'armée du prince royal de Prusse entrerait directement en jeu, en quittant sur la Meuse la ligne de Strasbourg à Paris pour faire front au nord.

Cette troisième armée renfermait cinq corps d'armée et demi et trois divisions de cavalerie (en ne comptant que pour une division la cavalerie bavaroise et wurtembergeoise attachée aux divisions d'infanterie); ce qui lui donnait encore, après ses pertes, un effectif de 140,000 hommes d'infanterie et de cavalerie, forces supérieures à l'armée de Mac-Mahon.

Examinons de plus près la situation respective de ces deux armées.

D'après le plan de Palikao, Mac-Mahon faisait une marche de flanc par rapport à l'armée du prince royal de Prusse, dès que celle-ci faisait front au nord. Palikao fait semblant de croire qu'on lui a reproché d'avoir ordonné à Mac-Mahon une marche de flanc, et il ajoute, pour sa défense, que beaucoup de marches de flanc ont donné les résultats les plus favorables. Qui donc a jamais contesté qu'une marche de flanc, bien calculée et bien organisée dans ses détails, ne puisse être l'une des opérations de guerre les plus fructueuses? Personne, croyons-nous. Mais tout le monde n'envisageait pas la situation de la même manière que Palikao.

Palikao ne voyait jamais que la malheureuse armée du prince Frédéric-Charles, laquelle devait être broyée sans pitié entre deux meules, Bazaine et Mac-Mahon, et il considérait la chose faite dès que l'une des meules seulement, Mac-Mahon, était mise en mouvement. Que l'autre meule ne pût pas venir à la rencontre de la première, ou que Mac-Mahon pût être battu, — c'était inadmissible pour Palikao.

Mais d'autres gens que lui, notamment Mac-Mahon, croyaient possible une défaite de l'armée de Châlons. Ils n'oubliaient pas, en outre, que cette armée de Châlons, rassemblée avec peine, était actuellement la seule armée que la France pût mettre en campagne, et ils se demandaient s'il fallait, pour rechercher un succès douteux, exposer cette dernière armée à la destruction.

Voici maintenant ce que dit Jomini : Une armée continentale — et telle était bien l'armée française — doit toujours prendre sa base d'opérations sur le côté de l'échiquier stratégique le plus éloigné de la mer. C'était justement le rôle de la mer que remplissait, dans le cas particulier qui nous occupe, la Belgique neutralisée, et Mac-Mahon la prenait pour base dès qu'il était obligé de faire front au sud, contre le prince royal de Prusse. D'après les règles de la stratégie, qui ne perdent rien de leur valeur parce qu'elles sont plus anciennes, Mac-Mahon aurait dû prendre sa base d'opération au sud de la ligne Nancy-Paris plutôt que partout ailleurs.

Mac-Mahon, sur lequel retombait toute la responsabilité, examina ces considérations, et l'on comprend qu'elles ne devaient pas le rendre favorable au plan de Palikao, bien qu'il lui fût pénible de laisser dans l'embarras un frère d'armes, ce que Bazaine était encore pour lui. C'est, du reste, à ce dernier point de vue qu'on lui représentait sans cesse la situation pour le décider à marcher en avant.

Napoléon en prit plus facilement son parti. Après avoir reçu, le 18, le commandant Magnan, que Bazaine lui avait envoyé, après la bataille de Vionville, pour lui faire un rapport verbal et détaillé sur la situation de l'armée de Metz, l'empereur télégraphia le 18, à 9 heures 14 minutes du matin, à Palikao, qu'il se rendait à son avis.

De son côté, Mac-Mahon télégraphia le 19 à Palikao, qu'il ferait tout ce qu'il pourrait pour se réunir à Bazaine, et il ajouta le 20 qu'il croyait devoir rester au camp de Châlons jusqu'à ce qu'il sût exactement quelle direction prendrait Bazaine en sortant de Metz. Cependant, le même jour à midi, on apprit au quartier général que les cavaliers allemands n'étaient plus qu'à 40 kilomètres du camp de Châlons, et Mac-Mahon résolut aussitôt de se porter à Reims le 21. Le 20, à 4 heures 14 minutes du soir, il télégraphiait encore à Palikao qu'il marcherait au devant de Bazaine si celui-ci se dirigeait vers le nord (1), ou que, dans le cas contraire, il retournerait à Paris.

Dans le fait, Mac-Mahon porta, le 21 août, son armée à Reims et aux environs. Lui-même mit son quartier général à Courcelles. C'est là qu'arriva dans la soirée M. Rouher, habituellement appelé vice-empereur, et alors président du Sénat. Il se rendait à l'armée, sans s'être concerté avec Palikao, pour conférer sur la situation. Mac-Mahon alla avec lui chez l'empereur, et la question de savoir si Mac-Mahon devait revenir à Paris ou aller au devant de Bazaine fut examinée sous toutes ses faces, et naturellement au point de vue de la politique, qui n'était pas le moins important. Rouher demanda que Mac-Mahon marchât sur Metz, pour mêmes motifs que Palikao et l'impératrice. Mac-Mahon opposa à ce projet les difficultés d'exécution et conclut en disant que s'il n'avait pas reçu le 22 des instructions de Bazaine, il marcherait sur Paris. Là dessus, Rouher rédigea un décret et une proclamation pour annoncer aux Parisiens la prochaine arrivée de l'armée de Châlons, et il repartit pour Paris à 11 heures du soir.

Le 22 au matin, Mac-Mahon avait déjà donné des ordres pour marcher sur Paris, lorsque Napoléon lui communiqua une dépêche de Bazaine qu'il avait reçue à 9 heures 25 minutes du matin. Dans cette dépêche, écrite le 19, mais expédiée de Metz le 20 seulement, Bazaine annonçait la bataille du 18 et sa retraite derrière les forts, puis il ajoutait textuellement : « Je compte toujours prendre la direction du nord « et me rabattre ensuite par Montmédy, sur la route de

(1) Dans cette expression vers le nord, il faut comprendre la direction sur Montmédy, probablement d'après les renseignements que le commandant Magnan avait donnés le 18 à l'Empereur et à Mac-Mahon, sur la situation de l'armée de Bazaine. W. R.

« Sainte-Menehould à Châlons, si elle n'est pas fortement « occupée ; dans le cas contraire, je continuerai sur Sedan « et même Mézières pour gagner Châlons. »

Cette dépêche détermina Mac-Mahon à renoncer à marcher sur Paris et à se porter au-devant de Bazaine pour lui donner la main. A 10 heures 45 minutes du matin, il annonçait, en ses termes, sa résolution à Palikao :

« Le maréchal Bazaine a écrit du 19 qu'il comptait *tou-« jours* opérer son mouvement de retraite par Montmédy. « Par suite, je vais prendre mes dispositions pour me « porter sur l'Aisne. »

Ce n'est que plus tard, à 1 heure 45, que l'Empereur recevait de Palikao, cette dépêche pressante :

« Le sentiment unanime du Conseil, en présence des nou-« velles du maréchal Bazaine, est plus énergique que jamais. « Les résolutions prises hier soir devraient être abandonnées. « Ni décret, ni lettre, ni proclamation (1) ne devraient être « publiées. Ne pas secourir Bazaine aurait à Paris les plus « déplorables conséquences. En présence de ce désastre, il fau-« drait craindre que la capitale ne se défende (*sic*) pas. Votre « dépêche à l'Impératrice nous donne la conviction que notre « opinion est partagée. Nous attendons une réponse par le télé-« graphe. »

L'Empereur, confirmant les résolutions déjà prises par Mac-Mahon, répond, à 4 heures du soir, au comte Palikao :

« Reçu votre dépêche. Nous partons demain pour Mont-« médy. »

On voit que Mac-Mahon s'était exprimé avec plus de réserve ; il avait dit seulement qu'il se portait sur l'Aisne. Cette nuance a son importance, car elle montre que Mac-Mahon se réservait toujours de faire dépendre des circonstances sa conduite définitive, en d'autres termes, qu'il songeait toujours à reprendre, en raison des événements des jours suivants et de leurs résultats, son plan de se dérober

---

(1) Ceux que Rouher avait apportés de Reims à Paris le 21 au soir.
W. R.

à l'ouest. Sur l'Aisne, vers Rethel par exemple, il avait derrière lui Soissons et la Fère, et pouvait, s'il était forcé de battre en retraite, utiliser, au moins en partie, les chemins de fer de Soissons et de la Fère à Paris.

Bazaine, de son côté, envoyait le 20 août, quelques heures après celle datée du 19, trois autres dépêches qui arrivèrent à Longwy d'où elles furent expédiées par le télégraphe le 22. Ces trois dépêches, parties le 20 août à 7 heures du soir, étaient adressées : l'une à l'Empereur, l'autre au Ministre de la guerre, la troisième au maréchal de Mac-Mahon. Les deux premières arrivèrent à leur adresse ; l'Empereur reçut la sienne le 22 août, à 2 heures 12 minutes de l'après-midi, le Ministre de la guerre à 2 heures 30 minutes.

Par contre, le maréchal de Mac-Mahon ne se rappela point avoir reçu la sienne. Le colonel Stoffel, le même qui avait envoyé de Berlin des rapports si exacts sur l'armée prussienne, et qui, au mois d'août 1870, était chargé du service des dépêches à l'armée de Mac-Mahon, fut accusé en 1874 d'avoir supprimé cette dépêche. Ce procès resta sans issue. Il n'est pas vraisemblable, du reste, qu'il ait été arrêté dans l'intérêt de Bazaine qui était alors condamné depuis longtemps.

La dépêche à l'Empereur était ainsi conçue :

« Mes troupes occupent toujours les mêmes positions. « L'ennemi paraît établir des batteries qui doivent lui servir « à appuyer son investissement ; il reçoit constamment des « renforts. Nous avons dans la place de Metz au delà de « 16,000 blessés, ».

La dépêche à Palikao :

« Nous sommes sous Metz, nous ravitaillant en vivres et « en munitions. L'ennemi grossit toujours et paraît com- « mencer à nous investir. J'écris à l'Empereur qui vous « communiquera ma lettre. J'ai reçu une dépêche du ma- « réchal de Mac-Mahon et lui ai répondu ce que je crois pou- « voir faire dans quelques jours. »

La dépêche à Mac-Mahon :

« J'ai dû prendre position près de Metz pour donner du

« repos aux soldats et les ravitailler en vivres et en muni-
« tions. L'ennemi grossit toujours autour de moi et je sui-
« vrai probablement pour vous rejoindre la ligne des places
« du Nord et vous préviendrai de ma marche, si toutefois je
« puis l'entreprendre sans compromettre l'armée. »

Dans les deux dépêches à Napoléon et à Palikao, on voit qu'il n'est pas directement question du départ de Metz. Dans celle à Mac-Mahon, il en est bien question, mais d'une manière dubitative.

L'accusation a soutenu, dans le procès Bazaine, que si le maréchal de Mac-Mahon avait reçu cette dépêche, il aurait modifié son plan et renoncé à marcher sur l'Aisne; d'où elle a conclu que cette dépêche avait été supprimée afin que le maréchal continuât sa marche sur l'Aisne. En suivant jusqu'au bout la pensée de l'accusation, les seules personnes qui avaient intérêt à ce que cette dépêche fût supprimée étaient celles qui ne voulaient pas voir l'armée de Châlons revenir à Paris, parmi lesquelles nous avons trouvé en première ligne l'impératrice Eugénie, Palikao, le conseil des ministres, M. Rouher et, enfin Napoléon III, quand il se fut rendu à leur avis. — C'étaient donc ces personnages qui avaient dû faire supprimer la dépêche en question.

Qu'il en soit ce qu'on voudra, que la dépêche ait été mise sous les yeux du maréchal de Mac-Mahon, qu'elle ait été jetée au panier comme étant sans importance, ou qu'elle ait été supprimée, — elle n'a par le fait exercé aucune influence sur les résolutions de Mac-Mahon et sur la marche des événements.

Mac-Mahon s'en tint à la résolution qu'il avait prise dans la matinée du 22 août, de marcher sur l'Aisne, et il la mit à exécution le 23. Nous n'avons qu'à suivre ce mouvement.

IV. — MARCHE DE L'ARMÉE DE CHALONS SUR L'AISNE.

A la suite des marches du 21 août et des mouvements exécutés en chemins de fer, l'armée du maréchal de Mac-Mahon était concentrée le 22 aux environs de Reims et sur la Vesle.

Les corps d'armée se trouvaient, de la droite à la gauche, dans l'ordre suivant, qui fut, du reste, conservé dans la marche sur l'Aisne : 7e, 1er, 5e et 12e.

Le 7e corps avait le gros à Sillery ; la division Conseil-Dumesnil était restée au camp de Châlons, avec la division de cavalerie Bonnemains, pour y détruire les approvisionnements qui s'y trouvaient encore et qu'on ne voulait pas laisser à l'ennemi.

Le 1er corps, qui avait marché en deux colonnes du camp de Châlons sur Ormes et Thillois, où il devait s'arrêter, fut obligé, par suite du manque d'eau, de se porter sur Cormontreuil, près de Reims.

Le 5e et le 12e corps campèrent au sud et à l'ouest de Reims, et la division Margueritte était dans la ville même.

Les troupes étaient plutôt préparées à se rendre par le chemin de fer, à Paris ou du moins vers l'ouest, qu'à marcher à l'est et vers l'ennemi. La résolution de Mac-Mahon de se porter sur l'Aisne leur fut connue relativement tard, ce qui explique de la manière la plus simple pourquoi les vivres commencèrent à manquer dès les premiers jours de marche.

La marche sur l'Aisne commença le 23 août dans des conditions défavorables, par une pluie battante et sur de mauvais chemins de traverse. Le 5e et le 12e corps durent, en outre, traverser la ville de Reims par la même rue.

Il en résulta que les corps arrivèrent tard à leur campement, quoiqu'ils n'eussent à aller ce jour-là que jusqu'à la Suippe et que la plupart des troupes ne fissent pas plus de 20 kilomètres. Le système des généraux français de vouloir toujours réunir tout un corps d'armée dans le même camp occasionne naturellement aux troupes une aggravation de fatigue et contribue beaucoup à les faire arriver tard au bivouac.

La division de cavalerie Margueritte fut détachée à Monthois, à 50 kilomètres à l'est de Reims, avec la mission d'observer les défilés de l'Argonne, notamment ceux de Grandpré et de la Croix-aux-Bois.

Le gros du 7e corps alla à Saint-Martin-l'Heureux et Dontrien ; la division Conseil-Dumesnil se porta à Prosnes où elle forma un flanc droit refusé de l'armée.

Le 1er corps marcha sur deux colonnes. Celle de l'aile droite, dont la tête rompit à 4 heures 1/2 du matin, se composait de la 2e et de la 1re division et alla, par Taissy et Saint-Léonard, à Saint-Hilaire-le-Petit. Celle de l'aile gauche, dont la tête rompit à 6 heures, marcha sur Bétheniville, par Taissy et Saint-Léonard. Le quartier général du corps fut transféré à Saint-Hilaire-le-Petit.

Le 5e corps d'armée alla à Pont-Faverger et Selles. Le 12e corps à Heutrégiville et Saint-Masmes.

La division de cavalerie Bonnemains, marchant à l'aile droite du 7e corps et de l'armée, alla du camp de Châlons à Vaudesincourt et Auberive.

Le maréchal de Mac-Mahon transféra son quartier général de Courcelles à Pont-Faverger, où il réunit les commandants de corps à 7 heures du soir, pour recevoir leurs rapports et leur donner ses instructions. Par suite des communications qui lui furent faites, il résolut, à cause des approvisionnements, d'appuyer plus à gauche et de se rapprocher du chemin de fer de Reims à Mézières par Rethel.

Il fit beau le 24 août. On marchait en plaine et le soleil avait promptement séché le sol perméable. La marche ne fut encore ce jour-là que de 20 kilomètres environ pour chaque corps et les troupes arrivèrent au camp de bonne heure.

Le 7e corps marcha sur Contreuves et Semide. Le général Douay mit à profit les conditions favorables de la marche, en ne laissant sur les routes que l'artillerie et les convois, et faisant marcher les troupes en colonnes par pelotons le long des chemins.

Du 1er corps, la colonne de l'aile droite alla, par Hauviné, à Bignicourt et Ville-sur-Retourne ; celle de l'aile gauche et la réserve d'artillerie, à Juniville, par la Neuville.

Le 5e corps marcha sur Rethel, par Aussonce, Alincourt et Perthes-le-Châtelet, et il campa au sud de la ville, à l'est du chemin de fer.

Le 12e corps alla, par Châtelet-sur-Retourne, à Rethel et bivouaqua au sud de la ville, à l'ouest du chemin de fer, c'est-à-dire à gauche du 5e corps.

La division de cavalerie Margueritte resta à Monthois et se trouva ainsi à l'extrême aile droite de l'armée.

La division de cavalerie Bonnemains descendit simplement la Suippe jusqu'à Pont-Faverger et resta ainsi en arrière de l'armée. Le rôle assigné, à partir de ce moment, à la division Bonnemains, a été souvent critiqué. Pour modérer la critique, il faut se rappeler que, d'après les idées en faveur dans l'armée française, cette division de cuirassiers devait être traitée comme une réserve de bataille plutôt que comme une division de cavalerie légère destinée au service d'éclaireurs.

Mac-Mahon avait donc, dès le 24 août, son aile gauche sur l'Aisne, et l'aile droite n'avait à faire le lendemain qu'une très courte marche pour atteindre et traverser ce cours d'eau. Le 7e corps, par exemple, pouvait, des positions qu'il occupait le 24 au soir, arriver aux environs de Montmédy en deux fortes journées ou en trois petites journées de marche.

Mais Mac-Mahon se trouvait arrivé au pied de l'Argonne, qu'il s'agissait de traverser; il était sans nouvelles de Bazaine, et toutes les réflexions qui l'avaient ébranlé au camp de Châlons, puis à Courcelles dans la nuit du 21 au 22 août, l'assaillirent avec plus de force. Le résultat de ces réflexions, fut qu'il se décida à temporiser, ce qu'il y avait de plus mauvais dans la situation présente, et il ne fit faire à l'armée que des mouvements insignifiants le 25 août.

La division Margueritte fut envoyée au Chesne, où elle se rendit le 25 août de grand matin, après avoir retiré les postes qu'elle avait à la Croix-aux-Bois et à Grandpré, de sorte qu'il n'y avait plus maintenant; à l'aile droite de l'armée, de cavalerie faisant le service d'éclaireurs.

Le 7e corps marcha sur Vouziers où il campa sur la rive gauche de l'Aisne, à 6 kilomètres à peine de Contreuves. En arrivant à Vouziers, le général Douay apprit que Margueritte s'était porté au nord, sur Semuy et le Chesne, de manière que son flanc droit et ses derrières n'étaient assurés par rien. La cavalerie attachée aux corps d'armée avait été peu habituée au service d'éclaireurs. Elle marchait ordinairement en colonnes profondes à la queue de l'infanterie. En outre, la cavalerie du 7e corps était, comme nous savons, peu nombreuse, car il lui manquait une de ses brigades. Néanmoins Douay réunit aussitôt les escadrons du 4e hussards et il envoya ce régiment à Grandpré, avec la mission d'avoir des nouvelles de l'ennemi.

Les colonnes du 1er corps marchèrent sur Attigny et campèrent au sud de cette localité, sur la rive gauche de l'Aisne, — des deux côtés de la route, les parcs et les convois derrière les troupes. Ducrot avait envoyé d'avance, le 24, son sous-chef d'état-major et un intendant militaire à Attigny, pour y réunir 150,000 rations. On se procura, avec l'aide des habitants, au moins 100,000 rations, de sorte que le corps d'armée eut des vivres assurés pour deux ou trois jours.

Le 5e corps se rendit, le 25 août dans l'après-midi, par Ressons, Doux et Coucy, à Amagne, où il campa au nord du village, près du chemin de fer. Ce nouveau bivouac, où les troupes s'installèrent à 5 heures, n'était qu'à 9 kilomètres de celui de la veille.

Le 12e corps resta dans les positions qu'il avait prises le 24, sans faire aucun mouvement.

La division de cavalerie Bonnemains alla de Pont-Faverger à Rethel.

Mac-Mahon ne quitta pas encore l'Aisne le 26, et se contenta de faire exécuter une conversion à droite autour de Vouziers. Les corps de l'aile gauche firent, dans ce mouvement, jusqu'à 20 kilomètres, mais ils ne s'éloignèrent pas à plus de 8 kilomètres de la rive droite de l'Aisne.

Le 7e corps n'eut qu'à passer de la rive gauche de l'Aisne sur la rive droite par le pont de Vouziers. Pendant que s'opérait ce mouvement, vers 9 heures du matin, le général Douay reçut du 4e hussards, détaché à Grandpré, l'avis que ce régiment avait devant lui des masses considérables de cavalerie ennemie et courait le plus grand danger. Douay ordonna alors au général Dumont d'envoyer au secours des hussards une de ses brigades avec deux batteries. Dumont désigna pour cela la brigade Bordas. Le général Bordas marcha sur Grandpré avec un de ses régiments et il envoya l'autre à Buzancy, nœud des routes de Grandpré à Mouzon et de Vouziers à Stenay. Entre 2 et 3 heures de l'après-midi, Bordas fit savoir qu'il était serré de près par les Allemands, qu'une infanterie ennemie très supérieure se montrait devant lui et pouvait rendre sa retraite difficile, et qu'il se retirerait probablement sur Buzancy avec le régiment qu'il avait à Grandpré.

A cette nouvelle, Douay fit aussitôt prendre les armes à tout le 7e corps et l'établit dans une position faisant face à Longwé, ayant son aile droite à Falaise et sa gauche à Chestres; l'artillerie de réserve fut mise en partie en ligne, la cavalerie resta derrière le front. On commença vers le soir à creuser des tranchées-abris pour renforcer la position.

Pendant qu'il se disposait ainsi à défendre cette position, Douay télégraphiait en même temps à Mac-Mahon. Celui-ci reçut la dépêche à 3 heures de l'après-midi, et elle le décida à prendre des résolutions importantes sur l'ensemble desquelles nous reviendrons plus tard. Disons seulement ici que le 27, à 2 heures du matin, le 4e hussards se retira en traversant la position de Douay, dans laquelle ce général avait fait passer la nuit à ses troupes près des feux de bivouac, sans dresser les tentes-abris. La brigade Bordas suivit bientôt après le 4e hussards.

Le 26 août fut une journée pluvieuse, d'autant plus pénible que l'armée foulait maintenant le sol argileux de l'Argonne, où la marche et le campement, après de fortes pluies, sont loin d'être agréables.

Le 1er corps se rendit le 26 d'Attigny à Semuy sur la rive droite de l'Aisne, — 8 kilomètres. Ses quatre divisions d'infanterie campèrent des deux côtés du canal des Ardennes, entre Mongon et Voncq; la cavalerie et les parcs en arrière près de l'Aisne. Par cette rivière arrivèrent de Rethel dans l'après-midi des barques apportant des vivres qui furent distribués de suite. Ducrot expédia ce jour-là ses hommes fatigués à Mézières et il répartit dans les communes voisines les chevaux indisponibles.

Le 5e corps rompit à 4 heures du matin, se dirigeant par Saussenil, Ecordal et Tourteron, où il fit la grande halte, sur le Chesne. Il établit là son camp à 1 heure de l'après-midi, avec la division Goze au sud-est de la ville et du canal des Ardennes, avec les deux autres divisions au nord du canal, entre les routes d'Amagne et de Charleville.

Le 12e corps alla de Rethel à Tourteron.

La division de cavalerie Bonnemains fut envoyée à Attigny. La division Margueritte s'était avancée jusqu'à Oches, les Petites-Armoises et Tannay, où elle se trouvait encore à environ 15 kilomètres de la Meuse à Stenay ou Mouzon.

D'une manière générale, l'armée fait à présent front à Montmédy ; ses quatre corps forment deux échelons, le premier composé des 7e et 5e corps à Vouziers et le Chesne ; le second, à l'aile gauche et plus en arrière, comprenant le 1er et le 12e corps, à Mongon-Voncq et Tourteron. L'armée pouvait arriver en deux jours aux environs de Montmédy, si rien ne se mettait en travers.

Mais nous avons déjà vu que l'adversaire avait dit son mot dès le 26, et il nous faut suivre jusqu'à cette date les mouvements des Allemands.

V. — OPÉRATIONS DE LA TROISIÈME ARMÉE ALLEMANDE ET DE L'ARMÉE DE LA MEUSE JUSQU'AU 26 AOUT.

Nous avons laissé, le 16 août, sur la haute Moselle et la Meurthe, le prince royal de Prusse et la Troisième armée allemande. Le prince avait, ce jour-là, son quartier général à Lunéville d'où il le transféra le 17 à Nancy.

Le prince royal n'ignorait pas que des troupes françaises considérables s'assemblaient à Châlons, et il admettait que des fractions de l'armée française s'étaient retirées sur le camp de Châlons, après s'être repliées derrière la Moselle devant l'armée du prince Frédéric-Charles. On n'avait encore pas de certitude sur le point où se trouvait de Failly; mais on supposait toujours qu'il se retirait vers le sud, soit dans les Vosges méridionales, soit plus à l'ouest.

Il était à désirer, dans tous les cas, qu'on eût des nouvelles exactes de l'ennemi. En conséquence, la 4e division de cavalerie devait éclairer le terrain très loin en avant du front; la 2e division de cavalerie était chargée du même service sur le flanc gauche, spécialement en ce qui concernait le corps de Failly. Le gros de l'armée devait suivre, sur trois colonnes, la 4e division de cavalerie, et se tenir prêt à se réunir, dès qu'il le faudrait, contre les Français qui se concentraient au camp de Châlons. Il devait occuper sur la ligne de la Marne le front Saint-Dizier-Joinville. Les avant-gardes des corps en avant devaient constamment bivouaquer, et se tenir sur la défensive quand elles rencontreraient l'ennemi, afin de donner au gros le temps de se déployer. La portion principale des corps devait, pendant la marche en avant, prendre des cantonnements resserrés.

Sans perdre de vue le but principal, il ne fallait pas négliger la place forte de Toul, qui, par sa situation sur le chemin de fer de Strasbourg à Paris, acquérait pour les communications des Allemands une importance particulière dès que ceux-ci s'avançaient à l'ouest de la Moselle et de la Meuse.

En vertu des ordres reçus, la 4e division de cavalerie se porta le 17 août à Vaucouleurs, sur la Meuse, et envoya sur l'Ornain des troupes avancées. Un demi-escadron du 2e hussards, qui avait été détaché sur le flanc droit, saisit la poste à Commercy. Les lettres dont il s'empara apprenaient que la cavalerie du corps de Canrobert était restée au camp de Châlons, que les Français avaient créé deux nouveaux corps, le 12e et le 13e, que tous les hommes de 25 à 35 ans étaient appelés sous les armes, enfin qu'on travaillait activement à fortifier et armer Paris. Ce demi-escadron de hussards établit à nouveau ce jour-là la communication avec la

Deuxième Armée, par l'intermédiaire de la brigade de ulans de la garde détachée à Saint-Mihiel.

Le 18 août, le gros de la 4e division de cavalerie alla à Demange-aux-Eaux, sur l'Ornain, et envoya son avant-garde jusqu'au Ménil-sur-Saulx et à Montiers-sur-Saulx. Ses patrouilles allèrent jusqu'à la Marne; l'une d'elles, entre autres, entra dans Chevillon, qu'elle trouva évacué; dans le fait, les Français n'y occupaient que la gare du chemin de fer. C'est, avons-nous dit plus haut, la terreur que ces quelques cavaliers prussiens inspirèrent au télégraphiste qui fit rompre par ce dernier la communication télégraphique sur la ligne Chaumont-Blesmes.

Les hussards prussiens qui s'étaient avancés au delà du Ménil rencontrèrent, dans la soirée, à Ancerville, des cavaliers français (de la division Brahaut); ils se retirèrent alors pour observer et aperçurent, le lendemain matin, des détachements d'infanterie française (de la brigade Saurin), qui allaient en reconnaissance de Saint-Dizier à Lavincourt, par Ancerville et Aulnois. Les lettres saisies le 18 au Ménil et à Chevillon disaient que Napoléon se trouvait au camp de Châlons et confirmaient les nouvelles antérieures sur les rassemblements de troupes qui se faisaient au camp et sur le transport en chemin de fer du corps de Mac-Mahon. D'après ces lettres, d'autres rassemblements de troupes s'opéraient à Verdun.

Le 19 août, le gros de la 4e division de cavalerie descendit l'Ornain jusqu'à Menaucourt; l'avant-garde alla au Ménil-sur-Saulx; un détachement de flanc droit s'avança de Ligny-en-Barrois jusqu'à Bar-le-Duc où il eut avec le général de Septeuil la rencontre dont nous avons parlé plus haut. Un détachement de flanc gauche alla de Montiers à Chevillon où il fut reçu à coups de fusil par la brigade Saurin.

Le 20 au matin, les troupes avancées sur Saint-Dizier annoncèrent que les Français s'étaient retirés de là sur Vitry. L'avant-garde de la 4e division de cavalerie se porta aussitôt à Saint-Dizier, le gros à Stainville, le détachement de flanc droit à Bazincourt, celui de gauche à Savonnières. Une patrouille d'avant-garde du 5e dragons s'avança, par Blesmes, jusqu'à Favresse, où elle coupa le chemin de fer.

La 2e division de cavalerie arriva le 17 août, avec le gros à Gerbéviller, sur la Mortagne, affluent de gauche de la Meurthe, avec la 5e brigade de cavalerie à Vennezey, au sud de Gerbéviller. Le 4e escadron du 4e hussards, détaché plus à gauche sur Baccarat, avait envoyé à Rambervillers un peloton qui apprit que 12 à 15,000 Français étaient passés là le 11 se rendant à Charmes. Ces Français appartenaient-ils au corps de Failly, la chose était encore incertaine.

Le 18 août, la 2e division s'avança, le gros à Charmes, la 5e brigade à Vincey, sur la Moselle. Cette brigade envoya le 2e escadron du 6e hussards sur Epinal, par Thaon. Cet escadron apprit d'une manière certaine qu'aucune troupe française n'avait pris récemment cette direction en remontant la Moselle ; de sorte qu'on commença à croire, au quartier général du prince royal de Prusse, que de Failly pouvait fort bien, lui aussi, avoir pris le chemin de fer pour se rendre au camp de Châlons.

Le 19, le gros de la 2e division de cavalerie alla à Vaudemont, la 5e brigade à Forcelles-sous-Gugney ; l'escadron de hussards, détaché à gauche, marcha sur Mirecourt et fit savoir que de Failly avait bivouaqué là dans la nuit du 12 au 13, — cette fois le fait était certain. On ne savait toujours par où il s'était dirigé ensuite.

Le 20 au soir, la 2e division de cavalerie était au nord de Neufchâteau, à Maxey, Saint-Elophe et Martigny ; un détachement de flanc gauche apprit à Neufchâteau de plus grands détails sur le transport des troupes de Mac-Mahon à Châlons ; — des détachements battant la campagne en arrière, dans la direction d'Epinal, rencontrèrent des gardes mobiles sans armes, mais point de troupes de ligne.

Derrière le rideau formé par les divisions de cavalerie, les corps d'armée occupaient, le 20, les positions suivantes :

En 1re ligne venait le IIe corps bavarois, avec son avant-garde à Ligny-en-Barrois, sur l'Ornain, le gros au Ménil-la-Horgne. La brigade de ulans qui lui avait été donnée alla vers Bar-le-Duc et se mit en communication avec le IVe corps à Commercy, avec la brigade de ulans de la garde à Saint-Mihiel. Le IIe corps bavarois avait laissé devant Toul, sous les ordres du général Fiéreck, la 7e brigade d'infanterie, le 2e régiment de chevau-légers (à la place duquel la 4e division reçut le 5e régiment) et deux batteries.

L'avant-garde nouvellement constituée du Ve corps, — 18e brigade d'infanterie, 4e dragons, 1re et 2e batterie lourde n° 5 et 1re compagnie de pionniers avec un équipage léger de pont, — atteignit Hévilliers; le gros du corps d'armée Tréveray et Demange-aux-Eaux.

La division wurtembergeoise alla, plus au sud, à Houdelaincourt et Delouze.

Le XIe corps avait son avant-garde à Mandres, le gros à Gondrecourt et Dainville. Son avant-garde, également de nouvelle formation, se composait de la 43e brigade d'infanterie, du 13e hussards, des 3e et 4e batteries lourdes n° 11 et de la 3e compagnie de pionniers.

Derrière cette première ligne, marchaient en seconde ligne :

Le Ier corps bavarois, derrière le IIe, à Void, sur la Meuse, et le VIe corps, qui avait laissé devant Phalsbourg deux bataillons et un escadron, derrière le Ve corps, à Maxey-sur-Vaise et à Pagny-la-Blanche-Côte.

Le prince royal de Prusse porta, le 20 août, son quartier général de Nancy à Vaucouleurs. Il y reçut un ordre d'armée, daté de Rezonville le 19 août, dont nous reparlerons bientôt, et qui suspendait provisoirement le mouvement de la Troisième Armée. En conséquence, les corps de cette armée restèrent le 21 et le 22 dans les positions qu'ils avaient prises le 20 août. Mais cette suspension de mouvement ne s'appliquait point aux divisions de cavalerie.

De la 4e division de cavalerie, à l'avant-garde de laquelle passa ce jour-là le 6e ulans, une patrouille, le peloton du 5e dragons qui avait coupé le chemin de fer à Favresse dans la soirée du 20, alla le 21 jusqu'à Vitry. Ayant appris que les

Français avaient évacué cette mauvaise petite place, la patrouille voulut l'occuper, mais elle fut reçue à coups de fusil dans les faubourgs par des gardes mobiles et forcée de se retirer. Ces dragons prussiens avaient fait près de Vitry quelques prisonniers de la division Goze, du corps de Failly. Mais il semble que ce fait soit passé presque inaperçu. La 4e division de cavalerie détacha encore le 21 le 3e et le 4e escadron du 5e dragons, sous le major Klocke, avec la mission de trouver l'ennemi le plus tôt possible et de ne plus le perdre de vue.

Ce détachement alla le 22 à Outrepont, près de Vitry ; une troupe de flanc envoya un parlementaire sommer la place de se rendre, mais celui-ci fut reçu à coups de fusil.

La 2e division de cavalerie entreprit le 22 une grande reconnaissance vers le sud, sur le front Chaumont — Montigny — Lamarche et Darney, de 80 kilomètres d'étendue.

Le 21 au matin, le XIe corps envoya à Joinville le major comte Strachwitz, avec les 3e et 4e escadrons du 14e hussards et une section de pionniers, pour y détruire le chemin de fer. Les rapports de ce détachement ne laissèrent subsister aucun doute sur la destination du corps de Failly, et ils établirent d'une manière positive que celui-ci s'était également rendu au camp de Châlons.

Avant d'aller plus loin, faisons remarquer que tandis que le 5e corps français abandonnait entièrement dès le 19 la ligne Chaumont-Blesmes, et que les dernières troupes du 7e corps passaient le 20 sur la ligne Belfort — Chaumont — Paris, l'avant-garde d'infanterie allemande la plus avancée (du Ve corps) n'arrivait que le 20 à Hévilliers (15 kilomètres de Chevillon), et que le gros même de la 4e division de cavalerie n'était à Stainville que le 20. Par conséquent, les terreurs antérieures des Français, qui voulaient avoir vu des masses d'infanterie ennemie, n'avaient été causées que par de faibles détachements de cavalerie.

Quant à cette dernière arme, il faut constater que les troupes avancées de la 4e division de cavalerie se trouvaient, à Vitry, le 22 août, à 60 kilomètres de Ligny-en-Barrois où était alors la brigade d'infanterie la plus avancée de l'aile droite de la Troisième armée, c'est-à-dire à deux fortes journées ou à trois petites journées de marche en avant.

Immédiatement après la bataille livrée le 18 août sous les murs de Metz, l'état-major général du roi de Prusse s'occupa de préparer le nouveau rôle qu'allaient avoir à jouer les armées allemandes, et un ordre général, rédigé dans ce sens, parut à Rezonville dès le 19 août, à 11 heures du matin.

Metz allait être investi, mais, d'autre part, la marche en avant vers l'ouest, contre les troupes françaises qui se rassemblaient au camp de Châlons, serait continuée.

La marche sur Châlons-Paris incombait naturellement à la Troisième armée, celle du prince royal de Prusse, tandis que l'investissement de Metz serait laissé au prince Frédéric-Charles.

Mais la Troisième armée se trouvant tout entière au sud du chemin de fer de Nancy à Paris, par Châlons, il paraissait utile de prolonger suffisamment son aile droite au nord de cette ligne ferrée. A cet effet, comme il n'était pas nécessaire de laisser devant Metz, pour investir Bazaine, la totalité des Première et Deuxième armées, on en détacha une portion, qui fut placée sous les ordres du prince royal de Saxe et devait faire front vers la Meuse.

Cette portion d'armée reçut le nom d'armée de la Meuse. Elle se composait du XIIe corps (saxon) et de sa division de cavalerie, la 12e, du corps de la garde et de sa division de cavalerie, du IVe corps, enfin des 5e et 6e divisions de cavalerie.

La force de cette armée de la Meuse est ainsi donnée à la date du 22 août :

	Hommes d'infanterie.	Chevaux.	Pièces.
XIIe corps et 12e division de cavalerie.	25,085	3,570	96
Corps de la garde et sa division de cavalerie. . . .	20,027	4,215	90
IVe corps d'armée.	24,916	2,157	84
5e division de cavalerie. . .	»	4,147	12
6e division de cavalerie. . .	»	2,158	6
Total.	70,028	16,247	288

ou 86,275 hommes d'infanterie et de cavalerie, avec 188 bouches à feu.

On est surpris du chiffre de 2,157 cavaliers au IVe corps d'armée et l'on doit supposer ou qu'il y a une erreur en trop de 1000 chevaux, ou que le corps a compté dans son effectif un détachement de cavalerie qui ne lui avait été donné qu'en passant.

Laissant de côté les quelques régiments de cavalerie divisionnaire, voici quelle était, après la création de l'armée de la Meuse, la composition de ses quatre divisions de cavalerie :

5e division de cavalerie, Rheinbaben :

11e brigade de cavalerie, Barby : 4e cuirassiers, 13e ulans, 19e dragons ;

12e brigade de cavalerie, Bredow : 7e cuirassiers, 16e ulans 13e dragons ;

13e brigade de cavalerie, Redern : 10e, 11e et 17e hussards.

6e division de cavalerie, duc Guillaume de Mecklembourg :

14e brigade de cavalerie, colonel comte de Grœben : 6e cuirassiers, 3e ulans ;

15e brigade de cavalerie, colonel Alvensleben : 15e ulans, 16e hussards ;

Le 3e hussards était laissé sous Metz et avait été remplacé par le 15e ulans, qui était passé de la 14e brigade de cavalerie dans la 15e.

12e division de cavalerie, comte de Lippe :

1re brigade de cavalerie (saxonne), Krug de Nidda : régiment de cavalerie de la garde et 17e ulans ;

2e brigade de cavalerie (saxonne), Senfft de Pilsach : 3e régiment de cavalerie et 18e ulans.

Division de cavalerie de la garde, comte de Goltz :

1re brigade de cavalerie de la garde, comte de Brandebourg I : gardes du corps et régiment de cuirassiers ;

2e brigade de cavalerie de la garde, prince Albert de Prusse : 1er et 3e ulans de la garde ;

3e brigade de cavalerie de la garde, comte de Brandebourg II : 1er et 2e dragons de la garde.

Le 20 août, la masse de l'armée de la Meuse faisait front à l'ouest, sur la ligne allant de Briey à Latour-en-Woëwre. La brigade de ulans de la garde avait été détachée antérieurement sur Saint-Mihiel. Le IVe corps, Alvensleben I, arrêté quelque temps devant Toul, ayant su, après la bataille de Saint-Privat, que les routes de Metz et de Saint-Mihiel à Verdun étaient libres d'ennemis, se mit en mouvement le 20 août et arriva, l'avant-garde à Commercy, le gros à Vignot.

D'après ce que nous avons dit précédemment, la Troisième armée, actuellement destinée à opérer de concert avec l'armée de la Meuse, avait, le 20 août, ses têtes de corps d'armée sur la ligne Ligny-en-Barrois, Hévilliers, Mandres.

La force de cette armée est ainsi donnée le 20 août :

	Hommes d'infanterie.	Chevaux.	Pièces.
V^{e} corps d'armée.	18,574	2,110	84
VIe corps d'armée.	23,953	1,278	84
XIe corps d'armée	20,638	1,239	83
Ier corps bavarois.	20,817	2,369	96
IIe corps bavarois	20,783	3,985	96
Division wurtembergeoise .	13,322	1,527	58
2e division de cavalerie. . .	»	3,624	12
4e division de cavalerie. . .	»	3,435	12
Total.	118,087	19,567	525

ou 137,654 hommes d'infanterie et de cavalerie, avec 525 bouches à feu.

On peut faire pour la cavalerie du Ve corps la même observation que pour celle du IVe.

Laissant de côté la cavalerie divisionnaire, voici de quoi se composait la cavalerie de la Troisième armée :

4e division de cavalerie, prince Albert de Prusse, le père :

8e brigade de cavalerie, Hontheim : 5e cuirassiers, 10e ulans ;

9e brigade de cavalerie, Bernhardi : 1er et 6e ulans ;

10e brigade de cavalerie, Krosigk : 2e hussards, 5e dragons.

2e division de cavalerie, comte Stolberg-Wernigerode :

3e brigade de cavalerie, Colomb : 1er cuirassiers, 2e ulans:
4e brigade de cavalerie, Barnekow : 1er et 5e hussards;
5e brigade de cavalerie, Baumbach : 4e et 6e hussards;

Brigade de cuirassiers bavaroise, Tausch, attachée au au Ier corps : 1er et 2e cuirassiers, 6e chevau-légers;

Brigade de ulans bavaroise, Mulzer, attachée au IIe corps, 1er et 2e ulans.

Le 5e régiment de chevau-légers, appartenant primitivement à cette brigade, avait été donné, comme cavalerie divisionnaire, à la 4e division d'infanterie, quand celle-ci avait laissé devant Toul le 2e régiment de chevau-légers.

Brigade de cavalerie wurtembergeoise, comte Schœler : 1er, 3e et 4e régiment de cavalerie.

Le 3e régiment de cavalerie n'avait que 2 escadrons; la brigade fournissait en outre quelques escadrons comme cavalerie divisionnaire.

Les masses réunies de la Troisième armée et de l'armée de la Meuse se montaient, le 22 août, à 224,000 hommes d'infanterie et de cavalerie, avec 813 pièces. Dans ce chiffre figurent 36,000 hommes de cavalerie, et si l'on retire 10,000 hommes de cavalerie divisionnaire, il reste encore 26,000 chevaux dans les divisions et les brigades de cavalerie indépendantes.

L'ordre général daté de Rezonville le 19 ne s'était d'abord occupé que de séparer l'armée de la Meuse des forces laissées à Metz au prince Frédéric-Charles, et, en second lieu, de maintenir dans ses positions la Troisième armée jusqu'à ce que l'armée de la Meuse fût déployée et prête à opérer de concert avec elle.

Il fallait maintenant donner à la Troisième armée et à celle de la Meuse des ordres positifs de mouvement.

Le quartier général du roi de Prusse revint d'abord de Rezonville à Pont-à-Mousson. Les nouvelles qui arrivèrent le 20 à Pont-à-Mousson confirmaient le rassemblement au camp de Châlons de masses considérables de troupes françaises, et elles prouvaient la fausseté du renseignement d'après lequel des rassemblements importants avaient lieu également à Verdun. En effet, le capitaine de Nostitz, du 17e ulans (saxon), qui avait été le 20 en reconnaissance jusque dans les faubourgs de Verdun, annonçait de là que cette place était faiblement occupée par des dépôts et des gardes mobiles.

En conséquence, un ordre général, daté de Pont-à-Mousson le 21 août à 11 heures du matin, régla la marche combinée de la Troisième armée et de l'armée de la Meuse sur Châlons, le nouveau point de rassemblement connu des forces françaises. Le mouvement devait commencer le 23 août et s'exécuter de telle manière que les avant-gardes d'infanterie de l'armée de la Meuse arriveraient le 26 sur la ligne de Sainte-Menehould—Daucourt—Givry-en-Argonne, et celles la Troisième armée sur la ligne Saint-Mard-sur-le-Mont—Vitry-le-François. Il était, en outre, prescrit à l'armée de la Meuse de s'emparer de Verdun par un coup de main, ou, si elle n'y réussissait pas, de tourner la place au sud, en se contentant de la faire observer. — L'ordre indiquait enfin que le quartier général du roi de Prusse se transporterait le 23 à Commercy, où le IVe corps devait laisser un bataillon de garnison.

L'ordre général du 21 août fixait les mouvements de l'armée de la Meuse et de la Troisième armée, et nous allons les suivre, en nous occupant particulièrement de ceux de la cavalerie.

A l'armée de la Meuse :

La 5e division de cavalerie, réunie d'abord à Briey, marcha de là sur Etain et atteignit la Meuse le 23 août, à Neuville et Bras.

La 12e division de cavalerie, qui était le 20 à Jeandelize, alla le 21 à Hennemont et arriva sur la Meuse le 23, à Dieue, au-dessus de Verdun.

Le XIIe corps devant tenter, le 24, un coup de main contre Verdun, les 5e et 12e divisions de cavalerie avaient l'ordre de concourir à l'opération. En conséquence, la 5e division s'établit le 24 à Esnes, sur la rive gauche de la Meuse, et la 12e division à Nixéville. Les deux divisions poussèrent des troupes avancées vers la place, et la 12e division envoya en outre des patrouilles sur Clermont et Varennes.

L'entreprise contre Verdun ayant été promptement reconnue infructueuse, le prince royal de Saxe fit passer la Meuse dès midi à la 23e division du XIIe corps, à Bras, au-dessous de Verdun. La 24e division laissa sur la rive droite, à Belrupt, la 48e brigade d'infanterie avec le 2e régiment de cavalerie et une batterie, et elle passa sur la rive gauche de la Meuse à Dieue.

La 12e division de cavalerie resta provisoirement à Nixéville, mais la 5e marcha d'Esnes sur Dombasle, dès que cessa le bombardement de Verdun.

La 6e division de cavalerie se trouvait, depuis le 21 août, à Fresnes-en-Woëwre. Elle alla le 23 à Génicourt-sur-Meuse, en jetant ses troupes avancées de l'autre côté du fleuve jusqu'à Senoncourt, Souilly et Mondrecourt. Le 24, elle alla à Foucaucourt, avec ses avant-postes sur l'Ante, affluent de gauche de l'Aisne.

Le gros de la division de cavalerie de la garde était le 20 août à Sponville et Puxieux, d'où il marcha le 21 sur Saint-Maurice-sous-les-Côtes, se mettant ce jour-là en communication avec la brigade de ulans, détachée à Saint-Mihiel. Le 22, le gros de la division gagna la Meuse à Troyon, d'où il lança des parties jusqu'à Neuville-en-Verdunois, tandis que la brigade de ulans de la garde envoyait, de Saint-Mihiel, des patrouilles à Villotte-devant-Saint-Mihiel. Le 23 août, la division de cavalerie de la garde se concentra à Fresnes-au-Mont, à l'ouest de Saint-Mihiel, avec des détachements avancés à Neuville-en-Verdunois et à Rosnes. Le 24 enfin, elle arriva sur l'Aisne, à Charmontois et Vaubecourt.

Voici où se trouvaient, le 24 août au soir, les corps de l'armée de la Meuse, en arrière des divisions de cavalerie : XIIe corps, le gros sur la rive gauche de la Meuse, à Charny et Ancemont, en aval et en amont de Verdun, avec un détachement devant Verdun sur la rive droite du fleuve. IVe corps, l'avant-garde à Génicourt, sur la Chée, affluent de droite de la Marne, le gros à Rosnes. Le corps de la garde était entre le XIIe et le IVe, à Chaumont-sur-Aire et Pierrefitte, sur la haute Aire.

Tandis que, d'après l'ordre général du 21 août, l'armée de la Meuse, pour arriver des positions qu'elle occupait le 20, sur le front qu'on lui assignait le 26, devait exécuter une légère conversion à gauche, en appuyant un peu de ce côté, le même ordre demandait à la Troisième armée une conversion à droite considérable, pendant laquelle son aile droite même aurait à faire des marches longues. Dans le fait, la Troisième armée devait rester à environ une journée de marche en avant de l'armée de la Meuse, afin d'être à même de prendre les Français en flanc s'ils faisaient face à l'armée de la Meuse et de les couper de Paris en les rejetant vers le nord.

A la suite de bruits du départ de l'armée française du camp de Châlons, qui arrivèrent à Pont-à-Mousson le 23, peut-être déjà le 22, de Moltke écrivit au général Blumenthal, chef d'état-major général du prince royal de Prusse, pour l'adjurer de s'éclairer le plus tôt possible sur la direction prise par Mac-Mahon.

Là-dessus, ordre est donné le 23 à la 4e division de cavalerie, de passer sur la rive gauche de la Marne, et de marcher sur Châlons, Vertus, Epernay, pendant que la brigade de cavalerie wurtembergeoise marcherait dans la même direction, par la rive droite de la Marne. En effet, le gros de la 4e division de cavalerie passa la Marne le 24 à Norrois et Larzicourt, entre Vitry et Saint-Dizier, et il resta à Arzillières, en envoyant son avant-garde à Châtel-Raoud, au sud de Vitry. L'aile droite de la division était restée sur la rive droite de la Marne et s'avança jusqu'à Pogny, mais son avant-garde, deux escadrons du 5e dragons sous les ordres du major Klocke, occupa non seulement la ville de Châlons, mais encore envoya le jour même un demi-escadron au camp de Châlons. Le petit détachement trouva le camp entièrement évacué par les troupes françaises et il y fit un butin important, surtout en vivres.

La cavalerie wurtembergeoise qui, d'après l'ordre, devait, par le fait, servir d'aile droite à la 4e division de cavalerie, n'alla, le 24 août, qu'à Cheminon-la-Ville, sur la Bruxenelle, où elle se trouvait encore, à vol d'oiseau, à 55 kilomètres du camp de Châlons.

La brigade bavaroise de ulans arriva le 24 au nord de Revigny, au nord-ouest de Bar-le-Duc. La 2e division de cavalerie, à l'extrême gauche, suivant la rive gauche de la Marne, gagna la Blaise, à Vassy et Doulevent.

En arrière de leur cavalerie, les corps de la Troisième armée occupèrent le 24 les positions suivantes :

Le Ier corps bavarois, à Laimont et Bar-le-Duc, ayant derrière lui le IIe corps bavarois, à Tronville.

Le Ve corps, à Couvonges et Robert-Espagne.

La division wurtembergeoise à Sandrupt, sur le Saulx.

Le XIe corps à Saint-Dizier et Ancerville, sur la Marne, derrière lui, le VIe corps à Joinville, avec un détachement de flanc gauche sur la Blaise, à Pont-Varin.

Diverses nouvelles arrivèrent le 23 à Commercy, quartier général du roi de Prusse. L'une disait que l'empereur Napoléon était à Reims avec une grande partie des forces françaises. Le prince Frédéric-Charles transmit en outre une lettre d'un officier supérieur de l'armée investie de Bazaine, d'après laquelle on comptait sûrement à Metz être dégagé par l'armée de Mac-Mahon.

Le prince royal de Prusse reçut de sa cavalerie, dès le 24 au matin, des avis certains que les Français avaient quitté les environs de Châlons.

Moltke avait communiqué au prince royal de Saxe les nouvelles reçues à Commercy, en lui faisant observer qu'en outre des environs de Reims, il devrait surveiller avec attention le chemin de fer de Thionville par Longuyon. Le prince royal de Saxe ordonna alors à la 5e division de cavalerie de détacher vers le nord un régiment, et le 17e hussards reçut cette mission. C'est encore de Commercy que Moltke recommanda à la Troisième armée de pousser le plus loin possible les reconnaissances de cavalerie, et de faire arriver le VIe corps à l'aile gauche de sa première ligne.

Le 24, le quartier général du roi se rendit de Commercy à Bar-le-Duc, en faisant une halte à Ligny-en-Barrois, au quartier général du prince royal de Prusse. A cette occasion le général Podbielski, quartier-maître général, exprima pour la première fois l'idée qu'il serait possible que Mac-Mahon marchât au secours de Bazaine ; si condamnable que parût, au point de vue stratégique, cette marche vers le nord, des raisons politiques pouvaient fort bien y avoir poussé. Dans ce cas, il serait nécessaire de faire converser à droite l'armée de la Meuse et la Troisième armée.

Les autres assistants ne pouvaient consentir à croire à une semblable marche de Mac-Mahon ; ils tenaient pour beaucoup plus vraisemblable que celui-ci chercherait à couvrir Paris en prenant une position de flanc, à Laon par exemple. On décida, en conséquence, de conserver la direction déjà prise, mais d'accélérer un peu la marche, d'autant plus que Reims, le nouveau point objectif, était plus éloigné que le premier, Châlons.

Le roi avait déjà quitté Ligny-en-Barrois, lorsque le prince royal de Prusse reçut du prince Albert un journal de Paris, saisi par la 4e division de cavalerie, d'après lequel Mac-Mahon avait pris position à Reims avec 150,000 hommes. Le prince royal envoya immédiatement ce journal à Bar-le-Duc.

Arrivé à Bar-le-Duc, Moltke avait ébauché dans l'après-midi du 24, un ordre général, d'après lequel l'armée de la Meuse et la Troisième armée devaient atteindre le 28 août la ligne Suippe-Châlons-Coole (à l'ouest de Vitry). Une fois là, on déciderait s'il fallait continuer à marcher sur Paris, ou si les deux armées feraient front au nord.

Cet ordre ne fut point expédié, parce qu'il arriva jusqu'à 11 heures du soir, à Bar-le-Duc, différentes nouvelles qui le firent modifier.

Ce furent d'abord les rapports de la 4e division de cavalerie, du 23 août, d'après lesquels la contrée de Châlons était décidément évacuée par les Français; puis le journal envoyé par le prince royal de Prusse, enfin un télégramme, expédié de Paris le 23 au soir et transmis par Londres, qui disait : « Armée de Mac-Mahon réunie à Reims. Empereur Napoléon et prince à l'armée. Mac-Mahon cherche à se réunir à Bazaine. »

Cela s'accordait parfaitement avec l'espérance très positive exprimée dans la lettre de l'officier de Metz, interceptée par le prince Frédéric-Charles.

Si maintenant Mac-Mahon marchait en effet sur Metz, restait à savoir quelle route il chercherait à suivre. Ou il marcherait sur Verdun, et là il trouverait devant lui l'armée du prince royal de Saxe, à laquelle pourrait se joindre une partie de l'armée du prince Frédéric-Charles ; ou bien il se dirigerait vers la frontière de Belgique. C'était, dans les deux cas, une entreprise hasardeuse pour une armée française.

Le quartier général du roi de Prusse ne voulait pas y croire. En outre, il avait d'autres raisons pour ne pas se hâter de faire converser les armées allemandes front au nord, sans que la nécessité en fût bien établie. Il faudrait, en effet, après ce mouvement, traverser l'Argonne, où rien n'avait été encore préparé pour nourrir les troupes, et il y aurait des difficultés à faire prendre une nouvelle direction aux convois d'approvisionnements déjà en mouvement vers l'ouest (1).

On s'en tint donc à un moyen terme, en décidant qu'on attendrait des nouvelles plus positives, tout en se portant un peu plus au nord-ouest et en observant avec soin sur son flanc droit.

C'est dans ce sens que fut rédigé l'ordre général qui fut

(1) Ainsi parle l'ouvrage de l'état-major allemand. Nous lisons ailleurs la remarque suivante : Il était difficile d'invoquer ici la nourriture des troupes au moyen de convois venus d'Allemagne, puisque les premiers convois importants de cette espèce n'arrivèrent devant Paris qu'au mois d'octobre, et qu'on ne saurait admettre que ces convois fussent déjà en route au mois d'août. W. R.

envoyé le 25, à 11 heures du matin, à l'armée de la Meuse et à la Troisième armée, pour régler les mouvements qu'elles auraient à faire le 26 août.

D'après cet ordre, l'armée de la Meuse devait occuper, le 26, avec ses avant-gardes, la ligne Autry — Servon, sur l'Aisne — Vienne-la-Ville — Berzieux — Dommartin ; avec son gros, la ligne Vienne-le-Château — Sainte-Menehould — Villers-en-Argonne. Les têtes de la Troisième armée devaient arriver sur le front Givry-en-Argonne — Changy. Chacun des points que devait atteindre l'armée de la Meuse lui était indiqué individuellement, afin d'éviter des croisements avec l'aile droite de la Troisième armée qui appuyait à droite.

La cavalerie de l'armée de la Meuse devait s'avancer au loin en avant du front et sur le flanc droit, et se porter par-culièrement à Buzancy et à Vouziers.

Un jour de repos était annoncé aux troupes pour le 27, afin d'organiser les subsistances. Le quartier-général devait aller le 26 de Bar-le-Duc à Sainte-Menehould, mais les rapports et les renseignements seraient envoyés à Bar-le-Duc jusqu'au 26, 11 heures du matin.

Cet ordre général ne fut pas non plus mis à exécution.

Dans l'après-midi, Moltke examina le cas où Mac-Mahon aurait effectivement marché de Reims sur Vouziers, et dans lequel on ne le trouverait plus alors sur la rive gauche de la Meuse, et il ébaucha pour cette éventualité un plan d'après lequel il concentrait, le 28 août, sur la rive droite de la Meuse, aux environs de Damvillers, au sud de Montmédy, sept corps d'armée, savoir : les trois corps de l'armée de la Meuse, les deux corps bavarois, de la Troisième armée, avec le IIIe et le IXe corps, de l'armée du prince Frédéric-Charles.

Le 25 au soir, le quartier général reçut à Bar-le-Duc d'autres nouvelles paraissant importantes.

Divers renseignements faisaient croire à la marche de troupes françaises sur Vouziers. Parmi eux, se trouvait un journal de Paris, avec un article tiré d'un journal belge, où il était dit qu'un général français ne saurait laisser dans l'embarras un de ses frères d'armes, sans appeler sur lui les malédictions de la patrie.

Puis d'autres journaux français donnaient les discours des Chambres où revenait, à plusieurs reprises, l'opinion qu'il serait honteux pour les Français que l'armée de Metz restât sans secours.

Enfin, un nouveau télégramme de Londres reproduisait des phrases du journal de Paris, *le Temps* du 24, publié, par conséquent, à Paris le 23, vers 5 heures du soir. Il résultait de cette citation que Mac-Mahon s'était tout à coup décidé à marcher au-devant de Bazaine, bien qu'il fût dangereux pour la sûreté de la France d'abandonner la route de Paris; que toute l'armée de Châlons s'éloignait déjà de Reims; que cependant les nouvelles reçues de Montmédy ne mentionnaient pas encore l'arrivée de troupes françaises dans cette région (1).

Les généraux de Moltke et de Podbielski se rendirent alors chez le roi de Prusse qui approuva leur proposition de faire marcher au nord l'armée de la Meuse et les deux corps bavarois. On prit ensuite, dans la nuit du 25 au 26, toutes les mesures nécessaires pour que cette conversion à droite commençât dès le 26, dans l'hypothèse que les rapports de la cavalerie envoyée à Vouziers et à Buzancy confirmeraient la marche de Mac-Mahon sur Metz.

Le 25, à 11 heures du soir, la lettre suivante fut expédiée de Bar-le-Duc au prince royal de Saxe:

« Une nouvelle qui vient d'arriver donne comme assez vraisemblable que le maréchal de Mac-Mahon a pris la résolution

---

(1) La *Revue militaire de l'étranger*, n° 228, du 26 février 1875, renferme une analyse des numéros du *Temps* du 23 et du 24 août 1870, lesquels ne concordent pas parfaitement avec les communications faites au quartier général allemand par son correspondant de Londres. On peut croire ou que ce dernier a fait un extrait de différents journaux, ou que cet extrait a été fait à Bar-le-Duc même. Mais on est frappé de l'accord qui existe entre cette correspondance et les dépêches de Bazaine qui arrivèrent le 22 à Napoléon et à Palikao, et qui auraient dû arriver à Mac-Mahon. W. R.

d'essayer de dégager l'armée principale ennemie, investie à Metz. Il serait, dans ce but, parti de Reims depuis le 23, et ses têtes de colonnes pourraient être aujourd'hui à Vouziers. Dans ce cas, il sera nécessaire que l'armée de S. A. R. le prince royal de Saxe se concentre sur son aile droite, de façon que le XIIe corps marche sur Varennes, pendant que la garde et le IVe corps tiendront la route de Verdun à Varennes.

« En même temps, le Ier et le IIe corps bavarois suivront éventuellement ce mouvement.

« Toutefois, la marche des deux corps bavarois dépendra des nouvelles que S. A. le prince royal de Saxe a déjà reçues et qui ne peuvent être attendues ici.

« La garde et le IVe corps ont reçu d'ici l'ordre de ne pas commencer de bonne heure demain le mouvement qui leur est ordonné aujourd'hui, mais de faire la soupe et d'attendre l'ordre de se mettre en marche.

« De Moltke. »

Une copie de cette lettre fut expédiée au prince royal de Prusse, avec l'instruction que les corps prussiens devaient opérer le 26 les mouvements indiqués par l'ordre général du 25, 11 heures du matin, sous la réserve que ces corps se rapprocheraient plus tard de Sainte-Menehould, dans la direction du nord.

La garde prussienne, le IVe corps et les deux corps bavarois reçurent directement de Bar-le-Duc l'ordre de rester en attendant, le 26, dans les positions qu'ils avaient occupées le 25 et d'y attendre de nouveaux ordres.

Le roi de Prusse décida qu'il resterait le 26 à Bar-le-Duc jusqu'à 1 heure de l'après-midi pour y attendre d'autres nouvelles.

C'est avec intention que nous avons indiqué, dans leur ensemble, les moments qui précédèrent l'ordre de faire converser à droite l'armée de la Meuse et la Troisième armée. Qu'on nous permette ici une courte observation. Le comte Palikao mentionne à plusieurs reprises, dans son livre sur son ministère de vingt-quatre jours, une dépêche qu'il aurait rédigée, après entente avec Mac-Mahon, et qu'il faisait tomber exprès entre les mains du prince royal de Prusse, pour maintenir celui-ci sur la route de Paris, pendant que Mac-Mahon marcherait sur la Meuse. Palikao se vanta d'avoir, par cette dépêche, atteint complètement son but. Comme l'ouvrage de l'état-major prussien mentionne, pendant cette période des opérations, toutes les dépêches, même celles peu importantes, il est surprenant qu'il ne dise rien de cette dépêche de Palikao, si elle est réellement arrivée à l'adresse de celui qu'elle devait induire en erreur.

Voyons quels sont les points occupés le 25 août par les corps de l'armée de la Meuse et de la Troisième armée, et sur lesquels ils devaient, en partie, rester provisoirement le 26, d'après l'ordre général du 25 août, 11 heures du soir.

A l'armée de la Meuse, la 5e division de cavalerie, se conformant aux ordres qu'elle avait reçus, envoya le 17e hussards par Dun jusqu'à Mouzay, le 25 août. Dans la nuit du 25 au 26, ce régiment brûla le pont de Lamouilly, sur lequel le chemin de fer traverse la Chiers. Le gros de la division marcha, le 25, sur Sainte-Menehould, et poussa son avant-garde à Dommartin-sous-Hans.

La 12e division de cavalerie suivit la 5e jusqu'à Clermont-en-Argonne et envoya des patrouilles sur Varennes, sans trouver l'ennemi.

La 6e division de cavalerie, arrivant sur l'Ante, prit, vers midi, ses quartiers à Vieil-Dampierre. Elle reçut peu après, des troupes avancées vers l'Yèvre, l'avis que des gardes mobiles français se montraient à l'ouest d'Epense, dans la direction de Sainte-Menehould. C'était, en effet, un millier de gardes mobiles qui avaient évacué la petite ville de Vitry-le-François, dans la matinée du 25, et se dirigeaient vers le nord. La 6e division de cavalerie les entoura et les fit prisonniers. Pendant qu'on les conduisait à Passavant, ces prisonniers tentèrent de s'échapper et, à cette occasion, les Allemands en sabrèrent un grand nombre. Après cet incident, la 6e division de cavalerie reprit ses quartiers à Dampierre, et envoya ses avant-postes jusqu'à l'Yèvre.

Derrière la 6e division, la division de cavalerie de la garde alla jusqu'à Passavant et le Chemin.

En arrière de la cavalerie, le XIIe corps d'armée porta le gros de ses forces à Dombasle et Jubécourt. La 48e brigade d'infanterie fut détachée à Lempire, sur la rive gauche de la Meuse, pour observer Verdun.

Le corps de la garde prussienne alla à Triaucourt, à l'est de l'Aisne. Le IVe corps mit son gros à Lahaycourt, son avant-garde à Sommeille.

A la Troisième armée, le gros de la 4e division de cavalerie s'avança le 25, par la rive gauche de la Marne, jusqu'à Vitry. Cette petite place forte n'avait plus qu'une garnison de 300 gardes mobiles, depuis qu'elle avait été évacuée le matin même par les gardes mobiles que la 6e division de cavalerie fit prisonniers à Epense. Elle capitula immédiatement, et le gros de la 4e division de cavalerie, laissant à Vitry un petit détachement qui fut bientôt après relevé par de l'infanterie, passa sur la rive droite de la Marne et se porta jusqu'à Pogny et la Chaussée. — Dès le 25 août, l'avant-garde du major Klocke battait le pays jusqu'à Reims et campait le soir même à Saint-Léonard, sur la Vesle.

A droite du gros de la 4e division de cavalerie, la brigade bavaroise de ulans gagna le Fresne-sur-Moivre et, plus à droite encore, la brigade de cavalerie wurtembergeoise arriva à Saint-Martin et Courtisols, au nord-est de Châlons. En même temps, la 2e division de cavalerie, à l'extrême gauche, atteignait les environs de Chavanges, au sud de Vitry, dans la direction d'Arcis-sur-Aube.

En arrière de la cavalerie, les corps de la Troisième armée arrivaient le 25 aux points suivants :

Le IIe corps bavarois à Charmont, entre la Chée et la Vière.

Le Ve corps à Heiltz-l'Evêque et Heiltz-le-Maurupt, sur la Chée ; — derrière lui, la division wurtembergeoise à Sermaize, sur la Saulx, et derrière cette division, le Ier corps bavarois à Bar-le-Duc, sur l'Ornain.

Le XIe corps à Farémont et Perthes, près la rive droite

de la Marne ; derrière lui, le VIe corps, avec le gros à Vassy et un détachement de flanc gauche à Montiérender.

Avant d'aller plus loin, il n'est pas sans intérêt d'examiner comment le plan de Palikao aurait pu s'exécuter. Ce plan fractionnait l'armée de Châlons en une aile droite (1er et 12e corps), un centre (7e corps) et une aile gauche (5e corps). L'aile droite devait aller à Clermont le 23 août, pour marcher sur Verdun le 24, ou, si cela semblait nécessaire, attendre le centre à Sivry-la-Perche. Le centre, à Sainte-Menehould le 23, devait aller à Clermont le 24. L'aile gauche, à Grandpré le 23, devait marcher sur Varennes le 24.

Or, le 24, le XIIe corps (saxon) exécutait sa tentative contre Verdun ; pendant que les 5e et 12e divisions de cavalerie patrouillaient sur la rive gauche de la Meuse, sur Clermont et Varennes. La marche de l'aile droite et de l'aile gauche françaises devaient donc être connues de bonne heure par les Allemands. Le XIIe corps eut alors vraisemblablement abandonné l'entreprise contre Verdun, et serait aussitôt passé sur la rive gauche de la Meuse, à Dieue, pour marcher contre les Français, de concert avec les 5e et 12e divisions de cavalerie, et les arrêter tout au moins. Le corps de la garde prussienne, en marche de la Meuse sur Chaumont et Pierrefitte, pouvait encore être porté le 24 jusqu'à Senoncourt. Il est vrai que le IVe corps, marchant le 24 sur Génicourt et Rosnes, ne pouvait paraître sur le champ de bataille avant le 25, mais la colonne française du centre pouvait difficilement y arriver plus tôt, et il était, en outre, possible, du côté des Allemands, d'avoir dès le 25, sur le champ de bataille, les deux corps bavarois qui, marchant le 24 sur Bar-le-Duc et Tronville, ne se trouvaient qu'à environ 30 kilomètres au sud de Souilly. Que l'on réfléchisse encore que le prince Frédéric-Charles, prévenu à l'instant, pouvait fort bien détacher deux corps d'armée sur Etain le 25 août, et l'on verra que les chances de réussite du plan de Palikao n'étaient pas très grandes. Palikao évalue à 115,000 hommes les forces réunies des deux colonnes françaises de l'aile droite et du centre. D'après nos calculs, ces forces ne devaient être que de 92,000 hommes d'infanterie et de cavalerie le 28 août, et elles ne pouvaient guère dépasser 86,000 hommes le 25.

Supposons maintenant que Mac-Mahon, au lieu de suivre le plan de Palikao, ait marché le 21 août du camp de Châlons directement sur Montmédy, par Attigny et Vouziers, il pouvait y arriver le 25 sans rencontrer les Prussiens, surtout en laissant aux environs de Châlons deux divisions au moins de cavalerie qui, au lieu de se dérober immédiatement devant les éclaireurs prussiens, se seraient retirées peu à peu sur Reims et au nord de cette ville, pour s'évanouir ensuite une belle nuit au nord de l'Aisne et rejoindre Mac-Mahon dont le mouvement eût été terminé. En opérant ainsi, Mac-Mahon pouvait tout au moins produire un grand désarroi dans l'armée du prince Frédéric-Charles et, si Bazaine l'appuyait à temps, la campagne pouvait prendre une autre tournure que celle qu'elle prit réellement, bien qu'en raison de la disproportion des forces, nous ne pensions pas que le résultat définitif eût été très différent.

Reprenons le récit des événements.

Le prince royal de Saxe avait déjà reçu, à son quartier général de Fleury, l'ordre général du 25, 11 heures du soir, lorsqu'arriva dans la nuit du 25 au 26 le lieutenant-colonel Verdy du Vernois, envoyé de Bar-le-Duc pour exposer verbalement et d'une manière plus complète la situation au commandant de l'armée de la Meuse.

Le prince royal de Saxe ne devait pas commencer son mouvement vers le nord avant midi ; mais, à ce moment, il se porterait sur sa droite, s'il n'arrivait pas d'ici là des nouvelles d'après lesquelles on se déciderait à conserver la direction générale sur Reims et Châlons.

Le prince royal de Saxe se dit alors avec raison que plus tard les divisions de cavalerie seraient jetées dans leur nouvelle direction, plus tard elles pourraient donner des renseignements utiles, et que, dans le cas le plus défavorable, une journée de marche vers le nord des corps de l'armée de la Meuse ne ferait pas perdre trop de temps, même s'il fallait reprendre ensuite la direction sur Reims-Châlons.

Il résolut donc d'ordonner, sans plus attendre, le mouvement vers la droite et il donna, à 5 heures du matin, les ordres suivants :

La 12e division de cavalerie va marcher sur Bantheville, sur la route de Varennes à Dun ; la 5e division de cavalerie sur Grandpré, en envoyant des patrouilles sur Dun, Buzancy et Vouziers. La 6e division de cavalerie s'établira à Tahure, d'où elle observera vers Reims et se reliera avec la 5e division de cavalerie. Le XIIe corps se dirigera immédiatement sur Varennes. A 11 heures du matin, le corps de la garde ira de Triaucourt à Dombasle sur deux colonnes, sans se séparer de sa division de cavalerie, en laissant derrière lui les gros trains. A 2 heures de l'après-midi, le IVe corps marchera de Lahaycourt sur Fleury et au delà.

Après avoir donné ces ordres, le Prince royal de Saxe transféra son quartier général à Clermont-en-Argonne, à huit heures du matin. — C'est également là que se rendit, dans l'après-midi du 26, le grand quartier général du roi de Prusse.

Le 26 août, la 12e division de cavalerie était déjà en marche sur Autry, lorsqu'elle reçut, à 6 heures du matin, l'ordre qui changeait sa direction ; elle fit alors un à-droite et marcha, par Charpentry, sur Bantheville, où elle établit son bivouac à deux heures de l'après-midi.

Dans ce mouvement de la division, une patrouille envoyée primitivement sur son flanc droit resta sur la route de Varennes à Grandpré. Cette patrouille, du 18e ulans, devenue maintenant patrouille de flanc gauche, rencontra à Fléville, sur l'Aire, un escadron français, du 4e hussards, devant lequel elle se replia sur Exermont. D'après le rapport de cette patrouille, le comte de Lippe dirigea sur Fléville le 1er escadron du régiment de cavalerie de la garde saxonne, avec l'ordre de se mettre en communication avec la 5e division de cavalerie.

Il envoya, en outre, de Bantheville, une patrouille d'officier dans la direction de Beaumont, et détacha à droite, sur Aincreville, le 18e ulans en entier. Ce régiment envoya ensuite son premier escadron à Dun, qui fut trouvé inoccupé, et son troisième escadron à Buzancy. Ce dernier escadron rencontra, au nord du bois de la Folie, deux bataillons français (de la brigade Bordas), qui semblaient se retirer vers l'ouest. L'escadron saxon s'étant retiré de son côté, de la cavalerie française le suivit, par Barricourt, jusqu'à Villers-devant-Dun.

L'escadron du régiment de la garde, envoyé vers Grandpré, fit savoir de Saint-Juvin, à quatre heures du soir : « Il y a des troupes ennemies à Grandpré et Chevières. L'ennemi se porte en ce moment au nord de Grandpré. On aperçoit de l'infanterie, de la cavalerie et des voitures, mais on ne peut pas distinguer si c'est de l'artillerie. » Cette dépêche parvint de Saint-Juvin, par Bantheville, au grand quartier général à Clermont (40 kilomètres), le 26 dès sept heures du soir. Lorsque l'escadron revint à Bantheville à neuf heures du soir, l'officier qui le commandait rendit compte qu'il avait évalué à cinq bataillons l'infanterie ennemie qui se trouvait à Grandpré ; il ajouta que Buzancy n'était plus occupé par les Français à sept heures du soir, mais qu'au dire des habitants un régiment d'infanterie, avec de la cavalerie et de l'artillerie, s'était porté, dans la journée, de Buzancy sur Vouziers. — Mentionnons à ce propos, que le général Bordas, après s'être retiré de Grandpré dans un premier mouvement d'émoi, avait occupé de nouveau cette localité dans l'après-midi. Une patrouille du 11e hussards prussien, de la 5e division de cavalerie, qui avait été envoyée à Varennes avec une mission particulière, apprit, chemin faisant, que la division se dirigeait sur Grandpré; croyant alors que ce lieu était occupé par sa division, elle y entra paisiblement et fut presque entièrement prise par les Français. Mais lorsque Bordas évacua définitivement Grandpré, le soir même, les prisonniers furent oubliés et purent rejoindre leur division.

La 5e division de cavalerie marchait déjà, le 26, de Sainte-Menehould sur Vouziers, quand elle reçut l'ordre de se diriger sur Grandpré. Elle appuya alors à droite, marcha sur Montcheutin, et mit, à cinq heures du soir, son bivouac entre cette localité et Autry. Elle avait envoyé, comme avant-garde, le 19e dragons à Senuc, et les patrouilles de ce régiment, s'étant avancées sur la rive gauche de l'Aire jusque vers Grandpré, y furent accueillies à coups de fusil. En conséquence, le 19e dragons ne laissa le soir qu'un escadron à Senuc, et les autres revinrent au bivouac de Montcheutin. Cette division, naguère si active, semble avoir souffert ce jour-là des cruelles atteintes qu'elle avait reçues à Vionville. La reconnaissance sur Buzancy n'eut pas lieu, parce que la route en était fermée à Grandpré, et que la cavalerie s'avançait difficilement dans un terrain où la vue était très bornée.

Ce rapport arriva à Clermont le 26 à sept heures du soir.

Lorsque la division avait obliqué à droite pour gagner Montcheutin, elle avait laissé dans la direction de Vouziers le premier escadron du 13e dragons, avec l'ordre d'expédier de Séchault des reconnaissances jusqu'aux environs de Vouziers. Cet escadron détacha donc des patrouilles de sous-officier, dont l'une alla jusqu'à 3 ou 4 kilomètres de Vouziers et rendit compte, — ce qui était vrai, — qu'il y avait à l'est de la ville de nombreuses troupes françaises. Ce rapport n'arriva à Clermont que le 27 à 4 heures du soir.

La 6e division de cavalerie était déjà arrivée sur l'Aire, lorsqu'elle reçut les nouveaux ordres de mouvement pour le 26 août. Elle marcha alors au nord sur Tahure où elle bivouaqua, en envoyant des patrouilles d'officier vers Châlons, Reims et Vouziers.

L'officier dirigé sur Vouziers, premier lieutenant de Werthern, rencontra en route la patrouille de sous-officier du 13e dragons dont nous avons parlé plus haut, et, à cinq heures et demie du soir, il put apercevoir, des hauteurs situées au nord de Savigny, tout le camp du corps de Douay. Le rapport de cet officier à sa division, expédié de Tahure à Clermont le 26 à sept heures du soir, n'y arriva pourtant que le 27 à cinq heures un quart du matin, mais il n'en mérite pas moins d'être cité comme un modèle du genre. Le voici :

« Les hauteurs à l'est de Vouziers, entre Chestres et Falaise, sont couvertes de camps de toutes armes. Sur la route de Longwé se trouvent un ou deux régiments d'infanterie, précédés d'une batterie et d'un bataillon de chasseurs. A Chestres, des colonnes débouchent du bois en ce moment pour se rendre au corps. En deçà de Vouziers se tient un escadron de lanciers. La ville même ne paraît point occupée par de l'infanterie. Les habitants disent qu'il y a environ 140,000 hommes réunis ici, que Mac-Mahon se trouve à Attigny et est attendu ici dans deux jours. »

Le commandement de la 6e division de cavalerie ajoutait à ce rapport que les patrouilles d'officiers dirigées sur Châlons et Reims n'avaient trouvé l'ennemi nulle part et que les Français semblaient s'être portés vers le nord.

Il arriva plus tard à Tahure des rapports envoyés des environs de Reims, annonçant qu'il y avait dans la ville de Reims 4 à 5,000 Français. Le fait était exact : ces troupes appartenaient au corps du général Vinoy, nouvellement formé à Paris, qui fut bientôt après dirigé sur Mézières.

Derrière la cavalerie de l'armée de la Meuse, le XIIe corps alla le 26 à Apremont, Baulny et Varennes ; la 48e brigade d'infanterie, laissée jusqu'alors devant Verdun, arriva à Montfaucon, et il ne resta devant Verdun, à Nixéville, qu'un escadron de cavalerie.

Le corps de la garde prussienne, après une marche accablante, arriva fort tard à Dombasle, Jouy et Brocourt, sa division de cavalerie à Récicourt. Le IVe corps, derrière la garde, fut à Ippécourt et Fleury.

Les deux corps bavarois, qui se trouvaient, le 25, le IIe à Possesse et Charmont, le Ier à Bar-le-Duc, ne reçurent que le 26 à midi un ordre général, émané directement du quartier général du roi de Prusse, qui les dirigeait vers le nord. Ils marchèrent donc fort avant dans la nuit et n'arrivèrent que le 27 au matin, le IIe corps à Triaucourt, le Ier à Erize-la-Petite.

Quant aux autres fractions de la Troisième armée, la brigade bavaroise de ulans, en prévision de la marche vers la droite qui se préparait, reçut, dans la matinée du 26, l'ordre de gagner Suippe où elle n'arriva qu'à minuit, dans la nuit du 26 au 27.

La cavalerie wurtembergeoise resta à Courtisols.

La 4e division de cavalerie se rendit à Châlons. Elle se mit en communication avec la cavalerie wurtembergeoise à Courtisols, envoya un escadron au camp de Châlons pour sauver les approvisionnements qui s'y trouvaient, et un détachement de 40 hommes du 10e ulans à Epernay. Ce détachement fut attaqué, sur la place du marché d'Epernay, par des gardes mobiles et des habitants, mais il réussit à revenir à Châlons avec des pertes minimes.

La 2e division de cavalerie alla à Aulnay, sur l'Aube, d'où elle envoya à Payns, sur la Seine, un détachement qui coupa le chemin de fer entre Troyes et Méry.

Les ordres d'après lesquels la 4e division de cavalerie était appelée dans la direction de Vouziers et la 2e division de cavalerie à Châlons, leur arrivèrent trop tard pour que ces divisions pussent commencer leur mouvement le 26 août.

Pour ce qui concerne les troupes d'infanterie de la Troisième armée, sauf les deux corps bavarois, la division wurtembergeoise resta le 26 à Sermaize; — le Ve corps évacua Heiltz-l'Evêque, détacha au nord la 9e division à Vanault-le-Châtel et Vanault-les-Dames, et conserva le reste de ses troupes à Heiltz-le-Maurupt. L'avant-garde du XIe corps se rendit, par Vitry, à Bassuet et Saint-Lumier, le gros à Heiltz-l'Evêque. Le VIe corps enfin passa, de Vassy, sur la rive droite de la Marne, alla à Thiéblemont et rallia les troupes qu'il avait laissées devant Phalsbourg et Toul.

Dans la matinée du 26, le prince royal de Prusse et son chef d'état-major, le général Blumenthal, se rendirent de Ligny à Bar-le-Duc, afin de savoir quelle était la décision définitive du roi, si la Troisième armée devait conserver provisoirement la direction de l'ouest, ou si elle devait, elle aussi, marcher à droite — vers le nord, — à gauche de l'armée de la Meuse. C'est au dernier parti que l'on s'arrêta.

Le prince royal transféra alors, dans l'après-midi, son

quartier général à Révigny, d'où il ordonna, à quatre heures, que les trois corps prussiens de la Troisième armée s'échelonneraient le 27 sur la ligne de marche Sainte-Menehould-Vavray (au nord-est de Vitry). Rien n'était changé aux ordres envoyés antérieurement aux divisions de cavalerie.

Au nouveau quartier général du roi de Prusse, à Clermont, on avait encore, le 26 au soir, beaucoup de peine à admettre pour certaine la marche de Mac-Mahon sur Metz. Mais les rapports reçus de la cavalerie laissaient peu de doutes à cet égard. De ce que la cavalerie saxonne avait trouvé Dun encore inoccupé, on pouvait conclure que Mac-Mahon n'était pas encore arrivé sur la Meuse. On aurait pu songer à arrêter Mac-Mahon sur la rive gauche de la Meuse, mais, pour plus de sûreté, on s'en tint à l'idée qu'avait eue Moltke dans l'après-midi du 25, c'est-à-dire à une concentration sur la rive droite de la Meuse, à Damvillers. Le 26, à onze heures du soir, des instructions dans ce sens furent envoyées au général Schlotheim, chef d'état-major général de l'armée de la Meuse : cette armée devait occuper les passages de Stenay et de Dun, et continuer sa marche de flanc sur Damvillers, en détachant, pour se couvrir, sa cavalerie sur le flanc droit de Mac-Mahon, que l'on supposait en marche vers la Meuse.

Le Ier et le IIe corps bavarois reçurent directement du quartier général du roi l'ordre de marcher le 27 sur Nixéville et Dombasle.

Dans les premières heures de l'après-midi, avis de la nouvelle situation avait déjà été envoyé au prince Frédéric-Charles, en même temps que l'ordre de faire marcher sur Damvillers et Mangiennes deux corps de l'armée d'investissement qui devaient s'y trouver le 28. Cet ordre fut répété le soir par télégramme, lorsque la ligne télégraphique venant du quartier général du prince Frédéric-Charles fut installée jusqu'à Erize-la-Petite. Le prince était, du reste, laissé libre d'abandonner provisoirement l'investissement de Metz sur la rive droite de la Moselle. Mais il devait, à tout prix, empêcher Bazaine de déboucher vers l'ouest.

VI. — ÉVÉNEMENTS DU 27 ET DU 28 AOUT.

Le 26 août, l'armée de la Meuse était décidément en contact avec celle de Mac-Mahon. Nous savons seulement que le 7e corps français n'avait devant lui que quelques faibles détachements de cavalerie allemande. Mais ces détachements avaient été considérablement grossis, aux yeux du général Douay par les rapports du général Bordas, puis aux yeux du maréchal de Mac-Mahon par les rapports du général Douay. Deux choses seulement peuvent donner l'explication de ce fait malheureux et impardonnable : la première, c'est que les chefs de l'armée française ne s'occupaient point de contrôler eux-mêmes les rapports de chefs subalternes, lorsque ces rapports pouvaient avoir la plus grande importance pour l'ensemble des opérations ; la seconde, c'est qu'il s'était répandu dans les rangs inférieurs de l'armée, d'après une invention de journalistes parisiens, la croyance absurde que les troupes allemandes se cachaient constamment dans les bois et qu'on ne pouvait jamais les apercevoir.

Quand une telle croyance s'empare des sous-officiers et des soldats d'une armée, elle a pour ces braves gens l'importance d'une vérité... Car il ne leur est pas encore familier de commencer par vouloir faire repasser le Rhin aux Prussiens avec un coup de pied dans le derrière, pour se sauver ensuite de Paris quand l'ennemi en est encore à deux cents kilomètres ; — ou de ne vouloir revenir d'une bataille que mort ou victorieux, puis d'en revenir sans la victoire et sans blessures, avec le verbe très haut.

Quand il avait été dit aux soldats que les Prussiens se cachaient toujours dans les bois et n'en sortaient jamais, qui pouvait reprocher à un chef de patrouille de peupler de Prussiens chaque bois qu'il apercevait, lorsqu'il n'y en avait pas, et d'en estimer le nombre à sa fantaisie ?

Le maréchal de Mac-Mahon reçut à Tourteron, dans l'après-midi du 26, les rapports du général Bordas, transmis par le général Douay. Il en conclut que les Allemands avaient sur son flanc droit des forces importantes, mais qui n'étaient pourtant que des têtes de colonnes auxquelles il pouvait opposer des forces supérieures. Peut-être avait-il là une occasion de battre en détail l'armée d'invasion. Le maréchal résolut, en conséquence, d'appuyer le 7e corps avec l'armée entière et il donna pour le 27 août les ordres suivants :

Le 5e corps, laissant ses bagages au camp du Chesne, marchera sur Buzancy ; — le 1er corps sur Vouziers, pour appuyer directement le 7e corps ; le 12e corps ira de Tourteron au Chesne et formera la réserve générale.

Aucun ordre ne fut envoyé au 7e corps, que l'on supposait engagé.

La division de cavalerie Margueritte était à Stonne et vers Beaumont. La division Bonnemains restait à Attigny.

Le 27, à quatre heures du matin, le 5e corps se mit en mouvement, la division Goze sur Buzancy, précédée de la cavalerie, les divisions de l'Abadie et Guyot de Lespart sur Briquenay, par Germont.

La division de cavalerie Brahaut occupa Buzancy et envoya des pointes au sud du village. De Failly, qui marchait en tête de la division Goze, était arrivé entre Harricourt et Bar-les-Buzancy, lorsqu'il reçut de Mac-Mahon l'ordre de rétrograder sur Brieulles-sur-Bar et Châtillon. Nous reviendrons plus loin sur ce nouvel ordre. De Failly ne voulut pas rétrograder sans avoir au moins tâté l'ennemi, et il donna l'ordre à sa cavalerie de faire une reconnaissance en avant.

Cette reconnaissance amena une petite rencontre avec des cavaliers saxons.

Pour assurer sa marche de flanc sur Damvillers, le prince de Saxe, dans la nuit du 26 au 27, avait envoyé à la 5e division de cavalerie l'ordre de s'avancer sur Buzancy et Grandpré ; à la 6e division de cavalerie, celui de marcher sur Vouziers.

Derrière ces deux divisions, la 12e division de cavalerie et la division de cavalerie de la garde prussienne devaient former une seconde ligne pour couvrir le passage de la Meuse par l'infanterie. La 12e division de cavalerie marcherait sur Landres et Rémonville, sur la route de Buzancy à Bantheville; la division de la garde irait à Sommerance, sur la rive droite de l'Aire.

Le XIIe corps devait passer la Meuse à Dun, occuper et fortifier les ponts de Dun et de Stenay; le corps de la garde devait atteindre Montfaucon, le IVe corps arriver à l'ouest de Verdun. Ces deux corps d'armée jetteraient des ponts sur la Meuse pour passer le lendemain sur la rive droite du fleuve.

De la 12e division de cavalerie, la 23e brigade se réunit à Landres dans la matinée du 27; de la 24e brigade, le 18e ulans fut envoyé en reconnaissance sur la route de Buzancy à Stenay, tandis que le 3e régiment de cavalerie, qui avait envoyé dès le 26 une patrouille sur Beaumont, restait provisoirement à Rémonville, avec la batterie à cheval, en se bornant à envoyer sur Buzancy une avant-garde (trois quarts d'un escadron). Lorsque le 18e ulans revint de sa reconnaissance, le général Senfft de Pilsach partit de Rémonville avec toute la 24e brigade, gagna, par Bayonville, les hauteurs de Sivry, et fit attaquer par les trois quarts d'escadron de l'avant-garde les cavaliers français qui s'avançaient au sud de Buzancy. L'avant-garde saxonne pénétra dans le village, d'où elle fut chassée et poursuivie par les Français après une courte mêlée. Mais l'entrée en ligne d'un autre escadron saxon et quelques obus bien dirigés par la batterie à cheval des hauteurs de Sivry mirent promptement fin au combat, et le général de Failly opéra alors, avec tout le 5e corps français, sa retraite déjà ordonnée sur Brieulles-sur-Bar et Châtillon, où il passa la nuit du 27 au 28.

La patrouille du 3e régiment de cavalerie saxonne, envoyée le 26 sur Beaumont, s'y heurta, le 27 au matin, à un détachement de la division Margueritte, qui la poursuivit jusqu'aux environs de Buzancy. Lorsque le prince Georges de Saxe, qui commandait alors le XIIe corps, fut informé de cet incident et vit que des troupes françaises se trouvaient déjà si près de la Meuse, il ordonna à la 12e division de cavalerie de se porter à Nouart pour se rapprocher du fleuve.

La 12e division de cavalerie ne quitta les environs de Buzancy qu'après y avoir été relevée, à cinq heures du soir, par la 13e brigade de cavalerie, de la division Rheinbaben ; elle marcha alors sur Nouart et Tailly avec ses deux régiments de ulans, sur Barricourt et Villers-devant-Dun avec les deux régiments de cavalerie.

La division de cavalerie de la garde prussienne arriva le 27, dans l'après-midi, à Rémonville derrière la 13e brigade de cavalerie, et envoya sa brigade de ulans à Bayonville.

La 5e division de cavalerie ayant appris que Grandpré, son objectif, avait été évacué par les Français le 27 au matin, Rheinbaben fit occuper Grandpré par la 11e brigade de cavalerie, et le 13e ulans marcha sur Vouziers jusqu'à Olizy et Beaurepaire, où il eut plusieurs rencontres avec les gardes mobiles et des habitants en armes. La 13e brigade de cavalerie fut envoyée, comme on l'a déjà vu, aux environs de Buzancy pour y relever les Saxons, et la 12e brigade cantonna à Champigneulle, à l'est de Grandpré. D'après les renseignements recueillis par la 5e division de cavalerie, des troupes françaises considérables étaient concentrées à Vouziers.

Avant de quitter son camp de Tahure pour se diriger sur Vouziers, la 6e division de cavalerie fut informée que des troupes françaises s'étaient portées de Reims sur Rethel. Ces troupes faisaient probablement partie de la division d'Exéa, du corps Vinoy, récemment formé à Paris ; le gros de ce corps fut transporté en chemin de fer de Paris à Mézières, par Soissons, Laon, Vervins et Hirson, du 30 août au 2 septembre, mais la division d'Exéa avait été transportée à Reims le 26 septembre.

La 6e division de cavalerie bivouaqua à Monthois le 27 au soir; le 15e ulans fut détaché sur Savigny et Morel, et un escadron du 3e ulans alla observer, par Sugny, la route de Semide. Les observations de la 6e division de cavalerie donnèrent les mêmes résultats que celles de la division Rheinbaben. Seulement, la première de ces divisions aperçut de plus la marche du Ier corps français sur Vouziers, dont nous parlerons plus loin, et c'est pour cela qu'elle estima, avec raison, à plus d'un corps d'armée les forces françaises rassemblées aux environs de Vouziers.

La brigade bavaroise de ulans, qui avait marché le 27 de Suippes à Somme-Py, y reçut l'ordre de rejoindre le IIe corps bavarois et se porta, pendant la nuit, sur Ripont et Cernay-en-Dormois.

Derrière la cavalerie de l'armée de la Meuse, le XIIe corps marcha le 27 sur Dun et Milly, détruisit le passage du fleuve à Sassey, et envoya sur Stenay une avant-garde composée de la 48e brigade d'infanterie, du 2e régiment de cavalerie et d'une batterie. Cette avant-garde arriva à Stenay à 3 heures du soir, mit la ville en état de défense, barricada le pont principal, brûla les ponts accessoires, et détacha ses troupes avancées à Laneuville, sur la rive gauche de la Meuse. Elle envoya, en outre, une patrouille à Chauvency-le-Château pour couper le chemin de fer; mais cette patrouille trouva la gare de Chauvancy occupée par de l'infanterie française venue de Montmédy, et fut repoussée. L'avant-garde du XIIe corps apprit à Stenay, d'un voyageur, que le général Margueritte était à Beaumont avec 3 ou 4,000 hommes, et que 80 à 100,000 Français se trouvaient concentrés entre Buzancy et le Chesne.

Le corps de la garde prussienne arriva le 27 à Montfaucon. Il fit jeter un pont à Dannevaux, pour le passage projeté sur la rive droite de la Meuse, auquel pourrait servir, en outre, le pont permanent de Consenvoye.

Le IVe corps fit jeter des ponts sur la Meuse à Vacherauville et à Charny, et il s'avança, dans la journée, jusqu'à Germonville et Fromeréville.

Les deux corps bavarois, ayant besoin du repos indispensable, ne purent quitter leurs cantonnements que le 27 dans l'après-midi, et ils n'arrivèrent qu'au milieu de la nuit à leurs nouvelles destinations : le Ier corps à Nixéville, le IIe corps avec une brigade à Clermont, l'avant-garde à Béthelainville, le gros à Dombasle.

Le IIe corps bavarois rallia alors les troupes qu'il avait laissées devant Toul.

Le prince royal de Saxe mit son quartier général à Malancourt.

Du gros de la Troisième armée, la 4e division de cavalerie alla à Navarin-Cabaret et Souain, au nord de Suippes; la cavalerie wurtembergeoise à Somme-Tourbe et Tilloy, entre la Suippes et la Vesle: la 2e division de cavalerie à Coole, au sud de Châlons.

Le Ve corps alla: l'avant-garde à Sainte-Menehould, le gros à Daucourt et Sivry-sur-Ante; la division wurtembergeoise à Viel-Dampierre; le XIe corps se porta: le gros à Laneuville-aux-Bois et Givry, la 21e division plus à l'ouest, à Epense et Dommartin. Enfin le VIe corps vint à Charmont, Bussy-le-Repos et Vanault-le-Châtel.

D'après ce qui précède, on voit que le 27 au soir les forces allemandes sur la Meuse et à l'ouest de ce fleuve forment deux puissantes colonnes de marche, dirigées vers le nord. Celle de l'aile droite se compose de l'armée de la Meuse et des deux corps bavarois, celle de l'aile gauche du reste de la Troisième armée. La tête de l'aile droite est déjà en contact intime avec l'armée de Mac-Mahon, mais la profondeur de cette colonne reste encore de 45 kilomètres, ou deux bonnes journées de marche, l'aile gauche est à une forte journée de marche à l'ouest de l'aile droite, elle a une profondeur de 28 kilomètres, depuis Sainte-Menehould jusqu'à Charmont, et se trouve encore plus loin derrière l'aile droite, car la tête du 5e corps n'est pas à moins de 40 kilomètres de Vouziers.

C'est pour éviter autant que possible d'interrompre notre récit, qu'après avoir mentionné la rencontre de Buzancy, nous avons indiqué l'ensemble des mouvements opérés par les forces allemandes pendant la journée du 27 août.

Revenons maintenant aux mouvements exécutés ce jour-là par l'armée française.

Nous avons vu que le 5e corps, de Failly, dirigé sur Buzancy par ordre du 26, y avait été arrêté le 27 et rappelé à Brieulles et Châtillon.

Derrière le 5e corps, et d'après le même ordre du 26, le

12e corps alla le 27 au Chesne, où le maréchal de Mac-Mahon porta également son quartier général.

A droite ou à l'ouest du 5e corps, le 7e corps resta à Vouziers, sur la rive droite de l'Aisne, front vers Longwé; mais, pour être prêt à combattre, il renvoya son convoi à Voncq, par la rive droite de l'Aisne.

Le Ier corps devait marcher directement sur Vouziers pour soutenir Douay. Le général Ducrot fit rompre ses troupes au point du jour. Les 3e et 4e divisions d'infanterie, qui avaient campé au sud du canal des Ardennes, marchèrent, par les Alleux, sur Quatre-Champs. La division de cavalerie Michel, les 1re et 2e divisions d'infanterie, qui avaient campé soit près de l'Aisne, soit au nord du canal des Ardennes, devaient former l'aile droite et remonter la vallée de l'Aisne par Voncq et Terron. Les bagages et les parcs du Ier corps restaient au nord de Voncq et le génie mettait en état de défense cette localité.

Lorsque la tête de l'aile droite atteignit Terron, elle y rencontra la tête du convoi du 7e corps venant de Vouziers, et, presque en même temps, le sous-chef d'état-major du général Douay, qui rappelait ce convoi à Vouziers. Cet officier d'état-major communiqua au commandant de la colonne que le général Bordas avait reconnu que les forces allemandes devant lui étaient moins considérables qu'il ne l'avait cru d'abord, et qu'il s'était retiré sur Vouziers au lieu de Buzancy.

Le général Ducrot déploya alors son corps d'armée sur le front Terron — Quatre-Champs et il envoya son sous-chef d'état-major à Mac-Mahon, au Chesne. Il reçut de là l'ordre de suspendre le mouvement du Ier corps et d'attendre de nouveaux ordres. En conséquence, Ducrot fit revenir ses troupes à peu près dans le camp où elles avaient passé la nuit du 26 au 27, en laissant au sud, en avant de son front, la division Michel dans la vallée de l'Aisne.

Comme le 5e corps, le Ier corps d'armée se trouvait donc arrêté dans son mouvement en avant, et il nous faut revenir au Chesne pour savoir ce qui avait décidé Mac-Mahon à donner ces contre-ordres.

D'après les rapports qu'il avait reçus le 26 à Tourteron, notamment du 7e corps, Mac-Mahon pouvait supposer, non seulement que les Prussiens étaient près de lui, mais encore qu'ils s'y trouvaient avec des forces importantes, bien qu'elles fussent inférieures aux siennes. Dans ces conditions, il pouvait essayer avec chances de succès de prendre l'offensive.

Mais voilà que les rapports du général Bordas sont rétractés le 27 août : les Prussiens se sont bien avancés sur différents points, mais nulle part avec des forces importantes. Les Français ont eu devant eux des éclaireurs allemands, mais que se cachait-il derrière ces éclaireurs ? Il s'y cachait probablement des masses allemandes considérables, éloignées d'environ une journée de marche, qui, une fois informées de l'attaque des Français, se précipiteraient en avant. De Bazaine point de nouvelles.

Dans cette incertitude revinrent à Mac-Mahon tous ses doutes contre une marche le long de la frontière belge pour aller dégager Bazaine. Il lui sembla qu'il était encore temps de se dérober et de conserver à la France la seule armée régulièrement constituée qu'elle eût en rase campagne. Il prit donc le parti de se retirer rapidement sur Mézières, où il verrait ensuite ce qu'il aurait à faire.—C'était assurément un parti raisonnable et il ne s'agissait plus que d'exécuter énergiquement cette résolution.

Mac-Mahon fit rédiger immédiatement les ordres de ce mouvement de retraite, qui devait être opéré sur deux colonnes ; celle de l'aile droite ou du nord-est, composée des 12e et 5e corps, se dirigeant sur Poix ; celle de l'aile gauche ou du sud-ouest, sur Mazerny.

Le général Ducrot, commandant du Ier corps, reçut le 27, à 5 heures du soir, l'ordre de diriger ses parcs et son convoi sur Semuy, Saint-Lambert et Charbogne, où ils prendraient la route d'Attigny à Mézières, et de suivre ensuite ce mouvement avec tout son corps d'armée ; les parcs devaient s'arrêter à Mazerny. Le général Ducrot devait transmettre au général Bonnemains, à Attigny, l'ordre de marcher sur Mézières par Amagne. A 11 heures du soir, Ducrot mit en route ses parcs et son convoi, sous l'escorte du 74e de ligne; le corps d'armée devait les suivre dès qu'ils se seraient écoulés.

Le 7e corps devait marcher de Vouziers sur Mazerny, par Chagny.

Le 12e corps était dirigé du Chesne sur Poix par Vendresse; le 5e corps devait d'abord revenir de Brieulles et de Châtillon au Chesne pour y reprendre son convoi et ses bagages, et marcher ensuite sur Poix.

Lorsque le maréchal de Mac-Mahon eut envoyé ses ordres aux corps d'armée, il en informa Palikao par le télégraphe. La première réponse de Palikao lui parvint au Chesne le 28, à 1 heure du matin. Palikao disait que si Mac-Mahon n'allait pas au secours de Bazaine la révolution éclaterait à Paris; — qu'il ne se trouvait du reste devant lui, sur la Meuse, que des détachements de l'armée allemande autour de Metz; qu'il avait 36 à 48 heures d'avance sur les forces du prince royal de Prusse, qui s'étaient tournées vers le nord.

Cette réponse fut bientôt suivie d'un autre télégramme, au nom cette fois du conseil de régence et des ministres. Il disait: « Le conseil de régence et des ministres vous supplie de vous réunir à l'armée de Bazaine, sans quoi une révolution est imminente à Paris. »

Palikao, avec son conseil de régence et son conseil des ministres, s'était manifestement constitué en conseil de guerre de la cour: la chose est incontestable. Or, de tels conseils de guerre, qui veulent conduire de loin, d'après leur impression du moment, les opérations militaires, n'ont jamais rien fait de bon. Ce nouvel exemple ne peut que confirmer les anciennes expériences aussi bien que les principes établis par la saine raison.

Mac-Mahon céda. Il résolut de passer sur la rive droite de la Meuse et il donna immédiatement, avant le jour, les ordres que nécessitait ce nouveau changement. Les ordres arrivèrent en partie trop tard à leur adresse et furent, en outre, l'objet de violentes critiques.

D'après les nouveaux ordres, le 5e corps devait se reporter, le 28, de Brieulles et de Châtillon sur Buzancy et Nouart. Le 7e corps, suivant le 5e, allait à Boult-aux-Bois; le 12e corps à la Besace; le 1er corps au Chesne; la division de cavalerie Margueritte à Sommauthe, et la division Bonnemains aux Grandes-Armoises.

Napoléon III exprima les craintes que lui inspirait ce nouveau plan et fut d'avis qu'il fallait s'en tenir à la retraite sur Mézières; mais, cette fois, Mac-Mahon persista dans son dessein.

Ce ne pouvait être un secret pour Mac-Mahon, qu'il exécutait une marche de flanc par rapport à l'armée allemande. Il n'y avait entre son armée et les Allemands aucun obstacle naturel important. Il voulait arriver sur la rive droite de la Meuse le plus vite possible, par conséquent sans combat; dans de telles circonstances, la plus simple habileté et les plus vieilles règles lui imposaient de marcher dans la direction qui l'éloignait davantage de l'ennemi, c'est-à-dire au nord ou au nord-est.

Rien ne s'opposait, en effet, à ce que le 12e corps arrivât le 28 à Raucourt, le 1er à Chémery, le 5e à la Besace ou au moins à Stonne, le 7e aux Grandes-Armoises ou au Chesne.

Au lieu de cela, Mac-Mahon, par ses nouveaux ordres, jette le 28 sa colonne du sud dans la gueule des Allemands. Une rencontre avait déjà eu lieu à Buzancy le 27; le calcul le plus élémentaire apprenait que les Allemands seraient probablement beaucoup plus forts sur ce point le 28 que le 27, ce qui, dans les circonstances les plus favorables, retarderait considérablement l'arrivée de la colonne du sud sur la Meuse. Il est, en effet, plus facile de faire 30 kilomètres par jour loin de l'ennemi que 15 kilomètres dans son voisinage.

Le 28 août fut une affreuse journée de pluie.

Le 5e corps reçut le nouvel ordre de marcher sur Buzancy et Nouart le 28 au matin, peu d'instants avant l'heure fixée précédemment pour la retraite sur le Chesne. Le corps d'armée marcha sur deux colonnes, de Brieulles à Harricourt, et de Châtillon à Boult-aux-Bois. On envoya au chef de bataillon qui escortait les bagages laissés au Chesne l'ordre de s'informer exactement au grand quartier général des stations du corps d'armée, et de lui amener ses bagages dès qu'il pourrait le faire avec sûreté.

De Failly arrivait à Boult-aux-Bois avec la tête de son aile droite, la brigade Maussion, lorsque la cavalerie, lancée en avant, annonça que l'ennemi avait aux environs de Buzancy des masses de cavalerie et de l'artillerie.

De Failly fit aussitôt déployer la brigade de Maussion en avant de Boult-aux-Bois, front vers Briquenay, au sud de la route de Boult à Buzancy. Il arrêta en même temps la colonne de l'aile gauche, qu'il fit déployer. Cette aile gauche, séparée de Maussion par les prairies marécageuses du Bar, appuyait sa droite à Harricourt et fut ainsi formée après le déploiement : la brigade Saurin en première ligne ; la brigade Nicolas, de la même division Goze, en deuxième ; la division Guyot de Lespart, par masses de régiment, en troisième ligne.

L'ennemi que rencontrait là de Failly se composait, comme nous allons le voir, de la brigade de ulans de la garde prussienne, avec une batterie d'artillerie, auxquelles se joignit un peu plus tard le régiment de cavalerie de la garde saxonne. Le gros de ces troupes prit position à Bayonville. L'avant-garde, envoyée par Buzancy sur Harricourt, eut une rencontre avec la cavalerie du 5e corps français, la repoussa, mais se vit alors subitement en face de fortes lignes d'infanterie et d'artillerie françaises, et se replia à son tour. A partir de ce moment, les Allemands se contentèrent d'un rôle d'observation.

De Failly, de son côté, ne pouvait avec raison se décider à prendre l'offensive. Il est certain que les fortes positions des Allemands pouvaient difficilement l'arrêter. Mais, selon toute probabilité, les Allemands, en se retirant et l'invitant à les poursuivre, l'auraient détourné du bon chemin et conduit dans les bras de leur infanterie.

Cependant cette rencontre, insignifiante en elle-même, ralentit considérablement la marche du corps de Failly, ce qui confirme la bonne vieille règle.

Au moment où de Failly venait d'ordonner à la brigade Saurin de se déployer à Harricourt, il reçut de Mac-Mahon une dépêche datée du Chesne. Cette dépêche disait qu'il était d'une importance extrême d'arriver le plus tôt possible sur la rive droite de la Meuse, que de Failly devait, en conséquence, s'avancer le 28 le plus près qu'il pourrait de Stenay, et que Douay le suivrait sur Bar. Si l'ennemi forçait de Failly d'abandonner la grande route, il devait en informer Douay, afin que celui-ci le suivît dans sa nouvelle direction. L'armée marchait sur Montmédy pour dégager Bazaine. De Failly devait s'attendre à rencontrer à Stenay une résistance sérieuse. Il faudrait qu'il s'informât si l'ennemi n'avait pas détruit les ponts de la Meuse aux environs de Stenay et qu'il en rendît compte à Mac-Mahon.

Une dépêche, qui suivit de près la précédente, informait de Failly que, le cas échéant, Douay serait placé sous son commandement.

De Failly se mit alors en relation avec Douay et il apprit de celui-ci que le 7e corps ne pouvait dépasser Boult-aux-Bois le 28, à cause de la fatigue des troupes; que son arrière-garde était encore engagée contre l'ennemi à Grandpré; qu'il serait enfin impossible au 7e corps de rejoindre et de soutenir le 5e.

Dans ces conditions-là, pour arriver sur la Meuse le plus tôt possible, ce qu'il ne pouvait faire en suivant sous les yeux de l'ennemi le chemin de Buzancy à Nouart, de Failly se décida à se dérober vers le nord et à marcher, par Bois-des-Dames, sur Beauclair et Beaufort.

Les ordres nécessaires furent donnés au commencement de l'après-midi, mais il paraît que la tête du corps d'armée ne put marcher dans la nouvelle direction avant 4 heures du soir. La division Guyot de Lespart se mit en mouvement la première et n'arriva qu'à 8 heures du soir, par des chemins très difficiles, sur le plateau de Bois-des-Dames, où elle campa. La brigade Saurin la suivait, tandis que la brigade Nicolas, avec deux batteries et le 4e bataillon de chasseurs à pied, prenait position à Harricourt. La brigade de Maussion suivit la brigade Saurin, et ces deux brigades établirent leur camp à Bellevue et Belval, au pied du plateau de Bois-des-Dames.

A la tombée de la nuit, la brigade Nicolas, laissée à Harricourt, alluma, pour tromper les Allemands, autant de feux de bivouac qu'il en aurait fallu pour tout le 5e corps ; puis elle partit par une nuit obscure et arriva à minuit à Belval, où elle établit son camp.

De Failly venait d'arriver, le 28 au soir, à son quartier général d'Harbeaumont, près de Bois-des-Dames, lorsqu'il reçut un officier d'état-major, envoyé du quartier général de Mac-Mahon pour lui faire des communications verbales. A la suite de cet entretien, il fut arrêté que de Failly marcherait le 29 sur Beauclair et Beaufort, où il devait recevoir de nouveaux ordres pour une attaque combinée sur Stenay.

Le quartier général de Mac-Mahon savait par conséquent qu'il fallait s'attendre à trouver de la résistance à Stenay. Le manque de réflexion à ce quartier général se montre en cette occasion d'une manière évidente. En effet, le passage d'une rivière en présence d'un ennemi qui résiste, n'a-t-il pas toujours demandé beaucoup de temps, même dans les conditions techniques et topographiques les plus favorables? Or, le temps que perdraient ici les Français ne serait-il pas gagné par les Allemands pour concentrer leurs forces vers le nord ? N'y avait-il donc point de compas au quartier général du Chesne?

Sur l'ordre qu'il avait reçu le 27, dans l'après-midi, de battre en retraite sur Mézières, le 7e corps avait fait partir ses bagages pour le Chesne le 28, à 2 heures du matin. Les troupes les suivirent trois heures plus tard, dans la direction de Quatre-Champs. La tête de colonne arrivait là lorsque le corps d'armée reçut contre-ordre, avec l'invitation de se reporter en avant sur Boult-aux-Bois. Le général Douay fit alors prendre à sa tête de colonne le chemin de Boult-aux-

Bois, où la 3e et la 2e division passèrent la nuit du 28 au 29. La 1re division, au contraire, resta à Quatre-Champs pour y attendre les bagages, qui n'avaient pu être arrêtés qu'au Chesne, et étaient hors d'état d'arriver le 28 à Boult-aux-Bois.

Le 12e corps alla sans incident, le 28 août, du Chesne à la Besace.

Le 1er corps, à Semur et Voncq, avait, d'après le premier ordre, dirigé le 27 au soir ses bagages sur Charbogne et Mazerny, et, le 28 à 5 heures du matin, les troupes se disposaient à prendre la même route, lorsqu'arriva le contre-ordre, avec l'ordre de marcher de nouveau vers l'est et d'aller camper à l'est du Chesne.

Ce mouvement commença de suite. La colonne de l'aile droite, composée de la division de cavalerie et d'une division d'infanterie, marcha sur Terron et les Alleux où elle prit la route de Vouziers au Chesne. La colonne de gauche suivit la voie romaine de Voncq au Chesne.

Les bagages et le convoi, sous l'escorte du 74e de ligne, étaient près d'arriver à Mazerny lorsqu'ils reçurent le contre-ordre. Ils firent demi-tour et revinrent au Chesne par la route de Tourteron.

Les trois colonnes, diversement composées, du 1er corps arrivèrent presque ensemble au Chesne, ce qui causa une confusion prodigieuse, embellie davantage par une pluie battante, de sorte que le défilé des troupes et du convoi à travers la ville pour arriver dans le camp, situé à l'est, dura pendant toute la nuit du 28 au 29.

La division de cavalerie Margueritte marcha le 28 sur Sommauthe, pour appuyer directement le 5e corps. — La division de cavalerie Bonnemains, prête à se replier sur Mézières, reçut le contre-ordre à Amagne, fit demi-tour et campa aux Grandes-Armoises la nuit du 28 au 29.

Mac-Mahon porta son quartier général à Stonne.

A la suite des rapports circonstanciés qu'il avait reçus à Clermont, jusqu'au 27 août dans l'après-midi, des divisions de cavalerie et du XIIe corps, le quartier général du roi de

Prusse avait conclu que Mac-Mahon marchait effectivement sur la Meuse, mais que cette marche avait été suspendue le 27 août, et qu'on pouvait s'attendre avec certitude à pouvoir encore livrer bataille à l'armée de Châlons sur la rive gauche de la Meuse, surtout depuis que le XIIe corps occupait déjà les passages de Dun et de Stenay.

En se basant sur ces hypothèses, un ordre général fut expédié de Clermont, le 27 à 7 heures du soir, pour faire avancer, en se concentrant, dans la direction du nord, les deux grandes colonnes de marche de l'armée de la Meuse et de la Troisième armée. Les 5e et 6e divisions de cavalerie furent placées provisoirement sous le commandement du prince royal de Prusse, et durent, en conséquence, se ranger à l'aile gauche des armées. Dès lors, l'intervention des deux corps d'armée appelés de Metz à Damvillers, ne semblait plus nécessaire. Le prince Frédéric-Charles en fut informé, mais, par le fait, le IIe corps arrivait déjà le 27 à Briey et le IIIe corps à Etain.

Bien qu'ils eussent commencé, en quelque sorte, à prendre position pour passer le fleuve, les corps de l'armée de la Meuse, parmi lesquels comptaient encore les deux corps bavarois, devaient être concentrés le 29 sur le front Nouart —Buzancy—Grandpré, de la façon suivante : le XIIe corps, restant le 28 à Dun et Stenay, irait le 29 à Nouart; le corps de la garde marcherait le 28 et le 29 sur Buzancy, par Bantheville ; pour servir de réserve à ces deux corps avancés, le IVe corps irait à Bantheville, par Montfaucon. Les corps bavarois devaient arriver le 28, le Ier à Varennes, le IIe à Vienne-le-Château, et être tous deux à Grandpré le 29 août.

Quant aux corps prussiens et la division wurtembergeoise de la Troisième armée, il leur était ordonné d'arriver le 28 août sur la ligne de la Tourbe, entre Malmy et Laval, et le 29 sur la ligne de l'Avègres et du Py, entre Séchault et Somme-Py, à 16 kilomètres au sud de Vouziers.

Suivons maintenant les mouvements exécutés le 28 par les divisions de cavalerie allemandes.

Le 28 au matin, la 12e division de cavalerie était à Nouart,

Tailly et Barricourt. Elle détacha au nord le 17e ulans, et envoya en reconnaissance à l'ouest, vers Buzancy, le régiment de la garde saxonne qui assista au petit combat livré par les ulans de la garde prussienne. Dans la soirée le gros de la 12e division de cavalerie, ne laissant aux avant-postes qu'un escadron, se retira à Audevanne, à l'ouest de Dun.

La division de cavalerie de la garde prussienne, concentrée à Rémonville, détacha sa brigade de ulans à Bayonville, d'où l'avant-garde de cette brigade rencontra celle de de Failly. Nous connaissons déjà le résultat de cette rencontre.

Le commandant de la 6e division de cavalerie apprit de bonne heure le 28 que le camp de Vouziers était évacué. A 5 heures 1/2 du matin, il marcha donc de Monthois sur Vouziers, et lança sur Ballay le 15e ulans à la suite de l'arrière-garde du 7e corps, ce qui décida Douay à laisser une de ses divisions d'infanterie à Quatre-Champs pour recevoir ses bagages. La 6e division de cavalerie envoya en outre des patrouilles sur Voncq et sur Attigny. Elles trouvèrent Attigny évacué. A Voncq, elles virent dans l'après-midi 6 bataillons du 1er corps français. Elles apprirent en outre que Napoléon III et Mac-Mahon devaient être à Stenay.

Le 28 au matin, la 5e division de cavalerie envoya le 13e ulans de Grandpré à Vouziers. Ce régiment rencontra à Falaise l'arrière-garde de Douay et se réunit ensuite au 15e ulans, de la 6e division de cavalerie. La 13e brigade de cavalerie alla de Buzancy à Grandpré où elle établit la liaison avec la division de cavalerie de la garde. Le gros des 11e et 12e brigades de cavalerie campa à Monthois. La 4e division de cavalerie, venant de la Suippes, s'avança entre la 6e et la 5e division, jusqu'à Vouziers, Savigny et Saint-Morel, de sorte qu'il y avait maintenant trois divisions de cavalerie sur les 10 kilomètres de route, de Vouziers à Monthois.

La 2e division de cavalerie, de la Troisième armée, arrivait à Suippes le 28.

Derrière ces masses de cavalerie, le XIIe corps resta à Dun et Stenay. Il reçut l'ordre d'y rétablir les ponts de la

Meuse, s'il les avait déjà détruits, afin de pouvoir passer le 29 sur la rive gauche, et il se prépara en même temps, par suite des nouvelles qui lui étaient parvenues, à défendre vigoureusement la ligne de la Meuse le 29. Ce jour-là revint à Stenay le 3e hussards prussien qui avait été détaché le 25 août, pour observer la frontière belge, et avait audacieusement essayé le 27 de s'emparer de Longwy par un coup de main. Il se réunit, à Laneuville, avec le 2e régiment de cavalerie saxonne, qui était attaché à la 24e division d'infanterie. La 48e brigade d'infanterie envoya de nouveau à Chauvancy, le 28 août, un détachement de cavalerie et de chasseurs à pied qui réussit cette fois à déloger de la gare la garnison française et à couper le chemin de fer.

Le corps de la garde alla à Bantheville. Le IVe corps à Montfaucon. Tous deux enlevèrent les ponts, devenus inutiles, qu'ils avaient fait jeter la veille pour passer sur la rive droite de la Meuse.

Dans la Troisième armée :

Le Ier corps bavarois atteignit Varennes ; le IIe corps bavarois Vienne-le-Château, avec la brigade de ulans détachée à Binarville. Le VIe corps mit son avant-garde à Cernay-en-Dormois, le gros à Berzieux. La division wurtembergeoise gagna Virginy. Le XIe corps alla avec le gros à Courtemont-le-Poncelet, avec un détachement de flanc gauche à Laval. Le VIe corps, derrière le Ve, à Sainte-Menehould.

Le quartier général du prince royal de Prusse se transporta à Sainte-Menehould.

VII. — ÉVÉNEMENTS DU 29 AOUT.

Tous les rapports de cavalerie, arrivés jusque dans l'après-midi du 28 à Clermont, quartier général du roi de Prusse, semblaient justifier la conclusion que Mac-Mahon se retirait au nord.

Dans cette hypothèse, le quartier général du roi fit paraître, le 28 à 7 heures du soir, un premier ordre général, d'après lequel l'armée de la Meuse devait s'avancer le 29 jusqu'à Nouart et Buzancy, et l'extrême gauche de la Troisième armée jusqu'à Vouziers, afin que les deux armées suivissent le plus vivement possible le mouvement supposé de Mac-Mahon.

Mais les rapports qu'on reçut à 9 heures du soir sur le combat de Buzancy prouvèrent que, si Mac-Mahon avait commencé un mouvement de retraite vers le nord, il l'avait déjà abandonné pour reprendre sa marche vers l'est, sur Stenay, etc. En conséquence, un deuxième ordre général fut expédié de Clermont le 28 à 11 heures du soir. Voici quelles étaient les dispositions principales de cet ordre :

Les Français ne devaient pas être provoqués à prendre l'offensive avant que les Allemands n'eussent concentré assez près de l'ennemi des forces suffisantes.

En conséquence, le prince royal de Saxe était laissé libre de décider s'il n'y avait pas lieu de réunir, au préalable, les trois corps de l'armée de la Meuse dans une position défensive, entre Aincreville et Landres, pendant qu'une brigade du XIIe corps occuperait, comme auparavant, la ligne de la Meuse, depuis Dun jusqu'à Stenay.

Le Ier et le IIe corps bavarois devaient quitter leurs positions actuelles le 29 à 5 heures du matin. Tous deux gagneraient l'Aire, le Ier à Sommerance, par Fléville, le IIe à Saint-Juvin, par Binarville et Cornay. Le Ier corps devait arriver à Sommerance à 10 heures du matin.

Le Ve corps d'armée devait marcher sur Grandpré, par Montcheutin. Les autres corps de la Troisième armée devaient être dirigés sur un front tel qu'on pût les réunir le 30 août pour une action décisive.

En principe, on ne devait pas chercher cette action décicive avant le 30 ; cependant le prince royal de Saxe restait libre de prendre l'offensive, dès le 29, contre la ligne Stenay, Buzancy, Vouziers, pour suivre énergiquement les mouvements de Mac-Mahon, si celui-ci ne lui opposait que des forces peu considérables.

Le roi de Prusse devait transférer son quartier général à Varennes le 29, à 9 heures du matin.

D'après les nouvelles qu'il avait reçues pendant la journée du 28, le prince royal de Saxe croyait toujours nécessaire de se procurer, au moyen de sa cavalerie, des renseignements plus exacts sur ce qui se passait à l'armée de Mac-Mahon.

A cette fin, la division de cavalerie de la garde devait marcher sur le Chesne par Busancy; la 12e division de cavalerie la suivrait, et une avant-garde d'infanterie du corps de la garde occuperait Rémonville le 29, à 7 heures du matin.

Le 28, à minuit, le premier ordre général arriva de Clermont à Valancourt. Mais on y recevait en même temps, des troupes avancées de l'armée de la Meuse, des rapports qui rendaient absolument invraisemblable l'hypothèse sur laquelle reposait cet ordre général. Le prince royal de Saxe crut devoir, en conséquence, s'en tenir aux mesures d'exploration qu'il venait d'ordonner. Cependant, il prit bientôt après la résolution de faire avancer la plus grande partie de son armée sur Nouart et Buzancy. La 24e division d'infanterie devait alors être réunie à Stenay pour défendre contre une attaque ennemie ce point de passage important.

Le 29, à 4 heures du matin, le prince royal de Saxe reçut le deuxième ordre général, arrêté à Clermont à 11 heures du soir.

D'après cet ordre, dont les suppositions s'accordaient avec les observations particulières de l'armée de la Meuse, le prince prit ses dispositions définitives.

La 12e division de cavalerie était chargée d'éclairer le terrain dans la direction de Nouart; le XIIe corps plaçait une avant-garde d'infanterie à Villers-le-Dun pour recevoir la cavalerie, et, avec le gros de ses troupes, auxquelles se joindrait la 48e brigade, rappelée de Stenay, il prendrait position entre Cléry-le-Grand et Aincreville.

La division de cavalerie de la garde prussienne, soutenue par l'avant-garde d'infanterie du corps de la garde, postée à Rémonville, devait reconnaître au delà de Buzancy et de Bar. Le gros du corps de la garde se tiendrait à Bantheville, prêt à se porter en avant.

Le IVe corps devait aller prendre position au nord de Nantillois.

Enfin, les généraux commandant le IVe corps, le XIIe et le corps de la garde devaient se trouver sur la hauteur située au sud d'Aincreville, le 29, à 8 heures du matin.

A cette heure-là, le prince royal de Saxe reçut les rapports des commandants de corps d'armée. Tout s'était passé généralement conformément aux ordres donnés. Puis vinrent les rapports sur le résultat des reconnaissances. Le XIIe corps était depuis 7 heures du matin en marche de Doulcon sur Villers-devant-Dun, le gros se réunissait dans la position Cléry-le-Grand — Aincreville; la 48e brigade, venant de Stenay où elle avait laissé en observation trois escadrons du 2e régiment de cavalerie, ne pouvait arriver avant midi dans la position d'Aincreville.

Le prince royal de Saxe, s'appuyant sur le deuxième ordre général reçu de Clermont et sur les rapports qui lui étaient parvenus, donna alors les ordres suivants, sous la réserve expresse qu'il ne s'agissait point de faire le 29 une attaque sérieuse, mais seulement d'éclairer la situation.

La 12e division de cavalerie s'avancera, par Nouart et Oches, contre la route de Chesne — Beaumont; l'avant-garde d'infanterie du XIIe corps la suivra, le gros du corps se portera à Nouart. Plus à l'ouest, la division de cavalerie de la garde marchera, par Boult-aux-Bois et Authe, sur la route Beaumont — le Chesne et sur Beaumont même; derrière elle, la 1re division d'infanterie de la garde et l'artillerie de corps iront à Buzancy, la 2e division d'infanterie de la garde se portera à Thénorgues; le IVe corps se rendra à Bayonville et Rémonville.

La 12e division de cavalerie n'envoya d'abord vers Nouart que le 3e régiment de cavalerie sur la hauteur à l'est de Barricourt. La division de cavalerie de la garde détacha de grosses patrouilles de la brigade de ulans sur Nouart, Sommauthe et Germont.

Revenons à l'armée française.

D'après tout ce qu'il devait savoir, Mac-Mahon aurait dû

prendre, dans la nuit du 27 au 28, le parti de porter toute son armée vers le nord et le mettre à exécution dès le 28 au matin, mais il ne s'y décida enfin que dans la nuit du 28 au 29 août. Il renonça, voyant l'ennemi tout près de son flanc droit, à livrer une grande bataille pour franchir la Meuse.

En raison des nouveaux ordres qu'il donna, devaient aller le 29 août :

La division de cavalerie Margueritte, de Sommauthe et de Beaumont à Mouzon et Carignan ;

Le 12e corps, de la Besace à Mouzon ;

La division de cavalerie Bonnemains, des Grandes-Armoises à Raucourt, 9 kilomètres de Mouzon ;

Le 1er corps, du Chesne à Raucourt ;

Le 5e corps, de Bois-des-Dames à Beaumont ;

Le 7e corps, de Boult-aux-Bois à la Besace ;

Le grand quartier général, à Raucourt.

Ces ordres furent expédiés avec fort peu d'exactitude. Ils arrivèrent à leur adresse à des heures très différentes, et le 5e corps, ainsi que nous le verrons, ne reçut pas l'ordre qui lui était destiné.

Le 12e corps reçut à temps son ordre à la Besace et opéra facilement le 29 sa marche très courte sur Mouzon. Il s'établit alors sur la rive droite de la Meuse, à cheval sur la route de Mouzon à Carignan.

Le 1er corps ne put partir du Chesne que fort tard, à cause de la confusion de voitures qui y régnait, et il eut ensuite à traverser l'incommode défilé de Stonne, où l'on avait commencé une distribution de biscuit. Le gros du 1er corps n'arriva donc au camp de Raucourt que le 29 au soir ; les bagages, qui arrivèrent encore plus tard, ne purent rejoindre leur régiment. La division de Lartigue, avec le 3e hussards, avait été laissée au Chesne comme arrière-garde. Après une panique causée par quelques cavaliers prussiens dans les bagages du 12e corps et de la division Bonnemains, aussi bien qu'aux avant-postes de la division de Lartigue, celle-ci ne put se mettre en marche avant 4 heures du soir, et n'arriva au camp de Raucourt que le 30 août, à 4 h. 1/2 du matin.

Le 5e corps, campé à Bois-des-Dames, Bellevue et Belval, n'avait reçu le 29 au matin aucun ordre qui modifiât sa première destination, de marcher sur Beauclair et Beaufort. Cet ordre ne lui était point parvenu, parce que le capitaine de Grouchy, officier d'état-major, qui le portait, avait été pris à Germont par une patrouille d'officier du 3e régiment de ulans de la garde. C'est ainsi que les dispositions de Mac-Mahon pour le 29 août tombèrent aux mains des Prussiens.

De Failly restait donc sans ordres. Ayant appris, non par la cavalerie, mais par des habitants du pays, que Beauclair et Beaufort n'étaient pas occupés par l'ennemi, il crut devoir exécuter l'ordre qu'il avait d'abord reçu de marcher sur ces points, et il mit ses colonnes en mouvement de 10 à 11 heures du matin.

Celle de l'aile droite ou du sud, composée de la division de cavalerie Brahaut et de la division d'infanterie Guyot de Lespart, était accompagnée du général Besson, chef d'état-major général du corps d'armée. Elle devait marcher de Bois-des-Dames sur Champy, descendre dans la vallée de la Wiseppe et rejoindre, au nord-est de Nouart, la grande route de Beauclair. La colonne de l'aile gauche ou du nord, formée de la division Goze, de la brigade de Maussion et de l'artillerie de réserve, devait aller de Belval à Beaufort, en tournant par le nord le plateau des Dames.

A peine les troupes avancées de la division de cavalerie Brahaut avaient-elles traversé la Wiseppe, qu'elles se heurtèrent à l'avant-garde du XIIe corps allemand, 46e brigade d'infanterie avec un détachement de la 12e division de cavalerie. De Failly mit la division Guyot de Lespart en position à Champy, et il fit rappeler la colonne de l'aile gauche qui marchait sur Beaufort et qui gravit le plateau des Dames pour venir se déployer à droite (à l'ouest) de Guyot de Lespart. Pendant ce temps aussi, la 46e brigade allemande était rejointe, à Tailly, par le reste du XIIe corps, d'abord par la 45e brigade, puis par la 47e et enfin par la 48e brigade.

L'avant-garde de la 1re division de la garde prussienne et

derrière elle, le gros de la division de cavalerie de la garde, étaient arrivées à Bar avant midi. La cavalerie de la garde s'établit aussitôt devant l'infanterie, à Harricourt. Le gros de la première division de la garde se rendit à midi à Buzancy, la deuxième division à Thénorgues.

Le prince Auguste de Wurtemberg, commandant le corps de la garde, entendait d'un côté le canon du combat de Nouart, et de l'autre, il recevait, des patrouilles de cavalerie envoyées à l'ouest, des rapports annonçant qu'un corps de troupes françaises marchait de Boult-aux-Bois sur Oches et Pierremont.

Le prince Auguste fit alors demander au prince royal de Saxe s'il devait abandonner le nœud de route de Buzancy et marcher sur Nouart. Il lui fut répondu qu'il pouvait rester à Buzancy et se contenter de faire observer l'ennemi sans relâche par sa cavalerie.

En conséquence, le prince Auguste n'envoya sur Nouart que le régiment de hussards de la garde (attaché à la 1re division d'infanterie de la garde) et la brigade de cuirassiers de la garde, pour chercher la liaison avec le XIIe corps. Cette cavalerie fut arrêtée à Vaux-en-Dieulet, à la Côte-Saint-Jean et à Fossé, par les troupes de la division Goze et de la brigade de Maussion, qui revenaient de Beaufort.

Sur ces entrefaites, vers 3 heures de l'après-midi, le prince Georges de Saxe reçut à Nouart, d'un escadron envoyé le matin sur Montigny, la nouvelle inexacte que Halles et Beauclair étaient occupés par les Français et que des troupes françaises nombreuses paraissaient se diriger sur la Meuse. Comme le prince était alors sans nouvelles de sa cavalerie détachée à Laneuville, devant Stenay, il craignit que Mac-Mahon, avec le gros de ses forces, n'eût déjà gagné de l'avance sur Stenay.

Cette crainte lui fit cesser le combat de Nouart à 3 heures du soir. Il dirigea ensuite, par Tailly, sur Beaufort la 45e brigade avec 2 escadrons et 2 batteries, en ordonnant à la 12e division de cavalerie de tourner par leur flanc ouest les Français qui se tenaient à Champy.

Vers 5 heures du soir, les têtes de la 12e division de cavalerie furent arrêtées, entre Fossé et Belval, par la résistance de l'aile droite de Failly et forcées de prendre un rôle d'observation.

La 45e brigade, arrivant aux environs de Beaufort vers 6 heures du soir, n'y trouva pas l'ennemi, et sa cavalerie se mit de nouveau en communication avec celle de Laneuville. Des détachements de cavaliers saxons qui battaient le pays sur la rive droite de la Meuse, de Stenay vers Mouzon, rencontrèrent à Inor des patrouilles de la division Margueritte.

A 3 heures passées, quand les troupes saxonnes avaient cessé le combat de Nouart pour se retirer derrière la Wiseppe, et que le calme commençait à se faire, un nouvel officier de l'état-major de Mac-Mahon vint répéter à de Failly l'ordre que Grouchy n'avait pu porter, de marcher sur Beaumont au lieu de Beaufort.

De Failly ordonna alors la marche en retraite sur Beaumont; elle commença vers 5 heures du soir.

La cavalerie marcha sur Sommauthe. La brigade Saurin, l'artillerie de réserve, un bataillon de la brigade Nicolas et la division Guyot de Lespart prirent le chemin de bois qui part de Belval et passe entre les étangs de la Wamme.

Il restait en arrière-garde, dans la position de Bois-des-Dames, jusqu'à ce que les autres troupes se fussent écoulées, la brigade de Maussion, de la division de l'Abadie, et 4 bataillons de la brigade Nicolas.

Les troupes du corps de Failly parties les premières campèrent vers 10 heures du soir au nord de la ville de Beaumont. La brigade Nicolas ne les rejoignit que le 30, à 4 heures du matin et la brigade de Maussion deux heures plus tard. Ces deux dernières brigades mirent leur camp au sud de Beaumont, de chaque côté de la route de Sommauthe.

Le 30, à 9 heures du matin, arrivèrent enfin à Beaumont le convoi et les bagages que le 5e corps avait laissés au Chesne le 27.

Lorsque le général Douay reçut l'ordre de diriger le

7e corps sur la Besace, il ordonna d'abord que la division Conseil-Dumesnil et les bagages marcheraient directement de Quatre-Champs sur Saint-Pierremont.

Le reste du corps d'armée, couvert par la division de cavalerie Ameil, ou plutôt par l'unique brigade de cette division, ne quitta le 29 qu'à 9 heures du matin ses camps de Belleville et de Boult-aux-Bois, et marcha sur Oches, par Authe et Autruche. Cette marche fut particulièrement inquiétée par les patrouilles de cavaliers prussiens qui se montraient sur le flanc droit, et que la cavalerie française ne sut pas tenir assez éloignées, quoiqu'il lui eût été facile de le faire, si bien que le général Dumont crut devoir déployer sa division entre Germont et Authe. Ce général reconnut promptement son erreur, mais la marche du corps d'armée n'en fut pas moins retardée d'une heure. Les chemins étaient étroits et en mauvais état, les attelages très fatigués. Le corps d'armée arriva à Oches à 5 heures du soir ; il avait mis 8 à 9 heures pour faire 11 kilomètres de Boult-aux-Bois à Oches, et il avait encore à faire 6 kilomètres pour arriver à la Besace, ce qui demanderait au moins 4 heures. En conséquence, le général Douay résolut de passer la nuit à Oches et de n'en repartir que le lendemain matin. Les divisions Liébert et Conseil-Dumesnil campèrent au nord du village, la division Dumont se plaça au sud faisant front à Saint-Pierremont et Sommauthe.

Voici les positions qu'occupaient les troupes françaises le 29 au soir :

Le 12e corps et la division de cavalerie Margueritte sur la rive droite de la Meuse, à Mouzon.

Les autres corps d'armée étaient encore sur la rive gauche, savoir :

La division de cavalerie Bonnemains et le 1er corps à Raucourt.

Le 5e corps à Beaumont.

Le 7e corps à Oches. Ce corps, le plus éloigné de la Meuse, en était encore à 16 ou 18 kilomètres.

Mac-Mahon avait transporté, le 29, son quartier général

à Raucourt, en même temps que Napoléon III. Il y reçut une dépêche de Bazaine qui avait été envoyée par Thionville d'où elle était partie le 27. Cette dépêche disait que Bazaine était investi à Metz, mais faiblement, qu'il passerait quand il voudrait et qu'il attendait Mac-Mahon. Au procès Bazaine, Mac-Mahon ne se rappela point avoir reçu cette dépêche, et il ajouta qu'il pensait qu'elle l'aurait frappé s'il l'avait reçue. Nous croyons, quant à nous, que cette dépêche n'avait pas à ce moment grand intérêt pour Mac-Mahon. Elle lui apprenait tout au plus que Bazaine était encore gardé par les Allemands le 27 août, et Mac-Mahon avait alors assez à faire pour se tirer lui-même du piège où il s'était engagé.

Les troupes de l'armée de la Meuse étaient dans la soirée du 29 :

Le gros du XIIe corps à Tailly et Barricourt; derrière, aux Tuileries, la 12e division de cavalerie et, plus loin encore, à Villers-devant-Dun, la 48e brigade d'infanterie. La ligne d'avant-postes du 12e corps allait de Montigny à Champy, par Beaufort.

Du corps de la garde prussienne, la division de cavalerie campait à Harricourt, avec l'avant-garde de la 1re division; le gros de la 1re division était à Bar et Buzancy, la 2e division était à Bar et Buzancy, la 2e division à Thénorgues et Briquenay.

Le IVe corps arrivait, avec la 8e division à Bayonville, avec la 7e division et l'artillerie de corps à Rémonville.

Le prince royal de Saxe avait, depuis le matin, son quartier général à Bayonville.

Quant aux troupes de la Troisième armée allemande; la 5e division de cavalerie s'était avancée le 29 à Attigny, d'où elle coupa, à Faux, le chemin de fer de Rethel à Mézières. La 6e division de cavalerie suivit attentivement de Vouziers la marche des Français depuis la ligne de l'Aisne jusqu'à Boult-aux-Bois et Quatre-Champs. Elle fit occuper Voncq par le 16e hussards qui y trouva encore des traînards du 1er corps français.

La 4e division de cavalerie se concentra à Vouziers, et la

2ᵉ division de cavalerie se rendit à Gratreuil, près de l'Avègres.

Le Iᵉʳ corps bavarois atteignit Saint-Juvin et Sommerance, à droite de l'Aire, le IIᵉ corps bavarois Cornay, sur la rive gauche de cette rivière.

L'avant-garde du Vᵉ corps alla à Beffu, le gros à Grandpré. La division wurtembergeoise également à Grandpré.

Le XIᵉ corps alla, avec l'avant-garde à Saint-Morel, avec le gros à Monthois, et il fit jeter des ponts sur l'Aisne à Falaise, Savigny et Olizy.

Le VIᵉ corps, dirigé primitivement sur Varennes, reçut, chemin faisant, l'ordre de se porter plus à l'ouest et alla derrière les Wurtembergeois, l'avant-garde à Condé-les-Autry, le gros à Vienne-le-Château.

Le quartier général du prince royal de Prusse fut mis à Senuc, sur l'Aisne ; celui du roi à Grandpré.

VIII. — LE 30 AOUT.

En outre de plusieurs rapports importants qui parvinrent le 29 au quartier général de Grandpré, on y reçut dans l'après-midi les papiers saisis le matin sur le capitaine Grouchy. Cette trouvaille précieuse faisait disparaître tous les doutes. En conséquence, on ordonna pour le 30 une attaque générale de l'armée de la Meuse et de la Troisième armée contre les Français restés sur la rive gauche de la Meuse, et l'ordre nécessaire fut expédié à 11 heures du soir.

L'armée de la Meuse devait prendre l'offensive contre Beaumont, à 10 heures du matin, sur le front Fossé-Beauclair, pendant que le corps de la garde quitterait sa position de Buzancy à 8 heures du matin, pour se mettre provisoirement en réserve, afin de laisser la route de Buzancy libre pour les autres troupes.

La Troisième armée devait suivre cette route avec deux corps d'armée de son aile droite et appuyer, à l'est de Buzancy, l'attaque de l'armée de la Meuse. Son aile gauche marcherait sur le Chesne. Tous les corps de la Troisième armée devaient rompre de bonne heure.

A 10 heures du matin, le roi de Prusse voulait porter son quartier général de Grandpré à Buzancy.

D'après cet ordre, qui arriva à Bayonville le 30, entre 2 et 3 heures du matin, le prince royal de Saxe ordonna ce qui suit à l'armée de la Meuse :

« Le XIIe et le IVe corps feront la soupe de bonne heure afin d'être prêts à partir à 10 heures du matin. Le XIIe corps marchera sur Beauclair avec une division (la 23e), avec l'autre (la 24e) à l'ouest du bois de Nouart. Le IVe corps marchera sur Nouart avec la 7e division, sur Fossé avec la 8e.

« Le corps de la garde prendra, avant 8 heures du matin, une position de rassemblement à l'est de Buzancy, entre ce village et le bois de la Folie, en laissant une avant-garde à Buzancy jusqu'à ce que le premier corps arrivant de la Troisième armée ait dépassé cette localité. La division de cavalerie de la garde prendra également une position de rassemblement au sud-est de Buzancy. La garde devait faire la soupe dans ces positions, de façon à se trouver également prête à partir à 10 heures du matin.

« Les officiers des divers corps chargés de venir attendre de nouveaux ordres, devront se trouver à 6 heures du matin au quartier général de Bayonville. »

Cet ordre venait d'être expédié lorsqu'il arrriva à Bayonville divers rapports qui ne laissaient subsister aucun doute sur la marche des Français vers le nord, et non sur Stenay.

A 6 heures du matin, le prince royal de Saxe donna donc l'ordre de marche, dont l'exécution devait commencer à 10 heures du matin :

La 23e division du XIIe corps et l'artillerie de corps allaient de Beauclair à Laneuville où elles prenaient la route de Stenay à Beaumont. L'autre division du même corps (la 24e) marchait sur Beaufort, en passant à l'est du bois de Nouart, elle traversait ensuite la forêt de Dieulet dans la direction du nord-ouest, pour gagner la ferme de Belle-Tour et de là Beaumont.

La 7e division du IVe corps allait de Nouart à Grand-

Champy, traversait le bois de Belval et arrivait à la ferme de Belle-Tour. La 8e division, du même corps, et l'artillerie de corps d'armée, partaient de Fossé, passaient à l'ouest de l'étang de la Forge, traversaient le bois du Petit-Dieulet et arrivaient à Beaumont.

Le corps de la garde, placé en réserve, devait, à 10 heures du matin, aller prendre une nouvelle position de rassemblement à l'ouest de Nouart, où le prince royal de Saxe irait se placer de sa personne.

Les trains, réunis par corps d'armée, devaient rester derrière les bivouacs que les troupes quitteraient le 30 au matin.

A 2 heures 1/2 du matin, le prince royal de Prusse donna, à son quartier général de Senuc, son ordre spécial pour le 30.

Les corps d'armée devaient généralement rompre à 6 heures du matin. Les bataillons et les régiments ne seraient suivis que de leurs voitures de médicaments, les corps plus considérables que de leurs ambulances, auxquelles on devait faire place en toute circonstance pour qu'elles pussent se porter en avant.

Le Ier corps bavarois marchait, en deux colonnes, sur Buzancy et Bar, pour aller de là sur Sommauthe et Beaumont. Le IIe corps bavarois devait suivre le Ier jusqu'à deux kilomètres au sud de Sommauthe où il prendrait position.

Le Ve corps allait, par Briquenay et Authe, à Saint-Pierremont et Oches, d'où il irait, dans tous les cas, prendre part au combat.

La division wurtembergeoise marchait, par Longwé, sur Boult-aux-Bois et Châtillon. Le XIe corps sur le Chesne, par Vouziers et Quatre-Champs, en détachant une colonne de flanc sur Terron et Voncq. Le VIe corps allait d'Autry à Vouziers, où il prendrait des cantonnements resserrés sur la rive gauche de l'Aisne.

La 4e division de cavalerie devait suivre le XIe corps jusqu'à Quatre-Champs, puis aller à Châtillon où elle attendrait qu'on eût besoin d'elle. La 2e division de cavalerie allait, par Senuc, à Buzancy et Bar. La 6e division de cavalerie se portait à Semuy, par Voncq, en envoyant un détachement à Bouvellemont. La 5e division de cavalerie allait à Tourteron en détachant dans la direction de Reims.

Les trains ne devaient pas rompre avant 10 heures du matin et ils se rendraient : ceux du 1er corps bavarois à Champigneulle, ceux du IIe corps bavarois à Saint-Juvin, ceux du Ve corps et de la division wurtembergeoise à Grandpré, ceux du XIe corps à Vouziers, sur la rive gauche de l'Aisne, enfin ceux du VIe corps à Savigny.

Le prince royal de Prusse annonçait en outre que, pendant le combat auquel on devait s'attendre, il se tiendrait à Pierremont, et qu'il mettrait probablement le 30 son quartier général à Briquenay.

On voit, d'après ce qui précède et la connaissance que nous avons des positions du 29, que l'orage prussien se concentrait contre les Français et menaçait la ligne Beaumont-Mouzon.

L'ordre de Mac-Mahon pour le 30 août était que tous les corps de son armée qui se trouvaient encore le 29 sur la rive gauche de la Meuse, arrivassent à tout prix le 30 sur la rive droite. Le 1er corps, suivi de la division Bonnemains, devait passer le fleuve à Rémilly-sur-Meuse, le 7e corps à Villers-devant-Mouzon et le 5e corps à Mouzon.

Le général Ducrot ordonna, dans la nuit du 29 au 30, que la tête de son corps d'armée romprait à 4 heures 1/2. Cette tête était la 3e division, que devait suivre l'artillerie de réserve, ensuite la 2e division, la 1re division, la division de cavalerie Michel, la 4e division et enfin les bagages et le convoi.

Le passage de la Meuse devait avoir lieu sur une prame placée en travers du cours d'eau dans le sens de la longueur, entre deux talus en terre qui serviraient de ponts d'embarquement.

La tête de la 3e division arriva à Rémilly dès 7 heures du matin ; mais il fut alors reconnu qu'on ne pouvait faire usage pour le moment du moyen de passage sur lequel on comptait, parce que les écluses de Sedan avaient été fermées pour la défense de la ville, ce qui avait élevé considérablement le niveau de la Meuse. Il fallut donc modifier les ponts d'embarquement et l'installation de la prame. L'armée de Mac-Mahon n'avait pas d'équipage de pont; cependant, pour accélérer le passage, le génie construisit, à côté du pont de prames, au moyen de nacelles et de chevalets, une passerelle sur laquelle l'infanterie pouvait passer sur deux hommes de front mais qui était impraticable à la cavalerie et aux voitures.

La traversée de la Meuse put commencer à 10 heures du matin, et, pour la couvrir, la 3e division prit position sur la rive gauche. Le passage s'opéra très lentement et ne se termina qu'entre 7 et 8 heures du soir pour le convoi.

La division Bonnemains commença son passage immédiatement après le convoi du 1er corps.

En passant la Meuse, Ducrot avait fractionné son corps d'armée en deux colonnes; celle de l'aile droite, 2e et 4e division, devait traverser la Chiers à Tétaigne, celle de l'aile gauche, 1re et 3e division, passait cette rivière à Douzy. Les deux colonnes se dirigeraient ensuite sur Carignan. Vers midi et demi, puis dans l'après-midi, le 1er corps avait entendu le canon. Lorsque Ducrot, qui marchait avec la colonne de droite, arriva à Tétaigne, il y fit concentrer cette colonne et envoya ensuite un aide de camp demander à Mac-Mahon de nouveaux ordres. L'aide de camp fit bientôt savoir qu'il avait rencontré Napoléon III sur la route de Carignan et que tout allait bien. Ducrot passa alors la Chiers et se dirigea sur Carignan. Il y trouva l'aide de camp qu'il avait envoyé à Mac-Mahon et qui lui rapportait l'ordre de couvrir la retraite de l'armée, soit sur Douzy, soit sur Carignan, de prendre ses mesures en conséquence et de prier l'Empereur de se rendre au plus tôt à Sedan.

Ducrot envoya alors à la 1re et à la 3e division l'ordre de prendre position à Douzy, pour couvrir la retraite de Mac-Mahon, en leur prescrivant de revenir à Douzy dans le cas où elles auraient déjà dépassé ce village. Dans le même but, il établit la 2e et la 4e division entre Carignan et Blagny.

Lorsque Ducrot pria Napoléon III de se rendre à Sedan, l'Empereur lui répondit d'abord qu'il voulait rester avec la 2e et la 4e division, mais il changea ensuite d'avis et se rendit à Sedan par le chemin de fer.

Quittons momentanément le 1er corps pour suivre les deux corps français restés sur la rive gauche de la Meuse.

Le 7e corps, qui n'avait pas atteint le 29 la Besace, station qu'on lui avait indiquée, devait partir le 30 au point du jour, pour aller à Villers-devant-Mouzon, par Stonne et la Besace. Mais nous savons que toutes ses voitures se trouvaient dans l'unique et étroite rue d'Oches. La tête de ce convoi se mit en mouvement à 4 heures du matin, sous l'escorte de la division Conseil-Dumesnil. Il fallait beaucoup de temps pour faire sortir d'un seul trou ces 1500 voitures et l'opération n'était pas encore finie à 9 heures du matin. Sur ces entrefaites, Mac-Mahon vint de sa personne trouver le général Douay et l'adjura verbalement de passer la Meuse à tout prix le 30, en lui disant qu'il avait fait jeter à Villers un pont de bateaux sur lequel pouvaient passer les voitures.

La colonne de voitures était suivie d'abord par la division Liébert, puis venait la brigade Bordas, de la division Dumont, et enfin, comme arrière-garde, la brigade Bittard des Portes, de la même division, qui, en sortant d'Oches, fut canonnée par les Allemands (probablement la 4e division de cavalerie), mais à très grande distance.

Entre midi et 1 heure, la tête du 7e corps arrivait à Stonne, d'où l'on entendit à l'est une vive canonnade, toujours à une grande distance. On n'entendait pas encore de coups de fusil. Le général Douay conclut de là que le 5e corps était engagé et sa première idée fut de marcher au canon. Mais il l'abandonna bientôt, parce que, en raison de la nature du terrain, il ne pouvait point espérer arriver sur le champ de bataille en moins de deux ou trois heures. Si le 5e corps avait le dessous, Douay arriverait trop tard et se ferait battre lui-même isolément; si le 5e corps était vainqueur, l'arrivée du 7e serait superflue. En outre, le 12e corps, déjà arrivé à

Mouzon, pouvait secourir le 5e beaucoup plus efficacement que Douay, qui croyait lui-même être serré de près.

A la suite de ces réflexions, Douay donna l'ordre à l'arrière-garde, brigade Bittard des Portes, de défendre vigoureusement le défilé de Stonne, en faisant front au sud, et fit marcher rapidement ses autres troupes sur Beaumont et la Besace, le convoi en avant sur la grande route, l'infanterie et la cavalerie des deux côtés de la route. Mais à peine Douay s'éloignait-il de Stonne dans la direction de l'est, qu'il rencontra des groupes débandés de la division Conseil-Dumesnil. Ce fait nous sera expliqué bientôt. Contentons-nous, pour le moment, de dire que cette fâcheuse rencontre engagea Douay à prendre aussitôt la direction du nord, par les routes de Raucourt et de Villers-devant-Raucourt.

Une partie du 5e corps n'était, comme nous savons, arrivée au bivouac de Beaumont que le 30 au matin. Mac-Mahon s'y rendit entre 7 et 8 heures du matin, après avoir déjà parlé à Douay, et il adjura également de Failly de se rendre le plus tôt possible à Mouzon et d'y passer la Meuse.

A 9 heures du matin, de Failly réunit ses généraux de division et ses chefs de service. Il fut décidé que le départ de Beaumont commencerait à 11 heures, mais qu'en tout cas les troupes campées au sud de la ville ne rompraient qu'à 2 heures de l'après-midi. On commença alors des distributions de vivres et les soldats démontèrent leurs armes pour les nettoyer. Les patrouilles habituelles du matin étaient rentrées en annonçant qu'elles n'avaient pas aperçu l'ennemi. Sur ces rapports favorables, on se livra dans le 5e corps au calme le plus complet, bien que les bois situés au sud de Beaumont ne fussent pas à plus de 1800 mètres du camp. Des grand'gardes furent placées à quelques centaines de mètres en avant du camp, mais les patrouilles du matin ayant dit : rien de nouveau, personne ne songea à envoyer dans la journée des détachements de cavalerie reconnaître à de plus grandes distances.

Cependant, les troupes de l'armée de la Meuse et de l'aile

droite de la Troisième armée suivaient exactement les routes qui leur avaient été indiquées.

La 8e division d'infanterie, du IVe corps, sortit la première des bois à la ferme de Petite-Forêt. Elle put déployer son artillerie et son avant-garde sans être aperçue par les Français. Les Prussiens, ayant cru voir un mouvement dans les camps de Beaumont, ce qui pouvait être le commencement du départ pour Mouzon, se décidèrent, à midi et demi, à ouvrir le feu d'artillerie contre les camps français qui furent complètement surpris.

Les troupes du corps de Failly prirent les armes avec une rapidité remarquable; l'infanterie occupa Beaumont et la route de Stenay ; l'artillerie s'établit au nord de la ville et, sous la protection de son feu, l'infanterie prit l'offensive avec beaucoup d'initiative et de hardiesse.

Mais les forces prussiennes, surtout en artillerie, augmentaient sans cesse et en peu de temps.

A midi, la 7e division d'infanterie sortait des bois à la ferme de Belle-Tour, à droite de la 8e division. Son commandant, général Schwarzhoff, voulait, avant d'attaquer, déployer complètement la division au nord du bois, mais on entendit alors à Belle-Tour le feu d'artillerie de la 8e division, et la tête de la 7e division se porta aussitôt en avant pour soutenir la 8e.

Le général d'Alvensleben, commandant le IVe corps, qui s'était rendu, à 1 heure, de la 8e division à la 7e, à Belle-Tour, fit connaître la situation au XIIe corps à droite, au Ier corps bavarois à sa gauche.

La tête de la 24e division, du XIIe corps, arrivait, vers 1 heure, à Fontaine-au-Fresne. Le déploiement en avant de cette division fut très gêné par le ruisseau marécageux de la Wamme. Le chemin qui lui avait été d'abord indiqué pour traverser le bois s'était trouvé être complètement impraticable. Son artillerie fut donc obligée de se diriger à droite vers la grande route de Stenay à Beaumont, sur laquelle la 23e division, suivie de l'artillerie de corps commençait à arriver, à 1 heure, à la ferme de Beaulieu.

Cependant, le IVᵉ corps avait lancé son infanterie en avant dès que son artillerie eut préparé suffisamment le combat. Les Français se retirèrent vers le nord, en partie dans un grand désordre, et en abandonnant le campement et les bagages. L'infanterie s'engagea dans les petits bois qui prolongent jusque vers la ferme de la Harnoterie le bois de Givodeau, ainsi que dans le bois de Fays, au nord de Létanne. L'artillerie, au contraire, prit de nouveau position sur les hauteurs de la ferme de la Harnoterie jusqu'au sud du bois de Fays, à environ 1200 mètres de Beaumont. Les officiers du 5ᵉ corps français s'efforçaient de rallier leurs troupes pour les conduire à Mouzon.

De leur côté, les fractions du IVᵉ corps engagées dans le combat, lorsqu'elles furent maîtresses, à 1 heure 1/2, de Beaumont et des portions de route adjacentes, ainsi que du camp français au nord de la ville, avaient aussi beaucoup souffert, et il était nécessaire de les reformer.

Les troupes du IVᵉ corps, en attaquant Beaumont, avaient involontairement appuyé à l'est, de sorte que l'infanterie du XIIᵉ corps se trouva encore plus gênée, pour se déployer, que ne le comportait le terrain déjà limité sur la rive gauche de la Meuse. En revanche, l'artillerie de ce corps d'armée pouvait soutenir efficacement la continuation du combat.

Après la prise de Beaumont, il se forma donc promptement, sur les hauteurs au sud de la ville, et des deux côtés du chemin de Bois-des-Dames à Beaumont, une ligne de 25 batteries allemandes, celles du XIIᵉ corps à l'aile droite, celles du IVᵉ corps à l'aile gauche, qui luttèrent avec supériorité contre les batteries françaises établies dans la nouvelle position de la Harnoterie-le-Fays.

Quant à l'infanterie du XIIᵉ corps, elle n'était réellement qu'un échelon en arrière du flanc droit du IVᵉ corps.

Mais les Bavarois prenaient alors part au combat.

A midi, la 2ᵉ division du Iᵉʳ corps bavarois arrivait de Buzancy au sud de Sommauthe, suivie de près par la brigade de cuirassiers. A la même heure, la 1ʳᵉ division était arrivée à Buzancy, où elle recevait l'ordre d'appuyer à gauche sur Bar et de rejoindre la 2e division.

Cependant celle-ci, entendant de Sommauthe, à midi et demi, le canon de Beaumont, y marchait en faisant un demi-à-droite. A 1 heure, sa tête de colonne débouchait du bois des Murets et prenait part au combat, à l'aile gauche du IVe corps.

Pendant ce temps, le gros de 2e division, suivant les instructions qu'elle avait reçues, marchait directement au nord, pour passer à l'est de la ferme de la Thibaudine, gagner la Harnoterie et opérer contre le flanc et les derrières de de Failly.

Au moment où la tête du gros traversait la route de Stonne à Beaumont, elle reçut des coups de feu des bois situés à l'ouest puis de la Thibaudine. C'étaient les troupes de la division Conseil-Dumesnil, du 7e corps français, qui escortaient le convoi de voitures du corps et devaient couvrir la marche de ce convoi sur Villers par la vallée de Yoncq. Une partie de ce convoi s'était déjà engagée dans la vallée de Yoncq, mais le plus grand nombre des voitures se trouvait encore sur la route de Stonne à Warniforêt. Le gros de la 2e division bavaroise fit aussitôt front à l'ouest, délogea la division Conseil-Dumesnil des fermes de la Thibaudine et de Warniforêt, ainsi que des petits bois voisins, et força la plus grande partie du convoi français à se retirer en toute hâte sur la Besace. — Ce sont les fuyards de la Thibaudine et de Warniforêt qui décidèrent le général Douay, ainsi qu'on l'a déjà vu, à faire marcher tout son corps d'armée vers le nord et sur Raucourt.

La 2e division bavaroise, après avoir désigné un détachement pour s'avancer dans la vallée de Yoncq, à l'aile gauche du IVe corps, mit, à 4 heures 1/2, le reste de ses troupes en position au sud du chemin de la Besace à Yoncq. A la même heure, la tête de la 1re division bavaroise arrivait à la Besace, d'où elle fut aussitôt dirigée sur Raucourt. Elle eut à Raucourt un petit engagement avec l'arrière-garde de Douay et, le combat terminé, campa à 7 heures 1/4.

Cependant Douay, partant de Raucourt, avait pris d'abord la route de Villers-devant-Mouzon, où il avait l'ordre de passer la Meuse. Mais ayant réfléchi bientôt après que le pont de Villers pouvait être déjà occupé par les Allemands, il se dirigea plus au nord, sur Rémilly, où sa tête de colonne arrivait à 7 heures 1/2 du soir et trouvait encore là deux régiments de cuirassiers de la division Bonnemains, qui attendaient eux-mêmes leur tour de passer la Meuse. Nous connaissons suffisamment les dispositions prises pour le passage de Rémilly et nous y laisserons momentanément le 7e corps français.

En présence de la supériorité de l'artillerie allemande, les batteries du 5e corps français évacuèrent successivement la position de la Harnoterie—le Fays, en premier lieu celles de mitrailleuses, puis, à 3 heures du soir, les batteries de canons, et elles battirent en retraite sur Mouzon, sous la protection de l'infanterie d'arrière-garde qui occupait le bois de Givodeau et les petits bois attenants.

Jusqu'à 3 heures 1/2, le IVe corps prussien marcha ensuite au nord de Beaumont, de chaque côté de la route de Mouzon; la 7e division, à l'est de la route, s'avança jusqu'au bois du Fays, la 8e division, à l'ouest de la route, jusqu'à la ferme de la Harnoterie qu'elle dut commencer par enlever aux Français.

Le XIIe corps fut obligé de suivre l'aile droite de la 7e division, et il ne put prendre part au combat qu'avec quelques détachements.

A l'aile gauche de la 8e division se reliait le détachement que nous savons de la 2e division bavaroise, en suivant le versant ouest de la vallée de Yoncq.

A mesure que les Allemands s'avançaient de Beaumont vers le nord, le terrain de combat allait se rétrécissant pour eux. Il n'avait déjà plus que 3,000 mètres de front, de la Meuse à la vallée de Yoncq, à hauteur de la ferme de la Sartelle. La 7e division, soutenue à son aile droite par la 45e brigade (saxonne), occupait, par moments, tout ce front à elle seule, de sorte que la 8e division devait en partie descendre dans la vallée de Yoncq, en partie suivre l'aile gauche de la 7ᵉ division. Quant au détachement bavarois de l'aile gauche, il lui fallut remonter entièrement sur les coteaux à l'ouest de la vallée de Yoncq.

Les Allemands durent soutenir contre des détachements du 5ᵉ corps français plusieurs combats qui eurent au moins pour résultat de retarder leur marche en avant, par exemple au bois de Givodeau et à la ferme de la Sartelle, sur la hauteur de Yoncq et à la fonderie de Grésil.

Les troupes allemandes qui se firent voir à la lisière est du bois de Givodeau furent en outre exposées au feu de l'artillerie et de l'infanterie qui occupaient les hauteurs de la rive droite de la Meuse. Contre ces troupes françaises, des batteries saxonnes prirent, au nord de Létanne, une excellente position d'enfilade.

La résistance opposée par les Français à la marche des Allemands entre la Meuse et la vallée de Yoncq n'avait été que faible et isolée, effectuée par les troupes en partie désorganisées du 5ᵉ corps; mais à 5 heures 1/2, les Allemands se trouvèrent en face d'une position défensive mieux organisée, qui s'étendait de Pourron à Villemontry, par le Montde-Brune.

Le général Lebrun, à la tête du 12ᵉ corps, avait pris position le 30 août sur la rive droite de la Meuse, front vers Mouzon, avec l'aile droite sur la route de Sedan et l'aile gauche (division Lacretelle) sur les hauteurs à cheval sur la route de Mouzon à Carignan. — La division de cavalerie Margueritte, à gauche de Lebrun, avait remonté la Meuse par Vaux et Moulins et se reliait à la division Lacretelle par le 4ᵉ régiment de chasseurs d'Afrique qui avait été attaché à cette division.

Le 30 au matin, Lebrun avait envoyé une patrouille à Martincourt, sur la nouvelle, communiquée par des paysans, que des cavaliers allemands occupaient cette localité. La patrouille ayant confirmé ce renseignement, Lebrun se disposait, à midi passé, à envoyer de forts détachements reconnaître en avant du front et sur son flanc gauche, lorsqu'on entendit à Mouzon le canon de Beaumont.

Lebrun en conclut avec raison que de Failly était engagé dans un combat sérieux, et, il ordonna au général Grandchamp de passer sur la rive droite de la Meuse avec sa deuxième brigade (Villeneuve) et trois batteries de la réserve, et de s'y avancer sur la route de Beaumont.

Pendant que Grandchamp traversait Mouzon, Lebrun qui pouvait à peu près, des hauteurs de la rive droite, observer ce qui se passait à Beaumont, crut remarquer que la retraite de Failly s'opérait dans des conditions dangereuses, et il ordonna alors à la brigade Cambriels, de la division Grandchamp, de suivre la brigade Villeneuve, puis à la division de cavalerie Fénelon de passer la Meuse à gué au-dessous de Mouzon et de soutenir l'infanterie.

Mais le maréchal de Mac-Mahon, arrivant à ce moment-là, retint la brigade Cambriels.

Lorsque le général Grandchamp, gravissant les coteaux de la rive gauche de la Meuse, arriva sur les hauteurs du Mont de Brune et de Villemontry, il aperçut les troupes du général de Failly, en partie débandées, qui se ralliaient déjà, et il prit position sur ces hauteurs, en envoyant vers le sud ses troupes avancées, qui ne tardèrent pas, de concert avec les détachements disséminés de Failly, à en venir aux mains avec les Allemands.

Aussitôt que la brigade Villeneuve fut engagée, le maréchal de Mac-Mahon reconnut qu'il était nécessaire d'envoyer à son aide non seulement la brigade Cambriels, mais encore une brigade d'infanterie de marine de la division Vassoigne.

L'attaque contre la position de Grandchamp se déploya à 5 heures 1/2 du soir, conduite principalement par la 7e division prussienne, soutenue par les Saxons à l'aile droite, par la 8e division et le détachement bavarois à l'aile gauche.

La brigade de cuirassiers de Béville, de la division de Fénelon, s'était formée entre le faubourg de Mouzon et le moulin de Ponçay. Dès que l'artillerie allemande se montra devant cette position, le 6e cuirassiers fut rappelé sur la rive droite de la Meuse, mais le 5e cuirassiers reçut l'ordre de rester, et il exécuta, vers 6 heures, une de ces charges aussi héroïques que déraisonnables — pour notre époque — comme on en a vu si souvent dans cette campagne, du côté des Français, et pas seulement de leur côté. Pitoyablement fusillés par une seule compagnie prussienne, les débris du 5e cuirassiers cherchèrent par tous les chemins à repasser la Meuse et perdirent encore beaucoup d'hommes et de chevaux.

Finalement, la division Granchamp repassa la Meuse à Mouzon, et la première ligne des Allemands prit position devant Mouzon, sur un front qui s'étendait de Villemontry à Villers-devant-Mouzon en passant par Autrecourt et le faubourg de Mouzon.

Le prince Georges de Saxe avait déjà détaché à Pouilly, sur la rive droite de la Meuse, un régiment de la 12e division de cavalerie, lorsqu'il reçut du prince royal de Saxe l'ordre d'y envoyer toute cette division. Ce mouvement commença à 4 heures 3/4. A 6 heures, la 24e brigade de cavalerie se porta ensuite à Autreville, avec sa batterie à cheval, mais le feu supérieur de l'artillerie française l'obligea de revenir à Pouilly à 7 heures 1/2.

A la nuit tombante, le feu cessa partout.

Le prince royal de Saxe, qui avait suivi la marche de combat, d'abord de Fossé, puis à Champy, à Beaumont et enfin à la Sartelle, désigna les positions que prendrait l'armée de la Meuse pendant la nuit suivante.

Cette armée devait camper en une grosse colonne sur la route de Stenay à Mouzon, par la rive gauche de la Meuse : en tête était le IVe corps, dans les positions conquises et tout près de Mouzon ; derrière le IVe, le XIIe corps à Létanne ; derrière le XIIe, le corps de la garde prussienne, avec sa division de cavalerie entre Beaumont et la ferme de Beaulieu.

De ce dernier corps d'armée, la 1re division, suivie de l'artillerie de corps, était arrivée à Nouart à 1 heure 1/2 de l'après-midi, et s'était ensuite portée à Champy, pendant qu'à la même heure la cavalerie de la garde et la 2e division marchaient, de Buzancy et de Thénorgue, sur Nouart. Le soir même, tout le corps d'armée était à Beaumont, et les pionniers de la garde jetèrent pendant la nuit un pont à Létanne.

La 12ᵉ division de cavalerie passa la nuit à Pouilly, sur la rive gauche de la Meuse, avec une avant-garde sur la rive droite.

Le prince royal de Saxe mit son quartier général à Beaumont.

Le prince royal de Prusse, qui s'était porté sur la hauteur de Saint-Pierremont, avait, dans la journée, dirigé sur Stonne une grande partie de la Troisième armée, lorsque les Allemands avaient supposé que Douay voulait occuper et défendre cette localité. — Cependant Stonne ne fut point attaqué sérieusement. Le roi de Prusse s'était rendu, de Grandpré, par Buzancy, aux environs de Somanthe, et il suivait, de la hauteur de Vaux-en-Dieulet, la marche du combat, lorsqu'il fut informé par le prince royal de ce qui se passait à Stonne. Le grand quartier général fut d'avis que la situation des Français serait d'autant plus compromise par le mouvement en avant de l'armée de la Meuse qu'ils resteraient plus longtemps à Stonne, et qu'il n'y avait par conséquent aucune raison de les y attaquer. Les troupes de la Troisième armée, dirigées contre Stonne, reçurent donc l'ordre de s'abstenir de toute attaque sérieuse; mais, lorsque Douay évacua Stonne, elles s'avancèrent sur la route qui conduit de cette localité à Beaumont.

A la suite des événements que nous venons de raconter, — plus tôt même en ce qui a trait au Iᵉʳ corps bavarois, — le gros de la Troisième armée campa, le 30 au soir, sur deux colonnes principales.

Celle de l'aile droite, composée du Iᵉʳ corps bavarois, de la 4ᵉ division de cavalerie, du Vᵉ corps et du IIᵉ corps bavarois, sur la route Sommauthe-Raucourt, parallèlement à l'armée de la Meuse.

Le Iᵉʳ corps bavarois avait le gros de ses forces à Raucourt, avec un détachement à la Besace. Le détachement de l'aile droite, qui avait suivi la vallée de Yoncq, en restant lié à l'armée de la Meuse, campa à Pourron.

La 4ᵉ division de cavalerie avait commencé, le 30 au matin, par aller à Châtillon, et, à midi, elle se dirigea sur la Berlière, au sud de Stonne; mais un ordre reçu du prince royal à 1 heure 1/2 la fit arrêter à Verrières (à l'ouest d'Oches). Elle se rendit ensuite à Stonne quand Douay évacua cette localité; la 8ᵉ brigade de cavalerie campa à Stonne et aux Grandes-Armoises, tandis que la 9ᵉ et la 10ᵉ brigade suivaient le Iᵉʳ corps bavarois jusqu'à Flaba.

L'avant-garde du Vᵉ corps avait un peu harcelé Douay, auquel s'étaient surtout attachés deux escadrons de la brigade de ulans de la garde. Lorsque Douay commença son mouvement vers le nord, le Vᵉ corps envoya son avant-garde sur les hauteurs de la Berlière, d'où celle-ci canonna l'arrière-garde du 7ᵉ corps français. Puis, quand Stonne fut entièrement évacué par l'ennemi, le Vᵉ corps alla à la Besace; mais comme les Bavarois l'occupaient déjà, il campa au sud du village.

Dans la nuit du 29 au 30, le IIᵉ corps bavarois avait jeté un pont sur l'Aire, et il passa le lendemain matin sur la rive droite de ce cours d'eau. Plusieurs fois arrêté dans sa marche en avant, ce corps d'armée n'alla que jusqu'à Sommauthe, où il campa.

La colonne principale de gauche de la Troisième armée était, le 30 au soir, entre Stonne et Verrières. Elle se composait du XIᵉ corps, de la 2ᵉ division de cavalerie et de la division wurtembergeoise.

Le XIᵉ corps, dans sa marche de Vouziers sur le Chesne, avait reçu à Quatre-Champs l'ordre d'aller à la Berlière. Il traversa donc la Bar et se déploya à Brieulles, à 2 heures 1/2 de l'après-midi. Après la retraite de Douay, il marcha ensuite sur Stonne où il campa.

La 2ᵉ division de cavalerie, qui avait marché, à midi passé, de Buzancy au canon, fut appelée, vers trois heures, à Saint-Pierremont, par ordre du prince royal de Prusse, et campa le soir à Oches.

La division wurtembergeoise, en marche sur le Chesne, rencontra à Châtillon l'avant-garde du XIᵉ corps qui traversait la Bar. Elle s'y arrêta, suivit ensuite à Brieulles le XIe corps et campa finalement à Verrières. La cavalerie wurtembergeoise, qui avait devancé sa division, passa la nuit à Oches.

A l'extrême gauche de la Troisième armée, la 6e division de cavalerie occupa avec une brigade le Chesne et Semuy, et détacha une autre brigade à Bouvellemont, sur la route du Chesne à Mézières, par Poix.

La 5e division de cavalerie laissa le 17e hussards à Attigny, et se rendit à Tourteron avec le gros.

Derrière cette cavalerie, le VIe corps avait son avant-garde à Vrizy, le gros à Vouziers sur la rive gauche de l'Aisne.

Le quartier général du prince royal de Prusse fut mis à Saint-Pierremont, celui du roi de Prusse à Buzancy.

IX. — CONCENTRATION DE L'ARMÉE FRANÇAISE A SEDAN.

Maintenant que nous connaissons les positions occupées par les Allemands le 30 au soir, nous allons voir ce qui se passa dans l'armée française depuis la soirée du 30 jusque pendant la journée du 31 août.

Il est, à vrai dire, presque impossible d'apporter dans ce désordre un ordre complet. Nous ferons observer d'avance que lorsqu'il sera question ici de mouvements de corps d'armée, on devra toujours entendre la masse principale de ces corps, car de nombreuses fractions se séparèrent de leur corps d'armée, se groupèrent ensuite avec d'autres fractions appartenant à d'autres corps, et constituèrent ainsi de nouvelles masses, difficiles à déterminer, dont les mouvements se trouvèrent arrêtés et croisés plus d'une fois par d'autres colonnes, notamment par les convois, errants sans conduite et sans direction.

Nous citerons de ce fait un seul exemple.

Le conseil de régence et le ministre de la guerre, imputant certaines erreurs au général de Failly, lui avaient retiré son commandement le 22 août, et ce général n'en était pas encore informé le 30. En revanche, le général de Wimpffen, qui devait remplacer de Failly à la tête du 5ᵉ corps, avait été rappelé d'Algérie en France par le télégraphe. Il reçut à Paris une lettre de service qui lui donnait le commandement du 5ᵉ corps, et une autre qui l'autorisait à prendre le commandement en chef de l'armée, s'il arrivait un accident au maréchal de Mac-Mahon. Un train spécial apporta ensuite ce général et sa petite escorte, par Mézières et Sedan jusqu'à Bazeilles, où il arriva le 30 à midi, et qu'il ne put dépasser parce que le chef de train refusa d'aller plus loin. Wimpffen monte alors à cheval. Il apprend à Douzy que Mac-Mahon est à Mouzon et s'y rend par Mairy et Amblimont. Entre ces deux localités, il rencontre des troupes du 5ᵉ, du 1ᵉʳ et du 7ᵉ corps — ainsi que le général Conseil-Dumesnil — et, bien qu'il n'ait encore pris aucun commandement, il forme de ces troupes un corps plus ou moins régulier qu'il dirige sur Sedan la nuit suivante. — Les routes étaient encombrées de convois de toute nature, qui s'arrêtaient tranquillement parce qu'ils n'avaient pas d'ordres. Des troupes, n'ayant plus d'officiers, obéissaient çà et là à des officiers d'administration. Wimpffen mit à réquisition tous ces convois pour nourrir le corps qu'il venait de former. Sur ces entrefaites survinrent les équipages de l'empereur qui déclarèrent que tous les les convois devaient leur faire place.

Ce qui précède n'est qu'un trait du tableau que présentait la rive droite de la Meuse dans l'après-midi du 30. Les mouvements, exécutés la nuit suivante, dépassèrent naturellement comme désordre tout ce qui avait eu lieu en plein jour.

Sous la protection de la division Granchamp, les troupes fort diminuées du 5ᵉ corps français, sans campement, sans commandement réel, se retirèrent un peu en désordre par Mouzon, puis sur Carignan. Il se joignit à elles des fractions isolées de la division Conseil-Dumesnil, tandis que d'autres portions de cette division allaient passer la Meuse à Villers.

Le 5ᵉ corps n'ayant pas d'ordres positifs de son commandant en chef, les généraux de division et de brigade résolurent de passer le plus tôt possible sur la rive droite de la Chiers. Ils voulaient ensuite, le 31, suivre la frontière belge à partir de Messincourt, et marcher par Charbeaux, Auflance, Sapogne, Thonne-le-Thil et Thonnelle, sur Montmédy, seul objectif assigné jusqu'alors à l'armée de Châlons.

Dans ce dessein et d'après les renseignements fournis par un officier originaire de Carignan, la division de cavalerie Brahaut marcha sur Tétaigne, tandis que des fractions réunies des divisions d'infanterie Goze et de Lespart se dirigeaient sur Brévilly.

La division Brahaut se trompa de route après avoir passé la Chiers. Elle gagna la frontière belge, marcha pendant quelque temps en Belgique, sans le savoir et sans être aperçue des troupes belges, et rentra enfin sur le territoire français à l'ouest de Sedan. Cette division échappa à la capitulation de Sedan, et prit part aux campagnes suivantes, mais son général commandant, qui était resté en arrière, fut enlevé par les Prussiens.

La tête de la colonne d'infanterie du 5e corps apprit à la gare de Brevilly que l'empereur y était passé le 30 à 7 heures du soir, allant de Carignan sur Sedan; que les convois et les bagages du 1er corps étaient en route de Carignan sur Sedan et encombraient tous les chemins; enfin qu'un train de vivres destinés au 5e corps avait été expédié à Carignan, mais qu'il en était revenu et se trouvait dans la gare de Brévilly.

Ces nouvelles déterminèrent le général de Lespart, le plus ancien général de l'infanterie du 5e corps réunie à Brévilly, à se diriger également sur Sedan, par Douzy et Bazeilles, après avoir donné aux troupes quelque repos. Sa tête de colonne entra dans Sedan le 31 à 7 heures du matin. Là, étaient déjà arrivées ou arrivèrent bientôt des troupes du 5e corps restées plus longtemps sur la rive gauche de la Meuse et qui avaient pris d'autres routes, les brigades Saurin, de la division Goze, et de Maussion, de la division de l'Abadie.

Le maréchal de Mac-Mahon, qui se trouvait à Mouzon

avec le 12e corps, avait été impressionné par le commencement de la retraite du 5e corps de Beaumont. Lent à prendre un parti décisif, comme le prouvent suffisamment toute l'histoire des opérations de l'armée de Châlons, et plus récemment (mars 1875), la formation laborieuse du malheureux ministère Buffet, Mac-Mahon laissa encore cette fois les choses en suspens ; il voulait se retirer derrière la Chiers avec toute l'armée, mais il se réservait de décider à Carignan, s'il marcherait à l'est sur Montmédy, ou à l'ouest sur Sedan.

De là les premiers ordres à Ducrot, dont nous avons déjà fait mention, d'après lesquels Ducrot devait faire prendre position à son corps d'armée, partie à Douzy, partie à Carignan, afin de couvrir la retraite du gros de l'armée de Châlons derrière la Chiers.

Cependant, le mauvais état des troupes du 5e corps qui traversaient Mouzon et des fractions débandées de la division Conseil-Dumesnil, ainsi que le pêle-mêle des convois et des bagages à la recherche de leur corps d'armée, firent peu à peu sentir à Mac-Mahon qu'il lui serait impossible de rien entreprendre de nouveau à Montmédy avec de telles « forces », et il se décida enfin avec peine à une concentration en arrière sur Sedan.

Des ordres dans ce sens furent envoyés, vers 8 heures du soir, non seulement à tous les commandants de corps d'armée, mais à toutes les divisions.

Lebrun, qui occupait avec le 12e corps la rive droite de la Meuse à Mouzon, fut chargé de couvrir la retraite. Il reçut, entre 8 et 9 heures, l'ordre de diriger sur Carignan son artillerie de réserve, de marcher sur Amblimont pendant la nuit avec le reste de ses troupes, et de gagner ensuite la route de Sedan à Mairy et à Douzy. Mac-Mahon lui ordonna en outre verbalement d'occuper à Sedan les hauteurs de la Moncelle, en faisant front à la Meuse.

Lorsque Ducrot reçut à Carignan l'ordre de Mac-Mahon de se retirer sur Sedan, il supposa avec beaucoup de raison qu'il s'agissait d'une retraite aussi rapide que possible sur

Sedan, pour gagner ensuite à marches forcées Mézières et les places fortes du Nord, afin de conserver pour les autres combats qu'aurait à livrer la France l'armée de Châlons, déjà si affreusement réduite.

Il commença donc par faire filer, dans la nuit du 30 au 31, son convoi et ses bagages sur Illy, au nord de Sedan.

Le 31, de très bonne heure, la 2e division du 1er corps, puis la 4e, partirent ensuite de Carignan. Elles devaient marcher sur Illy, par Osnes, Messincourt, Escombres, Francheval et Villers-Cernay.

La division de cavalerie Michel devait marcher à gauche (au sud) de cette colonne, en se tenant entre elle et la route qui suit la vallée de la Chiers.

La division de cavalerie Margueritte devait passer de Sailly sur la rive droite de la Chiers et prendre la route qui remonte ce cours d'eau.

Ces dispositions furent suivies assez exactement. Disons cependant que la brigade de Septeuil, de la division Michel, s'égara du côté de la Belgique, ainsi que diverses troupes d'infanterie du 1er corps.

Quand le général Ducrot sortit de Carignan avec la 2e division, il croyait que ses 1re et 3e divisions se trouvaient encore à Douzy où il les avait placées le 30, et il leur envoya l'ordre d'aller à Francheval pour s'y réunir à la colonne que lui-même amenait de Carignan. Mais le maréchal de Mac-Mahon, traversant Douzy dans la nuit du 30 au 31, pour se rendre à Sedan, avait ordonné personnellement aux 1re et 3e divisions du 1er corps d'aller prendre position à Givonne. Par suite, en arrivant à Francheval le 31 à midi, Ducrot n'y trouva pas ces divisions; mais, en revanche, la route était absolument encombrée de convois et de bagages des différents corps. Ducrot conduisit, dès qu'il put, sa colonne de Francheval à Illy. Il était encore en route lorsqu'il reçut, à 5 heures du soir, l'ordre de Mac-Mahon d'aller prendre position à Balan et Bazeilles; puis, après plus ample examen, celui de s'établir à Daigny, entre ses 1re et 3e divisions, placées à Givonne, et le 12e corps à Bazeilles. Ducrot marcha alors sur Daigny, où ses dernières troupes n'arrivèrent qu'à onze heures du soir. Elles avaient, en moyenne, marché pendant seize heures pour faire environ 24 à 25 kilomètres.

Nous avons accompagné le 7e corps jusqu'à Rémilly-sur-Meuse. Les moyens de passage préalablement établis sur ce point avaient tellement souffert du mouvement des troupes qu'ils avaient un besoin urgent de réparations.

A son arrivée à Rémilly, Douay avait mis en position, au sud de la route, la division Liébert pour recevoir les troupes suivantes, mais il ne put commencer qu'à 10 heures du soir le passage de la Meuse. La division Dumont, les fractions des divers régiments de la division Conseil-Dumesnil et les voiture d'artillerie traversèrent le fleuve très lentement parce qu'il fallait à chaque instant réparer les ponts. Le général Douay, prévoyant que ce passage traînerait en longueur et que les Allemands qui le suivaient pourraient l'attaquer de bonne heure, ordonna, à 2 heures du matin, à la division Liébert, à la division de cavalerie Ameil et à la réserve d'artillerie, de gagner Sedan par la rive gauche de la Meuse. Il voulait ensuite marcher de Sedan sur Carignan, dans la journée du 31, car il n'avait encore reçu aucun ordre qui changeât le but de la marche, Montmédy. Le 7e corps fut arrêté à Sedan et il alla prendre position à Floing dans la matinée du 31.

D'après les ordres qu'il reçut de Mac-Mahon, le 30 à 9 heures du soir, Lebrun dirigea le 12e corps sur Amblimont et Bazeilles. La division de Vassoigne partit la première, à 9 heures, des environs de Mouzon ; la division Grandchamp la suivit à 10 heures 1/2 ; la division Lacretelle, avec la brigade de cavalerie Savaresse, à minuit.

En arrivant à Bazeilles, les troupes du 12e corps furent canonnées par des batteries bavaroises. Lebrun fit front. Le pont du chemin de fer de Bazeilles n'avait pas été détruit, malgré les ordres de Mac-Mahon, et ce fut une porte ouverte aux Allemands pour attaquer l'armée française concentrée à Sedan. Le 12e corps se réunit, le 31, au soir, dans une position entre la Moncelle et Bazeilles.

Il était assurément fort important pour le salut de son armée que le maréchal de Mac-Mahon la portât vers l'ouest le plus vite possible, s'il ne voulait pas se résoudre à la laisser désarmer dans la Belgique neutre, dont la frontière n'est pas à plus de 11 kilomètres de Sedan.

Si le maréchal se décidait à marcher vers l'ouest, en suivant d'abord la rive droite de la Meuse, il va de soi qu'on devait attacher un grand prix à détruire les passages du fleuve à l'ouest de Sedan, et que cette destruction devait se faire d'urgence.

On ne saurait contester que de nombreuses difficultés entravaient une retraite rapide de l'armée française. Les troupes étaient arrivées, en partie fort tard et très fatiguées, dans leurs positions de Sedan. Quelqus-unes, comme le 5e corps, n'avaient pas d'effets de campement. Les routes étaient positivement obstruées par les convois et les bagages.

Mais nous voyons, d'autre part, pendant toute la journée du 30 août, le maréchal de Mac-Mahon ne rien faire pour diminuer ou écarter ces difficultés; au contraire, en rappelant à Daigny la moitié du corps de Ducrot qui marchait déjà sur Illy, il augmentait les difficultés d'un mouvement rapide, soit vers l'ouest, soit vers le nord.—Enfin, dans un moment aussi critique, on doit savoir faire des sacrifices, sacrifier une partie pour sauver le tout.

Il est extrêmement difficile de se faire une idée des desseins du maréchal de Mac-Mahon le 31 août. Nous avouons volontiers que cela ne nous a pas été possible, parce que nous ne pouvons nous décider à croire à l'aveuglement et à l'absence de plans d'un grand quartier général d'armée.

Nous nous contenterons donc de grouper les faits principaux et d'y joindre quelques observations, qui feront peut-être pour d'autres la lumière que nous avons en vain cherché nous-même à découvrir.

Dans le fait, l'armée française occupa la position suivante, soit en vertu d'ordres donnés par le général en chef, soit, pour certains corps, en raison de circonstances indépendantes de ces ordres :

Le 7e corps, sur les hauteurs en arrière de Floing et d'Illy, avec la division de cavalerie Bonnemains à Floing derrière son aile gauche, la division de cavalerie Margueritte au Calvaire d'Illy, derrière son aile droite.

Le 1er corps, entre Illy et Petite-Moncelle, avec son aile droite à ce dernier village, son aile gauche à Givonne.

Le 12e corps, entre Petite-Moncelle et la Meuse au-dessus de Sedan, ayant son aile droite à Balan-Bazeilles.

Le 5e corps, fort réduit, servait en quelque sorte de réserve dans la grande redoute et au Fond-de-Givonne.

Le 30 août, le front des masses allemandes se trouvait naturellement dirigé vers le nord, sur une ligne que l'on peut se figurer tracée de Mouzon à Chémery, par Raucourt, entre la Meuse et la Bar, à seulement 12 kilomètres au sud de Sedan. Bien que les corps les plus en arrière se trouvassent encore à 10 kilomètres, et même plus, au sud de la ligne de front, il n'était cependant pas impossible de faire arriver ces corps éloignés et de concentrer le 31 les masses allemandes tout près et même autour de Sedan, d'autant plus que rien n'empêchait les corps en retard de l'aile droite (armée de la Meuse) de jeter des ponts au-dessus de Mouzon, avec leurs équipages de pont.

Dans des conditions ordinaires, l'armée de Mac-Mahon aurait dû faire front au sud, l'aile droite vers Saint-Menges, l'aile gauche à Bazeilles; Sedan et le faubourg de Torcy auraient été alors la face de la position, dont le bras droit se se serait étendu vers Saint-Menges, le bras gauche vers Bazeilles.

C'est ainsi que les Allemands comprenaient la situation le 30 et le 31; mais Mac-Mahon avait pris une position tout autre. Il s'établit en effet vis-à-vis des Prussiens, comme s'il avait voulu leur témoigner son profond mépris. — L'armée de Mac-Mahon occupa un demi-cercle autour de la place forte de Sedan, ville de 16,000 habitants, à peine approvisionnée pour une garnison habituelle, et ne pouvant fournir pendant quelques jours des vivres à une armée. — Cette armée faisait front de trois côtés, à l'ouest, au nord et à l'est, mais point au sud, le seul côté rationnel, de sorte que Sedan-Torcy était tout autre chose que la face de cette position militaire inexplicable. Que l'on se rappelle, en outre, que le sommet nord de la position française, à Illy, n'était qu'à 6 kilomètres de la frontière belge.

Le 31 août, vers 3 heures de l'après-midi, le général Douay se rendit à Sedan pour rendre compte au maréchal de Mac-Mahon de la position définitive qu'il avait cru devoir faire prendre au 7e corps. Il lui observa quelle était la faiblesse de l'aile droite du 7e corps à Illy, et l'informa que des masses allemandes se montraient à Donchery, au-dessous de Sedan, et s'y disposaient à passer la Meuse.

Au lieu de faire à Douay une réponse catégorique, Mac-Mahon lui dit qu'il ne voulait pas se faire acculer à une place forte, comme Bazaine à Metz, mais que son intention était de manœuvrer devant l'ennemi.

Comment expliquer cela? Le maréchal sait que, dès le 31, les Allemands ont contre lui des forces importantes sur la rive droite de la Meuse; il apprend qu'ils se disposent maintenant à passer le fleuve à Donchery, au-dessous de Sedan; il a le nez à 6 kilomètres de la frontière belge et les antipodes de son nez au seul pont de la Meuse dont il soit maître, celui de Sedan à Torcy; et il veut, dans ces conditions-là, manœuvrer devant un ennemi auquel il permet de s'approcher et de prendre à son aise ses dispositions, sans rien faire pour l'en empêcher!

Avant le rapport verbal du général Douay, Mac-Mahon avait été déjà informé que les Allemands voulaient passer la Meuse à Donchery.

Palikao destinait le 13e corps à renforcer Mac-Mahon. Nous avons déjà vu à Reims la division d'Exéa, de ce corps d'armée. Le 30 août, dans la soirée, le général Vinoy, commandant le 13e corps, arrivait à Mézières avec son autre division Blanchard, et, le lendemain matin, il envoya un aide de camp à Sedan, porter son rapport à l'Empereur. Dans le train qui emportait cet officier, se trouvait également un dépôt du 3e régiment de zouaves. En passant à Donchery, ce train reçut le feu d'une batterie allemande, de la 4e division de cavalerie sur la rive gauche de la Meuse, mais il n'en arriva pas moins à Sedan à 10 heures du matin.

Sur le rapport de cet aide de camp, l'Empereur ordonna par le télégraphe au général Vinoy de réunir tout le 13e corps à Mézières. En présence du même officier, Napoléon III et Mac-Mahon exprimèrent, en outre, l'intention de ramener sur Mézières toute l'armée de Châlons ; en ajoutant que ce mouvement ne saurait être empêché parce que les Allemands ne pourraient pas faire passer à Donchery, sur la rive droite de la Meuse, des forces assez considérables ; et que, de plus, l'ennemi croirait difficilement à une retraite de l'armée sur Mézières, parce qu'il ignorait l'existence de la route de Saint-Menges à Mézières, par Saint-Albert et Vrigne-aux-Bois.

Dans le fait, les Allemands connaissaient parfaitement l'existence de cette route qui figure déjà sur la carte du génie français de 1867. — Il est vrai que nous avons remarqué avec surprise que cette route ne se trouve pas sur la carte au 1/80.000, jointe à l'ouvrage du général Ducrot, *la Journée de Sedan*, publié après 1872.

Mac-Mahon réunit un conseil de guerre dans l'après-midi du 31. Mais aucune résolution positive n'y fut prise. Par suite, aucun ordre positif ne fut donné, et nous serions porté à croire, d'après des informations particulières, que Mac-Mahon songeait à donner à ses troupes, le 1er septembre, un jour de repos dans la position de Sedan.

Nous savons quelle était la situation des Allemands le 30 au soir et nous verrons bientôt quelle fut cette situation dans la soirée du 31 août. Mais on n'a pas besoin de savoir cela pour reconnaître tout le danger dans lequel se trouvait déjà Mac-Mahon le 31 août, danger qui augmentait à chaque heure de plus qu'il restait dans sa malheureuse position.

Mac-Mahon s'était fait à l'idée qu'il pouvait être forcé de livrer bataille à Sedan, mais il estimait à un chiffre fort au-dessous de la vérité, à 70,000 hommes environ, les forces que les Allemands pourraient lui opposer dans cette bataille.

Remarquons expressément que, (sans parler de ce que

Mac-Mahon avait vu lui-même à Mouzon, puis sur la route de Mouzon à Sedan le 30 août, il ne manquait pas de rapports, arrivés de tous les points des lignes françaises dans la journée du 31, de nature à réveiller les rêveurs les plus distraits. En admettant que Mac-Mahon n'ait eu devant lui, le 30, que 70,000 Allemands, combien d'autres milliers ne pouvaient-ils pas arriver le 31 ? Tous ceux qui n'étaient qu'à 20 kilomètres du front occupé le 30 au soir. Combien d'autres pouvait-il en arriver encore le 1er septembre? Tous ceux qui se trouvaient à 40 kilomètres environ en arrière du même front du 30 août.

Il est pourtant un principe élémentaire qui doit être universellement reconnu, c'est que les grandes armées modernes ne doivent pas marcher sur un seul front. Il faut au contraire, pour être prêtes aux grandes actions décisives qui peuvent être tentées sur tel ou tel point, que ces armées marchent sur une certaine profondeur, laquelle peut facilement aller jusqu'à deux journées de marche et que des efforts extraordinaires des troupes réduisent, au moment décisif, à un jour de marche, pendant lequel les fractions les plus en arrière de l'armée ont le temps d'arriver sur le front.

Mais dans le cas même où Mac-Mahon n'aurait eu contre lui à Sedan le 1er septembre que 70,000 Allemands, qu'avait-il à leur opposer ? N'en était-il pas moins dans une mauvaise situation ? N'était-ce pas toujours une loi pour lui, le 31 août, d'utiliser chaque instant pour s'éloigner de la petite place de Sedan, pour se mettre en sûreté, même dans l'hypothèse que les Allemands perdraient un jour à concentrer leur armée sur la ligne la plus avancée?

Cette perte de temps par les Allemands était possible, et c'eût été un gain énorme pour le général en chef français. Mais ce dernier ne devait compter sur cette perte de temps que pour l'utiliser de son mieux par ses mouvements et non pour se reposer. Du reste, il était loin d'être certain, d'être vraisemblable même, que les Allemands perdraient ce temps-là.

Quand bien même le maréchal de Mac-Mahon n'aurait eu à livrer bataille à Sedan le 1er septembre qu'à 70,000 Allemands, il ne pouvait tirer parti de ce fait qu'en remportant une victoire éclatante. Or, la saine raison ne lui permettait pas d'espérer cela.

Le général Wimpffen, dans un rapport adressé de Stuttgart au ministre de la guerre, le 12 septembre 1870, n'évalue qu'à 65,000 hommes le nombre des combattants de l'armée de Châlons qui pouvaient être engagés le 1er septembre 1870. C'est évidemment trop peu. Cependant cette armée s'était fondue d'une manière importante. Nous avons évalué son effectif complet à environ 116,000 hommes d'infanterie et de cavalerie. De ce chiffre, il faut déduire les pertes éprouvées dans les combats livrés depuis le 27 août, les hommes indisponibles ou blessés au pied qu'on avait évacués, dès le premier jour de marche, soit sur Paris, soit sur Mézières ; les détachements qui s'égarèrent à partir du 30 août et franchirent la frontière de Belgique ; enfin les nombreux isolés qui perdirent leur régiment par lassitude ou mauvaise volonté, tombèrent aux mains des cavaliers allemands ou réussirent à gagner l'intérieur de la France, en longeant la frontière, sans prendre part à la lutte de Sedan.

Il est impossible d'établir, avec un peu d'exactitude, le total de ces non-valeurs, mais elles furent considérables, et on ne saurait évaluer à plus de 80,000 hommes d'infanterie et de cavalerie le nombre des combattants dont disposait encore le maréchal de Mac-Mahon le 1er septembre.

Quel était maintenant l'état moral de ces troupes ? Nous pouvons dire qu'il était misérable. Les marches et contremarches dont les officiers d'un rang élevé ne comprenaient pas eux-mêmes la raison et l'utilité, mais qui faisaient voir à chacun qu'on n'avançait pas, avaient introduit dans les rangs les plus inférieurs de l'armée un sentiment de malaise. En quatre jours, du 24 au 28 août, le 5e corps n'avait fait que 45 kilomètres en avant, le 12e corps à peine autant, c'est-à-dire environ 11 kilomètres par jour ; le 1er corps n'avait avancé, dans ces quatre jours, que de 32 kilomètres et le 7e corps de 19 kilomètres, ce qui fait 8 kilomètres par jour pour le premier et 5 kilomètres seulement pour le second. Et malgré ces marches si excessivement courtes,— d'une manière absolue,— les troupes étaient fatiguées, en partie par suite du système pernicieux des généraux français d'entasser toujours leurs troupes dans le même camp, quelle que fût la force du corps d'armée, en partie à cause des heures de départ mal réglées, des ordres et des contre-ordres successifs qui faisaient prendre une nouvelle direction à une troupe à peine en mouvement dans une direction donnée. Tout le détail du service d'état-major, duquel dépend l'ordre, synonime du ménagement et de l'emploi juste des troupes, était exécuté d'une triste façon. Que l'on ajoute à cela l'impression produite sur les généraux français par les cavaliers allemands,—sans parler de l'influence du conseil de guerre de la cour de Paris, influence ignorée du soldat et des chefs subalternes; — que l'on n'oublie pas encore les surprises comme celle de Beaumont, les paniques comme celle de la division Conseil-Dumesnil le 30 août, les convois qui emcombraient les routes et créaient de nouvelles fatigues au soldat, au lieu de satisfaire ses besoins, la perte d'effets de campement; — que l'on songe au caractère du peuple français, si facilement accessible aux émotions de toute sorte et à toute direction; à l'absence d'un commandement sachant mettre à profit ce caractère pour relever le soldat, — et l'on comprendra facilement que l'armée française de Sedan n'avait pas une grande force morale, quelle que soit l'opinion qu'on ait de l'armée française.

Que l'on mette donc en face de ces 80,000 soldats français démoralisés, 70,000 soldats allemands enivrés par la victoire, que pouvait dans ce cas espérer Mac-Mahon ? Que l'on suppose seulement 10,000 hommes qui ont constamment marché en avant, contre 40,000 hommes qui ont toujours battu en retraite, et l'on ne pourra pas être certain que ces 40,000 hommes, prenant alors l'offensive, battront ou refouleront loin en arrière les 10,000 autres soldats. Dans toutes les combinaisons stratégiques, ces qualités et ces tendances morales, inoculées parfois aux troupes en quelques jours par la situation générale des opérations, jouent un rôle considérable. Si nous pouvons compter que 10,000 de nos soldats pourront tenir un jour au moins contre des forces ennemies très supérieures en nombre, nous pouvons tenter beaucoup de choses qui, à égalité du nombre et des qualités morales des deux côtés, seraient condamnées en théorie comme en pratique. Nous pouvons alors, par exemple, risquer ces attaques concentriques, si chères aux Prussiens modernes, et qui sont pourtant loin d'être le dernier et le meilleur mot de la stratégie !

Était-ce maintenant la position téméraire de Mac-Mahon à Sedan, avec son front vers la frontière belge et le dos tourné aux Prussiens, qui pouvait relever le cœur plus ou moins démoralisé des troupes françaises? Était-ce encore la dernière proclamation de Napoléon III, du 31 août, jérémiade parsemée d'espérances voilées et de menaces terribles?

Assurément, non.

Revenons à la destruction des ponts de la Meuse. Le pont de Frénois fut détruit de Sedan; celui de Flize par un détachement du 13e corps, envoyé de Mézières par le général Vinoy. Les Bavarois empêchèrent la destruction du pont du chemin de fer à Bazeilles.

Le pont du chemin de fer à Donchery devait être détruit par une compagnie du génie envoyée de Sedan, et cette destruction n'eut pas lieu pour une raison assez incompréhensible. La compagnie du génie partit de Sedan sur un train destiné à Mézières et descendit à Donchery. Mais lorsqu'elle voulut aller détruire le pont, on s'aperçut que le train, aussitôt reparti pour Mézières, avait emporté la poudre et les outils. On n'a pas trouvé d'autre raison pour expliquer la non-destruction du pont de Donchery, que les Allemands n'eurent pas à empêcher dans l'après-midi du 31 août.

Mais puisque des troupes prussiennes étaient signalées à Donchery le 31 dès le matin, pourquoi ne donnait-on pas quelque infanterie comme soutien à la compagnie du génie? En second lieu : Sedan n'est en ligne droite qu'à 4 kilomètres de Donchery et Floing n'en est pas plus loin. Était-il donc tout à fait impossible d'envoyer de nouvelle poudre et d'autres outils, soit de Sedan, soit de Floing, où se trouvait le 7e corps? Enfin, et c'est là le point le plus important, a-t-on absolument besoin, pour détruire un pont, [de la poudre et des outils réglementaires? Donchery n'est qu'une petite ville, mais elle possède des usines métallurgiques et des fabriques d'outils, et renferme des ouvriers qui auraient pu être requis et seconder très utilement les soldats du génie. S'il n'était pas possible de détruire immédiatement le pont d'une manière complète, on pouvait au moins le barricader d'une façon ou d'une autre et en préparer la destruction.—Mais non, il faut que nos soldats modernes traînent tout avec eux, vivres, outils, etc. ! On les habitue ainsi à ne pouvoir rien faire dès qu'ils ne trouvent pas dans leurs sacs réglementaires ce qu'ils doivent avoir réglementairement.

En récapitulant toutes les circonstances, nous ne pouvons-nous expliquer la position et l'arrêt de Mac-Mahon à Sedan que comme un engourdissement du désespoir. — Beaucoup des chefs supérieurs avaient la conviction qu'il ne pouvait être ici question de livrer bataille que pour sauver l'honneur des armes françaises et non pour leur donner la victoire. — Mac-Mahon a-t-il partagé ce sentiment? Toujours est-il que s'il n'avait pas été blessé le 1er septembre, il aurait signé le 2 la capitulation que le général de Wimpffen dut signer à sa place.

X. — MOUVEMENT DES ALLEMANDS, LE 31 AOUT.

Aussitôt que les armées des princes royaux de Saxe et de Prusse se trouvèrent en contact intime avec celle de Mac-Mahon, le grand quartier général allemand entrevit la possibilité de pousser l'armée française à la frontière de Belgique. On jugea alors convenable d'informer le gouvernement belge de cette éventualité, afin qu'il pût remplir ses devoirs de puissance neutre, devoirs très difficiles, dans tous les cas, pour un petit Etat, avec une armée peu nombreuse, une frontière étendue et presque partout ouverte. Le comte de Bismarck télégraphia donc, dans l'après-midi du 30, à l'envoyé allemand à Bruxelles pour le charger de faire au gouvernement belge les communications nécessaires au sujet de la situation.

Afin d'obtenir les plus grands résultats possibles, le quartier général du roi de Prusse à Buzancy crut nécessaire de poursuivre, sans perdre de temps, l'attaque embrassante des forces allemandes. Un ordre général, rédigé dans ce sens, fut adressé aux commandants de l'armée de la Meuse et de la Troisième armée, le 30 août à 11 heures du soir.

L'armée de la Meuse devait chercher à empêcher Mac-Mahon de se dérober à l'est, la Troisième armée s'opposerait au même mouvement vers l'ouest; la première de ces armées passerait sur la rive droite de la Meuse avec deux corps d'armée, afin de prendre en flanc gauche et à dos la position que les Français semblaient vouloir occuper à Mouzon. Des masses d'artillerie devaient être réunies sur la rive gauche de la Meuse pour empêcher les mouvements de l'ennemi dans la vallée du fleuve. Si les Français passaient sur le territoire belge et n'y étaient pas immédiatement désarmés, on devait les y poursuivre. Les dispositions prises, d'après cet ordre général, par les princes royaux de Saxe et de Prusse, devaient être envoyées en communication à Buzancy, d'où le roi de Prusse voulait partir à 8 heures 1/2 du matin, le 31, pour se rendre à Sommauthe.

Les Allemands ne semblent pas avoir supposé que Mac-Mahon les attendrait l'arme au bras dans sa position renversée de Sedan. Ils croyaient que l'aile gauche française était au-dessus de Sedan et l'aile droite appuyée à la Meuse, en aval de la place, tandis que c'était, nous avons vu, tout le contraire.

Le prince royal de Saxe avait déjà pris de lui-même, le 30 au soir, la résolution de marcher le 31 sur Carignan et Mouzon avec deux corps d'armée, par la rive droite de la

Meuse. Il voulait ensuite faire également passer le IVe corps sur la même rive à Mouzon. — Dans la nuit du 30 au 31, des rapports de ses troupes avancées l'informèrent que les Français se retiraient sur Sedan et que de nombreux trains de chemin de fer allaient de Carignan sur Mézières. Il communiqua ces renseignements au grand quartier général, ainsi qu'au Ier corps bavarois (à Raucourt), en ordonnant à ce dernier de mettre hors de service le chemin de fer à Bazeilles, qui se trouvait en avant de son front.

Le quartier général du prince, à Beaumont, reçut après cela l'ordre général expédié de Buzancy le 30 à 11 heures du soir. En conséquence, l'ordre définitif suivant fut donné à l'armée de la Meuse le 31 à 6 heures du matin.

« A 8 heures du matin, la division de cavalerie de la garde passera sur la rive droite de la Meuse à Pouilly, et marchera ensuite sur Carignan, par Autréville, Malandry et Sailly. La 12e division de cavalerie passera également à 8 heures la Meuse à Létanne, sur le pont jeté par les pionniers de la garde ; elle marchera sur Moulins, côte à côte avec la cavalerie de la garde, et descendra ensuite la Meuse en suivant la chaîne de hauteurs qui séparent ce fleuve de la Chiers.

« A 9 heures du matin, l'infanterie de la garde passera les ponts de Pouilly et se divisera, s'il est possible, en deux colonnes sur la rive droite de la Meuse : la colonne de l'aile droite, remontant d'abord la rivière, marchera ensuite au sud d'Autréville, à travers le bois d'Inor, et de là sur Sailly par Malandry ; la colonne de gauche se dirigera, par Autréville, sur Vaux, en passant entre les bois de Moulins et de Blanchampagne.

« A 10 heures du matin, l'infanterie du XIIe corps, traversant la Meuse à Létanne, suivra sur la rive droite la 12e division de cavalerie, par la ferme Saint-Rémy et Moulins, et elle pourra être appelée sur Douzy, s'il est constaté que l'ennemi a déjà battu en retraite.

« A partir de 11 heures du matin, le IVe corps se tiendra devant Mouzon, sur la rive gauche de la Meuse, en formation de rassemblement, et y attendra des ordres.

« Le prince royal de Saxe marchera avec le XIIe corps. »

Après avoir reçu l'ordre général du quartier général du roi, le prince royal de Prusse ordonna d'abord à la 4e division de cavalerie de rompre à 5 heures du matin et de suivre les Français dans la direction du nord. Il donna ensuite, à 3 heures du matin, à son quartier général de Saint-Pierremont, aux autres troupes de la Troisième armée, l'ordre de mouvement pour la journée du 31 :

« La division wurtembergeoise ira de Stonne à Boutancourt, par Laneuville et Vendresse ; elle y prendra position sur la Meuse et assurera contre Mézières le flanc gauche de l'armée allemande ;

« Le XIe corps suivra sur Cheveuges, sur la Bar, occupera le bord de la Meuse à Donchery et détachera vers Sedan ;

« Le Ier corps ira prendre position à Rémilly. »

Tous ces corps de première ligne devaient commencer leur mouvement à 6 heures du matin, reconnaître devant eux les rives de la Meuse, préparer la construction de ponts et prendre de bonnes positions d'artillerie.

Les autres fractions de la Troisième armée ne devaient rompre qu'à 8 heures :

Le Ve corps, suivant le XIe, allait à Chémery où il attendrait de nouveaux ordres ;

Le IIe corps bavarois, à Raucourt ;

La 2e division de cavalerie, à Chémery, derrière le Ve corps ;

La 6e division de cavalerie marchait sur Mézières par Bouvellemont.

Les convois avaient l'ordre de ne pas dépasser au nord la ligne Le Chesne-Beaumont.

Le VIe corps et la 5e division de cavalerie étaient considérés comme détachés pour assurer vers l'ouest le flanc gauche de l'armée. Le VIe corps devait marcher le 31 sur Attigny et Semuy, et cantonner dans les environs ; la 5e division de cavalerie envoyait, de ses positions de Tourteron et d'Attigny, des détachements d'observation du côté de Reims.

Le prince royal de Prusse devait être à Chémery à partir

de 9 heures du matin et se porter plus tard sur la route de Chémery à Donchery.

Le 31 de grand matin, le général Senfft de Pilsach, commandant la 24e brigade de cavalerie, fut informé, par une patrouille du 18e ulans, que les camps français, aux environs de Mouzon, avaient disparu. Il marcha alors sur Mouzon, à 4 heures du matin, avec un escadron du 18e ulans, entra dans cette ville à 6 heures, la trouva évacuée par les Français et la fit occuper aussitôt par un bataillon du IVe corps qui se trouvait dans les faubourgs de la rive gauche et passa sur la rive droite de la Meuse.

Les troupes de l'armée de la Meuse exécutèrent à l'heure dite les mouvements qui leur avaient été ordonnés. Elles ne rencontrèrent pas de résistance sérieuse et n'eurent affaire qu'à des groupes de traînards, à des convois et à leur escorte.

La brigade de ulans de la garde entra dans Carignan à midi. Toute la division de cavalerie de la garde se réunit ensuite dans l'après-midi à Clémency, Carignan et Matton, sur la rive droite de la Chiers. La 1re division d'infanterie de la garde s'était portée beaucoup plus à l'est, avait remis en état le pont de la Chiers à Linay, et elle ne prit que fort tard des cantonnements resserrés entre Escombres et Pouru-Saint-Rémy, d'où elle envoya ses avant-postes sur la ligne Francheval, Pouru-aux-Bois, jusqu'à la frontière belge à Grand-Haye-bas. Ces avant-postes aperçurent des feux de bivouac en Belgique, à Grand-Haye-bas et à Muno. Ils en conclurent que les Belges faisaient bonne garde. Nous ne serions cependant point surpris si ces feux avaient été allumés par des détachements français égarés jusqu'en Belgique.

La 2e division d'infanterie de la garde passa également, dans l'après-midi, sur la rive droite de la Chiers, et prit des cantonnements resserrés à Messincourt, Sachy, Osnes et Pure, derrière la 1re division, entre celle-ci et la cavalerie de la garde.

L'artillerie de corps de la garde resta à Carignan.

A gauche de la garde, la 12e division de cavalerie arrivait

à Vaux, dès 10 heures du matin, et elle canonna encore de là les colonnes de Ducrot qui marchaient de Carignan sur Francheval. La 23e brigade de cavalerie aperçut alors, des hauteurs situées au nord d'Amblimont, un long convoi français aux environs de Douzy; elle marcha, par Brévilly, sur Douzy, surprit les convois aperçus de loin et dételа les chevaux; mais l'escorte française la força bientôt de se retirer sur Douzy, qui fut occupé, à 3 heures de l'après-midi, par l'avant-garde du XIIe corps, — 4 bataillons, 4 escadrons et 6 pièces.

En arrière de cette avant-garde, le XIIe corps prit le soir des cantonnements resserrés, la 23e division à Tétaigne et Lombut, la 24e division à Brévilly et Douzy, la division de cavalerie à Amblimont, l'artillerie de corps à Mairy.

Le gros du IVe corps resta sur la rive gauche de la Meuse, où le Ier corps bavarois s'était déjà avancé jusqu'à Rémilly.

Comme la Troisième armée ne devait réellement passer la Meuse au-dessous de Sedan que le 1er septembre, et que les positions prises le 31 août par l'armée de la Meuse entre ce fleuve et la frontière belge empêchaient déjà les Français de se dérober à l'est sans combattre, le prince royal de Saxe crut qu'il pourrait laisser reposer ses troupes le 1er septembre, afin de donner à la Troisième armée le temps de prendre, à l'ouest de Sedan, des positions analogues à celles que l'armée de la Meuse occupait à l'est de la place. Il semble qu'au quartier général du roi de Prusse on n'ait pas cru d'abord le 31 août que l'action décisive aurait lieu dès le 1er septembre.

Dans tous les cas pourtant, le prince royal de Saxe ordonna que les corps de l'armée de la Meuse se tinssent prêts le 1er septembre, à 7 heures du matin, à faire un mouvement rapide de concentration.

Dans la Troisième armée, la 4e division de cavalerie marcha, le 31 août à 5 heures du matin, sur Raucourt, Rémilly et Wadelincourt. Elle reçut, chemin faisant, des coups de canon de la rive droite de la Meuse et de Sedan, se porta ensuite sur Frénois d'où elle délogea un poste français et canonna la portion de chemin de fer entre Sedan et Donchery. La 8e brigade de cavalerie s'avança plus à l'ouest jusqu'à Villers-sur-Bar, pendant que les deux autres brigades prenaient leurs cantonnements à Noyers et Chaumont-Saint-Quentin.

Le Ier corps bavarois reçut, à 6 heures 1/2 du matin, l'ordre de marcher sur Rémilly. Son avant-garde partit donc à 8 heures de Raucourt, et ordre fut envoyé à l'équipage de pont, laissé à Sommauthe, de suivre rapidement sur Rémilly.

Lorsque la pointe d'avant-garde du Ier corps bavarois arriva à Rémilly, elle reçut des coups de fusil de la rive droite de la Meuse, mais bientôt après toute la 1re division bavaroise se déploya à côté de l'avant-garde, et à leurs quatre batteries vinrent se joindre six autres batteries de l'artillerie de corps. Ces dix batteries s'établirent depuis Rémilly jusque vers le Petit-Maugy et ouvrirent un feu très vif contre la rive droite de la Meuse, particulièrement contre Bazeilles. A midi, l'infanterie bavaroise qui couvrait les batteries de l'aile gauche au Petit-Maugy, remarqua que les Français se disposaient à faire sauter le pont du chemin de fer de Bazeilles. Elle marcha alors vers ce pont, empêcha de le détruire et s'avança ensuite vers Bazeilles. Il fallut nécessairement faire appuyer ce mouvement par d'autres troupes du Ier corps bavarois, bien que le général Tann, commandant de ce corps d'armée, eût l'intention de ne combattre le 31 août que sur la rive gauche de la Meuse. A 3 heures 1/2 du soir, le 12e corps français força les Bavarois d'évacuer Bazeilles et de se retirer vers le pont du chemin de fer, qu'ils barricadèrent et occupèrent avec un détachement.

A 2 heures 1/2, l'équipage de pont bavarois arriva de Sommauthe à Rémilly, et deux ponts furent aussitôt jetés à Aillicourt sans que les Français y missent le moindre obstacle.

A 5 heures 1/2, de Tann fut informé que l'armée de la Meuse avait terminé les mouvements qu'elle devait faire le 31 août, et il fit alors camper le Ier corps bavarois, la 1re division à Aillicourt et Rémilly, la 2e division et la brigade de cuirassiers à Angecourt, où ces troupes étaient depuis midi en position d'attente.

Au coucher du soleil, de Tann fit replier une partie des ponts de la rive droite; pour protéger ces ponts de campagne, il avait réuni 14 batteries lourdes sur les hauteurs d'Aillicourt.

Le IIe corps bavarois, suivant le Ier, arrivait à 2 heures de l'après-midi à Raucourt, où il campa.

La division wurtembergeoise, après avoir eu à Flize un engagement avec des troupes françaises envoyées de Mézières, y établit son avant-garde, le gros à Boutancourt et Etrépigny, et détacha ses avant-postes vers Mézières.

A gauche des Wurtembergeois, la 6e division de cavalerie prit ses quartiers aux environs de Poix, où elle coupa le chemin de fer, après avoir eu une affaire d'avant-garde avec des troupes françaises également venues de Mézières. Les avant-postes de la 6e division de cavalerie s'étendaient entre Villers-sur-le-Mont et Launois.

Des officiers d'état-major du XIe corps, qui s'étaient rendus à Donchery le 31 dans la matinée, le trouvèrent inoccupé, le pont intact, et apprirent en même temps que des trains vides étaient allés de Sedan à Mézières pour en ramener des troupes à Sedan. Ce fait dut sembler extraordinaire aux officiers allemands qui supposaient naturellement que Mac-Mahon chercherait à se dérober à l'ouest le plus vite possible. Ils en informèrent donc immédiatement le général Gersdorff, commandant le XIe corps.

L'avant-garde de ce corps d'armée marcha aussitôt, par Cheveuges, sur Donchery, occupa cette localité et jeta un nouveau pont en aval, à l'auberge de Condé. La destruction du chemin de fer fut complétée, des détachements furent envoyés sur la rive droite de la Meuse et délogèrent du moulin Rigas et de Vrigne-Meuse des troupes françaises, peut-être les sapeurs venus de Sedan pour détruire le pont de Donchery.

Dans l'après-midi, le gros de la 21e division établit un

camp à Cheveuges, avec ses avant-postes à Frénois, contre Torcy-Sedan. Dans la soirée, la 22e division rejoignit la 21e au camp de Cheveuges.

Le Ve corps, arrivant à Chémery à 10 heures du matin, y reçut du prince royal de Prusse l'ordre de s'avancer plus loin au nord. Il suivit alors le XIe corps, mit son avant-garde à Chéhery, le gros à Bulson, Omicourt et Connage. La 2e division de cavalerie campa derrière ce corps, à Chémery.

Quant aux troupes détachées sur le flanc gauche, la 5e division de cavalerie battit le pays depuis Tourteron jusqu'au chemin de fer de Rethel à Mézières, et envoya d'Attigny le 17e hussards dans la direction de Reims. Le VIe corps était à Attigny et Semuy, avec un détachement qui coucha à Amagne, après avoir, dans la journée, coupé le chemin de fer à Faux.

Le roi de Prusse mit le 31 son quartier général à Vendresse; celui du prince royal de Prusse était à Chémery, celui du prince royal de Saxe à Mouzon.

XI. — SEDAN.

Le commandement en chef de l'armée allemande avait d'abord l'intention de donner aux troupes un jour de repos le 1er septembre, mais ce projet fut abandonné à la suite des nouvelles reçues et d'une conférence qui eut lieu à Chémery, entre les états-majors de l'armée allemande et celui de la Troisième armée, au moment où le quartier général du roi passait à Chémery pour se rendre à Vendresse. On résolut donc de battre le fer pendant qu'il était chaud et de poursuivre sans retard le mouvement commencé pour investir les Français à Sedan.

L'ordre général correspondant partit le 31 au soir de Vendresse pour Chémery et Mouzon.

Le prince royal de Prusse ordonna, en conséquence, à la Troisième armée :

« Les corps avancés rompront le 1er septembre à 5 heures du matin. A cet effet, la division wurtembergeoise jettera pendant la nuit un pont à Dom-le-Ménil et passera la Meuse au point du jour. Arrivée sur la rive droite, elle fera front vers Mézières, en se disposant de façon à pouvoir servir de réserve au XIe corps;

« Le XIe corps traversera la Meuse à Donchery à 5 heures du matin et marchera sur Vrigne-aux-Bois, pour y faire front à l'ouest. Le Ve corps suivra le XIe et s'établira ensuite à sa gauche. »

Le IIe corps bavarois était dirigé sur Frénois et Wadelincourt, pour y prendre une position d'observation contre Torcy-Sedan;

Le Ier corps bavarois devait rester à Rémilly, d'où sa marche en avant dépendrait des mouvements de l'armée de la Meuse qui pourraient réclamer son intervention;

La 4e division de cavalerie devait se rendre à Frénois, la 2e division de cavalerie à Boutancourt; toutes deux se tiendraient prêtes à soutenir le XIe corps, le Ve et la division wurtembergeoise, même quand ces troupes passeraient sur la rive droite de la Meuse;

Le VIe corps et la 5e division de cavalerie devaient être considérés comme détachés par la Troisième armée dans leurs positions en arrière, à Attigny et à Tourteron, afin d'observer vers l'ouest. Il en était ainsi de la 6e division de cavalerie, qui fut envoyée de Poix sur Flize, par Boulzicourt, pour prendre une position d'observation contre Mézières.

Le prince royal de Saxe, qui ne reçut qu'à une heure du matin, le 1er septembre, les ordres de Vendresse, ordonna que le corps de la garde continuerait ce jour-là son mouvement sur Villers-Cernay et Givonne, et que le XIIe corps poursuivrait le sien sur Lamécourt et Moncelle. Du IVe corps, la 7e division devait aller à Mairy et servir de réserve au XIIe corps; la 8e division et l'artillerie du corps formaient la réserve du Ier corps bavarois.

Ce dernier corps d'armée, dès qu'il fut informé des projets du prince royal de Saxe, marcha tout entier contre Bazeilles, de grand matin.

On reçut encore fort tard le 31 août, au quartier général

de Vendresse, des rapports dont on tira la conclusion que l'armée française voulait marcher de Sedan sur Mézières, ce qui n'était pas vrai, mais extrêmement vraisemblable et rationnel.

La division wurtembergeoise et le XIe corps reçurent, en conséquence, un nouvel ordre leur prescrivant d'effectuer, autant que possible, la nuit même, leur passage sur la rive droite de la Meuse et d'occuper, le 1er septembre de grand matin, un front tourné contre la route de Sedan à Mézières, afin de rendre aussi difficile qu'on pourrait aux Français la retraite présumée de Sedan.

Tandis que Mac-Mahon avait la face tournée vers le nord comme l'autruche devant le chasseur, l'armée allemande étendait les bras derrière lui pour le prendre à la ceinture et le jeter rudement à terre.

La bataille de Sedan appelle essentiellement l'intérêt des contemporains, parce qu'elle est un grand fait historique qui changea complètement la situation de l'Europe ou, si l'on préfère, qui compléta les changements commencés en 1866.

Au point de vue purement militaire, on peut aussi faire ressortir certains faits qui ont exercé plus ou moins d'influence dans cette bataille et méritent l'attention de l'homme de guerre.

Le triple changement du commandement en chef ne fut pas sans influence. Mac-Mahon, blessé de grand matin, fort heureusement pour lui, remet le commandement au général Ducrot, et, à peine ce dernier l'a-t-il pris, qu'arrive le général de Wimpffen, qui produit une lettre de Palikao l'appelant à la tête de l'armée dans le cas où Mac-Mahon deviendrait indisponible.

Ce que voulait Mac-Mahon le 1er septembre au matin, jamais mortel ne le saura au juste, lui non plus probablement. — Ducrot, dès qu'il prit le commandement, voulut et ordonna une prompte retraite sur Mézières, retraite ordonnée trop tard et dans laquelle on pouvait tout au plus sauver une partie de l'armée en sacrifiant le reste. Que serait-il advenu ensuite de la portion sauvée à Mézières? On ne saurait le dire, mais ses chances n'étaient pas très favorables. Néanmoins, dans les circonstances présentes, du moment que l'armée ne voulait pas tout simplement passer en Belgique et s'y laisser désarmer, une retraite rapide sur Mézières était la seule chose qu'on pût raisonnablement tenter.— Enfin Wimpffen, le dernier général en chef, après avoir eu l'étrange idée de revendiquer une succession qui ne consistait qu'en un fort passif, arrêta la retraite déjà commencée et voulut percer sur Carignan et Montmédy.

On a peine à croire cela, car dans le cas le plus heureux et le moins vraisemblable, Wimpffen arrivait à Montmédy comme Würmser à Mantoue.

Un résultat certain du changement de général en chef et du changement de volonté qui en résulta, fut la démoralisation des troupes françaises, pour lesquelles ce changement de dessein se traduisait matériellement par des marches et contre-marches fatigantes. Cette démoralisation était inévitable, d'après la situation générale, — la préparation stratégique, — mais elle aurait pu ne se produire qu'un peu plus tard sans ce changement de desseins du commandement en chef.

Des charges de cavalerie héroïques, désespérées, mais absolument inutiles de la cavalerie française enchaînent le regard du soldat intelligent, qui les admire mais ne peut que les déplorer comme un gaspillage hors de propos de forces magnifiques, et condamner ceux qui les ont ordonnées.

Quels que soient les points importants de la bataille qu'on puisse faire ressortir dans cette grande catastrophe de Sedan, tout s'efface devant la préparation stratégique des deux côtés, laquelle ne pouvait laisser aucun doute sur le résultat final, quand même à tel ou tel moment le combat eût été mené plus ou moins bien. Or, de cette préparation stratégique le maréchal de Mac-Mahon est seul responsable.

C'est la préparation stratégique qui rendit décisive la bataille de Sedan. Que l'on examine, en effet, la position surprenante de Mac-Mahon et celle de Allemands : là un certain manque de connaissance, une tranquillité qui serait naturelle si l'on n'avait point eu affaire à des hommes, ici un but clair et bien défini. — Les Allemands ont numériquement des forces au moins doubles de celles de leurs adversaires. Du côté des Français, absence de confiance dans la direction, pas d'espoir de succès, ces deux sentiments s'augmentant encore par les dispositions prises avant la bataille et la manière dont elle est conduite ; du côté des Allemands une confiance entière et la certitude de la victoire. Dans des conditions semblables, le résultat pouvait-il être douteux le 1er septembre avant même le premier coup de fusil?

Hélas, non! Ce qui précède explique trop clairement que le 1er septembre, à 3 heures de l'après-midi, la résistance de l'armée française était complètement annulée, et que cette armée ne se composait alors que de bandes emmêlées, dans lesquelles n'existait plus ni commandement, ni obéissance.

XII. — CONSIDÉRATIONS FINALES.

Nous avons pris, dans ce travail, un exemple particulier pour faire l'étude des opérations, sans nous occuper des détails des batailles ou des combats livrés. Nous avons donc traité tout ce qui se rapporte au combat le plus brièvement possible, et seulement autant que cela semblait nécessaire pour faire comprendre les opérations, pour expliquer le passage des grands mouvements au combat, du combat à de nouveaux mouvements.

Nous avons donné en temps et lieu notre appréciation sur les opérations elles-mêmes et ne saurions répéter ici que ce que nous aurions déjà dit. Tout au plus pourrions-nous revenir avec plus de détails sur la conversion tardive de la Troisième armée vers le nord et sur l'avance que cela permit à Mac-Mahon de prendre lorsqu'il marcha sur Montmédy.

Mais la cavalerie exerça par son emploi, bon ou mauvais, une grande influence sur la marche des opérations, et nous croyons opportun de nous étendre, à cette occasion, sur la manière dont il faut employer la cavalerie.

Dans chacune des armées opposées, nous voyons la cavalerie répartie de deux manières : en premier lieu, réunie en divisions de cavalerie indépendantes, qui ne sont attribuées à aucun corps d'armée, ou qui, lorsqu'elles lui sont liées d'une manière plus intime, comme la division de cavalerie de la garde au corps de la garde, ou la cavalerie saxonne au XIIe corps, en peuvent être détachées pour opérer d'une façon indépendante; en second lieu, comme cavalerie de corps d'armée, chez les Allemands cavalerie divisionnaire, attachée aux corps d'infanterie.

Nous ne trouvons dans l'armée de Châlons que deux divisions indépendantes de cavalerie : l'une, Margueritte, de cavalerie légère ; l'autre, Bonnemains, de cuirassiers.

Les divisions indépendantes de cavalerie avaient été organisées par les Allemands de manières fort diverses pour la guerre de 1870-71 ; elles renfermaient depuis 4 régiments, en 2 brigades, jusqu'à 9 régiments, en 3 brigades.

La brigade était soit lourde, composée de cuirassiers ou de ulans, — soit légère, composée de dragons et de hussards, ou, de préférence, de hussards seuls, — soit enfin mixte, lorsqu'il entrait, par exemple, dans une brigade de trois régiments, un régiment de cuirassiers, un de ulans et un de dragons.

Quelques divisions n'avaient pas de brigade légère, d'autres en avaient deux.

A chaque division étaient attachées une ou deux batteries à cheval.

A l'avenir, une division indépendante de cavalerie allemande se composera de trois brigades, chacune de deux régiments, et d'une division d'artillerie de trois batteries à cheval.

L'une des brigades sera lourde et comprendra, soit un régiment de cuirassiers et un de ulans, soit deux régiments de cuirassiers ou deux de ulans. Les Allemands, y compris les Bavarois, pourraient actuellement former six brigades de cuirassiers. Les deux autres brigades de la division indépendante peuvent être toutes les deux légères, par exemple, une brigade de dragons et une de hussards, ou l'une d'elles peut être mixte, c'est-à-dire composée de ulans et de dragons. — La division d'artillerie reste réunie sous les ordres du commandant de la division de cavalerie, quand celle-ci prend part à une bataille; elle est répartie, au contraire, par batterie dans les trois brigades pendant les grandes opérations et pendant que la division fait le grand service d'exploration sur un front donné ou dans une direction déterminée.

Les divisions de cavalerie indépendantes, que les Français avaient formées après la dernière guerre, se composaient de deux brigades, à deux régiments, mais, depuis le printemps de 1875, ils les ont constituées, comme les Allemands, à trois brigades de deux régiments.

En outre de leurs divisions de cavalerie indépendantes, les Allemands avaient, comme cavalerie divisionnaire, un régiment de cavalerie à 4 escadrons attaché à chaque division d'infanterie. Cette cavalerie divisionnaire se composait surtout de régiments de dragons, parfois aussi de régiments de hussards ou de ulans, par exemple, dans le corps de la garde prussienne. Nous ne pensons pas que les Allemands aient plus tard de motifs pour modifier cette répartition de leur cavalerie, et il est à croire qu'ils la conserveront.

Outre leur petit nombre de divisions indépendantes, les Français avaient attaché, en 1870, une division de cavalerie à chaque corps d'armée. Cette division avait 2 ou 3 brigades, selon la force du corps d'armée, et, à peu d'exceptions près, chaque brigade était de 2 régiments. La 1re brigade était de cavalerie légère (chasseurs et hussards), la 2e de cavalerie de ligne (dragons ou lanciers — cette dernière arme a été complètement supprimée depuis la guerre), et la 3e brigade était soit de cavalerie de ligne, soit de grosse cavalerie (cuirassiers).

Ce système des divisions de cavalerie de corps d'armée a été abandonné depuis la guerre, et les Français aussi n'attachent plus à leur corps d'armée que deux régiments, un de dragons et un de cavalerie légère (le plus souvent de chasseurs). Mais, tandis que les deux régiments de cavalerie du corps d'armée allemand sont indépendants l'un de l'autre et attachés à une division, les deux régiments français forment une brigade sous les ordres d'un général.

Les nouvelles divisions de cavalerie sont chargées, pendant les opérations, de faire le service au loin, en avant ou sur les flancs du gros de l'armée, ce qui exige plus ou moins d'indépendance.

Il y a fort longtemps que des corps spéciaux de cavalerie ont été constitués dans ce but. Sans vouloir remonter plus loin que l'histoire moderne, nous dirons que c'est seulement dans les guerres d'Italie, à la fin du quinzième siècle et au commencement du seizième, guerres qui font époque, que le service de la cavalerie passa un peu au second plan, sous l'impression produite par une infanterie que l'on revoyait pour la première fois combattre en rangs avec succès et qui savait se faire respecter. C'est avec intention que nous ne parlons pas ici de l'apparition et des progrès des armes à feu, parce qu'en y regardant de près on voit que cette impression favorable produite par l'infanterie fut plutôt due aux piques des lansquenets allemands, aux hallebardes des Suisses et aux épées des *escudados* espagnols.

Mais dès que la première surprise disparut, le service au loin de la cavalerie reprit tous ses droits, dans les guerres des Pays-Bas, dans les guerres de religion du seizième siècle en Allemagne et en France, dans la guerre de Trente ans, etc. En raison des armées peu considérables et de la faible population de l'Europe, ce service ne pouvait être confié qu'à de très petits détachements, mais on cherchait à les rendre aussi indépendants que possible en allégeant leur équipement, en les armant d'armes à feu pour qu'ils pussent faire le service de l'infanterie, en leur adjoignant des pionniers pour faire des destructions, élever des barricades, etc.

Maintes fois l'on créa ou l'on adopta pour ce service une cavalerie spéciale, parce que la cavalerie proprement dite était beaucoup trop lourde. Ces cavaliers-partisans ont leur histoire propre dont les noms suivants suffisent pour rappeler le cours : Reîtres, chevau-légers, bandouliers, argoulets, *kerreruelos*, dragons, arquebusiers à cheval, carabiniers (carabins), Croates (de la guerre de Trente ans, par exemple Isolanis), Bosniaques, hussards, ulans, Cosaques. Ce qui est significatif, c'est que plusieurs de ces noms donnés aux partisans étaient d'abord des sobriquets et ne tardèrent pas à devenir des appellations injurieuses.

Les grands corps de cavalerie que Napoléon Ier créa dans ses armées depuis 1805 remplissaient non seulement le même service que ces troupes de partisans, mais encore celui qu'ont déjà fait partiellement les divisions de cavalerie indépendantes et celui qu'elles devront faire à l'avenir.

Quelle doit donc être l'action qui appartient naturellement aux nouvelles divisions de cavalerie?

Avant même que la guerre ne soit déclarée, il peut arriver que les armées de deux puissances ennemies se concentrent à la frontière, et leur concentration n'est pas encore terminée que l'une de ces puissances déclare la guerre et ouvre les hostilités avec plus ou moins d'intensité.

Les divisions de cavalerie indépendantes de l'armée qui prend l'offensive, doivent alors couvrir l'achèvement de la concentration de leur armée, voiler à l'ennemi les mouvements de celle-ci jusqu'au moment définitif; elles doivent en même temps chercher à découvrir les mouvements de l'ennemi, ses desseins et sa situation. Ajoutons encore que, par leurs manœuvres dans leur zone d'opérations, ces divisions peuvent tromper l'ennemi sur les desseins de leur propre armée, entretenir les communications entre deux fractions de la même armée qui opèrent sur deux zones d'opérations différentes, faciliter la subsistance de leur armée, enfin préparer à l'ennemi des embarras et des surprises en apparaissant sur ses derrières.

Contre un adversaire qui n'aura pas pris les contre-mesures convenables, un certain nombre de tout petits détachements, répandus en avant du front de l'armée, suffiront pour porter partout la terreur et pénétreront jusqu'au milieu des camps ennemis, grâce à leur vitesse et à leurs ruses, en évitant d'employer la force. Mais comme il faut toujours supposer que l'ennemi a pris ces contre-mesures et qu'on ne pourra atteindre son but sans recourir à la force, sans livrer combat, des soutiens sont indispensables à ces détachements avancés et il faut que ces soutiens puissent eux-mêmes, au moment critique, s'appuyer sur des réserves.

S'il est toujours nécessaire, pour assurer l'unité d'action dans une simple ligne de détachements avancés, de mettre sous le même commandement plusieurs de ces détachements, il faut absolument, pour que ce commandement puisse s'exercer, lui donner une troupe disponible et qui, par conséquent, reste provisoirement en arrière.

En outre, la nécessité de porter le plus loin possible du corps d'armée les détachements avancés oblige à avoir avec eux une liaison, à placer des intermédiaires.

A tous ces points de vue on arrive, pour l'objet qui nous occupe, à disposer les divisions de cavalerie indépendantes sur plusieurs lignes, dont les plus en arrière tendent constamment à la concentration et à la fixité, dont les plus avancées augmentent au contraire leur isolement et leur vitesse.

Les divisions de cavalerie indépendantes sont réparties devant le front de l'armée, et la zone d'activité de celles des ailes déborde à droite et à gauche les flancs de l'armée.

Chaque division de cavalerie qui forme un anneau de cette chaîne a un rôle spécial qu'on ne saurait toujours définir exactement d'avance, mais on peut lui appliquer un certain dispositif.

Si l'on prend pour type la constitution des nouvelles divisions de cavalerie allemandes, à trois brigades, chacune de 8 escadrons et d'une batterie, on place une brigade en réserve et deux brigades avancées, l'une à l'aile droite, l'autre à l'aile gauche. Chaque brigade avancée conserve réunis 4 escadrons et sa batterie, et détache en avant 4 escadrons isolés. Les 8 escadrons détachés envoient à leur tour en avant et sur les côtés des patrouilles de 4 à 20 chevaux.

A quelle distance en avant de l'armée doit-on envoyer les divisions de cavalerie? Il n'y a pas à s'en inquiéter, croyons-nous, tant qu'on ne prévoit pas de résistance sérieuse. On peut les envoyer fort loin : rien ne s'oppose à ce que la brigade de réserve de la division de cavalerie soit à deux journées ordinaires de marche en avant de l'armée, 30 ou 40 kilomètres, les brigades avancées seront à 10 ou 15 kilomètres plus loin, les escadrons détachés par ces brigades à 5 ou 10 kilomètres d'elles, et enfin les patrouilles à au moins 5 kilomètres des escadrons détachés.

D'après cela, les patrouilles extrêmes sont à 50 ou 70 kilomètres en avant de l'armée. Si l'ennemi a organisé un système semblable, les armées ennemies (la masse principale) seront encore éloignées de 100 à 140 kilomètres, lorsque leurs antennes, les patrouilles extrêmes, prendront le contact.

Il est clair qu'à notre époque de semblables conditions ne se présenteront presque jamais à l'ouverture de la campagne, parce que des deux côtés, les armées se seront concentrées le plus près possible de la frontière au moyen des chemins de fer. Ce sera plutôt un embarras, au début, d'avoir, pendant la concentration même, les divisions de cavalerie en avant du front, parce qu'elles seront trop près de l'armée, et cet inconvénient persistera provisoirement après l'ouverture des hostilités, de sorte qu'il n'y aura que les divisions de cavalerie, débordant les flancs de leur armée, qui aient alors une plus grande liberté d'action. Que l'on se rappelle, par exemple, le début de la guerre de 1870 à la frontière franco-allemande. Même après les grandes péripéties de cette guerre, quand de nouvelles armées furent organisées, l'éloignement entre les masses principales tenant la campagne fut rarement de 100 à 140 kilomètres.

Lorsque, au milieu du mois d'août 1870, les masses de la Troisième armée allemande arrivaient sur la Moselle et la Meurthe, pendant que Mac-Mahon et de Failly embarquaient leurs troupes en chemin de fer sur la ligne Chaumont-Blesmes, ces masses opposées étaient à peine séparées par 90 kilomètres. Quand la Troisième armée allemande s'arrêta le 21 et le 22 août, pour attendre la mise en mouvement de l'armée de la Meuse, tandis que Mac-Mahon marchait du camp de Châlons sur Reims, les masses principales des armées ennemies restaient encore éloignées de 120 kilomètres, et ce n'est qu'à partir du 23 que cette distance diminua rapidement de jour en jour, bien que les Allemands s'avançassent toujours en tâtonnant.

Une autre question est celle-ci : sur quel front peut s'étendre une division de cavalerie indépendante? C'est à dessein que nous ne disons pas quel front « peut-elle couvrir » ? — Un front de 30 kilomètres n'est généralement pas trop considérable. Mais gardons-nous surtout ici du doctrinarisme, de dogmatiser, quelqu'utile qu'il puisse être pour chaque soldat de se poser de semblables questions, de les examiner, de les résoudre lui-même. La cavalerie est l'arme rapide et il faut, pour ce motif, lui conserver toujours, dans une certaine mesure, le droit d'improviser. On peut parler ainsi sans rien ôter de leur importance aux combinaisons préparées d'avance, ni vouloir tout faire dépendre du soi-disant « essor » de celui qui commande, — ce qui a certainement produit beaucoup de désordre et en produira encore.

Il est évident que l'étendue du front sur lequel pourra s'étendre une division de cavalerie dépendra essentiellement de la nature des communications sur un terrain donné. Il faut, en effet, pour qu'ils soient utiles, que les rapports des antennes, — des patrouilles, — parviennent à l'armée le plus vite possible. Or cette vitesse dépend essentiellement du terrain, favorable ou défavorable à la cavalerie ou au cavalier isolé. Un terrain fortement coupé, traversé par des cours d'eau et des marais, avec des chemins aux pentes longues et rapides, ralentit, sans les rendre impossibles, les mouvements des cavaliers et des troupes de cavalerie, et oblige de diminuer le front assigné à une division de cavalerie. C'est un préjugé de croire que dans les montagnes la cavalerie soit inefficace, hors d'état de servir et superflue, mais il certain que son action y est limitée et doit être mesurée avec soin. Les bois, s'ils sont traversés par des chemins, n'arrêtent pas la cavalerie, mais elle s'y trouve mal à l'aise, surtout si la guerre populaire s'est établie dans le pays envahi, guerre que les conférences de Bruxelles et de Pétersbourg ne déracineront pas, et qui reste une nécessité absolue pour les petits peuples soucieux de conserver leur indépendance.

Lorsque, en avant du front d'une armée qui se déploie pour ouvrir les hostilités ou qui complète son déploiement stratégique, il ne reste qu'un espace d'une profondeur restreinte sur lequel puissent se rassembler les divisions de cavalerie, on diminue naturellement le nombre des quatre échelons que nous avons admis en principe, patrouilles, escadrons détachés, brigades avancées, brigade de réserve, et on les réduit au moins à trois, en supprimant la brigade de réserve. En effet, lorsque le gros des armées se trouve très rapproché l'un de l'autre, à 40 kilomètres au plus, de telle sorte que l'infanterie puisse prendre part en moins d'une heure au combat de la cavalerie, il serait peu utile de concentrer la division de cavalerie sur sa brigade de réserve, puisque l'infanterie des deux partis se trouverait en présence presque aussitôt. Il vaut mieux, dans ce cas, répartir sur la même ligne les trois brigades de la division de cavalerie, ce qui permet de lui faire occuper un front plus étendu que nous ne l'avons dit précédemment.

Ce qu'on peut alors économiser de cavalerie en avant du front de l'armée, on l'emploie avantageusement sur les flancs, où les divisions indépendantes trouveront toujours une plus grande liberté d'action. Ce qui n'empêchera pas de reporter des flancs sur le front des divisions de cavalerie, quand les armées opposées viendront plus tard à s'éloigner davantage.

Les fractions les plus avancées et les moins fortes de la division de cavalerie, les patrouilles, doivent observer l'ennemi et faire connaître tout ce qu'il entreprend. Elles doivent toujours rester en contact avec l'ennemi et ne se retirer que si elles sont découvertes et menacées d'une attaque; elles envoient leurs rapports en arrière par quelques cavaliers et il est de règle générale qu'elles les adressent aux escadrons détachés auxquels elles appartiennent. Dans un pays trop civilisé, déshabitué des idées de guerre, soumis aux décisions des conférences de Bruxelles et de Pétersbourg ces patrouilles peuvent effrayer des villes entières, répandre l'erreur au loin et jusque près des têtes de colonnes ennemies, en annonçant l'arrivée imminente de grandes masses de troupes; elles peuvent frapper des contributions, couper les télégraphes, même les chemins de fer, quand elles sont assez fortes et outillées pour cela, saisir la poste, vider les boîtes aux lettres et fournir ainsi à leur armée des renseignements.

Telle est la mission des patrouilles.

Les escadrons détachés concourent au même but que les patrouilles quand la force de celles-ci est insuffisante. Ils appuient et relèvent les patrouilles, et c'est naturellement le commandant de l'escadron qui donne leur consigne aux chefs de patrouille.

Celui qui, dans deux cents ans, ne lirait que des ouvrages français sur la guerre de 1870-71, serait nécessairement convaincu que tout Silésien, servant comme ulan dans l'armée prussienne, était un géographe et un statisticien instruit, et que néanmoins il avait consenti, quelques années avant la guerre, à servir comme domestique chez un cultivateur français, ou comme ouvrier dans une fabrique de France, profitant de ce déguisement pour étudier plus à l'aise le pays, pour dessiner des cartes pendant la nuit et établir des tableaux statistiques. Nous savons heureusement que cela n'est pas vrai, et que la cavalerie n'a pas besoin de ces moyens pour faire un bon service. On peut se procurer à peu de frais des cartes routières de tous les pays d'Europe en nombre suffisant pour en donner des extraits à tous les chefs de patrouilles, qu'il soient officiers, sous-officiers ou même soldats intelligents. A l'aide de ces cartes, il sera facile au commandant de l'escadron d'indiquer au chef de patrouille les chemins qu'il devra suivre et de lui signaler les points sur lesquels il faudra qu'il porte son attention.

Si deux armées opposées emploient de la même manière en avant du front leur division de cavalerie, il y aura en face l'une de l'autre deux lignes de patrouilles de cavalerie. Si elles ne sont pas entreprenantes, chacune de ces lignes ne verra absolument que la ligne de patrouille ennemie, derrière laquelle l'armée ennemie pourra entreprendre tout ce qu'elle voudra.—Lorsque les Russes commencèrent, en 1812, leur grande guerre de retraites, ils prenaient ordinairement position dans l'après-midi avec le gros de leurs forces, qu'ils couvraient par des lignes avancées de Cosaques; puis, après un repos convenable, les masses russes se retiraient pendant la nuit, en laissant allumés les feux de bivouac, et les lignes de Cosaques s'évanouissaient à leur tour le lendemain matin pour se montrer de nouveau à l'horizon aux Français qui poursuivaient.

Les Français ne faisant rien pour percer ces lignes de Cosaques avant le départ des masses russes, l'armée française restait pendant plusieurs jours dans l'incertitude sur la direction prise par l'ennemi.

Cela prouve qu'il est indispensable que les divisions de cavalerie cherchent à percer les premières lignes de cavalerie ennemie qu'elles ont devant elles, afin de pénétrer jusqu'au noyau que protège cette écorce vaporeuse, et de reconnaître ce qui s'y passe; afin de faire des prisonniers de qui l'on apprend, souvent malgré eux, des nouvelles plus importantes qu'avec de nombreuses patrouilles.

Rappelons, entre autres, la prise du capitaine Grouchy à Buzancy. Pour percer la ligne ennemie, il faut donc réunir sur un point des forces plus considérables de la division de cavalerie, soit quelques escadrons, soit même les brigades avancées tout entières, qui ne laisseront que des petits postes sur leurs flancs dans la position primitive. Il n'est pas besoin d'ajouter qu'on ne gagnera pas ainsi du terrain en avant sans combattre et sans triompher de la résistance de l'ennemi.

A propos des Cosaques dont nous venons de parler, personne ne contestera qu'ils aient bien fait le service de cavalerie que l'on demande aux divisions indépendantes, et personne ne dira cependant que ces Cosaques étaient instruits en géographie et en statistique.

Les divisions de cavalerie qui opèrent sur les flancs de leur propre armée ont, d'avance, une plus grande liberté de mouvements que celles qui sont déployées en avant du front. C'est donc particulièrement aux divisions sur les flancs qu'il appartient de chercher le plus tôt possible à opérer sur les derrières de l'ennemi, pour enlever ses convois, pour couper les voies ferrées et les lignes télégraphiques, vider ou incendier les magasins, menacer les places fortes faiblement occupées, répandre la terreur dans des provinces entières; pour procurer à leur propre armée de nouvelles ressources grâce aux magasins et aux convois pris à l'ennemi, pour faire concevoir enfin à l'adversaire des idées fausses sur nos opérations, ce qui peut l'amener lui-même à prendre des mesures fausses et préjudiciables à ses intérêts.

De telles missions peuvent, en certains cas, surtout à de grandes distances des deux armées d'opérations, être remplies par des détachements relativement peu considérables, lesquels ont incontestablement l'avantage d'être plus mobiles, plus indépendants et d'avoir moins de besoins. La guerre des partisans, telle que l'ont faite Lutzow, Colomb, Tchernitscheff, etc., n'est donc point hors de saison, mais il faudra qu'elle soit organisée par les divisions de cavalerie indépendantes, et que la division entière n'y soit pas employée.

Cette guerre de partisans consommera énormément d'hommes et de chevaux, parce qu'elle ne peut donner tous ses résultats qu'à la condition d'une activité et d'un mouvement incessants. Il en est de même du service des patrouilles dans les lignes avancées des divisions de cavalerie indépendantes, opérant dans des conditions normales. C'est pour cela qu'il importe de pouvoir relever les fractions avancées dont les fatigues sont très grandes, et de se ménager à cette fin des réserves de cavalerie où l'on prend de quoi relever la première ligne.

Dans le service normal en avant du front, ce système n'offre pas de difficultés. La plupart des patrouilles avancées aujourd'hui restent demain matin dans leurs positions, se laissent dépasser au point du jour par de nouvelles patrouilles détachées de leur escadron, et se rallient ensuite au gros de cet escadron lorsqu'il arrive à leur hauteur. Au bout de quelques jours, le régiment d'une brigade avancée, qui est resté jusqu'alors en réserve, relève les escadrons détachés. Les fatigues se trouvent ainsi convenablement réparties.

Dans la guerre de partisans, il serait fort à souhaiter qu'on pût conserver le plus longtemps possible sur la ligne avancée les mêmes escadrons, parce qu'ils se sont peu à peu façonnés à ce service. Mais on ne saurait, d'autre part, leur imposer une activité continuelle et dépassant leurs forces. On se trouve donc ici entre deux inconvénients, mais on évitera peut-être de tomber de Charybde en Scylla, si l'on n'oublie pas que dans toute guerre il se produit forcément des temps d'arrêt, si pendant ses pauses on envoie aux escadrons de partisans d'autres escadrons de la réserve, non pas pour les relever, mais pour leur servir d'avant-garde pendant quelque jours, et leur permettre de se reposer et de se refaire, après quoi les partisans se lanceront de nouveau en avant.

Quand on ne dispose pas d'une cavalerie extrêmement nombreuse, on doit apporter un soin particulier à relever en temps opportun les troupes de première ligne ; sans quoi, on court le risque de ruiner en peu de temps toute sa cavalerie de telle façon qu'elle ne puisse plus rendre aucun service. — Un petit nombre de cavaliers, dont le rôle sera exactement défini, suffiront souvent pour rendre les mêmes services que des détachements plus considérables, tandis que si l'on emploie sans réflexion, à telle ou telle mission, de grands corps de cavalerie, on les épuise et on les ruine en quelques jours aussi bien que de petites fractions.

Au point de vue politique, on peut toujous distinguer un agresseur et un défenseur. Lorsqu'on en vient à la guerre, cette distinction ne ressort pas toujours clairement dans les conditions stratégiques, car elles sont fréquemment renversées, et le point essentiel est de constater quel est celui des deux adversaires qui prend l'initiative. Il est donc difficile d'assigner aux divisions de cavalerie du défenseur un autre emploi qu'à celle de l'agresseur, d'autant plus que l'efficacité de la cavalerie ne se traduit jamais que par l'offensive, ou, en d'autres termes, par la tendance à utiliser sa mobilité pour aller de l'avant, et pour appliquer ce mouvement en avant à tous les buts signalés plus haut.

Supposons en effet que l'un des deux partis prenne une position stratégique, avec l'intention arrêtée d'y attendre l'autre parti ou de reconnaître d'abord de cette position les desseins de l'adversaire, dans ce cas, le parti qui reste en place devra, plus encore que l'autre, concentrer sur ses flancs la sphère d'action de ses divisions de cavalerie indépendantes.

Après chaque bataille, la situation respective des divisions de cavalerie indépendantes de deux armées opposées redeviendra bientôt, sinon immédiatement, ce qu'elle était avant la bataille, c'est-à-dire telle que nous l'avons exposée dans les pages précédentes.

Pendant la campagne de Sedan, dont nous venons de faire le récit, nous avons vu que les divisions de cavalerie françaises n'ont réellement pas fait leur service spécial. La chose était difficile aux divisions indépendantes à cause de leur petit nombre, ainsi que des situations et des directions fausses qu'on leur assignait, sans parler de l'insuffisance de leur instruction pratique. Les divisions de cavalerie attachées aux corps d'armée absorbaient une masse de forces, complètement perdues pour le service d'exploration, sans que cela fût absolument nécessaire, bien qu'on puisse l'attribuer jusqu'à un certain point à ce que les corps d'armée occupant le flanc le plus rapproché de l'ennemi, pendant les dernières marches de Mac-Mahon, étaient précisément ceux qui avaient fort peu de cavalerie. En effet, ni de Failly, ni Douay, n'avaient à ce moment plus de 1,000 cavaliers à leur disposition y compris ceux qui pouvaient être employés à l'escorte des généraux et au service courant d'ordonnances.

Du côté des Allemands, les divisions de cavalerie indépendantes opérèrent à peu près dans le sens de nos recommandations, — dans le sens des corps de cavalerie de Napoléon Ier. Mais on reconnaîtra sans peine que ces divisions allemandes ne furent pas employées dès le début avec la hardiesse qu'elles ont montrée plus tard. En effet, quand le prince royal de Prusse traversa les Vosges, les divisions de cavalerie furent tenues en arrière avec une prudence qui n'était point absolument nécessaire. Lorsqu'on perdit ensuite la trace de Mac-Mahon et de Failly, les divisions de cavalerie furent portées en avant; enfin quand le quartier général du roi de Prusse devint de plus en plus anxieux de savoir où se cachaient Mac-Mahon et Failly, et ce qu'ils faisaient, il envoya sommation sur sommation pour « faire avancer au loin la cavalerie ».

Les cavaliers allemands, ainsi lâchés, se précipitent alors dans la plaine de la Champagne, et comme ils ne rencontrent pas de résistance sérieuse, font souvent de bonnes prises, et s'aperçoivent de la terreur causée dans un village, dans une ville même, par une patrouille de quatre hommes, ils deviennent chaque jour plus hardis et plus outrecuidants. Lorsque leurs officiers leur traduisent les articles des journaux de Paris sur les qualités des ulans prussiens, qualités que les ulans eux-mêmes ignoraient jusqu'à présent, ils deviennent indomptables et leurs premières rencontres avec la cavalerie de Mac-Mahon ne leur en imposent pas. C'est ainsi que les cavaliers allemands sont entrés avec une vitesse enragée dans le rôle d'une bonne cavalerie de partisans et d'exploration, rôle dont on ne leur avait pas plus parlé qu'aux cavaliers français, avant la guerre de 1870.

On met aujourd'hui à profit, en la développant, cette heureuse expérience, afin de la renouveler plus tard, dans des conditions qui seront assurément moins favorables. Il est toujours bon d'étudier toutes ces questions, — si souvent reproduites, — avec le calme qui ne convient certes pas au cavalier pendant l'action, mais qu'on doit lui recommander d'avoir auparavant.

A propos de la bataille de Vionville-Mars-la-Tour, nous avons modestement exprimé notre opinion sur l'emploi de la cavalerie dans les batailles. On se rappelle que nous n'en attendons point de grands résultats, que nous trouvons notamment l'enjeu trop considérable pour le gain à faire, mais que nous reconnaissons pourtant qu'il peut se présenter des cas où la cavalerie peut avoir une action avantageuse dans les batailles, où l'on est même forcé d'avoir recours à cette arme, par exemple quand on manque d'infanterie et que celle-ci peut être remplacée bien ou mal par la cavalerie.

Dans la bataille de Saint-Privat, ainsi que pendant toute la campagne de la Troisième armée et de l'armée de la Meuse contre l'armée française de Châlons, les Allemands n'ont jamais employé leur cavalerie dans la bataille, mais ils l'ont ménagée et tenue prudemment en arrière. Ils ont bien fait, croyons-nous, car ils avaient assez d'infanterie et d'artillerie. Pendant la même campagne, les Français ont sacrifié leur cavalerie dans les batailles aussi héroïquement qu'inutilement, après n'en avoir fait aucun usage pour éclairer les opérations.

Depuis la guerre, on s'est occupé souvent, en France aussi bien qu'en Allemagne, de l'emploi de la cavalerie, même dans les batailles, et il est intéressant de donner un coup-d'œil sur le résultat de ces occupations.

Le colonel Bonie, que l'on peut regarder comme le représentant des idées de la cavalerie française, ne veut plus entendre parler de l'emploi de la cavalerie dans la bataille, sur le front des masses principales de l'armée, — ce que, pour notre part, nous ne condamnons pas d'une manière si formelle ; — mais il attribue à l'action de la cavalerie sur les flancs, dans le prolongement des masses de l'armée, un grand rôle de bataille, plus grand que jamais, — ce qu'on ne saurait admettre si l'on veut se rappeler la cavalerie de Gustave-Adolphe dans les batailles de la guerre de Trente ans et celle du grand Frédéric. Quelque opinion qu'on ait à cet égard, il faut reconnaître que l'action principale de la cavalerie sera généralement sur les flancs pendant la bataille rangée proprement dite. Mais l'on ne doit pas oublier des faits tels que la surprise de la division Forton par la division Rheinbaben, pendant les préliminaires de la bataille de Vionville, entreprise qui était dirigée contre le front des Français et qui exerça une influence importante sur le cours des choses; il faut bien admettre qu'une entreprise de ce genre pourrait, dans d'autres circonstances, produire sur l'adversaire une impression plus grande encore. Gardons-nous donc des jugements trop absolus!

Les Français ont toujours présent à l'esprit le grand combat de cavalerie qui eut lieu sur leur flanc droit le soir du 16 août. Le général de Ladmirault a dit qu'au lieu d'un succès indécis il aurait remporté là une victoire complète si, dès le début de la journée, il avait eu sous son commandement, derrière son aile droite, cette masse de cavalerie, pour la lancer tout entière, au moment donné, sous les ordres d'un même chef.

En disant cela, le général de Ladmirault a pu se tromper, et nous en avons la conviction. Que veut-il dire par « dès le début de la journée » ? Le général de Ladmirault lui-même n'est entré au combat avec son infanterie que vers quatre heures du soir. Le terrain étroit entre les deux ruisseaux de l'Yron et de Jarny n'était pas non plus très favorable aux faits d'armes de grandes masses de cavalerie, et pareil cas se rencontrera souvent aujourd'hui dans l'Europe centrale, car les masses d'infanterie et celles d'artillerie des armées chercheront elles-mêmes des appuis naturels, vers lesquels elles s'étendront, ce qui diminuera l'espace libre sur les flancs de l'armée. Enfin, de même que les cavaliers allemands reçurent, en s'avançant, le feu de l'infanterie et de l'artillerie française, ce qui les rendit plus circonspects, de même la cavalerie française, si elle avait été complètement victorieuse à Mars-la-Tour, serait tombée, dans sa poursuite vers Tronville, sous le feu d'artillerie et d'infanterie des Allemands. S'il est déjà très hasardé de vouloir déduire des succès réels, pris isolément, des règles tactiques, il est encore bien moins permis de vouloir déduire ces règles de succès hypothétiques, qu'on aurait pu remporter si tel ou tel fait s'était passé autrement.

Dans le titre V de leur règlement de cavalerie, les Allemands acceptent également comme règle que les divisions de cavalerie indépendantes seront employées sur les flancs du front de bataille.

Ce règlement d'exercices prescrit d'une manière générale que les escadrons exécuteront toujours l'attaque en ligne déployée, mais qu'ils resteront au contraire dans la formation plus commode de colonnes d'escadron (ligne de colonnes) tant qu'ils auront à manœuvrer. Dans le régiment, les colonnes d'escadron pourront resserrer leurs intervalles si l'on est loin du moment où il faudra se former en bataille.

La division normale de cavalerie se forme sur trois lignes, chacune d'une brigade ou 8 escadrons.

La première ligne, composée en règle générale de la brigade lourde (grosse cavalerie), doit faire brèche dans l'ennemi, tout en cherchant à tourner un de ses flancs avec quelques escadrons et à le prendre à revers.

Par analogie avec les expressions usitées dans l'ordre de bataille oblique, on peut appeler aile avancée l'aile de la première ligne qui doit essayer le mouvement tournant, et l'autre aile sera alors l'aile refusée.

La deuxième ligne, composée d'une brigade légère, doit, en premier lieu, appuyer directement la première ligne et combler immédiatement les vides qui viendraient à s'y produire; il faut, en second lieu, qu'elle protège l'aile refusée de la première ligne contre toute surprise de l'ennemi, qu'elle renforce l'attaque de la première ligne en attaquant elle-même en dehors de l'aile refusée, enfin qu'elle reçoive la première ligne en cas d'insuccès et lui donne, en attaquant elle-même, le temps de se rallier.

Pour atteindre le premier but, la seconde ligne détache deux escadrons déployés à 150 pas derrière la première; pour remplir le reste de sa mission, elle tient les six autres escadrons, formés en colonnes d'escadron à intervalle de déploiement, à 300 pas en arrière de l'aile refusée de la première ligne, de manière à déborder cette aile de tout son front, ou, en d'autres termes, de façon à pouvoir se déployer sur le même front que la première ligne. On a tenu compte en cela d'un principe important dont nous avons parlé plus longuement autre part (bataille de Vionville).

La troisième ligne, formée soit d'une brigade légère, soit d'une brigade mixte, sert de réserve générale et reste à la disposition du commandant de la division. Elle se forme en colonnes serrées d'escadron (masse) et suit, à 400 ou 500 pas de distance, l'aile avancée de la première ligne.

Les trois batteries de la division de cavalerie, réunies en une division, doivent généralement opérer en avant et sur le côté de l'aile refusée de la première ligne; elles préparent l'attaque de la cavalerie et lui donnent aide et protection dans les moments critiques.

Si les deux partis opposés agissent à peu près suivant les mêmes principes, la division de cavalerie de l'un se heurtera alors à une division de cavalerie de l'autre. Il en résultera donc, en apparence, un simple combat de cavalerie. Nous croyons cependant que celui des deux partis qui pourra ou saura le mieux soutenir sa cavalerie par de l'infanterie ou de l'artillerie, — autre que les batteries de la division de cavalerie, — sera celui qui obtiendra les plus grands résultats de ce combat.

Le règlement prussien suppose, lui aussi, le combat préalable de la cavalerie allemande contre la cavalerie ennemie. Mais si celle-ci est repoussée, la cavalerie allemande doit alors se jeter sans délai sur l'artillerie et l'infanterie de l'ennemi, les surprendre et les attaquer en flanc ou à revers.

Nous lui souhaitons de réussir, mais nous ne croyons pas qu'elle obtienne ainsi de grands succès, surtout en ce qui a trait à l'infanterie, si celle-ci n'est pas tout à fait mauvaise et si elle n'est pas obligée d'accepter le combat sur un terrain absolument défavorable. Que de choses, en effet, sont changées depuis Hohenfriedberg !

Puisque Hohenfriedberg nous revient en mémoire, il n'est pas sans intérêt de rappeler quelle était la disposition normale assignée par Frédéric le Grand à la cavalerie de son aile avancée ou aile d'attaque, puisqu'elle combattait dans des conditions absolument semblables à celles qu'on admet à l'avenir pour les divisions de cavalerie indépendantes.

Le grand Frédéric formait, lui aussi, sur trois lignes la cavalerie de son aile d'attaque. La première, composée de cuirassiers, c'est-à-dire également de grosse cavalerie, était déployée en bataille. Il en était de même de la deuxième ligne, dragons, généralement plus faible que la première, mais, tandis que la ligne de cuirassiers était en muraille fermée, il existait de grands intervalles entre les escadrons de la ligne de dragons. La troisième ligne, composée de hussards, se tenait en colonnes derrière le flanc extérieur de la ligne de dragons.

Quand la ligne de cuirassiers marchait contre la première ligne de cavalerie ennemie, pour la charger à fond, les hussards s'avançaient aussi, en se déployant, pour tomber sur le flanc de la deuxième ligne de cavalerie ennemie. Les cuirassiers et les hussards poursuivaient ensuite de concert la cavalerie culbutée de l'adversaire, et lorsque les cuirassiers commençaient à reprendre haleine, les hussards leur donnaient le temps de se rallier.

Aussitôt que la cavalerie ennemie venait à se replier, la ligne de dragons prussiens se tournait alors vers le flanc découvert de l'infanterie ennemie, contre laquelle elle opérait conjointement avec l'infanterie de l'aile d'attaque prussienne.

L'un des partis sort toujours vainqueur d'une bataille, l'autre vaincu. Mais il n'est pas dit pour cela que cette situation respective se reconnaisse dès le jour de la lutte et sur le champ de bataille. Assez souvent, au contraire, dans les circonstances actuelles, la bataille, commencée tard, se continuera jusqu'à la nuit, et l'un des partis ne se retirera que dans la nuit ou même que le lendemain matin, et se déclarera de la sorte vaincu. La grande portée des armes à feu, en maintenant longtemps les adversaires éloignés l'un de l'autre, rend plus difficile que jamais au vainqueur de reconnaître promptement et sûrement sa victoire. Il faut, plus encore qu'autrefois, ranger au nombre des exceptions des cas comme celui de Sedan, où une victoire décisive est remportée dès les premières heures de l'après-midi et reconnue aussitôt par le vainqueur, grâce aux conditions de la position, du terrain. Cependant, même en pareil cas, ainsi que le prouve l'exemple de Sedan, il n'est pas toujours dit que la cavalerie du vainqueur pourra contribuer efficacement à compléter la victoire. A Sedan, en effet, cela n'était pas nécessaire, puisque l'armée française était déjà perdue, ni même utile ou seulement praticable, car le seul point de retraite de l'armée française était tout près derrière elle, et que le terrain sur lequel cette retraite eût pu être tentée opposait aux mouvements de la cavalerie des obstacles considérables.

Supposons maintenant des circonstances différentes, dans lesquelles la victoire sera encore décidée et reconnue de bonne heure, sans que l'armée battue ait immédiatement derrière elle un point d'appui,— fort précaire,— comme la place de Sedan, et voyons comment la cavalerie du vainqueur peut opérer la poursuite.

D'après notre hypothèse, la plupart des divisions de cavalerie indépendantes sont restées, pendant la bataille, sur le flanc de l'armée. C'est à ces divisions qu'incombe particulièrement la poursuite, et elles se trouveront dans les conditions les plus favorables pour l'entreprendre si elles viennent de remporter elles-mêmes sur le point où elles sont un brillant succès et l'ont reconnu rapidement. On doit voir que ces conditions ne pourront pas toujours être remplies. Quant aux divisions de cavalerie qui, avant la bataille, se trouvaient devant le front, elles se sont ensuite retirées derrière le gros de l'armée, derrière les corps d'armée.

Il reste à savoir si elles pourront, de là, se porter à temps sur les flancs. Si c'est impossible, on pourra parfois, si l'ennemi vient à plier et, — condition indispensable, — se retire en désordre, faire passer la cavalerie par les intervalles qui séparent les corps d'armée et lui faire opérer la poursuite en avant du front.

Bonie fait ressortir les inconvénients qu'il y a à faire couvrir la retraite d'une armée par des divisions de cavalerie qu'on laisse directement derrière l'armée.

Il est, en effet, certain que les divisions de cavalerie placées sur les flancs seront plus avantageusement employées à couvrir la retraite d'une armée battue, d'autant plus qu'elles peuvent ne pas avoir été engagées sérieusement pendant la journée, ce qui est toujours possible, et sont alors en état de prendre elles-mêmes l'offensive.

Mais ces dernières considérations ne se rapportent qu'aux circonstances qui suivent immédiatement la bataille. Dès que les deux partis se sont ensuite séparés et ont mis entre eux de l'espace, l'emploi des divisions de cavalerie se retrouve dans les conditions que nous avons examinées plus haut.

Parlons maintenant de la cavalerie divisionnaire ou de corps d'armée, ainsi nommée par opposition avec les divisions indépendantes.

Pour plus de simplicité, nous conservons à cette cavalerie l'appellation de divisionnaire et la répartition que lui ont donnée les Prussiens, nous réservant d'examiner plus tard s'il est préférable d'attacher de la cavalerie à la division d'infanterie ou au corps d'armée.

Doit-on mettre toute la cavalerie dans des divisions de cavalerie indépendantes? Vaut-il mieux attacher une partie des régiments de cavalerie aux divisions d'infanterie? Cette question est facile à résoudre, selon nous, si l'on se rend compte des services que peut rendre la cavalerie donnée à une division d'infanterie, et l'on peut alors affirmer qu'il est nécessaire d'attacher à ces divisions une certaine quantité de cavalerie.

La cavalerie divisionnaire fera spécialement pour sa division le même service d'exploration que les divisions de cavalerie indépendantes pour l'armée entière. Il est vrai qu'on ne pourra porter la faible cavalerie divisionnaire aussi loin en avant de sa division que les divisions indépendantes vont en avant de l'armée; mais, dans tous les cas, la cavalerie divisionnaire pourra s'avancer plus loin que ne pourrait le faire l'infanterie. L'avant-garde d'infanterie de la division servira de réserve à la cavalerie divisionnaire. Il arrivera très souvent, ainsi que cela résulte de nos considérations antérieures, que les divisions de cavalerie en avant du front devront, pour remplir complètement leur rôle, se porter et se concentrer ensuite dans diverses directions. Cela produira entre elles des vides que la cavalerie divisionnaire pourra remplir, bien qu'en deuxième ligne.

La cavalerie divisionnaire sert encore à fournir des escortes aux généraux, afin de permettre à ceux-ci de se mouvoir plus librement sur le champ de bataille, pendant les opérations, sans être à chaque instant exposés à des mésaventures. Elle accompagne sur ses positions de combat l'artillerie divisionnaire, quand on détache celle-ci des colonnes de marche au commencement de l'action, et lui constitue un premier soutien. Elle peut continuer à remplir ce rôle pendant le combat; et, comme il est toujours plus facile de dissimuler quelques escadrons que de grandes masses de cavalerie, elle peut trouver çà et là de bonnes occasions d'exécuter une heureuse pointe en avant. La cavalerie divisionnaire relie en outre des colonnes séparées de sa division; elle est parfois presque indispensable pour escorter les convois, ou pour établir la liaison entre ces convois et la division.

La cavalerie attachée à l'infanterie rend donc des services importants et presque indispensables, soit qu'on attache un régiment de cavalerie à chaque division d'infanterie, soit qu'on donne une brigade de cavalerie à chaque corps d'armée. Nous sommes, quant à nous, disposé à préférer la cavalerie divisionnaire à la cavalerie de corps d'armée. En effet, on ne peut avoir un corps de troupes à peu près indépendant qu'en y réunissant toutes les armes; mais il ne faut pas restreindre outre mesure le nombre de ces corps indépendants dans une armée, surtout à notre époque qui exige beaucoup des individualités. Au point de vue psychologique, nous croyons donc que le régiment de cavalerie attaché à la division rendra plus volontiers et par conséquent de meilleurs services que la brigade de corps, formée de plusieurs régiments réunis sous un même commandement.

Cette brigade sera naturellement plus disposée à s'émanciper et contrariera ainsi involontairement les vues qui ont fait attacher de la cavalerie aux divisions d'infanterie ou aux corps d'armée.

Bonie dit : « Si nous examinons maintenant le rôle de la cavalerie pendant le combat, nous trouvons que les faits de cette guerre prouvent que les attaques de front sont peu efficaces, et qu'il faut se garder de maintenir la cavalerie immobile sur un point mal choisi, pour y attendre le moment d'agir qui ne viendra peut-être jamais. Il résulte de là que les troupes de cavalerie attachées aux corps d'armée ne doivent l'être que temporairement et non d'une manière permanente, de manière qu'on puisse sans opposition les porter sur un autre point, quand le terrain ne leur est pas favorable sur le point où elles se trouvent, ainsi que nous l'avons vu dans les combats du 31 août et du 1er septembre. »

Bonie est donc opposé à l'affectation permanente de la cavalerie aux divisions ou aux corps d'armée d'infanterie. Mais on ne doit pas oublier qu'il a devant les yeux les conditions de 1870, où chaque corps d'armée français, fort de plusieurs divisions d'infanterie, avait une division de cavalerie, parfois de sept régiments, ce qui faisait environ 3,000 chevaux, avec les faibles effectifs d'alors. On avait de la sorte attaché trop de cavalerie aux corps d'infanterie, et il n'en restait plus suffisamment pour former des divisions indépendantes.

Si, au contraire, on adopte l'affectation mesurée d'un régiment de cavalerie à une division d'infanterie, comme en Allemagne, ou d'une brigade de cavalerie à un corps d'armée, comme en France, il faut que cette affectation soit absolument permanente. Elle seule peut produire cette solidarité des armes, réunies sous le même lien, qui donne à chacune d'elles l'augmentation de force qu'elle peut chercher en dehors d'elle-même. Dans quelle fâcheuse position se trouverait, en effet, le commandant de la division d'infanterie, s'il n'était jamais certain de pouvoir disposer librement de sa cavalerie! Dans quelle fausse situation serait également placé le commandant du régiment ou de la brigade de cavalerie, s'il n'était jamais certain de ne pas être envoyé au premier moment sur un autre point et placé sous les ordres d'un autre chef! Dans ce cas, il se garderait constamment de rien détacher de sa troupe et ne répondrait qu'à regret aux demandes du commandant de la division ou du corps d'armée. Il aurait, du reste, raison d'agir de cette manière, car s'il peut être appelé tout à coup à opérer avec son régiment ou sa brigade en faisant partie d'une grande masse de cavalerie, on calculera, en lui donnant ce nouveau rôle, que son régiment, ou sa brigade est au complet, et il ne saurait obtenir avec deux ou trois escadrons le même résultat qu'avec quatre ou huit escadrons.

Nous croyons ces raisons décisives. Il faut donc attacher aux divisions d'infanterie ou, si on le préfère, aux corps d'armée d'infanterie, une quantité limitée de cavalerie, de manière qu'il reste assez de cette arme pour former des divisions de cavalerie indépendantes ; mais la cavalerie attachée aux divisions d'infanterie ou au corps d'armée doit l'être d'une manière permanente, c'est-à-dire au moins pour la durée d'une campagne.

Il se présente ici une question qui touche de près à la précédente.

Si une armée moderne a peu de cavalerie et que les circonstances ne permettent pas d'en augmenter la quantité, doit-on cependant former de la cavalerie divisionnaire et des divisions indépendantes, ou vaut-il mieux renoncer à l'une ou à l'autre de ces formations?

Supposons, afin de préciser davantage, une petite armée

de 80,000 hommes d'infanterie, ne disposant en tout que de 3,000 cavaliers.

Cette armée est fractionnée en huit divisions. Si toute la cavalerie est divisionnaire, chaque division d'infanterie aura environ 360 chevaux, ce qui suffira pour son service. Veut-on, au contraire former à peu près deux brigades de cavalerie indépendantes, car il ne saurait être question de divisions indépendantes, il faudrait mettre dans ces deux brigades au moins les deux tiers de toute la cavalerie et il ne resterait plus alors pour chaque division qu'environ un escadron de 120 chevaux. Cela est évidemment inadmissible, et l'on ne pourrait, en outre, espérer de grands résultats de ces deux brigades indépendantes. Il faut donc faire un choix, et notre avis est qu'on doit employer comme cavalerie divisionnaire toute la cavalerie disponible. C'est le cas d'appliquer un proverbe fort trivial : la chemise est plus près que le pourpoint.

Une aussi petite armée n'aura donc pas de divisions de cavalerie indépendantes. Doit-elle pour cela considérer comme superflu le service de ces divisions? N'a-t-elle pas de raisons pour désirer des divisions de cette nature?

Elle en a certainement, mais comme les circonstances ne lui permettent pas de satisfaire ce désir, il faut qu'elle cherche à tourner la question. N'ayant pas de divisions de cavalerie indépendantes pour faire au loin le grand service d'exploration, par quoi peut-on les remplacer?

Il y a bien un moyen, mais il n'existe que dans la participation à la guerre de la nation entière. Il n'est pas nécessaire pour cela que tout citoyen prenne les armes. Mais il faut que tout employé, tout citoyen, qui n'est pas à l'armée comme soldat ou comme fonctionnaire administratif, soit aux aguets et constamment prêt à transmettre à son armée les nouvelles importantes de l'ennemi, par le télégraphe et le chemin de fer tant qu'ils fonctionnent, en voiture, à cheval ou à pied, ce dernier moyen étant notamment le plus sûr, en pays de montagnes, quand les chemins de fer et les télégraphes ne font plus leur service.

Cette manière de suppléer aux divisions de cavalerie indépendantes est, il est vrai, incompatible avec les décisions telles que celles de Bruxelles. Mais les peuples qui voudront en faire usage n'accepteront pas ces décisions ou devront n'en pas tenir compte dès qu'il s'agira sérieusement de défendre leur indépendance.

Nous reconnaissons volontiers que certains amis de l'humanité croient de bonne foi que des conventions comme celles de Bruxelles sont un véritable progrès; mais nous sommes convaincu qu'ils se trompent. Il est naturel que la guerre se fasse d'une manière plus humaine à mesure que l'homme se civilise davantage; mais ce résultat est individuel, c'est-à-dire que le vainqueur isolé traite le vaincu isolé avec la douceur que lui donne son éducation supérieure, et ne commet pas les bassesses et les cruautés qui déshonoreraient ses armes. Mais, prise en grand, la guerre doit toujours être un métier cruel; elle deviendra même de plus en plus barbare par suite du perfectionnement des instruments de mort, et c'est peut-être justement là un des moyens de rapprocher les hommes de la « paix éternelle », — nous ne disons pas de les y conduire.

Mais les conventions comme celles de Bruxelles ont une hypocrisie qui ne profite qu'aux puissants. Si le faible y adhère, il reconnaît ainsi comme un droit la violence que lui fait le plus fort.

Les peuples de l'Europe se sont considérablement concentrés depuis vingt ans. Nous n'avons plus que six grandes puissances : la Russie, l'Allemagne, l'Autriche-Hongrie, l'Italie, la France et la Grande-Bretagne. Viennent ensuite trois autres États qui, soit à cause de leur situation géographique, soit en raison de leur inertie, exerceraient difficilement une influence directe sur les destinées de l'Europe, ce sont la Suède-Norvège, la Turquie et l'Espagne. — Enfin, nous avons les petits États : la Grèce, qui ne saurait rien faire avec son étendue actuelle; le Danemark, dans de meilleures conditions géographiques que la Grèce; la Hollande, la Belgique, la Suisse et le Portugal. Que l'on place maintenant tous ces petits États sous la sauvegarde de la neutralité garantie par l'Europe, il n'en pourra pas moins arriver, par suite de la vicissitude des choses humaines, que ces États, qui ne veulent pas la guerre et ne sauraient la vouloir, soient injustement attaqués par un puissant voisin. Ils combattront alors pour leur existence même, qui peut être un intérêt européen malgré cette attaque isolée, et il est clair qu'on leur enlève d'avance toute possibilité de résister si on les soumet au même droit de la guerre que les puissants trouvent bon d'observer. Nous pensons donc que la souveraine justice serait de dégager simplement les petits États des règles de guerre établies par les grandes puissances.

FIN DU TROISIÈME VOLUME.

tugal. Quant aux [illegible] petits États avec la sauvegarde de la neutralité garantie par l'Europe, il n'en pourra que mieux [illegible] de la [illegible] des choses humaines, que ces États, qui [illegible] par la guerre et ne [illegible] [illegible]

[illegible]

TABLE DES MATIÈRES.

PREMIÈRE PARTIE.

TACTIQUE DU COMBAT.

B. — *Bataille de Vionville. — Mars-la-Tour, le* **16** *août* **1870.**

DEUXIÈME PARTIE.

ÉTUDE D'OPÉRATIONS.

Opérations des princes royaux de Prusse et de Saxe contre le maréchal de Mac-Mahon, particulièrement en ce qui a trait au service de la cavalerie, du 6 au 31 août 1870.

FIN DU TROISIÈME VOLUME.

Paris. — Imprimerie J. DUMAINE, rue Christine, 2.

ERRATA.

DEUXIÈME VOLUME.

ge 116,	ligne 21,	*au lieu de :*	comme pour,	*lire :*	comme.
165,	— 8,	—	Damervek,	—	Dannewerk.
167,	— 18,	—	ponts,	—	pont.
175,	— 31,	—	Kriegheim,	—	Kriesheim.
199,	— 17,	—	dg,	—	du.
314,	— 13,	—	s'était avancé,	—	s'était avancée.

TROISIÈME VOLUME.

188,	— 4,	—	comme 66 : 100,	—	comme 100 : 66.

Paris. — Imprimerie de J. Dumaine, rue Christine, 2.

BATAILLE DE VIONVILLE-MARS-LA-TOUR.

(LE 16 AOÛT 1870.)

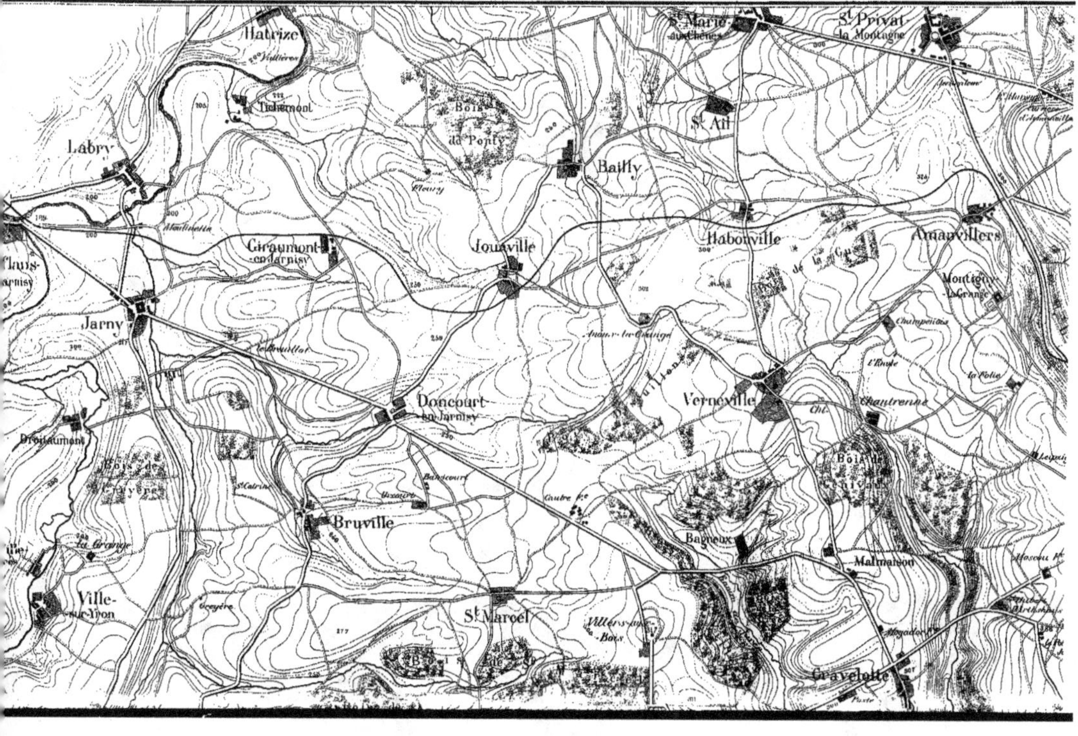

BATAILLE DE VIONVILLE-MARS-LA-TOUR.

(LE 16 AOÛT 1870.)

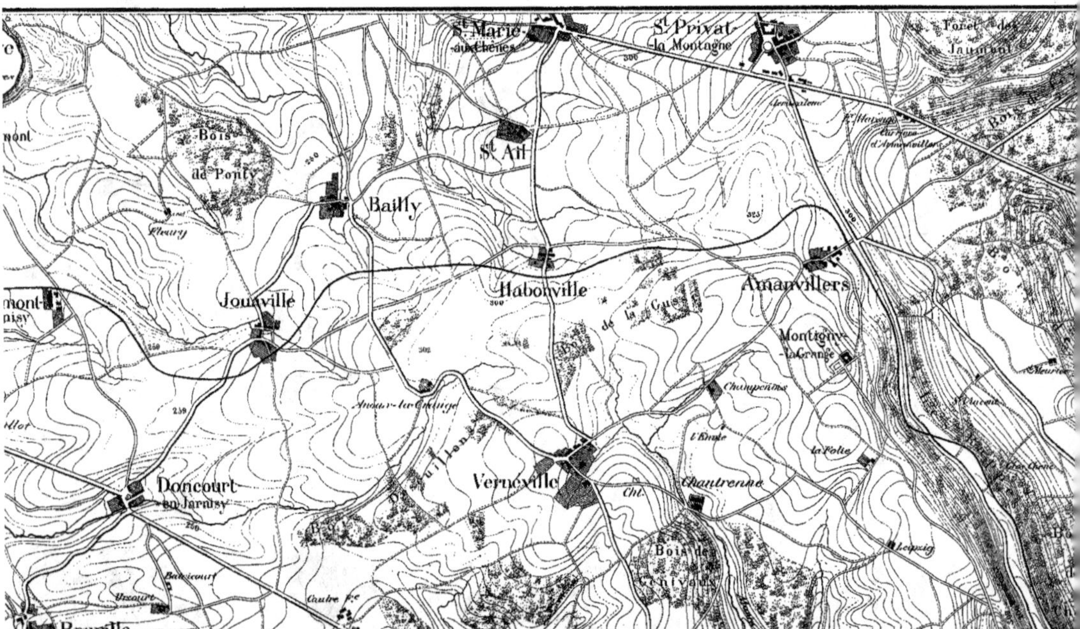

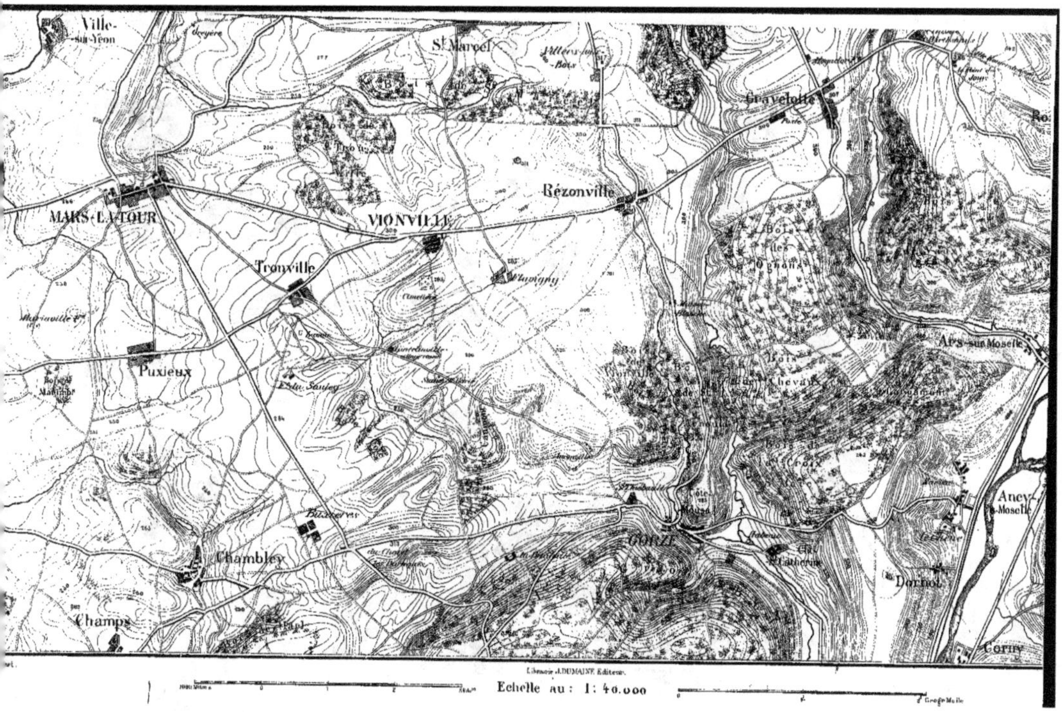
Ville-sur-Yeon
St Marcel
Villers-aux-Bois
Gravelotte
Rézonville
MARS-LA-TOUR
VIONVILLE
Tronville
Flavigny
Bois des Ognons
Ars-sur-Moselle
Puxieux
Buxières
Chambley
Champs
GORZE
Ste Catherine
Dornot
Ancy-s-Moselle
Corny
Librairie J.DUMAINE Editeur.
Echelle au : 1: 40.000

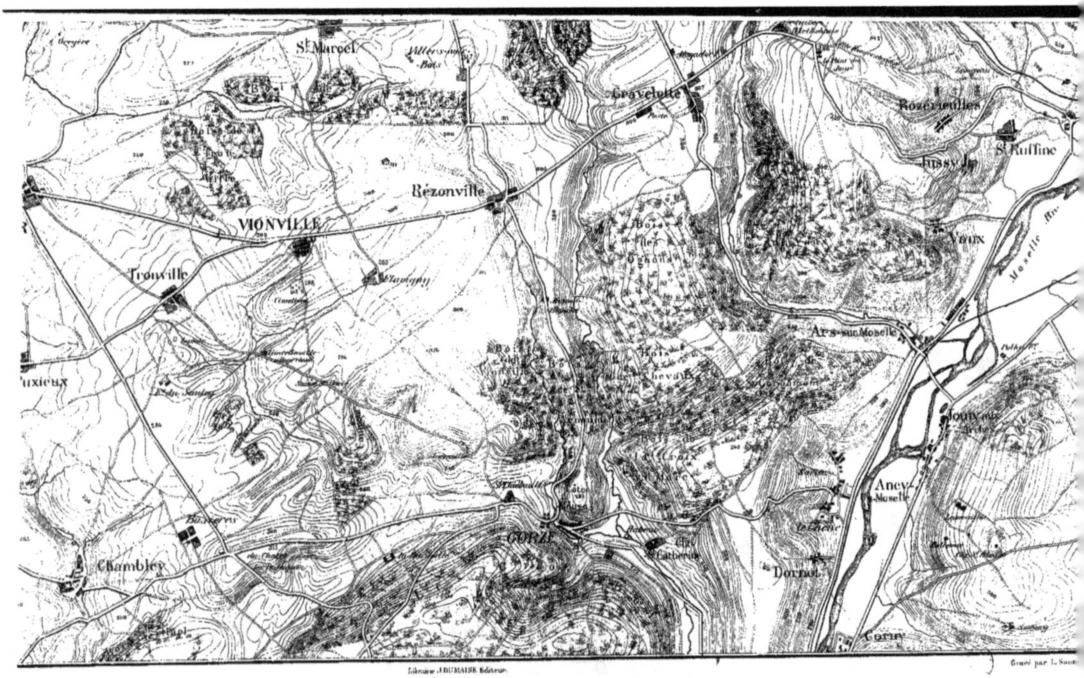

Librairie J.DUMAINE Editeur

Echelle au : 1: 40.000

Gravé par L. Soum

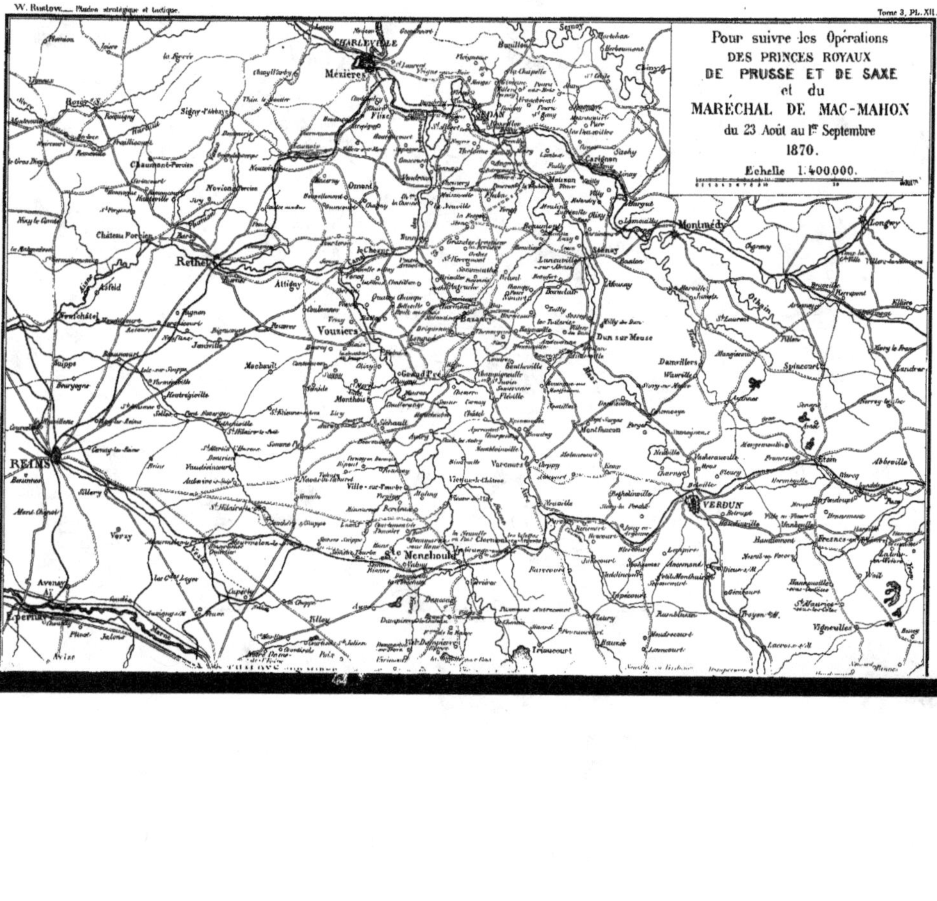
Pour suivre les Opérations
DES PRINCES ROYAUX
DE PRUSSE ET DE SAXE
et du
MARÉCHAL DE MAC-MAHON
du 23 Août au 1er Septembre
1870.
Echelle 1:400.000.
CHARLEVILLE
Mézières
SEDAN
Carignan
Montmédy
Longwy
Rethel
Vouziers
Grand Pré
Buzancy
Dun sur Meuse
Damvillers
Spincourt
Étain
VERDUN
REIMS
Ste Menehould
Varennes
Clermont
Château Porcien
Novion Porcien
Chaumont-Porcien
Signy-l'Abbaye
Attigny
Machault
Stenay
Beaumont
Le Chesne
Monthois
Epernay
Avenay
Verzy
Sillery
Montfaucon
Vigneulles
Fresnes-en-Woëvre
Juniville
Triaucourt

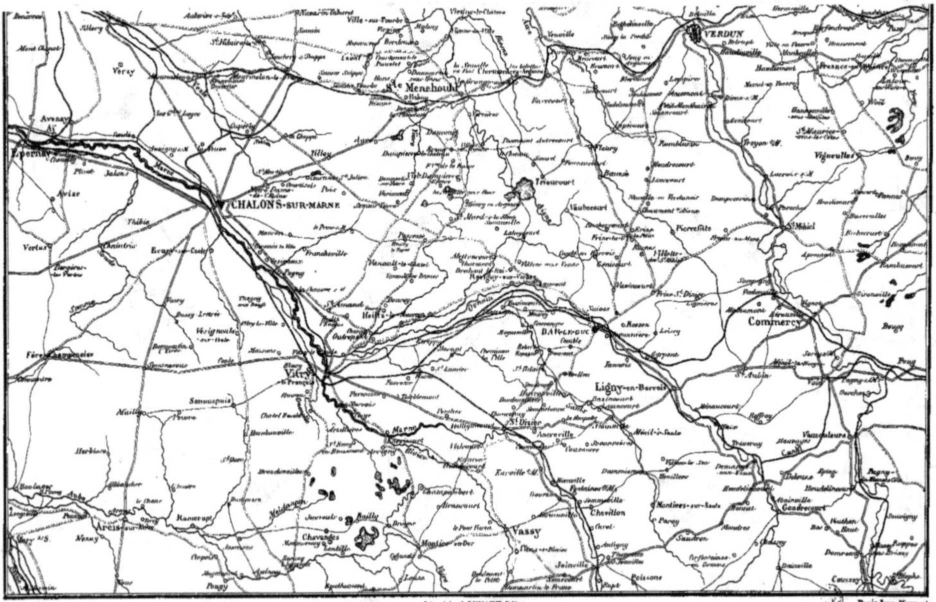

Gravé par L. Sonnet.

Librairie J. DUMAINE, Editeur.

Paris Imp. Hermet.

www.ingramcontent.com/pod-product-compliance
Lightning Source LLC
Chambersburg PA
CBHW060953280326
41935CB00009B/709
9782012677074